NOUVEAUX LUNDIS

CALMANN LÉVY, ÉDITEUR

OUVRAGES
DE
C.-A. SAINTE-BEUVE
Format grand in-18.

CHATEAUBRIAND ET SON GROUPE LITTÉRAIRE........	2 vol.
CHRONIQUES PARISIENNES.................................	1 —
LE CLOU D'OR. — La Pendule..................	1 —
CORRESPONDANCE..	2 —
ÉTUDE SUR VIRGILE. — Quintus de Smyrne........	1 —
LE GÉNÉRAL JOMINI....................................	1 —
LETTRES A LA PRINCESSE.............................	1 —
MADAME DESBORDES-VALMORE........................	1 —
MONSIEUR DE TALLEYRAND.............................	1 —
NOUVEAUX LUNDIS.......................................	13 —
NOUVELLE CORRESPONDANCE..........................	1 —
PORTRAITS CONTEMPORAINS..........................	5 —
PREMIERS LUNDIS.......................................	3 —
P.-J. PROUDHON, SA VIE, SA CORRESPONDANCE.......	1 —
SOUVENIRS ET INDISCRÉTIONS.— Diner du Vendredi saint	1 —

A PROPOS DES BIBLIOTHÈQUES POPULAIRES..........	Broch.
DE LA LIBERTÉ DE L'ENSEIGNEMENT SUPÉRIEUR........	—
DE LA LOI SUR LA PRESSE.............................	—

POÉSIES COMPLÈTES
NOUVELLE ÉDITION REVUE ET TRÈS AUGMENTÉE
Deux beaux volumes in-8°.

BOURLOTON. — Imprimeries réunies B.

NOUVEAUX LUNDIS

PAR

C.-A. SAINTE-BEUVE

DE L'ACADÉMIE FRANÇAISE

TOME TREIZIÈME

PARIS

CALMANN LÉVY, ÉDITEUR

ANCIENNE MAISON MICHEL LÉVY FRÈRES

3, RUE AUBER, 3

—

1884

Droits de reproduction et de traduction réservés.

NOUVEAUX LUNDIS

Nous ne pouvons mieux faire que de mettre en tête de ce volume, au lendemain de la **mort** de M. Sainte-Beuve, le fragment suivant, trouvé dans ses papiers. C'est un brouillon, écrit ou dicté à la hâte, et qui est resté à l'état de premier jet. Nous n'y changerons rien. Les points de repère qu'il contient, jusqu'à la date où s'arrête cette courte Esquisse, seront peut-être utiles, dans l'avenir, à l'exactitude d'une Biographie plus étendue. Et tout d'abord, nous avons pensé à l'offrir (telle que M. Sainte-Beuve l'a laissée) à celui qui doit très-prochainement prononcer son Éloge à l'Académie française, à M. Jules Janin.

MA BIOGRAPHIE

J'ai fait beaucoup de biographies et je n'en ai fait aucune sans y mettre le soin qu'elle mérite, c'est-à-dire sans interroger et m'informer. Je n'ai pas toujours été heureux en retour, et parmi ceux qui ont bien voulu s'occuper de moi, il en est fort peu qui y aient mis les soins indispensables et dont le premier était de s'enquérir de l'exactitude des faits. M. de Loménie, bienveillant, n'est pas de tout point exact. Vapereau, peu bienveillant, n'est pas même exact dans sa brièveté (1). Je ne parle pas de ceux qui n'ont été que de misérables libellistes, inventant et calomniant. Les faits de ma vie littéraire sont bien simples. Je suis né à Boulogne-sur-Mer le 23 décembre 1804. Mon père était de Moreuil en Picardie, mais il était venu jeune à Boulogne, comme employé des aides avant la Révolution, et il s'y était fixé. Les annales boulonnaises ont tenu compte des services administratifs qu'il y rendit. Il y avait en dernier lieu organisé l'octroi, et il était contrôleur principal des droits réunis lorsqu'il mourut. Il était marié à peine, quoique âgé déjà de cinquante-deux ans. Mais il avait dû attendre pour épouser ma mère, qu'il aimait depuis longtemps et qui était sans fortune, d'avoir lui-même une position suffisante (2). Ma mère était

(1) En revanche j'ai eu à me louer de bonne heure de M. Xavier Eyma, plus tard de M. Georges-Bell... (M. Sainte-Beuve rappelle ici les articles de M. Xavier Eyma dans le journal *l'Époque*, et une Notice sur lui de M. Georges Bell, écrite avec scrupule et utile à consulter, qui fait partie du *Panthéon des Illustrations françaises au XIXᵉ siècle*, publié sous la direction de M. Victor Frond, Paris, Lemercier, rue de Seine, 57.)

(2) « La remarque que je vois faire à un biographe m'oblige à dire un mot sur le nom même de mon père. Il s'appelait *de* Sainte-Beuve et signait ainsi avant la Révolution. C'est même sous ce nom qu'a été dressé son acte de décès (en 1804). Pour moi, né après la mort de mon père, j'ai trouvé ma mère s'appelant *Mᵐᵉ Sainte-Beuve* tout court. Il ne tenait qu'à moi de reprendre le *de*, puisque c'était mon nom; mais n'étant pas noble, je n'ai pas voulu me donner

de Boulogne même et s'appelait Augustine Coilliot, d'une vieille famille bourgeoise de la basse ville, bien connue. Elle était enceinte de moi et mariée depuis moins d'un an, lorsque mon père mourut

l'air de l'être. » — M. Sainte-Beuve n'a jamais cherché à remonter plus haut dans sa généalogie; il ne se croyait pas noble, et s'il a voulu, il y a quelques années, s'assurer de la particule paternelle, qui a été omise devant son nom sur son propre acte de naissance à lui-même, deux mois et demi après la mort de son père, s'il a écrit en 1865 à M. le maire de Moreuil qui a bien voulu lui communiquer très-obligeamment le document nécessaire, avec les extraits de naissance de ses oncles et tantes, c'est qu'il avait besoin de faire constater le vrai nom de son père pour la régularisation d'un acte notarié (il s'agissait, s'il m'en souvient bien, car il est bon de préciser pour faire taire les malveillants de plus d'une espèce, d'une rente perpétuelle provenant de sa mère à Boulogne-sur-Mer). — Sur l'acte de mariage de ses parents, qui est daté du 30 ventôse an XII de la République (21 mars 1804, — *déjà Napoléon perçait sous Bonaparte*), M. de Sainte-Beuve père est bien positivement appelé *citoyen Charles-François de Sainte-Beuve*, ce qui expliquerait à la rigueur que le *de* peut faire partie du nom sans impliquer nécessairement la qualité nobiliaire. — Mais M. Sainte-Beuve, quand il faisait relever ces différents actes, songeait aussi dès ce moment-là à répondre à la question que son livre de *Port-Royal* lui a value maintes fois, s'il était parent du docteur Jacques de Sainte-Beuve. Il s'est expliqué là-dessus d'une manière nette et catégorique en note, au tome IV, page 564, de la dernière édition de cet ouvrage. J'y renvoie le lecteur qui en voudrait savoir plus sur sa noblesse et sa parenté avec le docteur de Sorbonne. — Il était temps de rentrer dans la littérature. M. Sainte-Beuve m'a donné souvent cette leçon de goût à l'adresse de ceux à qui il voyait écrire *De* un tel, tout court, sans le faire précéder du mot *Monsieur* : « On dit : *M. de* un tel, disait-il; ou bien on ne met ni *Monsieur* ni la particule... Entendez donc quand ils parlent : mon ami *de* un tel; on dirait qu'ils ont peur que ce *de* ne se perde... »

subitement d'une esquinancie (1). Ma mère sans fortune, et une sœur de mon père, qui se réunit à elle, m'élevèrent. Je fis mes études à la pension de M. Blériot, à Boulogne même. J'avais terminé le cours entier des études, y compris ma rhétorique, à treize ans et demi. Mais je sentais bien tout ce qui me manquait, et je décidai ma mère à m'envoyer à Paris, quoique ce fût un grand sacrifice pour elle en raison de son peu de fortune.

Je vins à Paris pour la première fois en septembre 1818, et depuis ce temps, sauf de rares absences, je n'ai cessé de l'habiter. Je fus mis en pension chez M. Landry, rue de la Cerisaie; M. Landry, ancien professeur de Louis-le-Grand, mathématicien et philosophe, était un esprit libre. Il est question de lui dans l'*Histoire de Sainte-Barbe*, par Quicherat. Je dînais à sa table, et j'y vis tout d'abord ses amis particuliers, l'académicien Picard entre autres. On me traitait comme un grand garçon, comme un petit homme. Je suivais avec la pension les classes du collége Charlemagne; quoique ayant fait ma rhétorique en province, j'en-

---

(1) Il mourut le 4 octobre 1804. Mais je ne crois pas en avoir fini avec le père de M. Sainte-Beuve, et je me réserve d'y revenir la fin même des deux Fragments biographiques que je donne ici successivement. La courte notice que je suis en mesure et que je crois de mon devoir de lui consacrer, dans un petit paragraphe à part, tiendrait ici, en note, trop de place.

trai en troisième sous M. Gaillard, excellent professeur et traducteur du *De Oratore* de Cicéron. M. Caÿx professait l'histoire, qu'on venait d'instituer tout nouvellement dans les colléges. J'étais habituellement premier ou second, tout au plus troisième dans les compositions hebdomadaires. J'eus à la fin de l'année le premier prix d'histoire au concours. Je restai élève du collége Charlemagne jusqu'à la première année de rhétorique inclusivement. Nous avions comme professeur dans cette première année M. Dubois, depuis rédacteur et fondateur du *Globe*, mais qui n'acheva pas l'année, ayant été destitué. Sur ces entrefaites la pension Landry changea de quartier et alla s'installer rue Blanche; je la suivis et je fis ma seconde année de rhétorique au collége Bourbon, sous MM. Pierrot et Planche. J'eus au concours le premier prix de vers latins des vétérans. Mais j'étais déjà émancipé. En faisant ma philosophie sous M. Damiron, je n'y croyais guère. Jouissant à ma pension d'une grande liberté, parce que je n'en abusais pas, j'allais tous les soirs à l'Athénée rue de Valois au Palais-Royal, de 7 à 10 heures, suivre des cours de physiologie, de chimie, d'histoire naturelle de MM. Magendie, Robiquet, de Blainville, entendre des lectures littéraires, etc. J'y fus présenté à M. de Tracy. J'avais un goût décidé pour l'étude de la médecine. Ma mère vint alors demeurer à Paris, et, logé chez elle, je suivais les cours de l'École (1). En 1824, *le Globe* se fonda. J'en fus aussitôt informé par mes anciens maîtres avec qui j'avais conservé des relations, et

(1) Je ne puis résister à reproduire ici un souvenir *de famille* (et véritablement de famille, car cette pension Landry en était une pour ses écoliers). C'est une lettre de M. Landry à Mme Sainte-Beuve, que M. Sainte-Beuve retrouva un jour en ma présence et qu'il me fit lire. Elle nous émut profondément tous les deux par les souvenirs qu'elle remua en lui et les sensations évoquées qu'elle fit naître en moi. La voici. M. Sainte-Beuve a écrit dessus de sa main : « Lettre de M. Landry, mon maître de pension, à ma mère, au moment où j'allais quitter la maison après ma philosophie pour faire mes études de médecine. S.-B. » : « (Paris, 19 juin 1823.) Madame, je n'ai point écrit en réponse à votre lettre du dernier trimestre. J'ai chargé votre cher enfant de le faire pour moi, et j'ai cru que vous n'en seriez point inquiète. — Votre lettre du 12 courant, où vous voulez bien m'exprimer les mêmes sentiments, est trop obligeante pour différer plus longtemps de vous écrire. — J'ai reçu l'effet... que vous m'avez adressé. Avec une exactitude comme la vôtre, ce qui restera... ne sera pas difficile à régler. — Vous avez la bonté de m'écrire que jamais vous n'oublierez notre maison. Soyez persuadée que nous n'oublierons jamais la bonne mère et le bon fils qu'elle nous a confié. Votre enfant n'est pas un de ces élèves dont on puisse perdre le souvenir. — Nous avons appris avec grand plaisir que vous venez vous établir à Paris auprès de ce cher fils; et vous espérez, dites-vous, que l'occasion se présentera de venir jusqu'à nous. Il y aura bien des heureux par ce moyen, et la chose ne se passera point en simples souvenirs. Le bon ami et la maman ne pourront nous faire de plus grand plaisir : et le plus souvent sera le mieux. — Nous avons reçu le petit panier; ce qu'il contenait était excellent, je vous assure; nous avons bu à votre santé. — La famille tout entière se joint à moi pour vous remercier, et votre respectable sœur en particulier, de toutes vos amitiés. Cette sœur quitte-t-elle Boulogne aussi? Dans ce cas les deux sœurs ne se sépareraient pas pour faire les voyages à la rue Blanche. — J'ai l'honneur de vous présenter mes très-humbles hommages, Landry. »

j'allai voir M. Dubois, qui m'y appliqua aussitôt et m'y essaya à quantité de petits articles. Ils sont signés *S.-B.*, et il est facile à tout biographe d'y suivre mes tâtonnements et mes commencements. A un certain jour, M. Dubois me dit : « Maintenant vous savez écrire, et vous pouvez aller seul. » Mes premiers articles un peu remarquables furent sur les premiers volumes de l'*Histoire de la Révolution* de M. Thiers et sur le *Tableau* de la même époque par M. Mignet. C'est vers ce temps aussi que, M. Dubois m'ayant chargé de rendre compte des volumes d'*Odes et Ballades* de Victor Hugo, je fis, dans les premiers jours de 1827 (1) deux articles qui furent remarqués de Gœthe (2). Je ne connaissais pas du tout Victor Hugo. Sans le savoir nous demeurions l'un près de l'autre rue de Vaugirard, lui au n° 90, et moi au 94. Il vint pour me remercier des articles, sans me trouver. Le lendemain ou le surlendemain, j'allai chez lui et le trouvai déjeunant. Cette petite scène et mon entrée a été peinte assez au vif dans *Victor Hugo, raconté par un témoin de sa vie*. Mais il n'est pas exact de dire que je sois venu lui offrir de mettre *le Globe* à sa disposition. Dès ma jeunesse, j'ai toujours compris la critique autrement : modeste, mais digne. Je ne

---

(1) N°ˢ des 2 et 9 janvier.
(2) Voir *Conversations de Gœthe, recueillies par Eckermann*, traduites par M. Émile Délerot, t. I, p. 262.

me suis jamais offert, j'ai attendu qu'on vînt à moi. À dater de ce jour, commença mon initiation à l'école romantique des poëtes. J'y étais assez antipathique jusque-là à cause du royalisme et de la mysticité que je ne partageais pas. J'avais même fait dans *le Globe* (1) un article sévère sur le *Cinq-Mars* de M. de Vigny, dont le côté historique si faux m'avait choqué. C'est en cette même année 1827 que je laissai l'étude de la médecine. J'avais été élève externe à l'hôpital Saint-Louis ; j'y avais une chambre et y faisais exactement mon service (2). Trouvant plus de facilité à percer du côté des Lettres, je m'y portai. Je donnai au *Globe*, dans le courant de 1827, les articles sur la *Poésie française au* XVIe *siècle* qui furent publiés en volume l'année suivante (1828); et j'y ajoutai un second volume composé d'un choix de Ronsard. En 1829, je donnai *Joseph Delorme*. C'est vers ce temps que M. Véron fonda la *Revue de Paris*. Je fis dans le premier numéro le premier article intitulé *Boileau* (3),

(1) N° du 8 juillet 1826. M. Sainte-Beuve a recueilli tout récemment cet article en appendice dans le IIe volume, donné de son vivant, de la nouvelle et dernière édition des *Portraits contemporains*.

(2) M. Sainte-Beuve racontait au jeune docteur Grenier, devenu son client au Sénat, qu'il avait eu l'honneur d'être *roupiou* sous Dupuytren, et même qu'il avait porté le tablier un matin à l'Hôtel-Dieu pour remplacer un interne absent.

(3) Avril 1829. Cet article ouvre aujourd'hui la série des *Portraits littéraires*.

et je continuai cette série de biographies critiques et littéraires dans les numéros suivants. Je faisais en même temps les Poésies et Élégies intérieures qui parurent en mars 1830 sous le titre de *Consolations*. Il est inutile d'ajouter pour ceux qui lisent que j'étais dans l'intervalle devenu l'ami de la plupart des poëtes appartenant au groupe romantique. J'avais connu Lamartine d'abord par lettres, puis personnellement et tout de suite fort intimement dans un voyage qu'il fit à Paris. Quelques biographes veulent bien ajouter que c'est alors que je fus *présenté* à Alfred de Musset. Ces messieurs n'ont aucune idée des dates. Musset avait alors à peine dix-huit ans. Je le rencontrai un soir chez Hugo, car les familles se connaissaient; mais on ignorait chez Hugo que Musset fît des vers. C'est le lendemain matin, après cette soirée, que Musset vint frapper à ma porte. Il me dit en entrant : « Vous avez hier récité des vers; eh bien, j'en fais et je viens vous les lire. » Il m'en récita de charmants, un peu dans le goût d'André Chénier. Je m'empressai de faire part à Hugo de cette heureuse recrue poétique. On lui demanda désormais des vers à lui-même, et c'est alors que nous lui vîmes faire ses charmantes pièces de *l'Andalouse* et du Départ pour la chasse (*le Lever*).

Hugo demeurait alors rue Notre-Dame-des-Champs, n° 11, et moi, j'étais son proche voisin encore, je demeurais même rue, au n° 19. On se voyait deux fois le jour.

La Révolution de juillet 1830 arriva. J'étais absent pendant les trois journées, et en Normandie, à Honfleur, chez mon ami Ulric Guttinguer. Je raccourus en toute hâte. Je trouvai déjà le désaccord entre nos amis du *Globe*. Les uns étaient devenus gouvernementaux et conservateurs subitement effrayés. Les autres ne demandaient qu'à marcher. J'étais de ces derniers. Je restai donc au Journal avec Pierre Leroux, Lerminier, Desloges, etc. Leroux n'était alors rien moins qu'un écrivain. Il avait besoin d'un truchement pour la plupart de ses idées, et je lui en servais. J'y servais aussi mes amis littéraires. L'article du *Globe* sur Hugo, cité dans le livre de *Hugo raconté par un témoin de sa vie*, et qui est des premiers jours d'août 1830, est de moi. Je revendiquais le poëte au nom du régime qui s'inaugurait, au nom de la France nouvelle. Je le déroyalisais (1).

(1) M. Sainte-Beuve a recueilli depuis, à son tour, cet article dans le tome XI des *Causeries du Lundi*. Il en est le couronnement et la fin. — Je rappellerai ici un autre article de lui (n° du 20 septembre 1830), de ce nouveau *Globe*, que je ne puis m'empêcher de citer. Ah! l'on était vraiment patriote en ce temps-là, plus qu'aujourd'hui, et l'on sentait autrement les outrages politiques ! Il me fut impossible un jour d'achever la lecture de ces lignes, et M. Sainte-Beuve, qui m'écoutait, étouffa lui-même ses larmes : « C'est mardi que doit avoir lieu, en place de Grève, la cérémonie funèbre en l'honneur de Bories et de ses compagnons d'échafaud. Le gouvernement,

Les bureaux du *Globe* étaient rue Monsigny dans la même maison qu'habitait le groupe saint-simonien. De là des relations fréquentes. Lorsque Pierre Leroux, forcé par la question financière, vendit le

à ce qu'on assure, est fort effrayé de ces démonstrations publiques, et les journaux du parti rétrograde et stationnaire ne négligent rien pour augmenter ces frayeurs, pour réprimer ces élans de piété patriotique. Que le gouvernement soit un peu fâché de voir se faire sans lui une solennité qu'il aurait dû être le premier à consacrer, c'est une conduite toute simple de sa part, conséquente à celle qu'il a tenue jusqu'ici, et qui n'a pas lieu de nous étonner. Mais que des journaux, qui se piquent d'accepter et de vouloir le régime nouveau, combattent ouvertement, par des raisonnements empruntés à *l'ordre légal,* cette expression publique de pieux souvenirs ; qu'ils viennent nous montrer dans Bories et ses compagnons des hommes pleins de courage sans doute, mais contraires aux lois ; qu'ils nous rappellent avec patelinage que ce fut un jury et non un tribunal révolutionnaire, non une cour prévôtale, qui fit tomber ces têtes ; — comme si ce jury n'avait pas été désigné par le préfet, contrôlé par le président du tribunal et présidé par un agent du pouvoir ; — que, par une induction odieuse, jésuitique et impie, ils ne voient dans Bories et ses compagnons que des ennemis de cette Restauration dont MM. de Polignac, de Peyronnet et autres étaient aussi les ennemis à leur manière, et qu'ils assimilent sans pudeur les victimes de 1822 aux traîtres de 1830, il y a là une révélation profonde sur la manière dont un certain parti juge ce qui s'est passé en juillet, et un précieux éclaircissement sur les arrière-pensées qu'il nourrit. Comme, selon ce parti, l'ordre actuel n'est que la continuation de la Restauration sous un autre roi, ceux qui furent à leurs risques et périls contre la Restauration et qui, la jugeant de bonne heure incorrigible et funeste, conspirèrent pour en délivrer la France, ceux-là peuvent bien être tolérés aujourd'hui, et on consent apparemment à ne pas trop les inquiéter sur le passé ; mais il ne faut pas qu'ils se vantent trop haut de leur résistance d'autrefois, de leurs efforts périlleux ; il ne faut pas surtout qu'ils songent à nous donner comme des victimes publiques leurs compagnons morts sous la hache pour avoir voulu

journal aux saint-simoniens, je ne le quittai point pour cela. J'y mis encore quelques articles. Mes relations, que je n'ai jamais désavouées, avec les saint-simoniens (1), restèrent toujours libres et sans

hâter des jours meilleurs. — Et puis, voyez-vous, qu'est-ce que ces pertes obscures dont on prétend faire tant de bruit? De jeunes sergents d'infanterie méritent-ils tant d'éclat? *N'y a-t-il pas eu durant le cours de nos orages divers de plus grands morts?* Ne convient-il pas, si l'on exige à toute force des solennités, de s'attacher à de plus nobles noms? — Comme s'il y avait de plus nobles noms que ceux de ces braves jeunes hommes à consacrer dans la mémoire nationale! comme si l'obscurité même qui les couvre encore n'était pas un soupçon d'ingratitude dont la nation a besoin de se laver! comme si ces conspirateurs de 1822 n'étaient pas de la même race de citoyens qui prirent le fusil et dépavèrent les rues au 27 juillet, tandis que certains partisans rigoureux de *l'ordre légal* s'empressaient lâchement de souscrire aux ordonnances! comme s'il n'y avait pas un héroïsme incomparable dans ces hommes, dont les uns, bannis, se sont laissé flétrir comme des agents provocateurs pour ne pas aggraver la position de leurs amis accusés; et dont les autres, voyant leur tête en jeu, ont assumé sur eux seuls la responsabilité fatale pour sauver les moins compromis! généreux, dévoués, se chargeant eux-mêmes, s'accusant de tout : Bories le premier, Bories, jeune martyr au front calme, au cœur résigné, plein de vertu et de génie, confondant ses juges, consolant et relevant ses compagnons; les soutenant sur la charrette du supplice contre l'horreur d'une mort méconnue; les faisant monter avant lui sur l'échafaud pour les affermir jusqu'au bout de son regard et de sa voix; Bories, figure mélancolique et sans tache, luttant contre l'oubli; nom sublime à inscrire dans la mémoire publique à côté des Roland, des Vergniaud, des Oudet, des Hoche et des Manuel! »

(1) Émile Barrault, qui a précédé de si peu M. Sainte-Beuve dans la tombe, était naguère encore un de ses bons et très bons amis. Il venait voir souvent M. Sainte-Beuve dans les derniers mois, dînait quelquefois avec lui, et l'on aimait toujours à entendre cette parole éloquente et convaincue. C'était la voix vibrante, même

engagement aucun. Quand on dit que j'ai *assisté* aux prédications de la rue Taitbout, qu'entend-on par là? Si l'on veut dire que j'y ai assisté comme Lerminier, en habit bleu de ciel et sur l'estrade, c'est une bêtise. Je suis allé là comme on va partout quand on est jeune, à tout spectacle qui intéresse ; et voilà tout. — Je suis comme celui qui disait : « J'ai pu m'approcher du lard, mais je ne me suis pas pris à la ratière. »

On a écrit que j'étais allé en Belgique avec Pierre Leroux pour prêcher le saint-simonisme : c'est faux.

On a cherché aussi à me raccrocher aux écrivains de l'*Avenir* et comme si je les avais cherchés. Je dois dire, quoique cela puisse sembler disproportionné aujourd'hui, que c'est l'abbé de La Mennais qui le premier demanda à Hugo de faire ma connaissance. Je connus là, dans ce monde de l'*Avenir*, l'abbé Gerbet, l'abbé Lacordaire, non célèbre encore, mais déjà brillant de talent, et M. de Montalembert. Des relations, il y en eut donc de moi

en causant, d'un apôtre : on l'écoutait avec respect, quand même on ne partageait pas sa croyance. Ancien représentant du peuple à l'Assemblée Législative, sous la seconde République, on l'eût pris plutôt pour un conventionnel, non point à sa parole qui était toute de fraternité et de paix, de persuasion et de douceur, mais à sa physionomie fine et rasée, dont le type, accentué de plus en plus avec l'âge, était bien celui d'un représentant du xviiie siècle ; et il avait conservé les cheveux longs d'un prêtre ou d'un artiste.

à eux et d'agréables; mais quant à aucune connexion directe ou ombre de collaboration, il n'y en a pas eu.

C'est en 1831 que Carrel, me sachant libre du côté du *Globe*, me fit proposer par Magnin d'écrire au *National*. J'y entrai et y restai jusqu'en 1834, y ayant rendu quelques services qui ne furent pas toujours très-bien reconnus. Le libraire, honnête homme, Paulin, savait cela mieux que personne, et il m'en a toujours su gré jusqu'à la fin.

En cette même année 1831, un biographe veut bien dire que M. Buloz *m'attacha* à la *Revue des Deux Mondes*. Il y a bien de l'anachronisme dans ce mot. M. Buloz, homme de grand sens et d'une valeur qu'il a montrée depuis, débutait alors fort péniblement; il essayait de faire une *Revue* qui l'emportât sur la *Revue de Paris*. Il avait le mérite dès lors de concevoir l'idée de cette Revue élevée et forte qu'il a réalisée depuis. Il vint nous demander à tous, qui étions déjà plus ou moins en vue, de lui prêter concours, et c'est ainsi que j'entrai à la *Revue des Deux Mondes*, où je devins l'un des plus actifs bientôt et des plus utiles coopérateurs.

Je composais, en ce temps-là, le livre de *Volupté* qui parut en 1834 et qui eut le genre de succès que je pouvais désirer.

En 1837 je publiai les *Pensées d'Août*, recueil

de Poésies. Depuis 1830, les choses de ce côté avaient bien changé. Je n'appartenais plus au groupe étroit des poëtes. Je m'étais sensiblement éloigné de Hugo, et ses partisans ardents et nouveaux n'étaient plus, la plupart, de mes amis : ils étaient plutôt le contraire. J'avais pris position de critique dans la *Revue des Deux Mondes*. J'y avais, je crois, déjà critiqué Balzac, ou ne l'avais pas loué suffisamment pour quelqu'un de ses romans, et, dans un de ces accès d'amour-propre qui lui étaient ordinaires, il s'était écrié : « Je lui passerai ma plume au travers du corps. » Je n'attribue pas exclusivement à ces diverses raisons le succès moindre des *Pensées d'Août*; mais à coup sûr elles furent pour quelque chose dans l'accueil tout à fait hostile et sauvage qu'on fit à un Recueil qui se recommandait par des tentatives d'art, incomplètes sans doute, mais neuves et sincères.

C'est à la fin de cette année 1837 que, méditant depuis bien du temps déjà un livre sur *Port-Royal*, j'allai en Suisse, à Lausanne, l'exécuter sous forme de cours et de leçons, dans l'*Académie* ou petite université du canton. J'y connus des hommes fort distingués, dont M. Vinet était le premier. Je revins à Paris dans l'été de 1838, n'ayant plus à donner aux leçons que la forme du livre et à fortifier mon travail par une révision exacte et une dernière main-d'œuvre. J'y mis toute réflexion et tout loisir;

les cinq volumes qui en résultèrent ne furent pas moins de vingt années à paraître (1).

En 1840, sous le ministère de MM. Thiers, Rémusat et Cousin, on pensa à me faire ce qu'on appelait une position. Il faut songer, en effet, qu'âgé alors de 36 ans, n'ayant aucune fortune que ce que me procurait ma plume, ayant débuté en 1824 de compagnie avec des écrivains distingués, parvenus presque tous à des postes élevés et plus ou moins ministres, je n'étais rien, vivais au quatrième sous un nom supposé, dans deux chambres d'étudiant (deux chambres, c'était mon luxe), cour du Commerce. M. Buloz, je dois le dire, fut des premiers à remarquer le désaccord un peu criant. J'en souffrais peu pour mon compte. Pourtant je me laissai faire. M. Cousin me nomma conservateur à la bibliothèque Mazarine. Je dois dire qu'il m'est arrivé quelquefois de me repentir d'avoir contracté envers lui ce genre d'obligation. Je ne suis pas de ceux qui méconnaissent en rien les hautes qualités d'esprit, l'élévation de talent et le quasi-génie de

(1) En cet endroit M. Sainte-Beuve a laissé à l'état de projet l'indication suivante tracée en quelques mots au crayon : « Ici le passage sur ce que dit M. Saint-René Taillandier dans la *Revue des Deux Mondes* (du 15 janvier 1864), et réfutation. » Il s'agissait d'une assertion erronée au sujet des relations de M. Vinet et de M. Sainte-Beuve à Lausanne. Cette réfutation, bienveillante du reste, M. Sainte-Beuve l'a écrite depuis ailleurs, dans le premier appendice du tome Ier de *Port-Royal* (édition de 1866); le chapitre a pour titre : *L'Académie de Lausanne en 1837.*

M. Cousin. J'ai éprouvé de sa part, à des époques différentes, diverses sortes de procédés, et, à une certaine époque, les meilleurs, les plus cordiaux et les plus empressés. Mais d'autres fois, et lorsque je me suis trouvé en travers ou tout à côté de la passion dominante de M. Cousin, qui est de faire du bruit et de *dominer* en littérature comme en tout, il m'a donné du coude (comme on dit), et n'a pas observé envers moi les égards qu'il aurait eus sans doute pour tout autre avec qui il se fût permis moins de sans-gêne. M. Cousin n'aime pas la concurrence. Je me suis trouvé, vis-à-vis de lui, sans le vouloir, et par le simple fait de priorité, un concurrent et un voisin pour certains sujets. Au lieu de m'accorder ce qui eût été si simple et de si bon goût à un homme de sa supériorité, une mention franche et équitable, il a trouvé plus simple de passer sous silence et de considérer comme non avenu ce qui le gênait. J'appliquerai au procédé qu'il tint à mon égard, notamment à l'occasion de *Port-Royal*, ce que dit Montluc à propos d'une injustice qu'il essuya : « Il sied mal de dérober l'honneur d'autrui ; il n'y a rien qui décourage tant un bon cœur. » Un jour que je me plaignais verbalement à M. Cousin, il me fit cette singulière et caractéristique réponse : « Mon cher ami, je crois être aussi délicat qu'un autre dans le fond ; mais j'avoue que je suis grossier dans la forme. » Après un tel aveu, il n'y avait plus rien à dire. J'ai dû attendre, pour reprendre et recouvrer ma liberté de parole et d'écrit envers M. Cousin, d'être délivré du lien qui pouvait sembler une obligation, et d'avoir quitté la Mazarine. Il m'est resté de cette affaire un sentiment pénible à tout cœur délicat, et plus de crainte que jamais de recevoir rien qui ressemblât à un service de la part de ceux qui ne sont pas dignes en tout de vous le rendre et de vous tenir obligés pour la vie.

En 1844 je fus nommé à l'Académie française pour remplacer Casimir Delavigne. Je fus reçu par Victor Hugo; cette circonstance piquante ajouta à l'intérêt de la séance.

La révolution de février 1848 ne me déconcerta point, quoi qu'on en ait dit, et me trouva plus curieux qu'irrité. Il n'y a que M. Veuillot et ceux qui se soucient aussi peu de la vérité pour dire que j'y ai eu des peurs bleues ou rouges. J'assistai en observateur attentif à tout ce qui se passa dans Paris pendant les six premiers mois (1). Ce

---

(1) M. Sainte-Beuve m'a souvent raconté que, pendant l'insurrection de Juin, il se promenait dans Paris son parapluie à la main (c'est la seule arme qui ne l'ait jamais quitté, même quand il s'était battu et bien battu autrefois en duel au pistolet avec M. Dubois), et s'approchait autant que possible du théâtre de l'insurrection pour avoir des nouvelles. Et s'il eût pris parti, je ne crois pas que c'eût été en ce moment-là pour ceux qui avaient laissé s'engager l'insurrection. En pensant à la tranquillité de la Chambre qui siégeait pendant

n'est qu'alors que, par nécessité de vivre et en ayant trouvé l'occasion, j'allai en octobre 1848 professer à l'université de Liége, où je fus pendant une année en qualité de professeur ordinaire. Tout cela

que l'on s'égorgeait dans Paris, il rappelait l'effroyable mot de Sylla au Sénat romain. On entend un grand bruit au dehors; le Sénat s'émeut; on veut connaître la cause de ce tumulte : « Ce n'est rien, dit Sylla; ce sont vingt mille citoyens qu'on égorge au Champ-de-Mars. » — Tous les amis de M. Sainte-Beuve lui ont entendu raconter l'épisode suivant des absurdes et à jamais odieuses journées, où l'on ne savait plus pourquoi on tirait des coups de fusil dans la rue. M. Sainte-Beuve se trouvait en compagnie du vieux M. de Feletz, administrateur de la bibliothèque Mazarine, dans son appartement à l'Institut même, avec quelques personnes. Le quartier avait été jusque-là tranquille et à l'abri. Tout d'un coup une fusillade est dirigée contre la façade même du palais Mazarin; les vitres volent en éclats; on n'a que le temps de rouler le fauteuil de M. de Feletz entre deux fenêtres, puis l'on n'entend plus rien. M. Sainte-Beuve descend, va voir ce que c'est; il trouve une compagnie de gardes nationaux de Versailles, qui venaient d'arriver, campés sur la place; c'étaient eux qui avaient tiré sur l'Institut. On cherche à savoir pourquoi. Ils avaient vu un homme sur les toits, qui avançait prudemment la tête, et qui avait l'air d'être armé d'un fusil. Ils en avaient conclu que l'Institut était occupé par les insurgés. Or il était arrivé que la personne qui était ainsi montée sur les toits, était un membre de l'Institut, logé dans le palais, M. H..., qui ayant vu venir des soldats se ranger sur la place avait voulu aussi savoir ce qui se passait, et avait choisi ce poste d'observation, s'y croyant parfaitement en sûreté et espérant bien de là juger de la situation. C'était lui que les gardes nationaux avaient aperçu et qu'ils avaient pris pour un insurgé les guettant. Horace Vernet, commandant de la garde nationale de Versailles, qui se trouvait justement à peu de distance, était accouru au bruit de la fusillade, et invectiva ses *soldats* de la belle manière. Ah! les... *bêtes* ne manquèrent pas. Mais M. H... avait eu tort cependant d'être trop curieux.

est expliqué dans la Préface de mon *Chateaubriand*. Revenu à Paris en septembre 1849, j'entrai presque aussitôt au *Constitutionnel* sur l'invitation de M. Véron, et j'y commençai la série de mes *Lundis*, que j'y continuai sans interruption pendant trois ans jusqu'à la fin de 1852. C'est alors seulement que je passai au *Moniteur*, où je suis resté plusieurs années.

Nommé par M. Fortoul en 1854 professeur de Poésie latine au Collége de France, en remplacement de M. Tissot, je n'y pus faire que deux leçons, ayant été empêché par une sorte d'émeute, née des passions et préventions politiques. Cette affaire mériterait un petit récit à part que je compte bien faire un jour.

Nommé, en dédommagement, maître de conférences à l'École normale par M. Rouland, en 1857, j'y ai professé pendant quatre années.

En septembre 1861 je suis rentré au *Constitutionnel*, et depuis ce temps j'y poursuis la série de mes *Nouveaux Lundis*.

Des critiques qui ne me connaissent pas et qui sont prompts à juger des autres par eux-mêmes m'ont prêté, durant cette dernière partie de ma vie si active, bien des sentiments, des amours ou des haines, qu'un homme aussi occupé que je le suis et changeant si souvent d'études et de sujets n'a vraiment pas le temps d'avoir ni d'entretenir. Voué et adonné à mon métier de critique, j'ai tâché d'être de plus en plus un bon et, s'il se peut, habile ouvrier.

Nous compléterons le document qu'on vient de lire par la publication des deux lettres suivantes que M. Sainte-Beuve écrivit à M. Alphonse Le Roy, professeur à l'université de Liége. Nous n'en supprimerons pas les répétitions qui concordent avec certains faits indiqués déjà dans le Fragment biographique qui précède. Ils se retrouvent ici avec des détails nouveaux, relatifs même aux dates de naissance, aux renseignements de famille, d'éducation, etc. Nous avons ainsi deux fois un Sainte-Beuve raconté par lui-même, et qui ne pouvait rien omettre, dans aucun des deux récits, de ce que l'on demande d'abord à une Biographie, même courte. M. Sainte-Beuve n'a pas laissé de Mémoires, il n'avait pas le temps d'en faire, mais les traits répandus à profusion dans ses Écrits, et qui touchent à sa physionomie de près, formeraient un Recueil qui deviendrait aisément un volume de Mémoires. Il n'en restera pas moins dans l'Histoire littéraire une lacune que lui seul, qui aimait tant l'exactitude, aurait pu combler, et l'on n'ose y toucher après lui, même quand on l'a bien connu, parce que la palette intime de l'écrivain, celle qui rendrait le mieux le ton et les nuances de ses sentiments et de son caractère, a été brisée. Il n'y avait que lui pour parler de lui-même. C'est encore à sa Correspondance que nous emprunterons le plus, quand nous voudrons faire une autobiographie. — M. Alphonse Le Roy avait été chargé par le Conseil académique de l'université de Liége, qui venait de célébrer son cinquantième anniversaire (le 3 novembre 1867), de composer une histoire même de cette université, un *Liber memorialis,* destiné à toutes les grandes bibliothèques publiques du monde savant en Europe et en Amérique; une Notice sur tous les professeurs qui y avaient enseigné depuis l'année de sa fondation (1817) devait y trouver place, et non-seulement une Notice biographique, mais bibliographique. M. Alph. Le Roy fit l'honneur à M. Sainte-Beuve de s'adresser à lui-même pour ce qui le concernait, et lui posa diverses questions auxquelles M. Sainte-Beuve répondit d'abord par cette première lettre :

« Ce 23 juin 1868.

« Cher Monsieur,

« Permettez en commençant cette familiarité à un quasi-collègue. Les questions que vous me faites l'honneur de m'adresser et qui me reportent à mes souvenirs de Liége ne peuvent que me flatter infiniment. Je voudrais être en mesure d'y répondre d'une manière tout à fait satisfaisante.

« Au point de vue de l'exactitude bibliographique et du complet, je ne sais aucune notice qui puisse remplir votre objet. J'ai eu souvent à me louer d'articles très-bienveillants, et, autant que je pouvais me permettre d'en juger, fort bien faits, mais tous conçus à un point de vue purement littéraire et contenant des jugements plus que des faits. J'ai quelquefois moi-même contribué à donner quelques notes, mais, je dois le dire, tout cela était fort sec et pas très-complet. Un travail bibliographique sur mon compte est donc chose toute nouvelle, et je n'oserais vous promettre de l'exécuter moi-même convenablement, surtout dans l'état de santé où je suis depuis plus d'une année.

« Si vous le voulez bien cependant, je vous enverrai une notice qui sera au moins exacte dans les parties qu'elle contiendra. J'estimerai à très-grand honneur de voir mon nom sur la liste de ceux qui appartiennent à une université si libérale et que j'ai trouvée à mon égard, en des temps difficiles, si bienveillante et si hospitalière.

« Veuillez agréer, cher monsieur, l'hommage de mes sentiments affectueux,

« SAINTE-BEUVE. »

Voici cette Notice que M. Sainte-Beuve écrivit sur lui-même dans une seconde lettre à M. Le Roy :

« Ce 28 juin 1868.

« CHER MONSIEUR,

« Je commence à m'acquitter et je me mets sans plus différer à vous donner le canevas le plus exact de ma biographie et de ma bibliographie.

« — Charles-Augustin Sainte-Beuve est né le 2 nivôse an XIII (23 décembre 1804) à Boulogne-sur-Mer. Son père, contrôleur principal des droits réunis de l'arrondissement, directeur de l'octroi de

Boulogne, s'était marié et était mort en cette même année 1804, avant la naissance de son fils. Sa mère, fille d'un marin de Boulogne et d'une Anglaise, éleva le jeune enfant de concert avec une belle-sœur, une sœur de son père.

« Quant à la question de savoir si Charles-Augustin avait quelque degré de parenté avec le docteur Jacques de Sainte-Beuve du xviie siècle, ce point a été touché dans la dernière édition de *Port-Royal*, donnée en 1867 (au tome IV, page 564). M. Sainte-Beuve n'a rien de certain sur cette parenté. Il n'en sait absolument rien.

« Né dans l'honnête bourgeoisie, mais dans la plus modeste des conditions, Charles-Augustin fit ses études dans sa ville natale et y acheva même toutes ses classes, y compris la rhétorique, dans la pension laïque de M. Blériot, sous un bon humaniste, natif de Montdidier, appelé M. Cloüet (1).

(1) Je retrouve des livres classiques qui ont servi à M. Sainte-Beuve pour faire ses études, et qui portent la signature de M. Cloüet: un *Horace* entre autres (édition de Rouen, expurgée — cela va sans dire — à l'usage des classes, et publiée par un jésuite, *Josephus Juvencius, S. J.*, 1736). M. Cloüet a écrit sur la garde de ce petit livre des pensées littéraires de lui sur « le plus parfait des poëtes latins après Virgile, » suivies de vers de Gresset et de Voltaire à l'éloge d'Horace. Ces deux pages de la main du professeur sont datées de « vendredi 31 8bre 1817. » Le jeune élève a mis deux fois sa signature au-dessous de celle de son maître : « Sainte-Beuve, 1er mai 1818; » c'était l'année de son départ pour Paris; — « Sainte-Beuve. 19 janvier 1822; » il était bien près de quitter

Ayant achevé cette rhétorique à treize ans et demi, il aspirait à venir à Paris recommencer en partie et fortifier ses études; il y décida sa mère, toute dévouée à l'avenir de son fils. Venu à Paris en septembre 1818, entré à l'institution de M. Landry, rue de la Cerisaie au Marais, il suivit les classes du collége Charlemagne à partir de la troisième. Dès la première année, au concours général de 1819, il obtint le premier prix d'histoire (l'histoire était une faculté tout nouvellement instituée dans les colléges).(1).

« En 1821, l'institution de M. Landry ayant

définitivement l'école et le collége cette année-là. — Un autre *Horace* de 1760, en deux volumes et traduit en français, ayant également appartenu à M. Cloüet, porte quelques lignes de la plus jeune écriture de M. Sainte-Beuve, concernant la vie du poëte latin. — Je lis encore, sur un petit exemplaire des *Commentaires de César,* qui lui venait aussi de son maître, ce court jugement de collége, daté, signé et paraphé : « César, grand capitaine et grand littérateur, d'un génie aussi élevé que d'un courage ardent, a laissé des Commentaires célèbres par la pureté du style, par la sagesse de la narration, par la justesse des idées. — Boulogne, 23 juin 1818. Sainte-Beuve. » — M. Sainte-Beuve a écrit depuis, dans ces dernières années (mais pour lui seul), un début d'article plus long, plus vif et plus complet sur *César,* qu'il a gardé en portefeuille.

(1) Et naturellement on lui donna pour livre de prix l'*Histoire romaine* de Rollin, qui n'est jamais sortie de sa bibliothèque, et qui y est encore à la même place. L'année suivante, il eut un prix de semestre, consistant en une jolie édition latine de Tite-Live, à laquelle M. Sainte-Beuve a attaché ce souvenir particulier, en tête du premier volume : « 1820. Année de la naissance de M. le duc de Bordeaux. La ville de Paris décerna un prix cette année-là. Je l'obtins surtout pour avoir fait une pièce de *vers latins* sur le sujet

changé de quartier et s'étant transportée rue Blanche (Chaussée-d'Antin), le jeune Sainte-Beuve qui nous avait été proposé de la *mort du duc de Berry*. Ma pièce commençait ainsi :

> Ite mei fletus, et vos cum fletibus ite
> Carmina, inæquali carmina capta pede.
> Occidit heu! Biturix. . . . . etc. »

Inæquali carmina capta pede; — à l'imitation de l'antique, l'écolier indiquait en quels vers (hexamètre et pentamètre) il avait écrit sa composition. — Il y eut encore, paraît-il, à Charlemagne, un nouveau prix de semestre, offert l'année d'après par la ville de Paris, et cette fois à l'occasion du baptême de M. le duc de Bordeaux. M. Sainte-Beuve obtint le premier prix d'excellence en rhétorique de première année (30 avril 1821). L'ouvrage qu'on lui donna et qui a conservé sur la garde l'inscription du collége avait son à-propos en ce moment-là : c'est la brochure toute de circonstance de Chateaubriand, *Mémoires, Lettres et Pièces authentiques touchant la vie et la mort du duc de Berry* (1820). — La Restauration n'abreuvait pas moins les *chers élèves* de l'université de son culte que le régime impérial précédent ne l'avait fait, mais elle pesait cependant moins sur eux; on n'était plus sous une main de fer. — Je trouve aussi une *Histoire du roi Henri le Grand* par Hardouin de Péréfixe, parmi les prix de M. Sainte-Beuve en 1821. — Et enfin un beau et magnifique *Virgile* (celui de Burmann, Amsterdam, 1746, en 4 volumes), qui fut son premier prix de vers latins au concours général de 1822, comme vétéran de rhétorique au collége Bourbon. Avec Virgile, nous rentrons dans l'un des goûts de prédilection de toute sa vie et qui avaient commencé au collége : Homère, Virgile, Racine, Lamartine. — Lamartine! — Le poëte élégiaque et attendri en Sainte-Beuve aima toujours à se redire ces beaux vers, qui avaient fait battre son cœur aux premières années d'adolescence. — « Ah! quand les *Méditations* parurent, disait-il, j'étais encore en classe (1820); j'avais seize ans; on nous laissait assez libres, à la pension Landry, de lire tout ce que nous voulions : nous n'étions pas, comme les écoliers d'aujourd'hui, obligés de nous cacher pour connaître ce qui se publiait au dehors de beau et de grand; il y avait un esprit plus large, un souffle plus géné-

suivit les classes du collége Bourbon, où il fit sa rhétorique et sa philosophie ainsi que des mathé-

reux et plus libéral (sans prétention à vouloir le paraître) dans la façon de ce temps-là de comprendre l'enseignement. Nous lisions les nouveaux livres tout haut en récréation : on ne se figure plus aujourd'hui, on ne peut plus se figurer quel enthousiasme, quel transport ce fut pour les premiers vers de Lamartine parmi ceux de notre âge; nous tous qui voulions faire des vers, nous fûmes touchés; nous ressentions là le contre-coup d'une révélation; un soleil nouveau nous arrivait et nous réchauffait déjà de ses rayons... » — Et me transportant moi-même, aujourd'hui, de ces souvenirs d'un passé qui me revient par bribes des conversations de M. Sainte-Beuve, à l'autre extrémité de sa vie, à ses derniers mois, lorsque M. de Lamartine est mort (le 28 février 1869), M. Sainte-Beuve, qui allait le suivre de si près, ne crut pouvoir mieux honorer la mémoire du grand poëte qu'en relisant un soir, à table, après le dîner, d'une voix et d'un accent inspirés par le sujet même et dont la douceur et le charme pénétraient ceux qui l'entouraient, ces belles strophes, la plus belle musique de deuil qu'on ait écrite en poésie, et qui ont pour titre *le Passé* :

> Arrêtons-nous sur la colline,
> A l'heure où partageant les jours, etc.

Je ne puis oublier la voix de M. Sainte-Beuve redisant presque de souvenir la strophe entière :

> Reconnais-tu ce beau rivage?
> Cette mer aux flots argentés,
> Qui ne fait que bercer l'image
> Des bords dans son sein répétés?
> Un nom chéri vole sur l'onde!...
> Mais pas une voix qui réponde,
> Que le flot grondant sur l'écueil.
> Malheureux ! quel nom tu prononces!
> Ne vois-tu pas parmi ces ronces
> Ce nom gravé sur un cercueil?...

On eût cru que M. Sainte-Beuve se redisait à lui-même le chant funèbre de plus d'une illusion, à la fin de sa vie.

matiques. Il obtint au concours général de 1822 le premier prix de vers latins parmi les vétérans. Il se livra ensuite à des études de sciences et de médecine, et il continua ces dernières jusqu'en 1827, c'est-à-dire pendant près de quatre ans. Il fit, pendant une année, le service d'externe à l'hôpital Saint-Louis, et en général il profita beaucoup de tout l'enseignement médical, anatomique et physiologique, à cette date.

« Cependant, dès l'année 1824, à l'automne, s'était fondé un nouveau journal, *le Globe*, dirigé par d'anciens et encore très-jeunes professeurs de l'université, que le triomphe de la faction religieuse avait éloignés de l'enseignement. Le rédacteur en chef notamment, M. Dubois, avait été professeur de rhétorique de M. Sainte-Beuve, ce qui facilita au jeune étudiant en médecine son entrée au *Globe* pour l'insertion d'articles littéraires : ces premiers articles littéraires qu'il y donna depuis 1824 et dans les années suivantes n'ont point encore été recueillis. Ils portaient en général sur des ouvrages historiques, sur des mémoires relatifs à la Révolution française, sur des ouvrages aussi de poésie et de pure littérature.

« L'Académie française ayant proposé pour sujet de prix le *Tableau littéraire du* XVIe *siècle,* M. Sainte-Beuve, sur le conseil de M. Daunou, l'ancien conventionnel et l'illustre érudit (lequel était de Boulogne-sur-Mer), se mit à étudier le sujet, et, renonçant à concourir pour l'Académie, il se prit à vouloir approfondir le côté purement poétique du *Tableau*. Cela le conduisit à insérer dans *le Globe*, en 1827, une série d'articles qui furent recueillis en 1828 sous ce titre : *Tableau historique et critique de la Poésie française et du Théâtre français au* XVIe *siècle* (Paris, in-8°). L'ouvrage avait deux volumes ; mais le second contenait simplement les *OEuvres choisies de Pierre de Ronsard, avec notices, notes et commentaires.* Cette réhabilitation de Ronsard et en général de la Poésie du XVIe siècle excita dans le temps une vive polémique et classa d'emblée M. Sainte-Beuve parmi les novateurs.

« Et, en effet, dès le 2 janvier 1827, un article de lui inséré dans *le Globe* et qui fut remarqué de Gœthe (ainsi que nous l'apprend Eckermann) avait mis M. Sainte-Beuve en relation avec Victor Hugo, et cette relation devint bientôt une intimité. Elle dura pendant plusieurs années et hâta le développement poétique de M. Sainte-Beuve ou même y donna jour. En 1829 M. Sainte-Beuve publiait, sans y mettre son nom, le petit volume in-16, intitulé *Vie, Poésies et Pensées de Joseph Delorme.* Ce Joseph Delorme, sans être *lui* tout à fait quant aux circonstances biographiques, était assez fidèlement son image au moral. Ce petit volume classa

M. Sainte-Beuve parmi les poëtes novateurs, comme son *Tableau de la Poésie française* l'avait classé parmi les critiques.

« L'année suivante, au mois de mars 1830, il publiait le recueil de Poésies intitulé : *les Consolations*, lequel eut un succès moins contesté que celui de *Joseph Delorme*.

« Dès le mois d'avril 1829, dans la *Revue de Paris*, fondée par le docteur Véron, M. Sainte-Beuve insérait des articles plus étendus que ceux qu'il pouvait donner dans *le Globe*, des articles sur Boileau, La Fontaine, Racine, Jean-Baptiste Rousseau, Mathurin Regnier et André Chénier, par lesquels il inaugurait le genre de Portraits littéraires qu'il a développé depuis.

« La Révolution de juillet 1830 ne laissa pas d'apporter quelque trouble dans les travaux littéraires des jeunes écrivains et dans les préoccupations des poëtes romantiques de cette époque. M. Sainte-Beuve, pendant les premiers mois qui suivirent cette Révolution, collabora plus activement au *Globe* par des articles non signés ; et l'année suivante, il se rattachait même au journal *le National*, dirigé par Armand Carrel. Mais ses incursions dans la politique furent courtes, et il se tint ou revint le plus possible dans sa ligne littéraire. La *Revue des Deux Mondes*, dirigée par M. Buloz dès 1831, lui fournit un cadre commode à ses études critiques. Il y débuta par un article sur Georges Farcy, jeune professeur de philosophie tué pendant les journées de Juillet. Ces articles critiques de M. Sainte-Beuve, tant ceux de la *Revue de Paris* que de la *Revue des Deux Mondes*, furent recueillis en cinq volumes in-8° qui parurent successivement, de 1832 à 1839, sous le titre de *Critiques et Portraits littéraires*. Mais depuis, ces articles, continuellement accrus et augmentés, furent autrement distribués et recueillis dans le format in-12, sous les titres de *Portraits de femmes,* — *Portraits littéraires,* — *Portraits contemporains,* — *Derniers Portraits.* — Cette collection, qui, prise dans son ensemble, ne forme pas moins de sept volumes, a été bien des fois réimprimée avec de légères variantes depuis 1844 jusqu'à ces dernières années. Il serait superflu d'en énumérer les diverses éditions ou tirages.

« Mais, en 1834, M. Sainte-Beuve publiait un roman en deux volumes, in-8° qui avait titre *Volupté*. Cet ouvrage, à l'heure qu'il est, a eu jusqu'à cinq éditions, toutes réelles, chacune des quatre dernières formant un volume in-12 (1).

« En 1837 M. Sainte-Beuve publia un volume de

---

(1) Il vient d'être réimprimé en 1869, avec de nombreux et très-intéressants Appendices. M. Sainte-Beuve y a réuni des appréciations critiques de *Volupté*, contenues dans des lettres de Chateaubriand, Mme Sand, M. Michelet, M. Villemain, etc.; une surtout

Poésies (in-18) : *Pensées d'août*. Ce dernier recueil, joint à celui des *Consolations* et de *Joseph Delorme*, a contribué à former le volume intitulé *Poésies complètes de Sainte-Beuve*, in-12, lequel, imprimé en 1840, a eu depuis plusieurs éditions. Une édition dernière, qui a paru chez le libraire Michel Lévy en 1863, forme deux volumes et est préférable pour le complet à toutes les autres.

« Dans l'automne de 1837, M. Sainte-Beuve, voyageant en Suisse, fut invité à donner un cours d'une année comme professeur extraordinaire à l'Académie de Lausanne sur le sujet de *Port-Royal*, dont il s'occupait depuis quelques années déjà. Il fit ce cours en 81 leçons dans l'année scolaire 1837-1838, et il bâtit ainsi l'ouvrage qui parut successivement en cinq volumes in-8°, depuis 1840 jusqu'en 1859. L'intervalle qu'il y eut entre la publication de plusieurs des volumes s'explique par les travaux ou les événements qui traversèrent la vie littéraire de M. Sainte-Beuve. Cet ouvrage de *Port-Royal* (3ᵉ édition) a été publié en six volumes (format in-12) en 1867 ; et cette dernière édition, très-augmentée, est nécessaire pour qui veut connaître non-seulement *Port-Royal*, mais beaucoup

---

qui, sous forme de lettre, est la critique la plus complète et peut-être la plus remarquable qu'on ait écrite sur le roman de *Volupté*, due à la plume du marquis Aynard de La Tour du Pin (mor depuis colonel).

de circonstances de la vie morale et littéraire de M. Sainte-Beuve.

« La Révolution de février 1848 dérangea l'existence de M. Sainte-Beuve. Il était depuis 1840 l'un des conservateurs de la Bibliothèque Mazarine. Nommé en 1844 membre de l'Académie française à la place de Casimir Delavigne, il y avait été reçu le 17 février 1845 par M. Victor Hugo, qui était alors directeur ou président. -- L'instabilité qui, après la Révolution de février 1848, semblait devoir présider pour longtemps aux destinées de la France, détermina M. Sainte-Beuve à prêter l'oreille à l'appel qu'on faisait d'un professeur de littérature française pour l'Université de Liége. M. Charles Rogier, ministre de l'intérieur, qu'il connaissait depuis très-longtemps, le décida à accepter, et il arriva à Liége en octobre 1848. Les difficultés étaient grandes, plus même que ne l'avait soupçonné M. Sainte-Beuve. Il eut le bonheur de trouver dans M. Borgnet, recteur, un homme équitable et juste, et dans le public et dans la jeunesse une disposition à l'écouter avant de le juger. Il faisait trois cours par semaine : lundi, mercredi et vendredi. Le cours du lundi, qui était à la fois pour les élèves et pour le public et qui se tenait dans la grande salle académique, roulait sur Chateaubriand et son époque. Le cours du mercredi et du vendredi, destiné aux seuls élèves, embrassait l'ensemble de la littérature française. Vers le temps de Pâques et pendant les derniers mois, M. Sainte-Beuve eut encore à faire des conférences de rhétorique et de style pour les sept ou huit élèves qui se préparaient à l'enseignement. Les souvenirs que M. Sainte-Beuve a gardés de cette année d'étude et d'Université lui sont demeurés précieux. Il n'a tenu qu'à peu de chose qu'il ne fixât à Liége sa destinée et qu'il n'y plantât sa tente, au moins pour quelques années, ainsi que l'eût désiré le ministre de l'intérieur, M. Charles Rogier. Il n'a pu payer à la Belgique son tribut public de reconnaissance qu'un peu tard, lorsqu'il publia, en 1861, les deux volumes intitulés : *Chateaubriand et son groupe littéraire sous l'Empire*. Sa vie de Liége et les travaux qu'il y prépara se trouvent indiqués et résumés dans ces volumes.

« Non marié, mais ayant sa mère plus qu'octogénaire (1), M. Sainte-Beuve revint à Paris en septem-

---

(1) Mme Sainte-Beuve est morte à Paris, dans sa maison de la rue Mont-Parnasse, où est mort aussi son fils, le 17 novembre 1850, à cinq heures de l'après-midi. Elle avait quatre-vingt-six ans. Son fils lui ressemblait beaucoup, dit-on ; quelqu'un qui avait bien connu Mme Sainte-Beuve, et qui a le droit d'avoir un avis sur ces matières de santé, répétait souvent à M. Sainte-Beuve qu'il vivrait jusqu'à l'âge de sa mère. C'est à quoi du moins il paraissait destiné, pour qui le voyait tous les jours de bien près. Poitrine large et forte, constitution qu'on eût dite des plus robustes, épaules carrées (il avait une grosse veine bleue sur la poitrine à droite, près du sein, qui frappait tout d'abord le regard), la voix toujours ferme et haute

bre 1849, sous la présidence du prince Louis-Napoléon. Le docteur Véron lui proposa immédiatement de commencer dans le journal *le Constitutionnel* qu'il dirigeait une série d'articles littéraires paraissant tous les lundis. Ces articles réussirent et donnèrent le signal d'une reprise de la littérature. M. Sainte-Beuve les continua trois ans au *Constitutionnel*, puis ensuite dans *le Moniteur*, devenu journal de l'Empire. La collection de ces articles en volumes se fit à partir de 1851, sous le titre de *Causeries du Lundi*, et elle se continua pendant les années suivantes au point de former en définitive quinze volumes in-18 (1).

« Mais, dans l'intervalle, M. Sainte-Beuve fut nommé professeur de Poésie latine au Collége de

---

sans fatigue, l'appétit solide même durant ses souffrances, sans répugnance pour aucun mets, pas de délicatesse maladive, un organisme des plus sains, de lésion nulle part, sauf celle produite par la maladie dont il est mort, et qui n'était peut-être pas incurable.

(1) La Table générale analytique qui se trouvait à la fin du XIe volume a été supprimée comme ne remplissant plus son objet par suite des éditions nouvelles de l'ouvrage, à chacune desquelles M. Sainte-Beuve ajoutait quelque chose dans ses articles; enfin les trois volumes qui ont porté de onze à quinze le chiffre de la collection des *Causeries* nécessitaient une nouvelle Table, qui n'a point encore été faite. M. Sainte-Beuve l'a remplacée dans le XIe volume par une centaine de pages des plus piquantes, intitulées *Notes et Pensées*, dans lesquelles, comme il disait, « il a vidé tous ses cahiers. » Ce sont des jugements et éclaircissements sur ses Contemporains, des pages de Mémoires. — M. Paul Chéron, auteur de la première Table, a composé par cartes la Bibliographie de M. Sainte-Beuve encore inédite. Nous devons signaler, parmi

France en 1854, en remplacement de M. Tissot : il fit son discours d'ouverture le 9 mars 1855. Cette leçon d'ouverture, qui fut suivie d'une seconde, fut troublée par des manifestations tenant à la politique, et le cours en resta là. M. Sainte-Beuve fit ce qu'il devait, et il ne désire point aujourd'hui, sur ce chapitre délicat, avoir à s'expliquer davantage. L'injustice dont il croit avoir été un moment l'objet a été trop amplement réparée et compensée depuis par des témoignages publics de sympathie et d'indulgence.

« Il tint à honneur toutefois de publier la première partie du cours qu'il devait professer. De là le volume intitulé : *Étude sur Virgile,* un volume in-18 (1857). Le nom de M. Sainte-Beuve a continué de figurer en qualité de professeur titulaire

---

ce que M. Sainte-Beuve a omis d'indiquer, les quatre articles sur *Proudhon,* de la *Revue contemporaine* (octobre, novembre et décembre 1865), qui seront prochainement réunis en volumes. — Nous avons eu à publier, depuis la mort de M. Sainte-Beuve, un dernier et nouvel article sur *Mme Tastu,* qui lui avait été demandé par les éditeurs des *Causeries,* MM. Garnier, pour l'un des deux volumes extraits de ce Recueil, *Galerie de Femmes célèbres.* — M. Sainte-Beuve s'est fait éditeur, en 1868, à l'*Académie des Bibliophiles,* d'une *Préface aux Annales de Tacite par Senac de Meilhan,* suivie d'une *Lettre du prince de Ligne à M. de Meilhan.* Il y a mis des notes assez vives et un Avertissement. Cette publication doit compter en dernier lieu dans sa Bibliographie. — Son dernier article, et qu'il n'a pas achevé, a été sur les Mémoires de M. le comte d'Alton-Shée, son cousin. Ce sont onze feuillets posthumes, qui trouveront place à la fin des *Nouveaux Lundis.* Un journal (*la Cloche,* du 15 février 1870) en a déjà eu la primeur.

sur les affiches du Collége de France, mais il a depuis longtemps renoncé à tous ses droits.

« Le ministre de l'instruction publique, M. Rouland, nomma M. Sainte-Beuve maître de conférences à l'École normale supérieure, afin d'utiliser ses services. M. Sainte-Beuve a rempli ces fonctions très-exactement à l'École normale pendant trois ou quatre ans (1858-1861).

« C'est alors que sa plume de critique et de journaliste fut réclamée de nouveau par le journal *le Constitutionnel,* et il y reprit ses articles littéraires du *Lundi* à dater du 16 septembre 1861. Il remplit de nouveau toute une carrière, et la série de ces articles, recueillis à partir de 1863 sous le titre de *Nouveaux Lundis,* ne forme pas aujourd'hui (1868) moins de dix volumes qui auront même une suite.

« La fatigue ne laissait pas de se faire sentir. L'Empereur voulut bien conférer en avril 1865 (1) à M. Sainte-Beuve la dignité de sénateur. — M. Sainte-Beuve est, depuis le 11 août 1859, commandeur de la Légion d'honneur (2).

« Sa santé altérée, et d'une manière qui paraît devoir être définitive, lui avait peu permis d'intervenir dans les discussions du Sénat, lorsque des

---

(1) Le décret est signé du 28.
(2) Le 31 janvier 1867, le Bureau du *Journal des Savants* élut Sainte-Beuve en remplacement de M. Cousin.

circonstances qui intéressaient vivement ses convictions l'y ont en quelque sorte obligé. Le rôle qu'il y a pris et qui a fait de lui comme le défenseur déclaré de la libre pensée a été moins le résultat d'une volonté réfléchie que d'un mouvement irrésistible.

« Il me semble que c'est assez pour une fois et que je suis rassasié d'en prendre. — Tout à vous, mon cher Monsieur,

« SAINTE-BEUVE. »

J'ai différé jusqu'à présent de parler du père de M. Sainte-Beuve. Je vais le faire avec plus d'étendue ici que ne me l'eût permis plus haut le cadre restreint d'une note. *Charles-François de Sainte-Beuve* (ce sont ses nom et prénoms que je copie sur son extrait de naissance) était né, comme nous l'apprend son fils, au bourg de Moreuil en Picardie (aujourd'hui département de la Somme, arrondissement de Montdidier), le 6 novembre 1752. Son père, *Jean-François de Sainte-Beuve*, y était contrôleur des actes; sa mère s'appelait Marie Donzelle. Il n'était pas l'aîné de ses frères ou sœurs, et il en eut bien d'autres, en tout sept enfants. M. Sainte-Beuve nous a souvent raconté dans quelles circonstances il avait fait connaissance de l'un de ses oncles paternels : c'était la première personne qu'il avait vue en arrivant à Paris, en 1818. Cet oncle demeurait place Dauphine; il y occupait une maison à lui tout seul : il était marchand de vin (1). Mme Sainte-Beuve conduisit son fils chez son beau-frère, qui était un brave homme, et la conversation roula sur le choix d'un professeur qu'il fallait donner au jeune homme pour le perfectionner dans ses études, en attendant le collége. L'oncle leur parla alors d'un savant qu'il connaissait dans le quartier Saint-Jacques, un ancien prêtre qui s'était marié à la Révolution, et qui avait siégé à la Convention. Il donnait aujourd'hui des leçons de latin et de grec (on était en 1818), et il élevait lui-même son fils, qui avait reçu de lui une très-bonne éducation. Mais, par exemple, « il le mène *à la baguette,* il est très-sévère, » — c'était un avis amical donné par l'oncle à son neveu. — On conduisit le jeune Sainte-Beuve chez ce professeur, qui avait en effet le ton rude et autoritaire (comme on dirait aujourd'hui) des anciens jours. Son fils ne lui résistait pas : c'était encore un enfant. Sur l'ordre de son père, il monta sur la table et déclama, sans se tromper, tout un chant d'un poëme antique latin ou grec (M. Sainte-Beuve désignait même le chant du poëme, que j'ai oublié), — et du reste le fils de l'ex-conventionnel était capable des deux langues. Le père était émerveillé de son fils en l'écoutant, mais il ne le montrait pas trop : ce jeune homme qui était déjà si instruit, et qui tremblait devant son redoutable père, devait être un jour le spirituel écrivain et rédacteur du *Journal des Débats,* M. Philarète Chasles. Il eut depuis bien d'autres vicissitudes; il fit un séjour forcé à Londres pour échapper à une accusation de complot à Paris sous cette même Restauration, où, lui dit son père, « ton avenir, avec mon nom, est

(1) Il se nommait *François-Théodore de Sainte-Beuve :* je relève son nom sur le contrat de mariage de M de Sainte-Beuve père. où il est mentionné comme absent de Boulogne (le 29 ventôse an XII, 20 mars 1804). C'était le dernier né de la famille. Sa qualité de *marchand de vin, demeurant à Paris,* me le fait reconnaître. — Nous savons aussi par M. Sainte-Beuve qu'après la mort de son père, une de ses tantes du côté paternel était venue se joindre à sa mère, veuve dès le huitième mois de son mariage, et avait contribué à l'élever. C'est de cette sœur de son mari qu'il est question dans la lettre citée plus haut du chef d'institution, M. Landry, à Mme Sainte-Beuve mère.

désormais perdu en France. » Il apprit l'anglais (qu'il sait si bien) en Angleterre, mais il n'a pas oublié non plus cette première rencontre de sa jeunesse (presque de l'enfance) avec M. Sainte-Beuve, qui la lui rappelait naguère. Son père, homme inflexible, avait de la tendresse pour l'oncle de M. Sainte-Beuve, et se montra constamment d'une reconnaissance à toute épreuve (comme pouvait la ressentir un homme de sa trempe) pour un service que lui avait rendu le marchand de vin de la place Dauphine : il l'avait gardé une fois quelque temps caché dans sa maison, je ne saurais dire aujourd'hui à quelle époque ni à quelle occasion de terreur (qui n'était plus celle de Robespierre) et où il y allait toujours, pour un conventionnel proscrit, de la tête. L'oncle de M. Sainte-Beuve lui avait sauvé la vie (1).

J'ai là, rassemblées autour de moi, en ce moment, les reliques de M. de Sainte-Beuve père. Ce sont, pour la plupart, des livres couverts de remarques et annotations manuscrites, comme ceux qui composaient la bibliothèque de son fils, aujourd'hui dispersée : on dirait que le père a transmis au fils, en mourant, tous ses goûts avec sa manière d'étudier, la plume ou le crayon à la main. Et ce ne sont pas seulement des livres, mais des lambeaux de papiers, évidemment ce qu'il trouvait à sa portée et qui lui servait à fixer sur-le-champ un *memorandum* improvisé. S'il n'écrivait pas (2),

---

(1) On lit dans le *Journal des Débats et des Décrets* (n° 142, page 89), rédigé par Louvet, au compte rendu de la séance de la Convention du 7 février 1793 : « Aubry, ancien militaire, après beaucoup de difficultés, obtient la parole (dans la discussion d'un projet de nouvelle organisation de l'armée où la garde nationale et la ligne devaient se confondre). — Chasles interrompait presque chaque mot. — Louvet dit à Chasles : « Il n'est point question d'organiser un corps de chanoines; taisez-vous; » — et Chasles parle toujours. » — Chasles, en effet, avait été chanoine au chapitre de Chartres avant la Révolution. Et Louvet, dans sa pointe, se montrait bien toujours le digne auteur de *Faublas*.

(2) Il y a cependant une petite plaquette in-8° de 15 pages, en vers, intitulée *La Conversion des Philosophes, Nouvelle*, sur laquelle se trouvent écrits ces mots à la main : « *Par mon père.* » M. Sainte-Beuve n'avait jamais

s'il ne faisait rien imprimer, il prenait des notes (1).
En déchiffrant aujourd'hui cette écriture effacée du père, jetée à la hâte sur le premier *chiffon* venu, sur la garde d'une brochure dépareillée où se lit ce nom en guise d'envoi : « Au citoyen Sainte-Beuve, administrateur (2) du département du Pas-de-Calais, » je ne puis m'empêcher de me rappeler l'illustre écrivain le matin à sa toilette, griffonnant avec un

parlé de cela à personne, et je pourrais me tromper sur l'écriture bien ancienne des trois mots manuscrits qui me feraient croire que cette brochure est de son père. C'est une espèce de satire ou conte à l'adresse d'un écrivain bien oublié aujourd'hui, Mme de Genlis, et qui venait de publier alors *Les Arabesques mythologiques*, — « avec figures, » a bien soin d'ajouter, dans un petit Avertissement, l'auteur de la satire que j'ai sous les yeux. C'est à l'une de ces figures peut-être que fait allusion une gaillardise de ce court poëme, qui a le sel gai. Parmi les livres de M. de Sainte-Beuve père, qu'il avait bien lus et (paraît-il) bien goûtés, se trouvent les Œuvres de Gresset et la *Pucelle* de Voltaire. Si la brochure en question est bien réellement de lui, il s'y range, en raillant, du côté des grands moralistes et philosophes de l'Antiquité contre cette pimbêche, bavarde et pédante de Mme de Genlis, qui essayait de les châtrer, et qui publiait, en 1801, des *Heures nouvelles*.

(1) Il marquait, en courant, la date d'un fait historique qu'il lui importait de se rappeler, tel que celui-ci par exemple : « Pie VI mourut ou, pour mieux dire, s'endormit à Valence le 19 août 1799 (le 2 fructidor an VII). » — Quelquefois c'est un vers d'Horace, le plus souvent un vers de Virgile, mais nous y reviendrons.

(2) Je ne sais à quelle fonction répondait alors cette qualité que je retrouve plusieurs fois, écrite en abrégé, sur les papiers de ce temps-là, ayant appartenu à M. de Sainte-Beuve père. — Sur son contrat de mariage, qui est du 29 ventôse an XII, il prend titre et qualités de directeur de l'octroi municipal et de bienfaisance de Boulogne-sur-Mer. — Voici un billet antérieur, imprimé, dont les blancs sont remplis à son nom : « C^n Sainte-Beuve, ad^{teur}. — Boulogne, le... vend^{re}, l'an 3me de la République française, une et indivisible. — Citoyen, en exécution de l'article dix du titre sept de la loi du 21 pluviôse, relative aux secours, je te préviens que tu as été cotisé à une somme de 50 fr pour être employée au payement d'avance du trimestre de vend^{re} au p^{er} nivôse des secours dus aux familles des défenseurs de la République. — Je te requiers en conséquence, sous les peines portées en l'article 13 du titre 7 de la loi ci-dessus, de payer sous huit jours, entre les mains du citoyen Marsan, nommé à cet effet par les commissaires distributeurs, le montant de ta cotisation ; cette somme te sera remboursée aussitôt l'arrivée des fonds destinés à cet objet. — *Salut et Fraternité.* — L. Fontaine, agent national. »

crayon sur le coin d'un journal quelconque un fait, une idée, une phrase qui lui venait toute faite, et dont son esprit avait intérieurement désigné la place où il fallait l'introduire dans l'article en cours de composition. J'arrivais : il fallait conserver le coin déchiré du journal, sujet à s'égarer; M. Sainte-Beuve me disait : « A tel endroit, voyez ce que je vais mettre... » Il entrait dans mes fonctions de secrétaire de me rappeler en un instant, dès le matin, au pied levé, avant même de *nous* être mis au travail, l'article qu'on écrivait depuis deux jours; mais le maître m'avait mis vite au fait, et dès longtemps j'étais habitué à ces vivacités de son esprit.

Les livres qu'il avait gardés de son père sont sur tous sujets. M. de Sainte-Beuve père n'était étranger à rien de ce qui se publiait et qui faisait quelque bruit de son temps. Je retrouve certains ouvrages, aujourd'hui bien démodés, mais qui autrefois eurent la vogue, et sur lesquels il écrivait ses impressions (1). Il les exprimait le plus souvent par des rapprochements littéraires et poétiques, des citations empruntées à de grands poëtes des époques les plus brillantes de la Littérature. Un vers de Lucrèce, un vers de Voltaire lui venait toujours à propos (2). Mais Horace et Virgile étaient ses poëtes de prédilection. Chaque marge, chaque feuillet de son *Virgile* est plein de ses commentaires, où se révèle

---

(1) *Sic transit gloria mundi.* Voilà neuf volumes du *Voyage du jeune Anacharsis*, qui rentrait entièrement dans ses goûts et ses études favorites, avec un *Atlas* du même ouvrage, sur lequel M. de Sainte-Beuve père a attentivement étudié cette antique Géographie, qui devait tant parler à son imagination.

(2) Ainsi, sur un exemplaire (imprimé à Arras) de la Constitution de la République française, du 5 fructidor an III (22 août 1795), et dont la première signature est celle de Marie-Joseph Chénier, président de la Convention nationale, M. de Sainte-Beuve père écrivait ce vers de la tragédie de *Mahomet* (acte II, scène v) :

Je viens après mille ans changer vos lois grossières.

Et au-dessous cet autre vers de la *Pharsale* de Lucain (livre II) :

Naturamque sequi, patriæque impendere vitam.

toute sa sensibilité d'âme et de goût; et le poëte des *Pensées d'août,* qui a relu un jour les notes d'un père qu'il n'avait point connu et qui s'est servi, après lui, du même exemplaire pour apprendre Virgile, a pu dire :

> Mon père ainsi sentait. Si, né dans sa mort même,
> Ma mémoire n'eut pas son image suprême,
> Il m'a laissé du moins son âme et son esprit,
> Et son goût tout entier à chaque marge écrit.
> Après des mois d'ennuis et de fatigue ingrate,
> Lui, d'étude amoureux et que la Muse flatte,
> S'il a vu le moment qu'il peut enfin ravir,
> Sans oublier jamais son Virgile-*elzévir,*
> Il sortait; il doublait la prochaine colline,
> Côtoyant le sureau, respirant l'aubépine,
> Rêvant aux jeux du sort, au toit qu'il a laissé,
> Au doux nid si nombreux et si tôt dispersé,
> Et tout lui déroulait, de plus en plus écloses,
> L'âme dans les objets, les larmes dans les choses.
> Ascagne, Astyanax, hâtant leurs petits pas,
> De loin lui peignaient-ils ce fils qui n'était pas?...
> Il allait, s'oubliant dans les douleurs d'Élise.
> Mais, si l'enfant au seuil, ou quelque vieille assise,
> Venait rompre d'un mot le songe qu'il songeait,
> Avec intérêt vrai comme il interrogeait!
> Il entrait sous ce chaume, et son humble présence
> Mettait à chaque accent toute sa bienfaisance.
> Ces pleurs que lui tirait l'humaine charité
> Retombaient sur Didon en même piété.

Ces vers sont dédiés à A. M. PATIN. M. Sainte-Beuve a pu s'y peindre en y peignant tout entier son père. *Avec intérêt vrai comme il interrogeait!*

Homme doux et intègre, témoin éclairé et modéré de la Révolution, M. de Sainte-Beuve collectionnait en curieux et en homme qui s'y intéressait les journaux du temps (*le Courrier de l'Égalité,* le *Journal de Paris*) et un grand nombre de brochures. Un exemplaire du *Vieux Cordelier,* conservé avec beaucoup de soin par son fils, qui a écrit dessus *Exemplaire de mon père,* portant en tête un portrait gravé de Camille Desmoulins (dans la meilleure manière des graveurs de l'époque), nous est ainsi arrivé tout couvert de notes de la main de M. de Sainte-Beuve père. Ce sont des souvenirs et des portraits caractéristiques que l'histoire n'a pas démentis. Il y a là des témoignages contemporains qui seraient curieux à recueillir, quoiqu'ils n'ajoutent rien à ce qu'on sait depuis, mais ils pourraient être une preuve de plus à l'appui de la vérité. — On s'est toujours piqué d'exactitude et de véracité de père en fils, et on les trouvait sans les chercher, par netteté et rectitude d'esprit. — Je relève en marge du *Vieux Cordelier* ce portrait entre autres de Camille : « Desmoulins avait un extérieur désagréable, la prononciation pénible, l'organe dur, nul talent oratoire; mais il écrivait avec facilité et était doué d'une gaieté originale qui le rendait très-propre à manier l'arme de la plaisanterie. » — N'est-ce pas un type du pamphlétaire comme on se le figure? — Et il y aurait bien d'autres traits encore à relever sur les marges de ce Recueil qui n'eut que sept numéros, et qui s'achève par la lettre que Camille écrivit de la prison du Luxembourg à sa femme. Mais il ne m'est pas permis, dans un livre de M. Sainte-Beuve, de m'appesantir sur certains noms qu'il réprouvait et sur lesquels les historiens les plus convaincus de nos jours ne sont jamais parvenus à le faire revenir d'une opinion conçue et formée dès l'enfance : il avait sur leur compte la tradition orale (1).

(1) Sa mère lui avait raconté de certaines scènes boulonnaises, qui laissent toujours plus d'impression dans les souvenirs provinciaux qu'à Paris. A Paris, le pavé est vite lavé et le souvenir sanglant s'efface : l'orage est passé, il n'y a plus même trace de torrent. Dans les provinces, où l'on n'est pas sans cesse distrait d'une idée par de mouvants et changeants spectacles, où un événement lugubre a le temps de marquer et de se graver profondément, il est impossible d'oublier, à des années de distance, ce qu'on a vu quand on y a été témoin d'une époque de terreur. — M. Sainte-Beuve disait quelquefois que, si son père eût pris parti sous la Révolution, il eût été pour les Girondins. M. Sainte-Beuve aimait à retrouver là encore son humeur

Un portrait de son père, une miniature peinte en 1791, nous le représente avec des yeux bleus, le nez fort et fin qui, vu de profil, doit être recourbé, la narine bien ouverte; la bouche, qui devait être grande, est fermée comme par une habitude naturelle: les deux lèvres, sans être serrées et plutôt souriantes, relevées dans les coins, forment une ligne fine et longue sur laquelle la lèvre supérieure seule a un peu de relief et de contour, marqués par une légère teinte rose. Il y a une petite fossette indiquée au menton; le visage est rond et bien plein, le front large : une perruque poudrée encadre cette physionomie dont l'expression, dans son ensemble, est douce et pleine de bienveillance. Cependant on peut lire dans les yeux qui sont bien ouverts, bien vifs et bien arqués, et dans la commissure des lèvres, un peu ironique, une pointe et ce coin de malice et de moquerie qu'on dit être l'apanage de la race picarde. « A Boulogne on aime à se moquer, » disait quelquefois M. Sainte-Beuve. Et son père n'était pas uniquement de Boulogne : il était bien vraiment Picard. Physionomie claire et honnête, et sur laquelle on ne lit rien que de bon, de simple, d'intelligent, avec ce que ces qualités comportent naturellement de spirituel et de fin chez celui qui les possède et les montre à ciel ouvert sur son visage. C'est franc et net, avec tout ce dont la connaissance des hommes, et peut-être aussi bien, dans le moment

---

dans celle de son père. Mais leur tempérament à tous deux était trop *virgilien* pour n'être pas éloignés l'un et l'autre de tous excès et de tout crime, comme la politique entraînait alors les partis à en commettre. — Et en venant, un jour des dernières années, à parler de la plus récente de ces commotions politiques, où la terreur, qui n'était cette fois ni rouge ni blanche (puisque c'est ainsi qu'on désigne les deux autres), s'est de nouveau répandue sur la France, il me dit textuellement : « J'ai été pour le 2 avec tous les hommes de bon sens qui avaient besoin de s'appuyer sur quelque chose de solide et de stable; mais je n'étais pas pour le 3... » Et il avait longtemps ignoré les journées du 3 et du 4, dans le grand silence qui se fit alors. — De même, et par un mot analogue, Mme de Staël avait réprouvé autrefois les déportations dont le 18 fructidor, qu'elle avait appuyé, avait donné le signal.

même, la conversation de l'artiste (qui avait nom Mme Favart) peut les éclairer de fine galanterie et de malice. — Je ne sais si le souvenir du fils me ferait préjuger du père. — Le costume est celui du temps : habit bleu, collet relevé et droit, gros boutons à reflet métallique, un gilet croisé d'une étoffe claire tirant sur le jaune, à pointes et à revers larges, la cravate fine et blanche en mousseline, entourant doublement le cou sous le menton, et bien nouée entre les deux revers du gilet. Un peu de poudre blanche est tombée de la tête sur le collet de l'habit bleu et sur l'épaule.

S'il y a dans ce portrait du père de la ressemblance physique avec son fils (et on peut y en voir), tous ceux qui ont connu Mme Sainte-Beuve mère (et sans parler des plus anciens voisins du quartier, il est encore des témoins, des amis qu'on est heureux de nommer, MM. le docteur Veyne, Auguste Lacaussade, Xavier Marmier, le poëte Auguste Desplaces, retiré dans le Berry, un bon ami d'Avignon, M. Charpenne) s'accordent à dire que M. Sainte-Beuve était son portrait vivant. « Elle avait de la finesse d'esprit, du bon sens et beaucoup de tact, » me disait, il y a quelques années, M. Paulin Limayrac, qui l'avait souvent visitée (1). — Je me bor-

---

(1) Armand Carrel venait quelquefois demander M. Sainte-Beuve chez sa mère, ce qui ne laissait pas de la troubler un peu : sans cesse préoccupée sur le sort et l'avenir de son fils, en bonne et simple bourgeoise qu'elle était, vivant dans la retraite, ayant connu dans son enfance des temps orageux et terribles, elle redoutait qu'il ne fût entraîné trop loin par une relation trop chevaleresque. — Et ce que toutes les mères et les pères aussi qui s'intéressent à la carrière d'un fils, lancé dans cette voie épineuse des Lettres, comprendront, elle ne crut véritablement le sien sauvé que le jour où il fut reçu de l'Académie française. — Je retrouve à l'instant même une lettre qui avait beaucoup touché M. Sainte-Beuve quand il la reçut, et dont il parla jusqu'à la fin de sa vie avec reconnaissance : c'est celle que lui écrivit M. le duc Pasquier le lendemain de la mort de sa mère. Il me dit souvent: « Je reçus fort peu de témoignages d'amitié en ce moment là; et celui-ci était le moins obligé de tous. » M. Sainte-Beuve aimait à parler du chancelier : il en eut assez souvent l'occasion, dans les derniers temps de sa vie, quand l'ancien secrétaire du duc, M. Louis Favre, qui vient de lui élever ce beau monument littéraire, un livre qui est un

nerai, ne l'ayant pas connue, au témoignage de ces qualités de son caractère et de son esprit.

exemple à suivre, venait s'en entretenir avec lui. M. Sainte-Beuve ne pouvait se rappeler l'amabilité simple de M. Pasquier sans l'opposer à la morgue pédante de certains hommes d'État parvenus du jour. Il était frappé du contraste : d'un côté toute prévenance et toute politesse, de l'autre rudesse, ignorance, grossièreté. Voici la lettre du chancelier (Mme Sainte-Beuve était morte le 17) : « (Lundi 18 novembre 1850). — Mon cher confrère, les nombreuses et douloureuses pertes que j'ai faites dans le cours de ma longue vie n'ont point épuisé en moi, grâce au ciel, la faculté de sentir profondément les misères de même nature qui atteignent autour de moi les personnes auxquelles je porte un véritable intérêt; et vous êtes à coup sûr au nombre de celles-là. Recevez donc mes bien sincères compliments de condoléance. Je trouverai quelque douceur à vous les redire au premier jour où il me sera donné de vous rencontrer. — Tout à vous et de tout cœur, PASQUIER. »

Mardi 18 mai 1869.

LE GÉNÉRAL JOMINI

> « Le rôle qu'il joua à cette armée prouve que, si beaucoup de généraux du second rang s'éclipsent au premier, un génie supérieur ne peut rien quand il est forcé de remettre aux autres le soin d'apprécier ses projets et de les exécuter. »
>
> Jomini. *Histoire des guerres de la Révolution,* tome VI, p. 114. (Sur le rôle du général Bonaparte à l'armée des Alpes, commandée par Dumerbion en 1794.)

I.

Considérations sur la guerre. — La critique après l'art. — Singuliers débuts de Jomini. — Première carrière en Suisse. — Retour en France; camp de Boulogne. — Campagne d'Ulm. — Jomini envoyé à Napoléon; son *Traité de grande Tactique.*

La guerre a été le premier état naturel de l'homme à l'origine des sociétés : guerre contre les animaux de proie, guerre des hommes entre eux. La faim était la conseillère impitoyable. Puis les haines, les vengeances, le point d'honneur, éternisèrent les guerres entre les familles, les tribus. De race à race et dans les grands mouvements de migration et de conquête, la guerre fut la loi suprême. De droit et de légitimité, n'en cherchez le principe là aussi que dans la nécessité. On partait chaque printemps; chaque fleur de génération, chaque élite nouvelle s'envolait à son tour à travers le monde et par les vastes espaces de la terre habitable, comme disait Homère : on allait tout droit devant soi, au hasard, à la découverte, selon les versants et les pentes, à la rencontre d'un meilleur climat, d'un plus beau soleil, en quête des terres fécondes, des moissons et des vignes là où il y en avait; on avait pour droit sa passion, sa jeunesse, l'impossibilité de vivre où l'on était, — le droit du plus jeune, du plus fort, du plus sobre, sur les races voluptueuses et amollies. La race d'élite et privilégiée entre toutes qui, dès l'origine de son installation dans la péninsule hellénique, se personnifie dans Hercule, dompteur des monstres, dans Apollon, vainqueur de Python, et qui sut de bonne heure réaliser l'idée de royauté et de justice, puis l'idée de cité et de liberté, est celle qui imprima à la guerre sa plus noble forme, la plus héroïque, la plus généreuse, depuis Achille, — ou, pour partir de l'histoire, depuis Miltiade et Léonidas jusqu'à Philopœmen. Alexandre, Annibal, César, ces géants de la guerre, dépassèrent en tous sens et brisèrent bientôt ce cadre brillant et proportionné de la Grèce, que Pallas dominait du front, que remplissait si bien un Épaminondas, et où l'idée de patrie était toujours présente : ils poussèrent l'art terrible à ses dernières limites et ne laissèrent rien à perfectionner après eux. La guerre qui avait recommencé dans le Moyen-Age par des brutalités pures, et qui longtemps constitua le seul régime universel, essaya en vain de s'ennoblir par la sainteté du but dans les Croisades : ce n'étaient toujours que des masses se ruant à l'aventure, ou des prouesses individuelles se prodiguant aveuglément. La tactique et l'art reparurent en Italie avec la Renaissance. Pour trouver l'habileté jointe au courage et l'une et l'autre au service du droit, il faut longtemps attendre : on ne se sent un peu consolé des horreurs et des carnages de religion au xvie siècle que lorsqu'on voit Henri IV conquérir en héros son royaume, et Maurice de Nassau maintenir par l'épée sa libre patrie. La guerre se civilisa notablement au xviie siècle, quand l'idée politique, cette autre Minerve, y présida, et que l'objet des combats et du sang versé tendit à une plus juste constitution de l'Europe et à l'équilibre des États entre eux, les plus faibles n'étant pas fatalement écrasés par les plus forts. Gustave-Adolphe n'est pas seulement un rapide et foudroyant vainqueur : c'est le champion d'une cause. L'idée personnelle de gloire chez les souverains comme Louis XIV dénatura bientôt ce qu'il y avait eu de légitime et d'équitable dans la pensée d'un Richelieu : ce règne superbe eut pourtant l'honneur d'offrir l'exemple du plus beau talent et de la plus haute vertu militaire dans Turenne. Vers la fin, l'orgueil du monarque s'attira un terrible vengeur et doué du génie de la grande guerre dans Eugène. Frédéric, à son tour, le roi-conquérant, le roi-capitaine, ne fit du moins ses entreprises et ne livra de sa personne tant de sanglantes batailles que dans une pensée politique semblable à celle de Richelieu, et pour asseoir puissamment son État et sa nation, pour créer une Allemagne du Nord antagoniste et rivale en face du Saint-Empire. Les premières guerres de la Révolution, nées d'un sublime élan, enfantées des entrailles du sol pour le défendre, pour repousser l'agression des rois, nous reportèrent un moment aux beaux jours de l'héroïsme antique ; elles dégénérèrent vite, même en se perfectionnant, mais aussi en s'agrandissant outre mesure au gré du génie et de l'ambition du plus prodigieux comme du plus immodéré capitaine des temps modernes. Les bornes posées par les Alexandre, les Annibal et les César furent atteintes ou même dépassées, et de nouveau l'on put dire : *Rien au delà !* Depuis lors, sans doute, il y eut encore, — et nous en avons vu, — quelques mémorables guerres ; mais les plus heureuses, si l'on excepte la dernière (celle de 1866), n'ont produit pour les vainqueurs que des résultats incomplets, peu décisifs, chèrement achetés, et elles n'ont mis en lumière aucun génie ; l'enthousiasme n'a pas duré, et la pensée pacifique a fait chaque jour des progrès que l'émulation industrielle dans les odieux moyens de destruction n'est certes pas de nature à ralentir. Le bon sens et l'humanité parlent trop haut et par trop de bouches pour ne pas être entendus. Il devient évident que si la guerre a été le premier état naturel de l'homme barbare et sauvage, que si elle a été le triomphe et le jeu de quelques génies prééminents, l'élément nécessaire et l'instrument de grandeur des nations souveraines et des peuples-rois, la paix, avec tous les développements qu'elle comporte, est la fin dernière des sociétés humaines civilisées. Mais, quoiqu'on soit plus d'à moitié chemin, on ne touche pas encore à ce terme désirable. On peut prévoir le moment où, au nom du travail et de l'industrie, la société tout entière se retournera pour marcher résolûment dans cette direction unique; mais la conversion, dont on a mieux que le pressentiment, n'est pas faite encore. En attendant, la guerre est un de ces grands faits historiques qu'il faut reconnaître et savoir étudier dans le passé : du moment qu'elle cesse d'être une pure dévastation et un brigandage, c'est un art, une science, et digne, à ce titre, de toute l'attention des esprits éclairés.

Ce qu'il y a de singulier et ce qui, à la réflexion, ne paraîtra point pourtant très-extraordinaire, c'est que cette science qui de tout temps a été devinée, comprise et pratiquée par des hommes d'un génie naturel supérieur, et qui, dans les détails d'exécution, a été remaniée et travaillée à l'infini, n'a été rédigée et ramenée à ses vrais principes généraux qu'à une époque très-récente, et quand elle atteignait à ses plus vastes applications. La raison, après tout, en est simple : la haute critique, en quelque genre que ce soit, ne précède pas les chefs-d'œuvre de l'art; elle les suit.

Ceci nous amène naturellement à parler du général Jomini, mort à Passy le 22 mars 1869, à l'âge de quatre-vingt-dix ans. Jomini, qui semble venu tout exprès pour concevoir et pour exposer la science stratégique à son moment le plus mûr et le plus avancé, est un des plus frappants exemples des vocations premières et des qualités spéciales que la nature dépose en germe dans un cerveau, toutes prêtes à éclore et à se développer au premier souffle des circonstances.

Il n'est pas Français de naissance et de nation, ce qu'il ne faut jamais perdre de vue en le jugeant. Il est Suisse et très-Suisse. Sa famille, comme le nom l'indique, était d'origine italienne (1), mais depuis longtemps établie dans le pays de Vaud. Jomini naquit à Payerne le 6 mars 1779. Son père y était syndic. L'enfant fut mis en pension à Orbe, puis à douze ans à Aarau, dans la Suisse allemande. Ses maîtres furent à peu près nuls. Il montrait des goûts militaires très-prononcés; mais les circonstances étant peu favorables, les régiments suisses en France se trouvant licenciés par le fait de la Révolution, on le destina au commerce. Il apprit tout de lui-même; ses aptitudes allaient le faire réussir. Venu à Paris en 1796, placé dans la maison Mosselmann, puis agent de change pour son compte

(1) La source principale, et même jusqu'ici unique, pour la biographie du général Jomini est un excellent écrit du major fédéral (aujourd'hui colonel) Ferdinand Lecomte, publié en 1861 (Tanera, éditeur, rue de Savoie, 6). Cette ample notice a été évidemment rédigée d'après les conversations du général, et elle peut être considérée comme une sorte d'autobiographie indirecte. Ayant eu moi-même l'honneur de connaître dans les dernières années le général Jomini, j'ai plus d'une fois entendu de sa bouche le récit des principaux événements qu'il avait à cœur d'éclaircir, et il le faisait presque dans les mêmes termes qu'on retrouve sous la plume du colonel Lecomte.

en société d'un de ses compatriotes, Rochat, il était en voie de faire son chemin dans les affaires, lorsque les premières campagnes de Bonaparte en Italie vinrent raviver toutes ses ardeurs et troubler son sommeil. Il suivait chaque bulletin sur la carte, tenait un petit journal des opérations de guerre, lisait en même temps l'histoire des campagnes du grand Frédéric et entrait avec une facilité merveilleuse dans le sens et l'intelligence de ces grandes opérations qui étonnaient et éblouissaient le monde.

Les incidents imprévus et tout fortuits en apparence, qui enlevèrent le jeune agent de change à la coulisse de Paris et qui l'amenèrent à être militaire suisse, sont assez piquants, et Jomini se plaisait à les raconter d'un ton de spirituelle ironie. Un chef de bataillon suisse, Keller, qui s'était fait remarquer pour très-peu de chose à Ostende, lors de la tentative de débarquement des Anglais, ayant été appelé au poste de ministre de la guerre dans la nouvelle république helvétique, Jomini le vit à son passage à Paris, et, saisissant l'occasion au vol, il lui demanda de le faire son aide de camp; ce fut même lui qui fournit la voiture et procura l'argent pour leur commun voyage. Ce premier ministre de la guerre ne tint pas et fut remplacé à Berne en arrivant; un autre succéda, puis un autre; Jomini resta auprès d'eux à titre provisoire d'abord, puis définitif, comme chef du secrétariat de la guerre. Il y fut actif, essentiel, et il contribua autant que personne, en ces difficiles et calamiteuses années 1799-1800, à l'organisation de l'armée et de l'état militaire en Suisse, à la réforme et à la refonte des règlements, au bon choix des hommes. Il eut une mission spéciale auprès de la légion suisse pour remédier aux abus d'une première formation et la mettre sur un meilleur pied. Les archives du Palais fédéral à Berne ont conservé ses nombreux rapports. Il possédait la confiance entière du ministre Lanther. Il n'avait que vingt à vingt et un ans, et, pour l'autoriser auprès des troupes, on lui avait donné le grade de chef de bataillon.

Pendant ces travaux où il faisait preuve d'habileté pratique et de connaissance des détails, il avait l'œil aux grands événements qui se déroulaient et qu'il considérait de haut et d'ensemble comme d'un belvédère, ou mieux encore comme du centre d'une fournaise ; car la Suisse, en ces années d'occupation et de déchirement, devenue un champ de bataille dans toute sa partie orientale, offrait « l'aspect d'une mer enflammée. » Jomini y suivit de près les fluctuations de la lutte, les habiles manœuvres de Masséna pendant les sept mois d'activité de cette campagne couronnée par la victoire de Zurich, les efforts combinés de ses dignes compagnons d'armes, les Dessolle, les Soult, les Loison, les Lecourbe : ce dernier surtout « qui avait porté l'art de la guerre de montagne à un degré de perfection qu'on n'avait point atteint avant lui. » Mais, s'il estimait à leur valeur les opérations militaires, il ne jugeait pas moins les fautes politiques, et ce qu'il y avait de souverainement malhabile et coupable au Directoire à avoir voulu forcer la nature des choses, à avoir prétendu imposer par décret une unité factice à treize républiques fédérées, à s'être aliéné une nation amie, à avoir fait d'un pays neutre, et voué par sa configuration à la neutralité, une place d'armes, une base d'opérations agressives, une grande route ouverte aux invasions. Le patriote suisse, en Jomini, voyait toutes ces choses et en souffrait. Cependant son coup d'œil militaire se formait à un tel spectacle et acquérait toute son étendue, toute sa sûreté et sa justesse. C'est ainsi qu'il devina, dès la formation de l'armée de réserve à Dijon, le plan de Bonaparte pour la seconde guerre d'Italie, sa ligne d'invasion par le Valais, et, dans un souper à Berne entre officiers, il fit un pari que l'événement, cinq mois après, justifia. Jomini eut de bonne heure cela de particulier d'être organisé pour concevoir et deviner les plans militaires de Napoléon ; on aurait dit que, par une sorte d'harmonie préétablie, sa montre avait été réglée sur celle du grand capitaine, dont il devait être le meilleur commentateur, le critique le plus perspicace et dont il semble, en vérité, qu'il aurait pu être le chef d'état-major accompli ; mais, pour un tel office, j'oublie qu'il joignait à ses qualités un défaut incompatible et incurable : c'était d'avoir en toute occurrence son avis, à lui, et de raisonner. Comme chef d'état-major il eût empiété sur le général en chef, il eût trop pris sur lui.

Ceux qui ont connu Jomini dans sa jeunesse nous le dépeignent comme un caractère vif, chaleureux, un peu susceptible, un peu cassant. Il n'avait rien de la violence ni de la rudesse du métier ; mais il ava l'indépendance de l'esprit et le ressort du caractère, impossible à comprimer chez un homme qui pense et qui tient à ses idées.

En 1801, après la paix de Lunéville, Jomini donna sa démission de sa place au ministère helvétique et revint à Paris tenter la fortune. Il y rentra un moment dans les affaires commerciales, comme intéressé dans une maison d'équipements militaires; puis, poussé par ses impérieux instincts, il chercha du service actif dans l'armée. Son *Traité de grande Tactique* était commencé; il espérait s'en faire un titre auprès des militaires en vue. Mais ici il rencontra les éternelles difficultés auxquelles vient se heurter tout homme d'initiative et d'invention au début de la carrière. Il se présenta chez Murat, alors gouverneur de Paris, qui ne manqua pas de le rebuter. Figurez-vous un jeune officier suisse qui, au lendemain de Marengo, a la prétention d'écrire un ouvrage de grande tactique et d'innover en ce genre de littérature militaire : il y avait de quoi faire sourire. Homme d'art et de science avant tout, il eut l'idée dès lors d'entrer au service de la Russie, et il se présenta chez le chargé d'affaires, M. d'Oubril, son manuscrit à la main. Le chargé d'affaires le reçut comme un blanc-bec qui avait l'outrecuidance de vouloir faire la leçon aux Souwarow. Jomini eut beau dire qu'il ne prétendait nullement en remontrer aux grands capitaines, mais simplement les expliquer et les *démontrer*; on lui tourna le dos. Le maréchal Ney, auquel il s'adressa ensuite, eut l'honneur le premier de le comprendre, de l'accueillir : non-seulement il lui avança des fonds pour l'impression de son livre, mais il lui offrit de l'emmener au camp de Boulogne comme volontaire, lui promettant de le faire nommer plus tard son aide de camp. Dès les premiers jours, et pour maint détail de service, il eut à se féliciter de s'être donné un aide aussi entendu et si au-dessus du métier.

Cependant une nouvelle coalition s'était formée : l'armée de Boulogne faisant volte-face devenait soudainement, en quelques jours, et par une évolution savante, l'armée du Danube. Le maréchal Ney, chargé d'une des opérations les plus importantes dans la combinaison de Napoléon, redoubla de confiance pour Jomini, et, depuis le passage du Rhin, il le tint près de lui pour le travail journalier de son cabinet et l'expédition des ordres ; il n'aimait pas, et pour cause, son chef d'état-major titulaire, le général Dutaillis, créature de Berthier, celui dont l'abbé de Pradt nous a tracé un portrait au naturel, et des moins flatteurs, dans son *Ambassade de Varsovie*.

La satisfaction dut être grande pour Jomini ; il était dès sa première campagne au comble de ses vœux : lui, l'homme de la science, le théoricien enthousiaste du grand art, il se voyait du premier coup initié dans le secret et l'exécution d'une des plus belles manœuvres que le génie militaire pût concevoir ; il lui était donné d'y assister, d'en toucher pour sa part et d'en faire mouvoir quelques-uns des principaux ressorts ; mais le rôle n'était pas facile et impliquait à chaque instant bien des délicatesses. Attaché comme volontaire au maréchal Ney, il continuait de porter dans l'armée française l'uniforme suisse; il avait à transmettre des ordres à de brillants lieutenants du maréchal; lui-même, Ney, avait ses vivacités, ses brusqueries d'homme de guerre. Ainsi, dès les premiers jours, ayant à expédier un ordre aux divisions Malher (?) et Loison, au delà du Danube, Jomini avait indiqué éventuellement la ligne de retraite. A cette vue, le maréchal s'emporta : « Comment pouvez-vous supposer que des Français conduits par l'Empereur puissent reculer? Les gens qui pensent à la retraite avant le combat peuvent rester chez eux. » Le jeune officier piqué au vif offrait déjà sa démission; Ney revint vite: ce n'était qu'une boutade.

Le biographe de Jomini, le colonel Lecomte, expose en détail l'action utile de Jomini auprès de Ney, aux environs d'Ulm, sa résistance aux ordres intempestifs de Murat, son ferme conseil à l'appui du bon parti adopté par Ney, et sur lequel roulait le plein succès de cette première campagne : — l'investissement et la capitulation de Mack. Dans les combats vigoureux qui décidèrent le résultat, et où Ney mettant au défi la jactance de Murat se couvrit de gloire, Jomini par sa bravoure personnelle montra qu'il était digne d'un tel chef, et non pas seulement un militaire de chambre et de cabinet.

Le corps de Ney ayant été détaché dans le Tyrol pendant que s'accomplissait ailleurs la seconde partie de la campagne, Jomini fut envoyé d'Inspruck avec des dépêches du maréchal, et il ne rejoignit l'état-major de Napoléon qu'à Austerlitz, le lendemain de la bataille. Comme le *Traité de grande Tactique* s'était imprimé sur ces entrefaites, et que les deux premiers volumes avaient paru, Jomini avait glissé ces volumes dans le paquet des dépêches du maréchal, en y joignant une lettre d'envoi qui appelait l'attention de Napoléon sur un chapitre capital où les dernières guerres, et notamment la campagne de 1800, étaient invoquées et comparées aux opérations du grand Frédéric. En se présentant à l'Empereur comme chargé des lettres de Ney, Jomini se garda bien de dire qu'il était lui-même l'auteur de l'ouvrage. L'Empereur, ayant jeté les yeux sur le rapport du maréchal et sur la lettre de Jomini, lui demanda : « Connaissez-vous l'officier qui m'envoie ce paquet? » — « Sire, c'est un chef de bataillon suisse faisant fonction d'aide de camp du maréchal. » — « Fort bien. » Et il eut l'ordre d'aller se reposer pour repartir au plus tôt. Il avait remarqué cependant du coin de l'œil que les deux volumes avaient été déposés du côté droit du bureau : c'était le bon côté, le tiroir de réserve. Ce qu'on mettait à gauche était éliminé.

Quelques jours après (il sut tout cela depuis par Maret), pendant que la paix se négociait, l'Empereur était à Schœnbrunn, et, se trouvant dans un de ses rares quarts d'heure de loisir, il dit à Maret : « Lisez-moi un peu ce chapitre de l'ouvrage apporté à Austerlitz par un officier du maréchal Ney. » Et, après avoir écouté quelque temps : « Et qu'on dise maintenant que le siècle ne marche pas! Voilà un jeune chef de bataillon, et un Suisse encore, qui vient m'apprendre, à moi, comment je gagne mes batailles. Ce n'est pas nos... de professeurs de Brienne qui nous auraient dit mot de cela. » Puis, après avoir écouté encore, tout d'un coup interrompant et prenant feu : « Mais comment Fouché laisse-t-il imprimer de pareils livres? C'est apprendre notre secret aux ennemis. Il faut faire saisir l'ouvrage. » Maret eut quelque peine à l'apaiser et à lui montrer qu'une défense, loin d'étouffer le livre, éveillerait, au contraire, l'attention. Mais ce qui nous importe, c'est l'impression première de Napoléon, approbation ou colère, et celle-ci surtout, qui est le plus flatteur des jugements.

Qu'était-ce au juste que ce premier ouvrage de Jomini dans sa première forme, dans sa première édition?

Et avant tout, il faut bien se rendre compte de l'état de la science critique militaire en France pour apprécier ce qu'il y introduisit de tout à fait neuf, et qui mérita de faire événement. Si l'on se reporte au xvie siècle, et en choisissant ce qu'il y a de mieux, on a, par exemple, les Mémoires ou *Commentaires* de Montluc que Henri IV appelait « la Bible du soldat. » Les maximes et préceptes qu'on y trouve ne sont que de détail, et applicables seulement à la guerre de partisan, de pures recettes de stratagèmes : rien qui atteigne l'ensemble des opérations.

Au xviie siècle, il s'est fait un grand progrès chez nos historiens militaires, un progrès sensible même pour le simple lecteur instruit. Les Mémoires et les écrits du duc de Rohan marquent un pas, dit-on, dans la science, du moins pour la spécialité de la guerre de montagne.

Les divers Mémoires de Monglat, de Saint-Hilaire, l'*Histoire militaire du règne de Louis le Grand*, par Quincy, donnent assez couramment au lecteur l'intelligence des mouvements qu'ils racontent et qu'ils exposent ; mais c'est surtout Feuquières qui est le grand critique de cette époque, et qui passe au crible les opérations de tous les généraux de son temps, sans faire grâce à aucun. Si ignorant du métier que l'on soit, à le lire avec soin, il semble en vérité qu'il ait presque toujours raison, même contre les généraux les plus célèbres.

La critique de détail, chez lui, paraît donc des plus avancées ; mais, malgré tout, la science proprement dite était comme dans l'enfance au commencement du xviiie siècle. Maurice de Saxe, un guerrier par nature et par génie, se mettant à dicter ses *Rêveries,* pouvait dire :

« La guerre est une science couverte de ténèbres, dans l'obscurité desquelles on ne marche pas d'un pas assuré : la routine et les préjugés en font la base, suite naturelle de l'ignorance. — Toutes les sciences ont des principes et des règles, la guerre seule n'en a point... La guerre a des règles dans les parties de détail, mais elle n'en a point dans les sublimes... Les grands capitaines qui en ont écrit ne nous en donnent point. Il faut être consommé pour les entendre ; et il est impossible de se former le jugement sur les historiens qui ne parlent de la guerre que selon qu'elle se peint à leur imagination... — Gustave-Adolphe a créé une méthode que ses disciples ont suivie, et tous ont fait de grandes choses. Depuis ce temps-là nous avons dérogé successivement, parce que ce n'était que par routine que l'on avait appris : de là vient la confusion des usages où chacun a augmenté ou retranché... Il n'y a plus que des usages dont les principes nous sont inconnus... »

Cela n'empêchait pas les raisonnements à perte de vue ; le chevalier de Folard ne s'en privait pas ; il y avait dans ses écrits fatras et mélange. Puységur donnait et compilait dans un Traité complet le résumé de son expérience, mais le génie était absent. Frédéric le Grand, par ses actions glorieuses, par une série d'exemples et d'opérations d'un ensemble et d'un ordre supérieurs à ce qui avait précédé, vint renouveler la matière des raisonnements et ouvrit le champ de la théorie : il suscita de nouveaux historiens et des critiques dignes de lui. Un Français, Guibert, parla de lui aux Français avec feu, avec savoir, avec éloquence ; mais, dans ses laborieux traités, il fit presque aussitôt fausse route, s'enfonça dans les détails de tactique et d'ordonnance, dans l'école de bataillon, et laissa de côté les grandes vues. « Il était venu, comme l'a remarqué Jomini, un demi-siècle trop tôt ; il avait écrit dans un temps où la vraie tactique de son héros était encore méconnue, où un nouveau César n'y avait pas encore mis le complément. » Deux écrivains militaires du plus grand mérite n'avaient pas attendu toutefois le nouveau César pour entendre et commenter Frédéric : Lloyd, un Anglais qui servit avec distinction chez diverses puissances du continent, et Tempelhof, un général prussien, un savant dans les sciences exactes. Ce sont ces deux écrivains militaires que Jomini, jeune, avait surtout étudiés et qu'il s'appliqua, le premier, à faire connaître à la France, en les résumant, les analysant et les mettant sans cesse aux prises dans son Traité. Ce Traité n'est, à le bien prendre, qu'une histoire critique et un examen des campagnes de Frédéric; les principes s'y déduisent chemin faisant à l'occasion des faits. L'auteur n'y perd jamais de vue cette maxime : « *La théorie est le pied droit, et l'expérience est le pied gauche.* » Les guerres de la Révolution lui fournissaient aussi des termes naturels de comparaison et des exemples; il les empruntait le plus volontiers à la campagne d'Italie de 1796-1797 et à celle de 1800. C'est par où il était neuf et original. Il complétait ainsi la stratégie du grand Frédéric (côté moindre du héros) en la rapprochant de celle de Bonaparte, et par là il sortait tout à fait des détails de tactique secondaire et des discussions stériles où s'était perdu Guibert, pour arriver à la conception réelle des grands mouvements militaires se dessinant avec netteté dans des applications lumineuses.

Cette première édition du Traité de Jomini, d'ailleurs, est pleine encore de tâtonnements dans la forme. L'auteur ne marche que derrière Lloyd et Tempelhof. Ce n'est qu'après les avoir traduits ou analysés qu'il les discute, les réfute ou les approuve. On n'arrive pas du premier coup à la forme la plus simple.

Cette forme définitive, Jomini ne l'a donnée à son Traité qu'à la quatrième édition en trois volumes (1847); mais la première édition, commencée en 1805, continuée en 1806 et les années suivantes, était complète en 1809; elle renfermait tout ce qu'il y avait d'original y compris le premier volume des *Campagnes des Fran-*

çais depuis 1792, que l'auteur a bien fait de détacher ensuite pour en former une série à part, tout historique, l'*Histoire critique et militaire des guerres de la Révolution* (15 vol.).

C'est à ce premier *Traité de grande Tactique,* devenu à la seconde édition (1811) le *Traité des grandes Opérations militaires* (1), que s'appliquent quelques notes sur la première guerre d'Italie, dictées par Napoléon à Sainte-Hélène. On y lit en tête ces lignes, qui traduisent sa vraie pensée : « Cet ouvrage est un des plus distingués qui aient paru sur ces matières. Ces notes pourront être utiles à l'auteur pour ses prochaines éditions et intéresseront les militaires. » Suivent quelques renseignements précis sur les batailles de Montenotte, Lodi, Castiglione, etc.

Notez que si Jomini, à son début, profitait des illustres exemples du général Bonaparte pour éclairer ses récits et donner à ses jugements sur Frédéric tout leur relief, à sa théorie toute sa portée et son ouverture, il a lui-

---

(1) Cette bibliographie est un peu embrouillée, et cela tient au mode de composition et de publication successive et morcelée de l'ouvrage. Même en ayant les volumes sous les yeux, on a peine à s'y reconnaître. Les deux premiers volumes qui portent la date an XIII (1805) sont intitulés : *Traité de grande Tactique.* C'est encore sous ce titre, et comme *suite,* que parut en 1806 et par anticipation un volume intitulé : *Relation critique des campagnes des Français contre les coalisés depuis 1792,* qui commençait l'Histoire des guerres de la Révolution. Puis, en 1807, parut une troisième partie du Traité, mais avec un changement avoué de plan, et il s'intitula dès lors *Traité de grandes opérations militaires :* une quatrième partie, sous ce même titre, parut en 1809. Tout cela se coordonna dans la seconde édition de 1811.

même en tant qu'écrivain militaire dû aider et servir à Napoléon, quand le captif de Sainte-Hélène s'est plu, à son tour, à retracer en quelques pages fermes l'histoire critique des campagnes de Frédéric. Jomini a également servi comme historien des *Guerres de la Révolution* à M. Thiers qui, dans son premier ouvrage, a marché sur ses traces, et qui a plus d'une fois parlé de lui, dans son *Histoire de l'Empire,* avec considération et haute estime. Si M. Thiers en finances a été un disciple du baron Louis, on peut dire que, dans ses descriptions de guerre, il a été un disciple de Jomini.

Le chapitre de son ouvrage, que Jomini avait eu l'esprit d'indiquer à lire à Napoléon au lendemain d'Austerlitz (le ive du tome II de la première édition, qui est devenu le xive de l'édition de 1851), ce chapitre n'était pas si mal choisi ni fait pour déplaire au nouvel Empereur. Il y était démontré qu'en général les plans primitifs de Frédéric pour l'entrée en campagne étaient infiniment inférieurs aux plans accidentels qui lui étaient inspirés dans le cours même de la campagne par la tournure des événements ; qu'il était plutôt l'homme des expédients et des ressources que de la conception grandiose première, plutôt le héros de la nécessité et du bon sens que celui de l'imagination hardie et du haut calcul. Ainsi Jomini aurait voulu qu'au début de la campagne de 1756 Frédéric portât à la coalition formée contre lui un coup terrible ; qu'entre les trois lignes possibles d'opérations il choisît l'offensive, celle de Moravie, où une grande bataille gagnée lui eût permis de pousser jusqu'à Vienne. Qu'aurait fait Bonaparte en sa place? il se posait cette question et y répondait (1). Sans prétendre faire précisément de Frédéric un Bonaparte et sans lui imposer absolument la même méthode, Jomini, par cette supposition, donnait à mesurer entre eux la distance, la différence initiale et originale des génies, au point de vue militaire. Frédéric n'était pas du tout sacrifié à Napoléon, mais il lui était légèrement subordonné comme capitaine. N'oublions pas que Jomini en 1803, quand il composait son livre, était dans la verve et le feu de l'âge; il avait vingt-quatre ans; il était enthousiaste; il était et il allait être de plus en plus, comme il l'a dit, « sous l'impression brûlante de la méthode rapide et impétueuse » de Napoléon. Il n'avait pas vu encore dans le glorieux capitaine qu'il se vouait à servir une seule faute de guerre; il était sous le charme. Frédéric restait pour lui le plus grand des capitaines qui avaient suivi l'ancien système; mais il avait cru devoir montrer ce qu'il eût pu faire en inventant le système nouveau. C'était, selon lui, « l'unique moyen de poser le

(1) Ce qu'il y a d'assez piquant, c'est que Napoléon, dans son *Précis des Guerres de Frédéric*, tout en n'épargnant pas au roi-capitaine les critiques de détail, lui a donné raison contre Jomini sur ce point; on lit dans les dictées de Sainte-Hélène : « Des écrivains militaires ont avancé que le roi de Prusse devait pénétrer par la Moravie sur Vienne, et terminer la guerre par la prise de cette capitale. *Ils ont tort :* il eût été arrêté par les places d'Olmütz et de Brünn : arrivé au Danube, il y eût trouvé toutes les forces de la monarchie réunies pour lui en disputer le passage, dans le temps que l'insurrection hongroise se fût portée sur ses flancs. Une opération aussi téméraire eût évidemment exposé son armée à une ruine certaine... »

grand problème, de manière à le résoudre. » Son esprit juste, son jugement essentiellement modéré, en rabattront assez plus tard et bientôt, dès après Iéna et à partir d'Eylau, dès qu'il verra poindre et sortir les fautes et les exagérations du système nouveau et du génie qui l'avait conçu ; il dira alors, en rentrant dans la parfaite vérité :

« Loin de moi la pensée de décider si le *roi légitime* de la Prusse, ne voulant que défendre son trône et son pays, pouvait provoquer, dès 1756, cette révolution immense dans l'art militaire qu'un soldat audacieux autant qu'habile introduisit, quarante ans après, par la force des événements qui l'entraînait! Je reconnaîtrai même que Frédéric n'était point dans une situation à *jouer un si gros jeu,* et qu'en bornant ses plans à gagner du temps et à empêcher tout concert entre ses formidables ennemis, il prit le parti le plus sage. »

Ce qu'il avait retiré à Frédéric comme général, il le lui rendait amplement comme politique et comme caractère.

Nous continuerons à étudier les travaux et la carrière si souvent contrariée, si accidentée, de Jomini.

Mardi, 1ᵉʳ juin 1869

LE GÉNÉRAL JOMINI

suite)

II.

Protection de Ney. — Aversion de Berthier. — Entretien avec Napoléon à Mayence. — Jomini attaché au quartier général de l'Empereur. — Campagne d'Iéna. — Mémoire politico-militaire. — Campagne de Pologne. — Jomini à Eylau.

Nous sommes au beau moment pour Jomini. Son étoile semblait toute propice à cette entrée de carrière. Il avait trouvé dans Ney un protecteur qui l'avait apprécié d'emblée, et l'on peut dire qu'il n'en pouvait rencontrer un à qui son genre de mérite s'appliquât mieux et s'adaptât avec plus d'avantage. Ils se convenaient réciproquement. Auprès d'un général plus tacticien (un Soult, un Davout) Jomini eût moins réussi ; il eût été en surcroît ; il eût trouvé la position prise et aurait eu à lutter d'idées et de vues ; d'autre part, auprès d'un guerrier moins intelligent, il aurait pu être moins compris et moins écouté : Ney, par son mélange de fougue militaire et souvent de témérité, mais de coup d'œil aussi et d'esprit, pouvait avoir plus d'une fois besoin d'un bon conseil, et il était homme à en sentir aussitôt la valeur, à en profiter. La faveur de Jomini auprès de lui au début, et durant des années, semble avoir été entière. En lui dédiant son *Traité de grande Tactique*, Jomini y avait inscrit ces mots : *A la Reconnaissance*. Ce n'était que justice. Dans les notes conservées au Dépôt de la guerre, et dont j'ai dû communication à l'amitié du savant conservateur des Archives, M. Camille Rousset, ce ne sont pendant les premiers temps que recommandations et instances de Ney pour appuyer Jomini et pour se l'attacher régulièrement. Ainsi, dès le camp de Boulogne, Jomini demandait à être assimilé aux officiers suisses qui avaient été conservés au service de la France. Cette demande, plus d'une fois renouvelée et s'adressant au maréchal Berthier, ministre de la guerre, était appuyée par le maréchal Ney et accompagnée d'apostilles pressantes :

« Le 21 frimaire an XIII (12 décembre 1804). M. Jomini est un officier extrêmement distingué sous tous les rapports militaires ; il a surtout un talent rare comme officier d'état-major. »

Autre apostille de Ney (janvier 1805) :

« M. Jomini est susceptible par ses talents et son dévouement d'être utilement employé. Je prie Son Exc. le ministre de la guerre de le placer près de moi comme aide de camp capitaine. »

Les demandes de Ney devinrent plus instantes au moment où la campagne d'Ulm fut entamée. Ney écrivait de Gunzburg à l'Empereur, le 20 vendémiaire an xiv (12 octobre 1805), au lendemain de son altercation violente avec Murat et quand il avait pu apprécier l'avantage d'avoir à son côté Jomini :

« Je supplie Votre Majesté de vouloir bien faire employer près de moi en qualité d'aide de camp M. Jomini, chef de bataillon des troupes helvétiques. Cet officier, recommandable par l'étendue de ses connaissances et de son zèle, peut être employé très-utilement dans les armées de Votre Majesté. Je le crois susceptible de devenir un militaire très-distingué... »

Et le 8 brumaire an xiv (30 octobre 1805), il écrivait de Landsberg, dix jours après la capitulation d'Ulm :

« ... Je désire vivement m'attacher cet officier qui a un mérite réel, et qui, m'ayant suivi comme volontaire depuis un an, n'a cessé de donner des preuves de talent et de courage. »

Ce courage, il en avait fait preuve dans les combats qui avaient précédé la capitulation d'Ulm.

C'est alors que Jomini, si l'on s'en souvient, fut dépêché à l'Empereur, qu'il vit au lendemain d'Austerlitz. A peine revenu auprès de Ney, la demande se réitéra avec rappel de tous les services rendus (1), et

---

(1) Je mettrai ici cette dernière demande qui résumait les précédentes, et qui établit les services de Jomini dans sa première carrière d'officier suisse avec toute la précision désirable :

« État de services de Henri Jomini, chef de bataillon, né à

un décret daté de Schœnbrunn, 27 décembre 1805, nomma Jomini adjudant-commandant, et l'attacha à l'état-major du 6ᵉ corps. Le 31 août 1806, Ney annonçait à Berthier, ministre de la guerre, qu'il avait pris pour aide de camp l'adjudant-commandant Jomini.

La situation de Jomini dans l'armée française ayant

Payerne, en Suisse, le 6ᵉ mars 1779. — Lieutenant dans les troupes helvétiques en 1798. — Capitaine, le 17 juin 1799. — Chef de bataillon, le 26 avril 1800.

« Le soussigné a servi dans ces différents grades pendant les campagnes de 1799 et 1800, en qualité d'adjoint au ministre de la guerre et à l'état-major général. Il fut chargé d'organiser 21 bataillons, et de les instruire au service de campagne. Il servit à l'état-major de ces troupes qui ont contribué à la défense de la Suisse aux affaires de Frauenfeld, Zurich, Dettingen ; au Grimsel, à la défense du Valais, notamment du Saint-Bernard.

« A l'époque de l'amalgame d'Auxonne, il était en mission, et n'a point été compris dans le nombre des officiers réformés.

« Enfin le soussigné a fait volontairement l'immortelle campagne de cette année. M. le maréchal Ney, qui l'employait comme aide de camp, a bien voulu le citer d'une manière honorable dans le rapport des affaires d'Ulm, qui a été adressé à S. Exc. le ministre de la guerre.

« Salzbourg, le 21 frimaire an XIV (12 décembre 1805.)

« Jomini, chef de bataillon. »

On lit au verso : « Le maréchal Ney, commandant en chef le 6ᵉ corps, certifie que le présent état de services est conforme à celui qui a été déjà adressé à Son Exc. le ministre de la guerre, légalisé par les chefs de M. Jomini et accompagné des pièces justificatives.

« Je recommande de nouveau à Son Excellence cet officier qui pourra rendre de grands services dans l'état-major des armées de Sa Majesté, et qui a mérité la continuation de son activité par ceux qu'il a déjà rendus à la France à l'époque critique de l'an VII.

« Salzbourg, le 21 frimaire an XIV.

« Le Maréchal Ney. »

presque toujours été jalousée, et plus d'une fois remise en question, il n'est pas inutile d'entrer ici dans une explication qui a son importance.

On aura remarqué ce titre d'*adjudant-commandant*, qui n'est guère usité et qui ne se donnait pas en effet dans le langage courant. Jomini, dès ce moment, se qualifia colonel, et c'était ainsi qu'on le désignait habituellement. Les deux titres correspondaient; celui d'adjudant-commandant ne s'était introduit dans la langue officielle que depuis la réorganisation du corps d'état-major, datant du 10 octobre 1801. Malgré l'équivalence des titres, il y avait pourtant une nuance. Les colonels, à la tête de régiments et menant des troupes, regardaient d'un certain œil les adjudants-commandants d'état-major, colonels par assimilation : de leur côté, ces officiers supérieurs d'état-major tenaient à se dire colonels. Ce fut le cas pour Jomini ; mais, en recourant aux pièces officielles, je suis frappé d'un détail : bien que ces qualifications d'*adjudant-commandant* ou de *colonel* y figurent à peu près indifféremment, et quelquefois l'une et l'autre dans la même pièce, il en est une de juin 1810, que je produirai en son lieu, dans laquelle l'appellation de *colonel* donnée à Jomini a été effacée de la main même du maréchal Berthier, qui y a substitué le titre d'*adjudant-commandant*. C'était tout simplement une taquinerie, et c'est aussi la trace non équivoque d'une malveillance avérée, et que nous prenons sur le fait dans toute sa petitesse.

Pourquoi cette malveillance ? Le cœur humain répondra. Berthier, dans ses hautes fonctions et dans son aptitude limitée, flaira de bonne heure en Jomini un talent supérieur, un rival possible auprès de Napoléon ; les missions de confiance que Jomini va remplir au quartier général impérial dans les campagnes de 1806-1807 éveilleront surtout la jalousie du major général, qui ne perdra aucune occasion dès lors de rabaisser, de retarder, s'il était possible, et finalement de décourager, d'ulcérer et d'outrer, jusqu'à le jeter hors des gonds, un étranger de mérite, et de l'ordre de mérite le plus fait pour lui porter ombrage.

On était dans les mois qui suivirent la victoire d'Austerlitz et la paix de Presbourg. Le traité avec la Prusse ne se confirmait pas et fournissait matière à de nouveaux conflits. Ney, avec son état-major, occupait le beau château du comte de Stadion, à Warthausen, près Biberach. Jomini venait tous les matins prendre ses ordres, et en même temps raisonner avec lui sur les affaires générales de l'Europe. Il croyait à la guerre prochaine avec la Prusse, et le maréchal n'y croyait pas. A la suite de ces discussions contradictoires, Jomini profita d'une absence du maréchal en congé à Paris, pour écrire et lui adresser un mémoire confidentiel, à la date du 15 septembre 1806 : *Observations sur la probabilité d'une guerre avec la Prusse, et sur les opérations militaires qui auront probablement lieu*. En l'écrivant, il avait l'arrière-pensée peut-être que son travail serait lu par d'autres encore que par Ney. Toujours est-il que ce mémoire mi-parti politique, mi-parti militaire, d'un examen serré et approfondi, présageait l'ensemble des opérations stratégiques qui allaient être dirigées par Napoléon le mois suivant contre l'aile gauche des forces prussiennes. Jomini arrivait à ces conclusions par l'étude même de l'échiquier et par la connaissance des principes qui avaient jusqu'alors inspiré Napoléon dans ses guerres. Un auteur a dit que « la géographie était la maîtresse de la politique. » Jomini, qui cite le mot, et qui l'adopte, savait encore mieux que la géographie est la maîtresse de la guerre. Mais, là comme ailleurs, il faut savoir lire : or, Jomini excellait à lire sur une carte, et, par une sorte de don de nature, il avait aussi le secret de la manière de lire de Napoléon.

Napoléon, d'ailleurs, avait l'œil sur Jomini au même moment, non pas que Ney lui eût communiqué le mémoire de son aide de camp ; mais on allait combattre les Prussiens, et Jomini avait étudié à fond dans son livre la méthode et la tactique du grand Frédéric et de ses lieutenants : il pouvait être bon à entendre et à employer. A la veille de l'ouverture de la campagne, il reçut l'ordre, au quartier général de Ney, de se rendre en poste à Mayence et d'y attendre les ordres de l'Empereur. Il y arriva le 28 septembre 1806, au moment même où les cloches à toutes volées saluaient Napoléon arrivant de Paris : il courut au palais de l'archevêque devenu palais impérial, fut introduit dans le cabinet de l'Empereur, où se trouvaient les maréchaux Augereau et Kellermann, et il attendit son tour dans l'embrasure d'une croisée. Les maréchaux congédiés, Napoléon, qui se promenait de long en large, l'avisant tout à coup, lui dit :

— « Qui êtes-vous ? »

— « Sire, je suis le colonel Jomini. »

— « Ah! oui, je sais! C'est vous qui m'avez adressé un ouvrage fort important. Je suis charmé que le premier ouvrage qui démontre les vrais principes de guerre appartienne à mon règne. On ne nous apprenait rien de semblable dans nos écoles militaires. Nous allons avoir à batailler avec les Prussiens. Je vous ai appelé près de moi parce que vous avez écrit les campagnes de Frédéric le Grand, que vous connaissez son armée, et que vous avez bien étudié le théâtre de la guerre. Vous pourrez me seconder par de bons renseignements. Je crois que nous aurons plus à faire qu'avec les Autrichiens : *nous aurons de la terre à remuer.* »

— « Sire, je ne pense pas de même. Depuis 1763, les Prussiens n'ont fait que les tristes campagnes de 1792-1794, ils sont peu aguerris. »

— « Oui; mais ils ont les souvenirs et des généraux expérimentés du temps du grand roi. Enfin nous verrons. »

Cette parole impliquait une nouvelle destination de Jomini, qui rappela à l'Empereur qu'il était premier aide de camp du maréchal Ney et qu'il y avait lieu à le faire remplacer. « J'arrangerai tout cela à la fin de la campagne, répondit l'Empereur ; en attendant vous ferez partie de ma maison. » Et, représentant qu'il n'avait avec lui ni chevaux ni équipages, Jomini ajouta : « Mais si Votre Majesté veut m'accorder quatre jours, je pourrai la rejoindre à Bamberg. » A ce mot de Bamberg, l'Empereur bondit :

— « Et qui vous a dit que je vais aller à Bamberg? »

— « La carte de l'Allemagne, Sire. »

— « Comment, la carte? il y a cent autres routes que celle de Bamberg, sur cette carte! »

— « Oui, Sire, mais il est probable que Votre Majesté voudra faire contre la gauche des Prussiens la même manœuvre qu'elle a faite par Donawert contre la droite de Mack, et par le Saint-Bernard contre la droite de Mélas ; or, cela ne peut se faire que par Bamberg sur Gera. »

— « C'est bon, répliqua l'Empereur surpris, soyez dans quatre jours à Bamberg, mais n'en dites pas un mot, pas même à Berthier : personne ne doit savoir que je vais à Bamberg (1). »

Bien que toujours aide de camp titulaire du maréchal Ney, Jomini fut donc pendant cette campagne attaché à l'état-major de l'Empereur ; ce qui n'empêcha point que, dès la première journée, à Iéna, Ney ayant commencé l'attaque avec un excès d'ardeur et trop précipitamment, Jomini sollicita la permission de le

(1) Je mets l'entretien tel qu'il est dans le livre du colonel Lecomte, et tel que Jomini lui-même aimait à le raconter. Je ferai observer à mon tour qu'il ne faut prendre de ces conversations redites et répétées à loisir, même quand elles sont le plus sincèrement reproduites, que le trait saillant et la physionomie : pour le détail, les inexactitudes et les à peu près s'y mêlent toujours plus ou moins, et la mémoire aussi est une arrangeuse. Ainsi l'on voit aujourd'hui, par la *Correspondance* imprimée de Napoléon, que, dès le 5 septembre, c'est-à-dire trois semaines avant cette conversation, Napoléon indiquait à Berthier lui-même la réunion de l'armée vers Bamberg ; le 22, il lui indiquait avec plus de précision la route de l'armée par Aschaffenburg, Würzburg et Bamberg. Il n'y avait donc pas à lui en faire un mystère. Cette ville était assignée pour lieu de rendez-vous, dès le 24, à Murat. Mais cela n'empêchait pas que Napoléon pût s'étonner d'être deviné dans ses ordres confidentiels par Jomini, et les explications que celui-ci donna à l'appui d'un premier mot échappé comme naturellement de ses lèvres, ne durent pas nuire dans l'esprit de l'Empereur à l'idée qu'il se fit dès lors de sa sagacité stratégique.

rejoindre ; ce qu'il fit à Vierzehn-Heiligen au plus fort du danger, lui donnant des renseignements précieux sur la position du reste de l'armée, et partageant l'honneur de l'action à ses côtés. Jomini était de la suite de l'Empereur à son entrée triomphale à Berlin, le 28 octobre de cette année (1806), et il aimait à rappeler ce souvenir, non par vanterie, mais par manière de leçon, et en présence surtout des anniversaires et des contrastes étonnants auxquels il lui fut donné d'assister dans sa longue vie.

Dans cette campagne de sept semaines, qui faisait un terrible pendant à la guerre de Sept-Ans, Jomini put se convaincre de plus en plus de la vérité des principes qu'il avait dégagés de l'histoire des guerres. Toute la bravoure de l'armée prussienne et de ses chefs ne put prévaloir contre la méconnaissance de ces principes. Les vieux généraux de la guerre de Sept-Ans, exhumés après tant d'années et pris pour guides, se trouvèrent à court ; ils n'avaient rien appris depuis : « l'âge avait glacé chez eux les qualités qui leur avaient valu du renom, et ne leur avait pas donné le génie, car le génie n'est jamais le fruit de l'âge ni de l'expérience. » Les jeunes, « le prince de Hohenlohe, et Massenbach, son bras droit, avaient tout juste assez d'esprit et de science pour prendre de la guerre ce qu'il y avait de plus faux. » Les manœuvres leur cachaient les vrais mouvements. Napoléon, dans cette étonnante et rapide campagne, « ne fit qu'appliquer presque constamment les principes qui l'avaient guidé jusque-là, et, grâce à la confiante inexpérience des adversaires, il put donner à cette application *toute l'étendue du possible.* » La campagne d'Iéna, comme celle d'Ulm, « devait servir de modèle un jour pour apprendre aux généraux l'art de réunir à propos leurs forces, et de les diviser ensuite quand elles ont frappé : » je dis *modèle*, si tant est qu'il y en ait à pareil jeu ; car tout jeu savant suppose le joueur, tout art suppose essentiellement l'artiste ; et la variété, la nouveauté dans l'application, qui se différencie et recommence sans cesse à chaque cas imprévu, c'est l'habileté souveraine, c'est le génie (1).

A côté de Jomini et non pas en contradiction avec lui, un témoin secondaire de cette campagne est à entendre, M. de Fezensac, qui, tout jeune, venait aussi d'être attaché à l'état-major du maréchal Ney et qui faisait le service d'officier d'ordonnance. Les détails dans lesquels M. de Fezensac est entré dans ses *Souvenirs militaires,* sans rien ôter à la grandeur de l'ensemble, font assister toutefois aux misères de la réalité. Ces mouvements si rapides, et de loin si admirés, ne s'obtenaient point sans de grandes irrégularités et d'odieuses violences. L'armée ne s'embarrassait ni des distances, ni des vivres ; elle ravageait le pays. C'était le principe moderne : *nourrir la guerre par la guerre.* Cela mène presque forcément au pillage et à tous les

---

(1) On pense bien qu'en pareille matière je ne me mêle pas de dogmatiser pour mon compte ni en mon nom. Je n'ai fait dans la page qu'on vient de lire, et en général je ne ferai que résumer les jugements et emprunter les expressions mêmes de Jomini dans ses différents ouvrages.

excès. Pendant l'ardente poursuite qui se fit de l'armée prussienne après Iéna dans toutes les directions, le 6ᵉ corps entre autres (celui de Ney) ne lui laissait aucun relâche. Jamais aussi le pillage ne fut porté plus loin que pendant cette route, et le désordre alla jusqu'à l'insubordination. « A Nordhausen en particulier, le colonel Jomini et moi, nous dit M. de Fezensac, pensâmes être tués par des soldats dont nous voulions réprimer les excès. Il fallut mettre le sabre à la main et courir ainsi la ville. Le maréchal en rendit compte à l'Empereur, en demandant l'autorisation de faire dans l'occasion des exemples sévères. » Mais, avant d'en venir à la répression exemplaire, que d'excès, que d'horreurs restent en deçà! Et le résultat continue de resplendir au loin et d'éblouir, et de s'appeler du nom de gloire!

M. de Fezensac nous apprend aussi de quelle façon le maréchal Ney traitait ses aides de camp, et en général comment le service des ordonnances se faisait dans la grande armée. Cela est à notre portée, et il est bon d'en dire quelque chose.

« Le maréchal Ney nous tenait à une grande distance de lui. Dans les marches, il était seul en avant et ne nous adressait jamais la parole sans nécessité. L'aide de camp du jour n'entrait dans sa chambre que pour affaire de service, ou bien quand il était appelé, et c'était la chose la plus rare que de voir le maréchal causer avec aucun d'entre nous. Il mangeait seul, sans inviter une fois aucun de ses aides de camp. Cette fierté tenait à sa nouvelle situation, au désir de garder son rang. Les premiers maréchaux nommés en 1804 étaient des généraux de la République : la transition était brusque. En 1797, à l'époque du 18 fructidor, le général Augereau reprochait aux officiers de s'appeler *Monsieur* : et quelques années plus tard, les généraux républicains devenaient eux-mêmes maréchaux, ducs et princes. Ce changement embarrassa quelquefois le nouveau maréchal, qui d'ailleurs croyait avec raison que son élévation excitait l'envie. Il crut ne pouvoir se faire respecter qu'à force de hauteur, et il alla quelquefois trop loin à cet égard. Toutefois la familiarité aurait eu de plus graves inconvénients, et, au défaut de la juste mesure, toujours difficile à observer, peut-être a-t-il pris le meilleur parti. Les aides de camp ne s'en plaignaient pas ; ils se trouvaient plus à leur aise en vivant ensemble, et se livraient sans contrainte à la gaieté qui caractérise la jeunesse, la jeunesse française, la jeunesse militaire. Nous faisions très-bonne chère, car suivant les circonstances on ne manquait ni de force pour s'emparer des vivres, ni d'argent pour les payer. J'ai souvent admiré comment, en arrivant le soir dans une misérable cabane, le cuisinier trouvait moyen, au bout de deux heures, de nous donner un excellent dîner de Paris. Mais cette manière de vivre avait de grands inconvénients pour notre service : restant étrangers à tout ce qui se passait, n'ayant communication d'aucun ordre, nous ne pouvions ni nous instruire de notre métier, ni bien remplir les missions dont nous étions chargés (1). »

Une première remarque à faire et qui vient aussitôt à l'esprit, c'est combien, dans cet état-major de Ney ainsi gouverné, la situation de Jomini, admis continuellement auprès du maréchal à raisonner et à discuter avec lui, devait sembler à part et tout à fait exceptionnelle. Il était dépaysé dans le salon des aides de camp. J'ai moi-même entendu raconter au marquis

---

(1) *Souvenirs militaires de 1804 à 1814,* par M. le duc de Fezensac (1863), page 116.

de Saint-Simon, qui était de cet état-major, combien ces jeunes officiers brillants, étourdis autant que braves, s'isolaient de Jomini, de ce confident du maréchal : il avait à leurs yeux le tort d'être à la fois étranger, savant et non viveur.

Mais ce n'est pas tout, et il était à désirer pour plus d'une raison que Jomini devînt bientôt le chef de cet état-major, si laissé à lui-même et si peu conduit. La première fois que le jeune Fezensac eut à commencer son service actif après l'entrée en campagne, le maréchal lui ayant donné un ordre de mouvement à porter au général Colbert :

« Je voulus demander où je devais aller. *« Point d'observations,* me répondit le maréchal, *je ne les aime pas. »* — On ne nous parlait jamais de la situation des troupes. Aucun ordre de mouvement, aucun rapport ne nous était communiqué. Il fallait s'informer comme on pouvait ou plutôt deviner, et l'on était responsable de l'exécution de pareils ordres! Pour moi en particulier, aide de camp d'un général qui ne s'était pas informé un instant si j'avais un cheval en état de supporter de pareilles fatigues, si je comprenais un service si nouveau pour moi, l'on me confiait un ordre de mouvement à porter au milieu de la nuit, dans un moment où tout avait une grande importance, et l'on ne me permettait pas même de demander où je devais aller. Je partis donc avec mon fidèle cheval isabelle, que tant de fatigues ne décourageaient pas plus que son maître, et qui avait de moins l'inquiétude morale de ne pouvoir bien accomplir des missions si singulièrement données... »

On conviendra que, si les plans de campagne étaient admirablement bien combinés, le détail laissait fort à désirer. Ce sont là dans l'exécution d'un tableau les négligences des grands maîtres. Elles sont fortes cependant; elles faillirent avoir leur résultat fatal à Eylau : elles l'eurent à l'avant-veille de Waterloo, dans les ordres expédiés, dit-on, et non parvenus à Ney dès le point du jour du 16 juin, pour occuper les Quatre-Bras. Est-il donc nécessaire que dans une armée bien ordonnée les choses se passent ainsi? Je crois pouvoir affirmer que dans une armée non plus conquérante, non plus individualisée dans un Alexandre, mais toute patriote et toute nationale, elles se passeraient autrement (1).

Après la conquête de la Prusse, Napoléon avait deux partis à prendre : ou bien s'allier en Prusse avec le parti français, s'y appuyer, bien traiter cette puissance, la relever, la désintéresser pour l'avenir; ou bien la pousser à bout, l'abaisser sans pitié, poursuivre la guerre contre les Russes et contre les débris de l'armée prussienne en relevant la Pologne. Napoléon penchait

---

(1) M. de Canouville, un homme de la société, que les gens de mon âge ont connu, et qui avait été attaché à la cour du premier Empire, racontait l'anecdote suivante. Un jour, il vit un de ses amis, un jeune officier d'état-major qui, en descendant l'escalier qui menait au cabinet de l'Empereur, semblait tout occupé à fourrer sa jambe dans l'un des contours de la grille de fer formant la rampe. « Et que diable fais-tu là? » lui dit Canouville. — « Je me donne une entorse, » dit l'officier d'ordonnance. Et il lui montra un ordre qu'il était chargé de porter, écrit de la main de l'Empereur et parfaitement illisible. « Et comme il n'y a pas d'explication à demander, ajouta l'officier à l'entorse, j'ai mon excuse, et je le laisse à porter à un plus habile que moi. Qu'il s'en tire comme il pourra ! »

vers ce dernier parti, et il commençait dès lors à entrer sans retour possible dans le système d'exagération qui devait forcer tous les ressorts, ceux de la guerre comme ceux de la politique. Jomini, qui était un politique aussi, eut l'idée de raisonner à ce moment, de confier son raisonnement au papier, et de faire une tentative auprès de l'Empereur. Dans un mémoire adressé plus tard au duc de Bassano, il exposait ainsi sa conduite et sa démarche, qui paraîtra singulière assurément et des plus osées à pareille heure :

« Tout présageait à Berlin, dans les premiers jours de novembre (1806), que l'Empereur voulait entrer en Pologne. Quelques phrases qu'il m'adressa sur la Silésie, où il voulait laisser Vandamme pour faire des sièges, l'ordre donné à l'armée de franchir la Warta, les Polonais arrivant à Berlin en costume national, tout annonçait que nous allions chercher un Pultava. Convaincu par l'étude du système de guerre de l'Empereur et de son caractère que la victoire lui faisait quelquefois outre-passer les bornes de la prudence, je m'avisai de croire qu'une dissertation fondée sur ses propres principes le dissuaderait mieux qu'une autre, et je me décidai à rédiger un mémoire pour lui démontrer que le rétablissement de la Pologne, sans le concours d'une des trois puissances qui l'avaient partagée, était un rêve. Je lui prédis que ce rêve pourrait lui coûter son armée, et qu'en cas d'un succès inespéré il forcerait la France à d'éternelles guerres pour soutenir cet édifice sans base. Je lui représentai que la simple annonce de ce projet attacherait pour jamais, par des liens indissolubles, la Russie, l'Autriche et la Prusse, que sans cela tant de rivalités diviseraient entre elles. »

Jomini, dans son mémoire, proposait au contraire de

pardonner généreusement au neveu de Frédéric le Grand, de lui accorder même le titre de roi de Pologne, s'il voulait s'allier à nous pour conquérir une portion du royaume. La Prusse devenait ainsi un boulevard, au lieu de s'enflammer comme elle le fit, de se miner sourdement sous nos pas, et de devenir contre nous le volcan que l'on sait, un foyer de haine inextinguible. Au point de vue militaire, Jomini insistait sur les chances désastreuses d'une guerre d'hiver dans les marais, sans vivres, sans hôpitaux, sans munitions, sans abri ; l'Autriche épiant l'occasion de déboucher de la Bohême sur nos derrières et de prendre d'un seul coup toute sa revanche. Son mémoire fait, il s'en ouvrit au général Bertrand, qui l'encouragea à le remettre et lui dit en lui serrant la main : « Vous rendrez un grand service à l'armée aussi bien qu'à l'Empereur. » Jomini remit la pièce aux mains de l'huissier du cabinet. On devine aisément le reste et le genre de succès qu'il eut.

Quelques jours après, le corps d'armée du maréchal Ney ayant fait son entrée à Berlin à la suite de la prise de Magdebourg, Jomini accompagna le maréchal au palais avec son état-major dont il faisait titulairement partie. L'Empereur, l'apercevant dans le groupe, l'apostropha : « Ah ! vous voilà, monsieur le diplomate, je vous connaissais bien comme un bon militaire, mais je ne savais pas que vous fussiez un mauvais politique. »

Jomini ne laissa pas de rester toute cette campagne dans la confiance du maître. Les événements furent

loin de lui donner tort, et ils faillirent lui donner trop
raison. La campagne d'hiver contre les Russes n'amena
dans sa première partie aucun résultat. Les ébauches
et les velléités de combinaisons n'eurent pas de suite :
et que peuvent les plus belles combinaisons du monde
sur un sol détrempé et dans les fanges? « Tout le pays
n'était qu'une vaste fondrière où nous enfoncions jusqu'au cou. » Soyez donc héros ou tacticien sur ce
pied-là. C'était bien le cas de dire que les opérations
manquaient par la base.

L'armée prit ses cantonnements, et l'on put se croire
en repos jusqu'à la belle saison. Jomini se remettait à
l'étude, et il datait de Varsovie, 4 janvier 1807, la
reprise de son grand ouvrage (le tome III). Cependant
Ney, qui, avec Bernadotte, formait la gauche de l'armée,
ne pouvait rester immobile. Le besoin de se procurer
des vivres, et aussi l'humeur ardente, le désir de gloire,
le poussaient sans cesse, du côté de Kœnigsberg, à des
mouvements et à des entreprises que l'Empereur n'a-
vait pas ordonnés. Il fallait pourtant les expliquer, en
donner les motifs ou les prétextes, et à cet effet il dé-
pêcha le 15 janvier M. de Fezensac au quartier général
de l'Empereur à Varsovie. L'aide de camp, arrivé après
mille traverses, n'y resta qu'un jour, et l'Empereur le
renvoya à Ney le 18 avec le colonel Jomini, chargé
d'une mission particulière et verbale pour le maréchal.
Napoléon, irrité de la lettre de Ney, lui faisait signifier
par Jomini son mécontentement en des termes fort
durs qui nous ont été conservés :

« Que signifiaient ces mouvements qu'il n'avait point

ordonnés, qui fatiguaient les troupes et qui pourraient les
compromettre? Se procurer des vivres? S'étendre dans le
pays? entrer à Kœnigsberg? C'était à lui qu'il appartenait
de régler les mouvements de son armée, de pourvoir à ses
besoins. Qui avait autorisé le maréchal Ney à conclure un
armistice (*à Bartenstein, avec les Prussiens*), droit qui
n'appartenait qu'à l'Empereur généralissime? On avait vu
pour ce seul fait des généraux traduits devant un conseil
d'enquête. »

Le colonel de vingt-huit ans et l'aide de camp de
vingt-trois firent route ensemble, et voyant à quelle
nature d'homme comme il faut il avait affaire, Jomini
ne lui fit pas mystère de sa mission. Il ne lui dit pas
tout cependant, car il portait aussi des ordres qui se
rattachaient déjà à un nouveau plan de l'Empereur.

Les mouvements des Russes en effet nous obligeaient,
bon gré, mal gré, à une seconde campagne d'hiver.
Napoléon, dans la situation extrême où il s'était placé,
n'avait plus le choix ni l'initiative de l'action, et « c'était l'ennemi cette fois, qui le forçait à lever ses quartiers. » Il forma aussitôt un grand plan dans ses données habituelles : attirer par Bernadotte l'armée russe
sur l'extrême gauche, marcher sur ses derrières, la
couper de ses communications, l'acculer à la mer, l'anéantir; — en un mot, recommencer Iéna. Mais on
n'avait pas compté sur les contre-temps. Un aide de
camp dépêché par Berthier à Bernadotte se laissa
prendre avec ses papiers par les Cosaques (1), et le

(1) Napoléon avait un principe rigoureux, mais qui ne s'observait pas toujours : « Un officier en mission peut perdre sa culotte,
mais il ne doit perdre ni son sabre ni ses dépêches. »

secret fut révélé ; car l'idée d'écrire les ordres en chiffres ne vint que plus tard. On trouva les Russes sur leurs gardes et tout préparés ; ils furent les premiers à offrir la bataille, à la brusquer. Eylau s'engagea sous de sombres auspices. Bernadotte n'avait pas reçu son ordre ; Ney allait-il recevoir à temps le sien ? Davout, averti, ne pouvait entrer en scène qu'au milieu du jour. On sait l'affreuse difficulté de cette bataille, où l'on donna en plein dans une armée solide, déterminée à une défense offensive et munie d'une artillerie supérieure. Jomini était à la suite de Napoléon dans le cimetière d'Eylau, et il ne se pouvait pour un observateur de poste plus enviable. Nous donnerons ici la parole au colonel Lecomte, ou plutôt à Jomini lui-même racontant ses impressions successives pendant les diverses péripéties de l'action. — L'affaire s'était engagée vers 9 heures du matin. Soult avait soutenu seul le premier choc de l'ennemi ; puis était venu le corps d'armée d'Augereau qui, ayant donné sans s'en douter entre la réserve de cavalerie des Russes et celle de leur infanterie, s'était vu comme dévoré :

« Le corps d'Augereau avait été détruit et laissait un vide par lequel les Russes s'avançaient directement sur Eylau. Il faisait un temps affreux ; la neige tombait abondamment jusqu'à voiler le champ de bataille et à faire ressortir les feux des troupes comme des éclairs dans une nuit d'orage. Napoléon suivait ces péripéties du haut du cimetière qui dominait une partie du champ de bataille, attendant le moment de faire donner les réserves de la Garde qui l'entouraient.

« Tout à coup, à travers une échappée de neige, on vit

une colonne noire qui s'avançait directement en longeant la rue occidentale d'Eylau et en perçant jusqu'au pied du cimetière. Napoléon appelle Jomini et lui dit d'aller voir ce qu'est cette colonne, si c'est Soult ou Augereau. Jomini revint bientôt en disant : « Sire, ce sont les Russes. » — « Bah ! repartit l'Empereur, vous voyez des Russes partout. » — « Je ne puis pas dire que ce sont des Français, Sire, quand j'ai bien vu des Russes avec leurs longues capotes. » — C'était bien, en effet, une des colonnes russes qui avaient renversé le corps d'Augereau et qui en poursuivaient les débris. — Napoléon appelle un autre officier, le colonel Lamarche, et l'envoie vérifier ce rapport. Celui-ci part, quoique ayant son cheval blessé par un biscaïen devant Napoléon pendant qu'il recevait l'ordre, et revient au bout de quelques minutes dire que c'étaient en effet des Russes. Corbineau, tué un moment plus tard, arrive au même instant et s'écrie précipitamment : *Les Russes !* En effet, ceux-ci étaient déjà arrivés tout près du cimetière. Alors Napoléon fit promptement mettre en batterie l'artillerie de la Garde et alla lui-même vérifier le pointage d'une des pièces contre la colonne, puis il cria à Dorsenne de faire avancer un des six bataillons de la vieille Garde qui restaient seuls en réserve. Deux bataillons se présentent à la fois, mais Napoléon en fait rentrer un avec grande colère, car c'était sa dernière ressource... »

Il y eut un moment des plus critiques. Tout était perdu ce jour-là sans la bonne contenance que fit Napoléon pendant trois heures à ce cimetière d'Eylau à la tête de sa Garde, de sa cavalerie et de son artillerie qu'il dirigeait lui-même. A force de sang-froid et de courage, ainsi que par ses bonnes dispositions, il réussit à soutenir le combat avec très-peu de forces agissantes (1) et à gagner du temps jusqu'à ce que Davout arrivât. Napoléon l'attendait avec des trépignements d'impatience; enfin, à une heure, il se montra sur les hauteurs de droite, poussant devant lui les brigades détachées de l'ennemi, et venant rétablir les affaires. Napoléon rentra dans la ville. Jomini, dès le matin, n'avait cessé d'observer, de juger, de critiquer : il était là, on l'a dit, dans le plus pur de son élément. Peut-être le savant et le virtuose de guerre se laissa-t-il trop voir, comme lorsqu'il s'échappa à dire à un moment, en apercevant les fautes, les manques d'ensemble et de suite de l'ennemi : « Ah! si j'étais Benningsen pendant deux heures seulement! » Caulaincourt, qui entendit le mot, proféré à deux pas de l'Empereur, l'en gronda amicalement. Mais, à quelque temps de là, rentrant avec l'état-major dans la ville, Jomini s'approcha de Caulaincourt : « Ce n'est plus Benningsen que je voudrais être maintenant, dit-il, c'est l'archiduc Charles : que deviendrions-nous s'il débouchait de la Bohême sur l'Oder avec 200,000 hommes? » Dans le premier cas, Jomini était tacticien; dans le second, il redevenait stratégiste. Mais le Français, dira-t-on, où était-il? Hélas! il faut bien l'avouer, il était absent. La nationalité ici fait complétement défaut; la cocarde même est oubliée. On n'a devant

---

(1) J'ai combiné dans tout ce récit les expressions mêmes de Jomini, tirées tant de la Notice du colonel Lecomte que de la *Vie politique et militaire de Napoléon*, et du *Traité des grandes Opérations militaires*. Je ne dis rien en mon propre et privé nom; je borne mon soin à compiler de mon mieux.

soi qu'un amateur passionné et un connaisseur, — j'allais dire un dilettante, — épris de son objet. Que voulez-vous? les natures spécialement douées sont ainsi, et, mises en face de leur gibier, rien ne les détourne : Archimède est à son problème, Joseph Vernet est à sa tempête, Philidor est à sa partie. Homme de l'art avant tout, Jomini ne pouvait retenir son impression sur la partie qu'il voyait engagée sous ses yeux, qu'il aurait voulu jouer, et dont il appréciait chaque coup à sa valeur : un coup de maître le transportait ; un coup de mazette le faisait souffrir. Sa nature qui se déclare pleinement ici, c'était d'être un juge et un conseiller de guerre indépendamment des camps. Il était bon, quand on était joueur, d'avoir un souffleur comme lui.

Nous n'en avons pas fini avec ce terrible enseignement d'Eylau. Le soir était venu, et il vient vite à cette époque de l'année. On ne savait encore qui était vainqueur, ni même s'il y avait un vainqueur, et qui ferait retraite le lendemain. Ce devait être aux Français de se retirer si Ney n'arrivait pas. Mais pourquoi Ney tardait-il tant à venir ? Ce ne sont pas les grands historiens qui nous le diront; ils font semblant d'ignorer ces choses; c'est M. de Fezensac qui va nous le dire encore. Ney, qui la veille ignorait, comme Napoléon lui-même, qu'il allait y avoir bataille le 8 février, avait envoyé le 7 au soir au quartier général l'aide de camp Fezensac, pour rendre compte à l'Empereur de sa marche et de l'attaque qu'il poussait vivement contre le général prussien Lestocq :

« C'est la plus importante mission que j'aie remplie, nous dit M. de Fezensac, et la plus singulière par ses circonstances; elle mérite donc d'être racontée avec quelques détails.

« Je partis de Landsberg, le soir à neuf heures, dans un traîneau. En quittant la ville, les chevaux tombèrent dans un trou. Le traîneau s'arrêta heureusement au bord du précipice, d'où ils ne purent jamais sortir. Je revins à Landsberg, et je pris un de mes chevaux de selle. Le temps était affreux; mon cheval s'abattit six fois pendant ce voyage; j'admire encore comment je pus arriver à Eylau. Les voitures, les troupes à pied, à cheval, les blessés, l'effroi des habitants, le désordre qu'augmentaient encore la nuit et la neige qui tombait avec abondance, tout concourait dans cette malheureuse ville à offrir le plus horrible aspect. Je trouvai chez le major général un reste de souper que dévoraient ses aides de camp, et dont je pillai ma part. Ayant reçu l'ordre de rester à Eylau, je passai la nuit couché sur une planche et mon cheval attaché à une charrette, sellé et bridé. Le 8, à neuf heures du matin, l'Empereur monta à cheval, et l'affaire s'engagea. Au premier coup de canon, le major général m'ordonna de retourner auprès du maréchal Ney, de lui rendre compte de la position des deux armées, de lui dire de quitter la route de Creutzburg, d'appuyer à sa droite, pour former la gauche de la grande armée, en communiquant avec le maréchal Soult.

« Cette mission offre un singulier exemple de la manière de servir à cette époque. On comprend l'importance de faire arriver le maréchal Ney sur le champ de bataille. Quoique mon cheval fût hors d'état d'avancer même au pas, je savais l'impossibilité de faire aucune objection; je partis Heureusement j'avais vingt-cinq louis dans ma poche : je les donnai à un soldat qui conduisait un cheval qui me parut bon. Ce cheval était rétif, mais l'éperon le décida. Restait la difficulté de savoir quelle route suivre. Le maréchal avait dû partir à six heures de Landsberg pour Creutzburg. Le plus court eût été de passer par Pompiken et de joindre la route de Creutzburg ; mais le général Lestocq se trouvait en présence du maréchal : je ne pouvais pas risquer de tomber entre les mains d'un parti ennemi. Je ne connaissais pas les chemins, et il n'y avait pas moyen de trouver un guide. Demander une escorte ne se pouvait pas plus que demander un cheval. *Un officier avait toujours un cheval excellent, il connaissait le pays, il n'était pas pris, il n'éprouvait pas d'accidents, il arrivait rapidement à sa destination, et l'on en doutait si peu que l'on n'en envoyait pas toujours un second :* je savais tout cela. Je me décidai donc à retourner à Landsberg et à reprendre ensuite la route de Creutzburg, pensant qu'il valait mieux arriver tard que de ne pas arriver du tout. Il était environ dix heures, le 6ᵉ corps se trouvait à plusieurs lieues de Landsberg, et engagé avec le général Lestocq. Enfin je vins à bout de joindre le maréchal *à deux heures*. Il regretta que je fusse arrivé si tard, en rendant justice à mon zèle et en convenant que je n'avais pu mieux faire. A l'instant même il se dirigea sur Eylau, et il entra en ligne à la fin de la bataille, *à la chute du jour.* Le général Lestocq, attiré comme nous sur le terrain, y était arrivé plus tôt. Si je n'avais pas éprouvé tant d'obstacles dans ma mission, nous l'aurions précédé, ce qui valait mieux que de le suivre. »

Voilà la vérité (1). Les réflexions se pressent, et il

(1) On lit dans l'*Histoire du Consulat et de l'Empire,* tome VII, p. 372, au récit de la bataille d'Eylau : « Napoléon se hâta de dépêcher le soir même du 7 février *plusieurs* officiers aux maréchaux Davout et Ney pour les ramener l'un à sa droite, l'autre à sa gauche... » — « C'est une erreur, dit M. de Fezensac, en ce qui concerne le maréchal Ney ; il ne reçut aucun avis et ne se doutait pas de la bataille, quand je le joignis le 8, à deux heures dans la direction de Creutzburg. »

n'est pas besoin d'être du métier pour se les permettre. Quand des ressorts si secondaires, mais pourtant essentiels, de la pièce, sont négligés à ce point, faut-il s'étonner que le résultat ne réponde pas à la conception ? La tragédie a beau être bien dessinée à l'avance, il y a des scènes entières de manquées dans le dernier acte.

A Eylau et dans toute cette campagne d'hiver en Pologne, les conditions d'une guerre régulière, raisonnée, savante, d'une stratégie dirigée par le conseil (*consilium*) et serrée de près dans l'exécution, étaient dépassées. Les reconnaissances ne se faisaient plus, les ordres envoyés n'arrivaient pas. Les distances, les boues, les glaces, les neiges, les hasards, jouaient le principal rôle. La force des choses commençait à tenir le dé, à prendre le dessus décidément sur le génie humain, et, quoique à la guerre les plus belles combinaisons soient toujours à la merci d'un accident, ici l'accident était tout, le calcul n'était presque pour rien. C'est ainsi qu'on frise un Pultava. Eylau en donna l'idée. Ce n'était plus le cas, tant s'en faut ! où Napoléon aurait pu dire comme à Austerlitz : « Mes grands desseins se succédaient et s'exécutaient avec une ponctualité qui m'étonnait moi-même. » Eylau, pour un homme sage ou capable de sagesse, et si Napoléon avait été un Frédéric, aurait dû être une de ces leçons qu'on n'oublie jamais (1).

(1) Jomini a donné un jugement de la bataille d'Eylau, et dès l'année même, pendant qu'elle était encore toute fumante (1807). Au tome III (page 393 et suivantes) de son grand *Traité*, il rap-

prochait cette bataille de celle de Torgau, livrée par Frédéric en 1760, faisant remarquer toutefois que « s'il y avait de la ressemblance dans les résultats des deux affaires, il y avait une grande différence dans les dispositions antérieures et dans l'ordonnance du combat. » Il s'attachait à faire ressortir ce qu'il y avait de grand dans la combinaison première de Napoléon, « indépendamment de ce qu'il avait pu y avoir de fautif dans l'exécution. » Au sujet du retard de Ney, il l'attribuait à ce que l'aide de camp s'était « égaré en chemin », et, supposant les ordres donnés à temps, il concluait que « ce sont de ces choses qu'un général peut ordonner, mais qu'il ne peut pas forcer. » Il est à remarquer que cette phrase d'excuse et apologétique a disparu depuis dans l'édition définitive du *Traité* (chapitre XXVI), et qu'un paragraphe a été ajouté pour dire au contraire, par manière de critique, que « ces deux sanglantes journées prouvent également combien le succès d'une attaque est douteux, lorsqu'elle est dirigée sur le front et le centre d'un ennemi bien concentré; en supposant même qu'on remporte la victoire, on l'achète toujours trop cher pour en profiter. Autant il convient d'adopter le système de forcer le centre d'une armée divisée, autant il faut l'éviter quand ses forces sont rassemblées. » Jomini, dégagé de ses liens, pouvait exprimer toute sa pensée. Mais il n'a jamais varié sur la part personnelle à faire à la présence d'esprit et au courage de Napoléon pendant l'instant critique où il l'avait vu à l'œuvre.

Mardi 15 juin 1869.

LE GÉNÉRAL JOMINI

III.

Mauvais vouloir de Berthier. — Jomini, chef d'état-major de Ney. — Guerre d'Espagne. — Jomini envoyé à Napoléon après Wagram. — Il perd l'appui de Ney. — Démêlé avec Berthier. — Retraite en Suisse; premières liaisons avec la Russie. — Raccommodement; Jomini, général de brigade. — Retraite de Russie.

Dans cette bataille d'Eylau, après le moment critique passé, mais avant l'arrivée de Ney sur la fin de l'action, Napoléon, rentré dans la ville, hésitait sur ce qu'il ferait le lendemain. Il pensait d'abord à se retirer pour rallier les corps de Bernadotte et de Lefebvre. Cependant, pour masquer cette retraite et ne pas céder le champ de bataille aux Russes, qui étaient peut-être assez affaiblis déjà pour nous l'abandonner, Napoléon eut l'idée de laisser Grouchy avec l'arrière-garde, mais en plaçant près de lui Jomini, chargé d'une commission éventuelle. Il s'agissait de ne pas bouger si les

Russes se retiraient les premiers et d'éviter le désagrément de leur céder le terrain ; sinon, et s'ils tenaient ferme, de se replier soi-même, tout en faisant bonne contenance : « Vous resterez avec Grouchy, » lui dit l'Empereur, « pour le diriger selon mes intentions. « On vous accréditera auprès de lui à cet effet ; vous « n'aurez point d'autre ordre. » L'arrivée de Ney dispensa de cette combinaison, et Napoléon n'eut qu'à rester. Mais on entrevoit combien cette position facultative de Jomini au quartier général de l'Empereur, position en partie confidentielle et nullement hiérarchique, prêtait à l'équivoque et ne pouvait se prolonger sans inconvénient.

Sa santé, qui ne fut jamais robuste, avait souffert dans cette campagne d'hiver, et le 8 mars 1807, du quartier général d'Osterode, Berthier avisait le ministre directeur de l'administration de la guerre « d'un congé de quatre mois pour raison de santé, accordé par l'Empereur au *colonel* Jomini, attaché à l'état-major impérial. » Le 9 avril, il était dans son pays natal, à Payerne, hésitant entre les eaux de Baden et celles de Schinznach. Le 17 juin, à la première nouvelle des mouvements de l'armée, interrompant le traitement commencé, il s'était rendu en poste au quartier général de l'Empereur. Mais il était arrivé trop tard pour la grande action, il avait manqué la victoire de Friedland, remportée le 14.

C'est ici que nous allons assister à une tracasserie misérable de Berthier. Ney, qui sent la valeur de l'homme, redemande son aide de camp. Le 18 octobre

1807, Berthier annonce à Clarke, ministre de la guerre, que, « par décision du 16 octobre, l'adjudant-commandant Jomini, provisoirement appelé près de l'Empereur dans les dernières campagnes, doit retourner auprès de Ney, qui l'a demandé. » De son côté Ney écrit au ministre Clarke, de Fontainebleau, le 5 novembre 1807 :

« Excellence, l'Empereur a daigné me promettre à Friedland de nommer M. l'adjudant-commandant Jomini chef de l'état-major du 6ᵉ corps d'armée ; je vous prie d'obtenir une décision définitive de Sa Majesté à cet égard. M. Jomini est très-propre à cet emploi qu'il a déjà rempli avec distinction près de moi pendant la campagne d'Autriche. Votre Excellence m'obligera très-particulièrement si elle veut bien prendre quelque intérêt au succès de cette demande. »

Et dans une note de la main de Clarke :

« L'Empereur a accordé cette demande et m'a donné ses ordres verbalement à ce sujet. Il faut envoyer M. Jomini au 6ᵉ corps d'armée et en prévenir le prince de Neuchâtel. »

La décision de l'Empereur est du 11 novembre.
Voilà les faits extérieurs. Mais que s'était-il passé dans les coulisses ou dans les couloirs, car les états-majors en ont aussi? Le chef d'état-major de Ney, le général Dutaillis, l'homme de Berthier, avait eu un bras emporté dans la dernière campagne ; Ney tenait à s'en défaire, et Berthier à le maintenir. L'objection de Berthier, quand Ney le pressait, était que Jomini n'avait rang que de colonel et ne pouvait être chef d'état-major, vu que tous étaient généraux. Cependant la

demande directe de Ney à l'Empereur avait été suivie d'une lettre de Jomini, aussi motivée que respectueuse, et l'Empereur avait accordé. — Et voilà que quelques jours après, Jomini reçoit sa nomination comme *sous-chef* d'état-major sous le général Dutaillis. On peut juger de l'étonnement et de l'irritation chez une nature vive et susceptible. Jomini écrivit à l'instant à l'Empereur une lettre dont on n'a pas le texte, mais dont le sens était « qu'ayant pris la carrière des armes dans l'espoir qu'un jour il mériterait la bienveillance du plus grand capitaine du siècle, et qu'ayant eu l'honneur de lui être attaché pendant plus d'un an, il ne pouvait continuer à servir dans la position que l'on venait de lui faire, et qu'il demandait à se retirer dans ses foyers. » — Je continue avec le récit du colonel Lecomte :

« Le dimanche suivant, Jomini se rendit à Fontainebleau pour assister à la réception d'usage et à la messe, espérant avoir une solution.

« Lorsque l'Empereur sortit de son cabinet dans le grand salon, Jomini se trouvait par hasard un des premiers sur son passage. L'Empereur vint à lui d'un air courroucé et lui dit : « Quelle lettre impertinente m'avez-vous adressée? Comment! me jeter ainsi votre démission à la figure, et croire que je renvoie ainsi les gens qui me servent bien! Je vous ai nommé chef d'état-major, et non sous-chef. » — « Mais, Sire, j'ai là ma nomination signée de Votre Majesté. » Et comme Jomini allait la sortir de sa poche, l'Empereur s'écria : « Eh! vous n'avez pas vu que c'était une *faute* de Berthier! » Le prince de Neuchâtel, qui se trouvait présent, tira Jomini par son habit en lui disant à l'oreille : « Ne répliquez pas, et passez chez moi après la messe! »

Nonobstant toutes les explications, et quoique Berthier ait voulu rejeter l'erreur sur le compte d'un secrétaire, il n'en était rien, et le secrétaire n'avait eu bien réellement l'ordre d'expédier qu'un brevet de *sous*-chef. Cette petite scène, qui eut lieu en public, n'était pas faite pour mieux disposer à l'avenir Berthier en faveur de Jomini.

La guerre d'Espagne est engagée : un rôle important y est assigné à Ney et au 6ᵉ corps. Avant l'entrée en campagne, le général Marchand, commandant par intérim, écrit de Paris au ministre de la guerre (25 septembre 1808) pour lui rappeler que le maréchal a demandé, dès le mois de février dernier, le grade de général de brigade pour le colonel Jomini, son chef d'état-major. Cependant les services de Jomini près de Ney sont très-contrariés, ou moins bien accueillis dès le début de la campagne. Que s'est-il passé ? La bienveillance du maréchal est visiblement altérée ; son amour-propre est désormais en éveil : de méchants propos venus de Paris et présentant Jomini comme son meneur ont sourdement opéré. Cette guerre d'Espagne d'ailleurs est ingrate et pénible. Dès le début Ney, dont le mouvement devait se combiner avec celui de Lannes pour rendre complète la victoire de Tudela, procède contre son habitude avec un peu trop de lenteur et s'attire des reproches. Plus tard, dans la poursuite de l'armée anglaise commandée par Moore, Ney, tenté un moment de prendre la meilleure direction, n'ose le faire de son chef, et il ne vient plus ensuite qu'en réserve derrière Soult. Dans l'une et l'autre circonstance, les conseils de Jomini sont moins écoutés que dans les précédentes campagnes; et puis l'Empereur est proche, et il n'y a dès lors qu'à se taire et à obéir. Un jour, dans une de ces marches à la poursuite de l'armée anglaise, l'insistance que Jomini mettait à ce qu'on profitât d'un gué pendant une courte absence du maréchal et quand il ne pouvait y avoir d'ordre écrit, faillit amener un duel entre lui et le brillant général de cavalerie Colbert à la veille de son glorieux trépas : il y avait tiraillement de tous les côtés. Après le départ de l'Empereur, ses lieutenants de l'armée d'Espagne s'entendent mal entre eux ou ne se concertent qu'imparfaitement. Abandonnés à eux-mêmes, les uns, comme Soult, sont disposés à trop prendre sur eux, tandis que Ney, devenu plus incertain et s'effrayant de sa responsabilité, évacue le pays qu'il occupe et abandonne un peu légèrement la Corogne et le Ferrol. Là encore les conseils de son chef d'état-major, qui proposait de laisser une garnison suffisante dans ces deux places, ne sont pas suivis. Ces affaires d'Espagne étaient menées de telle façon que Napoléon lui-même, à cette date, déclarait n'y rien comprendre : je n'essayerai pas de les démêler. Après cette retraite précipitée de la Galice, Ney, qui vient d'être placé sous le commandement de Soult, en est blessé ; il sent aussi le besoin de s'expliquer, de s'excuser auprès de l'Empereur, et il lui envoie Jomini, qui arrive à Vienne au lendemain de Wagram (juillet 1809). Jomini, selon sa mission, expose à l'Empereur comment le maréchal avait dû croire à l'utilité de se rapprocher du roi Joseph pour lui venir en aide contre Wellesley (Wellington), au cas où ce général, qui avait pris pied en Portugal, se porterait de la vallée du Tage sur Madrid. L'Empereur, qui aimait assez à affubler chacun d'une spécialité, à le coiffer d'un sobriquet une fois pour toutes;— et par exemple, à dire à Garat en chaque rencontre : *Comment va l'idéologie?* à Rœderer : *Comment va la métaphysique?* à Mme de Coigny : *Comment va la langue?* — avait naturellement identifié l'idée de tactique et la personne de Jomini. Aussi, dès que Jomini eut allégué au nom du maréchal, pour raison de sa conduite, la prévision d'une entreprise possible de la part de Wellington :

« Voilà bien comme sont les tacticiens! s'écria l'Empereur (1); ils supposent toujours que l'ennemi prendra les résolutions les plus habiles, les plus savantes; mais, s'il en était ainsi, il ne faudrait jamais se coucher à la guerre, puisqu'il n'y a pas de chances plus favorables que de surprendre l'ennemi endormi, comme Daun a surpris Frédéric le Grand à Hochkirch. Croyez-vous que les Anglais osent ainsi s'avancer loin de leurs flottes, surtout après ce qui vient d'arriver à Moore? Ils n'ont pas tant de troupes à aventurer sur le continent. » — Jomini prit la liberté de répliquer que « s'il était puéril de croire toujours à des combinaisons parfaites de la part de ses adversaires, il serait dangereux de croire toujours à leur incapacité; que Wellesley (Wellington), au milieu du pays soulevé pour lui et appuyé de 80 à 100,000 Espagnols, ayant sa retraite dans tous les ports de l'Espagne sur les quatre points cardi-

---

(1) Tout ceci est emprunté à la Notice du colonel Lecomte, dont rien ne dispense.

naux, pouvait sans danger entreprendre une opération qui déciderait du sort de l'Espagne. » — L'Empereur coupa court à la discussion en disant : « Le mal est fait ; la suite apprendra s'il doit en résulter un bien. »

Jomini en vint ensuite à la partie délicate des griefs de Ney, qui résistait à être mis sous les ordres de Soult, quoique celui-ci fût son ancien. Soult était accusé par ses propres soldats d'avoir voulu se faire roi en Portugal :

« L'Empereur traita cela de *niaiserie;* cependant il fit appeler Jomini le soir même, lui fit répéter l'aventure en présence de Masséna et du prince Eugène, et leur dit : « Pensez-vous qu'il y ait un maréchal de France assez fou pour se proclamer roi indépendant? Mais il se ferait arrêter par ses propres aides de camp! » Scène peut-être ménagée à dessein pour leur servir de leçon (1).

« Quinze jours étaient à peine écoulés, lorsque Napoléon fit rappeler le chef d'état-major de Ney, et s'écria à son arrivée : « Eh bien! vous aviez raison : les Anglais sont « sortis du Portugal, et, qui pis est, c'est qu'ils ont battu « ce maladroit de Jourdan! Il paraît que c'est un homme, « ce Wellesley! »

« Puis il raconta à Jomini toute la bataille de Talavera (2). »

Ici se produit un fait grave dans la carrière de Jomini, et dont on n'a pas l'explication tout entière. Il y

---

(1) L'Empereur, mieux informé, traita si peu de niaiserie cette pensée ambitieuse du maréchal Soult qu'il lui adressa de Schœnbrunn, à la date du 26 septembre 1809, la lettre qu'on peut lire dans la *Correspondance* (tome XIX, page 527), et où il lui exprime son mécontentement le plus sérieux sur ce même sujet.

(2) On voit encore par la *Correspondance* de Napoléon, qu'il fut

a une intrigue sous jeu dont les fils échappent. Ce qui est certain, c'est que tout à coup la protection de Ney l'abandonne. La mauvaise humeur du maréchal, après cette fâcheuse campagne de 1809, où il n'avait rien fait d'éclatant, retombe sur lui. Et puis, il faut l'avouer, un chef d'état-major qui a, à chaque instant, un avis personnel, peut à la longue devenir contrariant et incommode, surtout si l'on ne réussit pas. Dans un rapport du ministre Clarke à l'Empereur, du 17 novembre 1809, il est dit : « Le maréchal duc d'Elchingen demande que l'adjudant-commandant Jomini, chef d'état-major du 6ᵉ corps de l'armée d'Espagne, reçoive une autre destination. » Et de la main même de l'Empereur, se lit cette annotation au rapport (je copie textuellement) : « L'employer avec Berthier (*une rature*), le duc d'Auerstædt (*une rature*), Berthier. » On suit les indécisions de l'Empereur; sa plume hésite, et après avoir biffé *Berthier,* il y revient. C'était de toutes les destinations la plus pénible pour Jomini; elle était presque inacceptable : après avoir été en première ligne et en chef, il se voyait rejeté à la suite de l'état-major général, réduit à l'inutilité, ayant à prendre les ordres de l'adjudant du prince, « M. Bailly de Monthyon, qui sans doute, pensait-il, lui réservait l'honneur de com-

d'abord induit en erreur sur le vrai résultat de la bataille de Talavera; on lui avait adressé des rapports complaisants et mensongers; ce n'est que le 25 juin 1809 que l'Empereur écrivait de Schœnbrunn à Clarke, ministre de la guerre : « Le fait est que j'ai perdu la bataille de Talavera. » Ceci peut préciser la date de la conversation avec Jomini.

mander quelque dépôt d'éclopppés, ou de faire dans sa chancellerie des liasses d'ordres du jour. » Sa tête fermenta ; il n'y put tenir ; il roula dans son esprit une grande résolution : il était Suisse de nationalité et libre ; l'empereur Alexandre était l'intime allié de Napoléon. Une ouverture avait déjà été faite de ce côté auprès de Jomini en 1807, pour qu'il entrât au service de la Russie, qui croyait avoir besoin à ce moment d'officiers de mérite, et qui a toujours été accueillante pour les étrangers. Son compatriote vaudois, La Harpe, y était déjà. Après quelques démarches tentées encore par Jomini (et sans y réussir) pour se concilier le prince de Neuchâtel, — comme de lui offrir la dédicace d'une seconde édition qu'il fit faire exprès de son *Traité des grandes Opérations militaires*, — de lui témoigner le désir d'être mis à la tête d'une des brigades suisses qui allaient être levées, et dont le commandement lui était spécialement réservé en sa qualité de colonel général des Suisses, — après n'avoir éprouvé de sa part que rebuffade et mauvaise grâce, après s'être entendu dire un jour qu'il se plaignait : « *Eh bien, si vous vous croyez lésé, donnez votre démission ; j'en référerai à Sa Majesté,* » Jomini n'hésita plus et se tourna vers la Russie. L'anxiété où il était alors, — où il fut durant tout cet été et cet automne de 1810, — sa fièvre morale nous est vivement représentée dans des lettres écrites à un ami, le baron Monnier, qui occupait un poste assez important auprès du duc de Bassano.

Dès le 29 juin 1810, le prince Berthier prévenait le

ministre Clarke que « par décision de la veille l'Empereur avait accordé à M. l'adjudant-commandant (Berthier a effacé de sa main le titre de *colonel*) baron de Jomini un congé de six mois pour soigner sa santé dans ses foyers. » C'est de là, de la ville d'Aarau, que Jomini adressait à cet ami, le baron Monnier, les lettres suivantes où ses fluctuations et son orage intérieurs apparaissent à nu :

« Aarau, 15 octobre 1810.

« Je viens enfin, mon cher Monnier, de me décider au saut périlleux : j'écris au prince de Neuchâtel pour lui demander ma démission. Je lui présente l'impossibilité où je me trouve de servir plus longtemps, découragé et humilié à mes propres yeux. Je cherche autour de moi la puissance où je pourrais espérer un meilleur sort. L'empereur Alexandre, dont la générosité égale, dit-on, l'amabilité, manquant d'ailleurs d'officiers qui entendent bien la grande guerre, est le seul que je puisse servir dignement. Mais la Russie est l'alliée de Napoléon ! Voudra-t-elle me recevoir, sachant que je me retire brouillé avec lui ?

« Le parti qui me reste à prendre n'est pas difficile à préjuger : je dois soutenir mon rôle et savoir mourir au besoin. Je ne vous ennuierai pas aujourd'hui de mes doléances, j'ai voulu seulement vous informer de la démarche décisive que je fais. Hier était l'anniversaire de la bataille d'Iéna. Il y a quatre ans que j'allai volontairement me précipiter à l'avant-garde de Ney (quoique je fusse alors attaché à l'Empereur). Le maréchal s'élançait comme moi volontairement à une brèche où personne ne l'envoyait, et voulait vaincre toute l'armée du prince de Hohenlohe avec les quatre mille hommes seulement qui le suivaient : la moitié de ces braves paya de la vie une téméraire intrépidité, et trois de ses aides de camp y furent grièvement blessés. Ah! si un boulet charitable m'avait donné la préférence ce jour-là! je ne serais pas réduit aujourd'hui à détester la vie, à maudire jusqu'aux faibles rayons de gloire que ma carrière m'a laissé entrevoir un instant. Mille de ces misérables boulets ont sillonné la terre autour de moi, enlevé bras et jambes à mes camarades : aucun n'a voulu m'épargner la peine qui me tue... »

« Aarau, le 24 octobre 1810.

« J'ai reçu, mon cher Monnier, votre aimable lettre du 18 octobre. Vous voulez me consoler en me désespérant. La certitude que j'ai un ennemi puissant si près de l'Empereur ne me laisse aucun espoir d'améliorer mon sort. Si, du moins, j'étais rentré dans la position où je me trouvais en 1806, employé près de Sa Majesté elle-même, je n'aurais affaire qu'au grand homme capable de m'apprécier, et mon persécuteur ne me pourrait rien. Mais non content de me faire rétrograder dans ma carrière et de changer un rôle important contre le poste le moins estimé de l'armée, on me place sous la férule de mon plus cruel ennemi. Ah! c'est trop fort! et jamais, non jamais, je ne me sentirai la force de ployer la tête sous le joug qu'on veut m'imposer. Que l'Empereur exerce sur moi la tyrannie la plus absolue, je m'en console : il a sur moi les droits que donnent le génie et la puissance. Mais le prince de Neuchâtel!... Je me tais par prudence, et plutôt pour vous que pour moi... »

Berthier, ce grand chef d'état-major dont je ne prétends point méconnaître les mérites appropriés au génie du maître, mais « à qui il fallait tout dicter; » Berthier, « à qui vingt campagnes n'avaient pas donné une idée de stratégie, » et qui n'en avait que faire sans doute dans son rôle infatigable d'activité toute passive; Berthier, qui, au début de l   ière guerre d'Allemagne (1809), dépêché d'avance à Ratisbonne pour y rassembler l'armée, avait signalé son peu de coup d'œil personnel, son peu de clairvoyance dans l'exécution trop littérale des ordres en face d'une situation non prévue ; Berthier, qui pourtant s'était vu comblé de toutes les dignités, de toutes les prérogatives, et finalement couronné et doté jusque dans son nom de cette gloire même de Wagram, — un tel personnage avait certes beau jeu contre un simple officier en disgrâce, dont il ne prévoyait pas les titres distingués et permanents auprès de tous les militaires instruits et des studieux lecteurs de l'avenir. Il est curieux de voir en quels termes était conçue la démission adressée par Jomini à ce dignitaire tout-puissant, le plus élevé dans l'ordre militaire.

Et d'abord, voici sa lettre à Clarke, duc de Feltre, qui n'était que ministre :

« Monseigneur, j'ai l'honneur d'adresser à Votre Excellence copie de la lettre que j'ai écrite à Son Altesse le Prince Vice-Connétable, pour lui donner *ma démission de l'emploi d'adjudant-commandant.*

« Je regrette bien vivement de quitter une carrière qui aurait pu me mettre plus particulièrement en relation avec Votre Excellence, dont j'avais été accueilli autrefois avec une bienveillance si distinguée.

« Je suis avec le plus profond respect, Monseigneur, de Votre Excellence le très-humble et obéissant serviteur,

« JOMINI, colonel.

« Baden en Suisse, le 28 octobre 1810.

« Mon adresse est *chez veuve Bourcard et fils, à Basle en Suisse.* »

Puis vient la lettre à Berthier, en ces humbles termes ; — mais à voir cette accumulation de titres, ne semble-t-il pas que l'on craigne toujours qu'il n'y ait pas assez de barrières de séparation élevées entre les hommes ?

« A son Altesse Sérénissime le Prince de Neuchâtel et de Wagram, Vice-Connétable, Colonel général des Suisses, etc., etc.

« Monseigneur, Votre Altesse sait au prix de quels efforts j'ai fait les cinq dernières campagnes. Atteint depuis celle de 1805 d'une maladie grave, j'ai sacrifié les restes de ma santé à mes devoirs et à mon goût pour la guerre.

« A la fin de la campagne précédente en Espagne, mons^r (*sic*) le maréchal duc d'Elchingen, convaincu que je me trouvais dans l'impossibilité de faire un service pénible à cheval, demanda pour moi un commandement d'infanterie dans son corps d'armée.

« Il aurait fallu, pour me remettre, un repos de plusieurs années ; mais, quand l'Europe doit changer de face, un homme qui a du zèle et de l'honneur ne peut pas rester oisif ; j'ai donc persisté à remplir mes devoirs. Cependant, depuis un an, ma position est devenue telle, que je ne pouvais plus espérer de soutenir les fatigues d'un service à l'état-major. Les certificats que j'ai eu l'honneur de soumettre à Votre Altesse en lui demandant un congé le prouvent assez.

« Votre Altesse se souviendra sans doute que je lui ai adressé encore cet hiver la prière de me faire donner une destination dans la seule arme dont le service fût compatible avec l'état de ma santé. Cette démarche prouvait le grand désir que j'avais de me rendre utile.

« Mais, mon état empirant tous les jours, je me vois aujourd'hui dans la dure nécessité de donner ma démission de l'emploi d'adjudant-commandant. Je supplie Votre Altesse de la mettre aux pieds de Sa Majesté l'Empereur et Roi.

« Après avoir suivi le plus grand des capitaines pendant plusieurs campagnes, personne ne doit regretter plus que moi de ne pouvoir plus servir dans ses armées. Votre Altesse me permettra aussi de lui présenter toute la peine que j'éprouve de ne pouvoir plus continuer à servir auprès d'elle.

« *Elle m'a témoigné trop de bontés pour que ces regrets ne soient pas aussi vifs que sincères.*

« Je suis avec le plus profond respect, Monseigneur, de Votre Altesse Sérénissime le plus humble et obéissant serviteur,

« Colonel JOMINI.

« Baden en Suisse, le 28 octobre 1810. »

Une légère pointe d'ironie aurait pu se sentir sous toutes ces humilités de commande et ces excuses. Le trait, s'il existe, était dans la dernière phrase. — Pour toute réponse à cet envoi de démission, Jomini reçut l'ordre du ministre Clarke de se rendre en poste à Paris et de se présenter à lui dans les vingt-quatre heures après son arrivée. L'ordre en date du 15 novembre, et qui paraît avoir mis quelque temps à atteindre le destinataire, était péremptoire. La famille de Jomini, alarmée des conséquences d'un refus, le suppliait d'obéir. Cependant la demande de service était déjà faite à l'empereur Alexandre, et elle suivait son cours. Que faire ? Au moment de céder et de partir pour Paris, Jomini exhalait sa plainte ; il voyait bien qu'on ne lui permettrait pas de donner sa démission et d'aller porter ailleurs sa connaissance des choses de guerre et ses idées :

« Hélas ! je ne l'aurai jamais cette démission, puisque

après me l'avoir offerte, on m'écrit comme à un caporal de me présenter dans les vingt-quatre heures pour reprendre mes chaînes ! D'ailleurs j'ai été du nombre de ceux qui n'ont pas fait la guerre en aveugle : en faut-il davantage pour qu'on veuille me lier? Ah! si l'Empereur voulait, il me ferait porter les chaînes d'Armide ! Je ne lui demande que de me placer dans un corps comme chef d'état-major, ou de me reprendre près de lui : situation dans laquelle je me trouvais il y a quatre ans. Pourquoi donc me faire subir une double humiliation? Est-ce pour me punir de ma prétendue ambition? Je vous le demande : dans une armée où tout marche au galop, quel est l'officier un peu marquant qui voulût aujourd'hui se contenter de ce qu'il était avant ces quatre horribles campagnes? Et pourtant, ce serait l'objet de tous mes vœux. Mon irritation m'entraîne : je me répète... »

Il arriva à Paris vers le 15 décembre (1810). Il vit aussitôt le ministre Clarke, qui lui demanda s'il voulait entamer une lutte avec l'Empereur, le pot de terre contre le pot de fer :

— « Je serais insensé en effet, répliqua Jomini, si telle était ma pensée,... mais loin de là; j'ai eu de puissants motifs de *donner* ma démission. J'en avais doublement le droit comme étranger... Si j'ai persisté, c'est qu'il est de ces circonstances où un homme de cœur ne peut reculer. »

— « Mais si l'Empereur ne veut pas vous l'accorder? »

— « Un officier français peut la demander; moi, je l'ai donnée. »

— « Prenez garde! si vous faites la mauvaise tête, vous pourriez bien faire un tour au donjon de Vincennes. »

— « Je dois m'y attendre; mais ma position est telle, que l'empereur Napoléon lui-même serait en droit de me reprocher de rester à son service, s'il connaissait exactement cette position. »

— « Si ce n'est que cela, soyez tranquille, *l'Empereur*

sait tout; je vous ai toujours voulu du bien, et si vous me laissez dire à l'Empereur que vous vous soumettez, l'affaire s'arrangera à votre satisfaction. »

Elle était arrangée déjà. Un décret de l'Empereur, qui porte la date du 7 décembre, nommait Jomini général de brigade; il ne l'apprit que dix jours après : sa soumission était sans doute la condition sous-entendue et préalable pour la sortie du décret. Mais tous les guignons s'y joignirent. Berthier retint Jomini dans son état-major pour l'inutiliser, et dans le même temps Jomini recevait de l'empereur de Russie, par suite de sa première démarche, un brevet de général-major attaché à sa personne. Jomini, à partir de janvier 1811, demeurait donc au service de France, mais malgré lui, à contre-cœur et très-partagé : c'est ce qu'il convient de ne jamais oublier en le jugeant.

« Plût à Dieu, s'écriait-il le 28 janvier 1811, en s'épanchant auprès de son ami le baron Monnier, plût à Dieu que j'eusse résisté aux ordres du duc de Feltre et aux sollicitations de mes parents !... Aujourd'hui, que pensera de moi le généreux prince qui, sans me connaître autrement que par mon ouvrage, me fait un accueil si flatteur, et qui, en utilisant directement mon instinct guerrier, me fournirait du moins les occasions de faire quelque chose ? Vous sentez que je suis affecté plus vivement que jamais du malheur d'être enterré chez cet implacable prince de Neuchâtel, qui a juré d'étouffer en moi ce que l'Empereur nomme le *feu sacré*... »

Le *feu sacré!* il y a plus d'une manière de l'entendre; mais ici, au sens de Jomini, le *feu sacré*, c'est la science et l'amour du bel art : montrer ce qu'on peut et ce qu'on vaut par une application des principes de la grande guerre. La patrie suisse exceptée, le pays d'ailleurs et le théâtre n'y font rien ; la belle école (comme il la conçoit), l'école de la grande guerre, est partout où il y a des capitaines capables de la comprendre et de la pratiquer. — C'est trop d'indifférence, dira-t-on. — J'exprime le fait sans blâmer ni approuver. On a affaire ici à un talent impérieux, égoïste comme tous les talents d'instinct, à une vocation prononcée, qui demande avant tout le jour et l'occasion, le champ et l'espace. importe assez peu au grand géomètre Euler de produire ses formules et de résoudre ses équations à Berlin ou à Pétersbourg

Avec cette différence toutefois, que la guerre n'est pas de la géométrie pure, ni de la pure analyse; qu'elle se fait sur des hommes et avec des hommes; que, n'y eût-il que la fraternité des armes, si l'on vient un jour à la briser, on en souffre, et que, fût-on strictement dans son droit, le cœur saigne. Jomini en saura quelque chose.

L'année 1811 fut pour Jomini une année d'étude et de travail : il avait à poursuivre sa *Relation critique des Campagnes des Français depuis 1792.* Napoléon s'intéressait particulièrement à ce qu'il écrivît l'histoire des campagnes d'Italie, de 1796 à 1800 : il le fit venir plus d'une fois à Trianon ou aux Tuileries pour l'entretenir à ce sujet. Les renseignements essentiels étaient au Dépôt de la guerre; l'Empereur donna ordre qu'on les communiquât à Jomini; mais, comme il arrive trop souvent de ces ordres souverains, relatifs à des communications d'archives, les bureaux déjouèrent l'intention formelle du maître, et l'historien ne fut admis à compulser que des états de situation sans importance. Il dut suppléer à ce qu'on lui cachait, et se pourvoir ailleurs auprès des nombreux témoins vivants dont il était environné.

La guerre avec la Russie, qui éclata en 1812, mettait Jomini dans une position un peu fausse vis-à-vis d'un souverain dont il avait recherché le service, et de qui il avait secrètement à se louer. Il ne paraît pas avoir désiré dans l'armée d'invasion un emploi bien actif. Sa santé altérée était mieux qu'un prétexte. Nommé d'abord gouverneur de Wilna, il était chargé d'une grande responsabilité pour l'approvisionnement de l'armée, pour l'organisation des hôpitaux. Les moyens mis à sa disposition étaient insuffisants; il avait des inquiétudes sur l'arrivage des subsistances, et peu de confiance dans l'activité du gouvernement lithuanien; il le disait dans ses rapports, il s'en plaignait. Mais la volonté absolue, qui allait se briser contre la nature du Nord, n'aimait pas qu'on lui représentât ce qui en était, ni qu'on l'avertît trop de ce qui contrariait ses desseins. Cet esprit de domination qui s'étendait aux choses comme aux hommes, qui prétendait maîtriser et plier sous sa loi les faits politiques comme les éléments, ne se rendait qu'à la dernière extrémité : ce qui lui déplaisait, n'était pas, — ne pouvait et ne devait pas être. Le baron Fain nous a conservé la note précise d'une des boutades échappées à Napoléon, au reçu d'un de ces rapports trop sincères de Jomini. C'était même plus qu'une boutade : c'était une dictée ; car le passage se retrouve presque textuellement dans une lettre de la *Correspondance* impériale, aujourd'hui imprimée :

« (Au prince de Neuchâtel. — Gloubokoïé, 22 juillet 1812.) Mon cousin,... répondez au général Jomini qu'il est absurde de dire qu'on n'a pas de pain quand on a 500 quintaux de farine par jour ; qu'au lieu de se plaindre il faut se lever à quatre heures du matin, aller soi-même aux moulins, à la manutention, et faire faire 30,000 rations de pain par jour ; mais que, *s'il dort et s'il pleure,* il n'aura rien ; qu'il doit bien savoir que l'Empereur, qui avait beaucoup d'occupations, n'allait pas moins tous les jours visiter lui-même les manutentions ; que je ne vois pas pourquoi il critique le gouvernement lithuanien pour avoir mis tous les prisonniers dans un seul régiment ; que cela dénote un *esprit de critique* qui ne peut que nuire à la marche des affaires, tandis que dans sa position il doit encourager ce gouvernement et l'aider, etc... »

L'*esprit de critique!* Napoléon vient de le nommer ; voilà l'ennemi secret, celui qu'il eût voulu supprimer partout autour de lui, et auquel il trouvait à redire chez Jomini, chez Saint-Cyr, chez un certain nombre de raisonneurs clairvoyants et judicieux.

Jomini put lire dans le *Manuscrit de 1812* du baron Fain (t. Ier, p. 266) le passage qui le concernait (1), et

(1) Le baron Fain, en citant le passage de la dictée concernant Jomini, avait eu soin pourtant de l'adoucir un peu. Le général n'y était désigné que par une initiale J... Au lieu de ces mots « *s'il* dort et *s'il* pleure », il avait mis : « si *l'on* dort et si *l'on* pleure. » La table des matières, à l'article *Jomini,* ne portait point l'indication de cet endroit désobligeant. Le trait n'était pas moins allé à son adresse.

il y a répondu avec un accent de poignante amertume dans une note d'un de ses écrits (1) :

« Le *Manuscrit* de Fain, a-t-il dit, serait un vrai chef-d'œuvre s'il n'était pas entaché d'une partialité inconcevable,... si cet habile écrivain avait préféré le rôle d'historien à celui de panégyriste. Il aurait pu se dispenser aussi de personnalités qui déparent son bel ouvrage, et mieux choisir les pièces justificatives qu'il a données. Croit-il avoir élevé un monument à la gloire de Napoléon en publiant une réprimande écrite en termes déplacés au gouverneur de Wilna, qui, par excès de zèle, osait dépeindre le véritable état des affaires ? *Le gouverneur de Wilna n'a jamais pleuré que le jour où Napoléon et ses séides l'ont forcé à leur prouver qu'il n'était pas fait pour supporter de mauvais traitements.* »

Jomini ne s'était fait illusion à aucun moment sur l'issue de cette campagne de 1812. Ses prévisions de 1806 sur le péril d'une grande guerre dans le Nord allaient se réaliser : les succès si chèrement achetés du début présageaient assez le caractère de cette terrible et gigantesque aventure ; il l'a parfaitement définie en quelques traits expressifs, que les plus éloquents historiens avoueraient :

« Toutes les passions religieuses et patriotiques avaient été allumées ; il fut aisé de prévoir qu'aux privations de la Lithuanie allaient se réunir toutes les fureurs et les embarras d'une guerre nationale : nous allions retrouver une nouvelle Espagne, mais une Espagne sans fond, sans vin, sans ressources, sans villes. Nous ne devions pas y trouver des

---

(1) Au tome IV, page 2, de la *Vie politique et militaire de Napoléon*.

Saragosse, parce que toutes les maisons, construites en bois peint, étaient à la merci d'une torche ou d'un obus; mais des obstacles d'un autre genre, et non moins redoutables, nous attendaient... »

Tous les plans de stratégie et de grande guerre échouèrent dans cette funeste campagne; sur un échiquier aussi vaste et sans cadre déterminé (c'est encore Jomini qui parle), les calculs les plus probables ne rendaient plus. A chaque combinaison nouvelle imaginée par Napoléon, les adversaires ne répondaient qu'en se dérobant, en se plaçant hors du cercle de plus en plus élargi de son compas. L'entrée à Smolensk signala ainsi la troisième grande manœuvre manquée de la campagne : « ce fut la dernière de notre côté. » A partir de là, Napoléon n'eut plus qu'à pousser tout droit en avant et à marcher sur Moscou, en perçant de vive force au cœur de sa fatale conquête. Cet art des grandes combinaisons, qui avait fait tant de fois son triomphe, ne trouvait plus ici à quoi se prendre et s'évanouissait.

Laissé d'abord à Wilna, Jomini eut bientôt avec le général Hogendorp, aide de camp de l'Empereur, nommé à la présidence du gouvernement de Lithuanie, un violent conflit (1) qui amena son changement de destination; il fut envoyé pour commander à Smolensk.

(1) Il ne paraît pas que l'Empereur lui ait donné tort pour ce conflit, à en juger par ce passage d'une lettre au duc de Bassano, écrite de Viazma (29 août 1812) : « J'ai donné ordre au major général de placer le général Jomini ailleurs. — Parlez fortement au général Hogendorp pour qu'il modère sa fougue et ne donne lieu à aucune plainte. »

il n'y put rendre que peu de services à l'heure décisive. Dans la confusion et le sauve-qui-peut de la retraite, toute règle, toute mesure d'administration, étaient humainement impossibles, et Smolensk, où l'armée avait espéré trouver une étape et un abri, ne fut qu'un cruel mécompte, une amère déception de plus; les premiers arrivants avaient tout dévoré (1). Les services de Jomini dans cette retraite furent d'un autre ordre : il avait étudié le pays et savait les endroits moins ravagés, les chemins qu'on pouvait prendre pour avoir chance d'éviter l'ennemi, ou du moins pour le trouver moins en force. Ce fut lui qui indiqua le chemin de traverse de Zembin pour rejoindre plus sûrement la grande route de Wilna. Consulté par l'Empereur sur le point où l'on pouvait franchir la Bérésina, il donna un bon avis, dissuada d'une manœuvre militaire, d'une concentration de forces dont Napoléon eut l'idée un moment, et qui eût été facile en Souabe ou en Lombardie, mais qui n'était plus de saison dans les circonstances présentes. Jomini fut

(1) On retrouve trace, malgré tout, de la prévoyance du général Jomini dans ce passage de la *Relation de la Campagne de Russie* par le chef de bataillon Eugène Labaume : « (20 novembre à Orcha.) Le lendemain nous fûmes assez tranquilles, et n'entendîmes que les coups de fusil qu'on tirait par intervalle aux Cosaques; accoutumés à voir ceux-ci s'avancer et fuir aussitôt qu'ils apercevaient des soldats armés, leur présence ne nous donnait plus d'inquiétudes : ainsi, on goûtait dans le calme le plus parfait les douceurs d'un jour de repos; et quelques provisions que le général Jomini avait réservées pour le passage de l'armée nous furent d'autant plus agréables, que depuis Smolensk nous n'avions reçu aucune distribution... »

adjoint au général Eblé pour procéder à l'établissement des ponts sur la Bérésina et surprendre le passage. Il faillit y rester. Pris d'une fluxion de poitrine et d'une fièvre ardente, il gisait étendu sur la paille dans une des cabanes près des ponts. Le général Eblé, peu content de l'adjonction qu'on lui avait faite d'un général son cadet, et qui n'était pas de son arme, partit, sans plus s'inquiéter de lui ; d'autres le recueillirent. J'abrége les misères de cette retraite, ces affreuses scènes « dont le souvenir seul, disait-il, fait dresser les cheveux. » — Berthier écrivait de Kœnigsberg au ministre Clarke, à la date du 27 décembre, pour le prévenir qu'un congé de convalescence de trois mois était accordé à Jomini pour se rendre à Paris. Il aurait bien voulu rester quelques mois dans une ville de Prusse pour se refaire ; mais, mandé de nouveau à Paris par Berthier pour y prendre les ordres du ministre sur sa destination ultérieure, il écrivait, dès son arrivée, au duc de Feltre (28 janvier 1813) :

« Rien ne s'opposera à ce que dans deux ou trois mois je reprenne une destination à la grande armée, non pas à l'état-major où il n'y a pas de milieu entre un service que je ne puis supporter, ou des commandements sur les derrières que je n'ambitionne point : je supplierai Votre Excellence de me faire employer dans le corps de Son Altesse le prince vice-roi ou celui du maréchal duc d'Elchingen. Sa Majesté a eu la bonté de me promettre à Kowno, sur les rives de la Vilia, un commandement dans un corps d'armée ; c'est là où je puis lui prouver mieux mon zèle et mon dévouement. Je prie Votre Excellence de daigner prendre ma demande en considération et me recommande à sa bienveillance. »

Les dernières rencontres l'avaient remis dans l'esprit de l'Empereur. La campagne de 1813 s'annonce pour lui sous de meilleurs auspices. Le 4 mai, Berthier prévient Clarke que Jomini est envoyé au maréchal Ney pour être chef d'état-major au 3e corps. Sa brouille avec l'illustre maréchal a cessé ; le voilà revenu à la bonne intelligence des belles années. Il va y avoir de grandes choses à faire ; Jomini a senti se rallumer tout son zèle : et c'est pourtant cette année 1813 qui va être pour lui l'année critique, l'année fatale !

Je demande pardon de tant insister, mais la vie, la carrière du général Jomini, de « cette perle des officiers d'état-major », comme je l'entends appeler par un bon juge, est restée pour beaucoup une énigme et un problème. Avec un peu d'attention et de patience, tout lecteur impartial va avoir la clef de cette destinée, qu'on peut dire unique et singulière entre toutes celles de la grande époque. Les hommes qui en valent la peine ne se jugent point d'un coup d'œil ni en un instant ; et, comme l'a dit le grand poëte persan Sadi : « Ce n'est qu'en laissant s'écouler un long espace de temps que l'on arrive à connaître à fond la personne qu'on étudie. ». Ce devrait être la devise de toute biographie sérieuse.

Mardi 29 juin 1869.

LE GÉNÉRAL JOMINI

V.

Jomini en 1813; chef d'état-major de Ney. — Bataille de Bautzen. — Injustice; affront. — Passe au service de Russie. — Situation difficile; conseils à Dresde, à Leipsick. — Services rendus à la Suisse en 1814.

On aura peut-être remarqué que Jomini, dans sa lettre de janvier 1813 au ministre Clarke, exprimait positivement le désir non plus d'un poste dans l'état-major, mais d'un commandement dans un corps d'armée. Ceci répondait à l'une de ses préoccupations constantes depuis quelques années, et à une objection ouverte ou sous-entendue qu'il rencontrait sans cesse à travers sa route. Il est rare, quand un homme possède un talent supérieur évident, qu'on n'en profite pas pour lui en dénier un autre : cela est de la nature humaine et de tous les temps. Or, Jomini, tacticien et écrivain distingué, devait naturellement être contesté comme militaire pratique et chef de troupe. Il aurait donc tenu avant tout à être mis à même, une bonne fois, de confondre sur ce terrain ses détracteurs. L'ami et le correspondant auprès de qui il s'épanchait pendant sa crise morale de 1810, le baron Monnier, lui avait représenté fort sensément le vrai de sa situation, en la dégageant autant que possible des irritations toutes personnelles qui venaient s'y joindre :

« ... N'accusez cependant personne, lui avait-il dit, des désagréments que vous avez éprouvés : ils étaient inhérents aux circonstances de votre carrière, et il faut bien moins vous en prendre aux hommes qu'à la nature des choses. En effet, il y a à peine quelques années que vous êtes passé d'un service étranger au service de France, où vous avez débuté comme officier supérieur. Peu de temps après, des conseils donnés au maréchal sous les ordres duquel vous étiez, et une manœuvre habile ordonnée presque malgré lui (1), ont contribué à obtenir à l'armée un brillant succès. Ce service est avoué par le maréchal qui l'a reçu, et il est connu et apprécié par l'Empereur; mais seulement quelques généraux, initiés aux secrets des grandes opérations de l'armée, ont entendu parler de ce service et de ceux que vous avez rendus. La foule les ignore tous : elle ne voit en vous qu'un officier qui a des protecteurs puissants, et qui peut accaparer des faveurs que chacun croit lui être dues comme de simples récompenses. Ces jalousies, en offrant un appui à vos ennemis, doivent leur donner souvent la tentation d'agir. Opposez-leur le courage de vous résigner

(1) Le correspondant de Jomini veut parler, sans doute, de la campagne d'Ulm en 1805, et du mouvement de Ney sur la rive gauche du Danube, maintenu malgré l'intervention de Murat et à travers l'hésitation même de Ney, qui fut un moment ébranlé.

à une grande partie des tracasseries dont vous êtes l'objet : elles ne seraient pas aussi fréquentes, si vous vous y montriez moins sensible. Soyez convaincu que rien de tout cela ne peut, à la longue, arrêter votre carrière. Tous les prétextes que la malveillance a fait valoir jusqu'à présent contre vous manqueront à la fois, le jour où vous aurez conduit *en votre nom* une division, une brigade, un corps quelconque à l'ennemi. Alors vous aurez gagné tout à fait vos éperons, vous vous serez naturalisé aux yeux de toute l'armée, et personne n'osera plus vous opposer nulle part que vous n'êtes pas Français. Ce jour n'est pas éloigné, je l'espère, d'après les dispositions que l'Empereur vient de montrer pour vous. »

Cette lettre, qui touche avec justesse des points chatouilleux et délicats, donne envie de mieux connaître quel était ce correspondant si sage, le baron Monnier. Nous y reviendrons.

Quoiqu'il n'eût point un commandement en son nom, comme il avait paru le désirer d'abord, Jomini, replacé ainsi à la tête de l'état-major du maréchal Ney le 4 mai 1813, c'est-à-dire le surlendemain de la bataille de Lutzen et quelques jours avant celle de Bautzen, se retrouvait plus que jamais dans sa sphère et dans son élément, à même de rendre les plus grands services. Il ne tarda pas à le prouver.

Il ne faudrait rien exagérer pourtant. Dans les jours qui précédèrent la bataille de Bautzen, il y avait une incertitude si les forces ennemies se réuniraient ou se diviseraient. Dans ce dernier cas, et si l'armée prussienne s'était séparée des Russes pour se porter sur

Berlin, Ney, qui venait d'être chargé du commandement de plusieurs corps d'armée, devait se diriger sur cette capitale. Mais il était peu probable, d'après les règles de la guerre, que les ennemis commissent pareille faute. Dans les ordres imprimés de la *Correspondance* impériale, on n'en voit aucun qui prescrive à Ney de marcher sur Berlin ; et il est dit seulement que le maréchal devait toujours se tenir dans une position intermédiaire, à portée de faire ce mouvement et cette pointe si elle était nécessaire, ou de se rabattre du côté de Bautzen, en cas d'affaire, pour tourner l'ennemi. Il est possible pourtant que l'ordre daté de Dresde, le 13 mai au soir, ait paru indiquer plus probablement au maréchal cette direction de Berlin, et que Jomini ait dû alors insister auprès de lui par toutes les raisons stratégiques qui tendaient à la contre-indiquer. Toujours est-ce que l'ordre chiffré apporté au maréchal par un paysan, et qui assignait positivement le rendez-vous de Bautzen, ne fut remis à temps le 19, que parce que Ney ne s'était pas laissé distraire à cette idée d'une pointe sur Berlin et s'était tenu de sa personne dans le rayon des opérations centrales. La dépêche chiffrée prescrivait le même mouvement qu'on exécutait déjà depuis quarante-huit heures. Pendant toute la journée du 21 mai, et tandis que Napoléon livrait sa bataille de front, les forces de Ney furent utilement employées à prendre l'ennemi à revers et à décider la victoire. Les instructions, d'ailleurs, adressées au maréchal pour cette journée de Bautzen avaient été des plus laconiques du côté de Napoléon : rien qu'un simple petit billet au crayon, expédié à huit heures du matin et qui n'avait atteint Ney qu'à dix. Ney et son chef d'état-major avaient dû suppléer à tout, et il n'avait pas tenu à ce dernier que la direction donnée à l'attaque ne fût plus centrale et plus décisive encore. L'ordre primitif, indiqué par Jomini dès le matin sur le terrain même, — terrain qu'il connaissait bien, puisque ç'avait été un des champs de bataille de Frédéric, — était de *marcher droit sur les clochers de Hochkirch* (Haute-Église), le point culminant de tout l'échiquier, d'y faire converger les colonnes pour occuper la chaussée de Wurschen, ce qui eût porté l'effort, en plein, derrière la ligne ennemie entièrement débordée. Le billet au crayon de l'Empereur fit dévier l'attaque sur Preititz, un peu trop à droite. Le billet disait d'y être à midi. On suivit la lettre plutôt que l'esprit de cet ordre. On perdit du temps (1). Si le mouvement de Ney s'était opéré tout entier dans le premier sens et avec la vigueur que l'illustre maréchal avait déployée en tant d'autres rencontres, le résultat de la victoire de Bautzen eût été bien différent : « c'eût été, ni plus ni moins, un mouvement entièrement semblable à celui que Blucher exécuta plus tard contre nous à Waterloo. » La paix, du coup, eût pu être conquise. Mais le soleil avait

---

(1) Il y eut un moment où Ney, battu du canon en flanc dans sa marche, n'y tint pas et fit tête de colonne à droite malgré tout ce que put lui dire Jomini, à qui il ferma la bouche avec ce propos de soldat : « Je n'entends rien à toute votre sac... stratégie; je ne connais qu'une chose, je ne tourne pas le dos au canon. »

tourné, le temps des triomphantes journées n'était plus (1).

L'armistice qui suivit la demi-victoire de Bautzen fut la période fatale pour Jomini et dans laquelle le drame moral s'agita en lui dans tout son orage (4 juin-16 août 1813). Il nous manque un élément important pour en bien juger. Où est la correspondance de Ney avec l'Empereur, et que dit-elle à ce lendemain de Bautzen ? Cette correspondance fait

(1) Jomini a donné plusieurs récits de sa conduite pendant les journées qui précédèrent Bautzen et le jour même de la bataille. Dans sa correspondance avec le baron Monnier, dans celle qu'il eut avec le général Sarrazin, c'est-à-dire dans le feu de la polémique ou l'ardeur de l'apologie, il me paraît avoir outre-passé un peu les termes de l'exactitude, comme lorsqu'il parle d'un ordre précis que Ney aurait reçu de l'Empereur pour se porter sur Berlin, et auquel lui, Jomini, aurait tout fait pour s'opposer. Dans la *Vie politique et militaire de Napoléon*, l'historien rentre dans le vrai et le vraisemblable : « Ney, est-il dit, attachant trop d'importance au mouvement sur Berlin, était prêt (à un moment) à s'y porter de sa personne. » Là eût été la faute, et c'est en cela que Jomini le combattit par toutes sortes d'objections que les renseignements et les ordres ultérieurs vinrent tout à fait confirmer. Pour expliquer ces variantes de récit de la part de témoins bien informés et qui se prétendent sincères, n'oublions pas aussi que ces ordres dictés par l'Empereur, et que nous lisons aujourd'hui si nettement dans un livre, n'arrivaient pas tous à point à leur destination ; qu'il y avait des interruptions, des intervalles remplis d'incertitudes, durant lesquels il fallait conjecturer, deviner, commencer à se décider de son chef ; que le major général Berthier interprétait lui-même un peu les ordres de l'Empereur en les transmettant et les développant, et qu'il avait bien pu, le 13 mai, accentuer davantage encore la possibilité qu'il y aurait pour Ney d'avoir bientôt à faire un *à-gauche* sur Berlin. De là l'anxiété de Ney, ses velléités d'aller en avant, de mettre en mouvement le gros de ses forces, et les objections, le résistances de

lacune. Ney demandait pour son chef d'état-major le grade de général de division. Il serait curieux de savoir en quels termes : le dossier du Dépôt de la guerre est des plus minces pour cette période, et muet sur ce qui nous intéresse. On y voit seulement que le 14 juin 1813, par une lettre écrite de Liegnitz, Jomini réclamait du ministre Clarke sa lettre de service, qu'il n'avait pas encore reçue, comme chef d'état-major du 3ᵉ corps. Le 12 juillet seulement cette

Jomini, qui alla, dit-il, « jusqu'à refuser de signer l'ordre d'un faux mouvement, et jusqu'à rédiger les lettres de manière à devoir être signées par le maréchal lui-même, contre l'usage adopté dans son état-major. » Ce sont là des secrets d'intérieur, et il en est à la guerre comme partout. Entre les pièces officielles émanées d'en haut que nous possédons et la réalité du détail, il s'est passé plus de choses que n'en laisse à soupçonner l'histoire : c'est à la biographie, toutes les fois qu'il y a jour, de les recueillir et de les noter. — Et pour revenir à l'histoire, l'opinion résumée de Jomini sur Ney, qu'il connaissait si bien par son fort et par son faible, est à rechercher. Je crois la trouver dans ce passage de la *Vie politique et militaire de Napoléon* (tome IV, page 424); c'est l'Empereur qui est censé parler : « Ney n'avait d'illumination qu'au milieu des boulets et dans le tumulte du combat : là son coup d'œil, son sang-froid et sa vigueur étaient incomparables; mais il ne savait pas si bien préparer ses opérations dans le silence du cabinet en étudiant la carte. A l'époque où les armées campaient réunies sous la tente, il eût été le plus grand général de bataille de son siècle, parce qu'il aurait toujours vu l'ennemi en face; de nos jours, où les mouvements compliqués se préparent dans le cabinet, il était sujet à faillir... » Ailleurs, parlant en son propre nom, Jomini a écrit : « Les qualités qui distinguent un bon général d'arrière-garde ne sont pas communes. Le maréchal Ney était le type de ce que l'on pouvait désirer de plus parfait en ce genre. » C'est qu'en effet, dans ce rôle de général d'arrière-garde, on ne perd pas de vue l'ennemi un seul instant.

pièce lui était envoyée. Que se passait-il cependant dans l'état-major du prince Berthier? Nous en sommes réduits aux témoignages produits par Jomini lui-même, et qui peignent en traits ardents son offense, l'injustice dont il se voit victime, et qu'il retourne en tous sens au gré d'une imagination blessée. « Tandis que quelques personnes, lui écrivait-on de Dresde, vous attribuent la présence de vos trois corps d'armée à Wurschen et vantent avec chaleur ce service à l'occasion duquel elles rappellent les autres, l'état-major retentit contre vous des plaintes les plus vives. » Ces plaintes consistaient dans un esprit d'indépendance qui aurait empêché Jomini de faire expédier ses états de situation d'après des modèles qu'on lui avait donnés. Il avait refusé aussi, disait-on, d'employer des officiers sans troupes, qu'on lui avait envoyés de Dresde et qu'il avait renvoyés, les jugeant peu capables : ils avaient déblatéré au retour. Mais le grief principal qu'on alléguait, c'était le retard dans l'envoi des états de situation qu'on dressait tous les quinze jours, et qu'il avait cru pouvoir différer, parce qu'il n'avait pas reçu à temps de la division Souham, toute composée de régiments provisoires, les états nécessaires pour rédiger le sien. On sait quelle importance l'Empereur attachait à ces états de situation ; il ne s'endormait jamais sans les lire. Il est probable qu'un soir, ne trouvant pas ceux de Jomini sous la main, il s'était livré à un emportement que Berthier n'avait pris nul soin de calmer. Jomini ne fut donc point promu à un grade supérieur; mais, loin de là, Berthier obtint contre lui un ordre pour lui faire garder les arrêts pendant quelques jours, en se fondant sur la nécessité de tenir les chefs d'état-major des corps dans la dépendance du major général. Une lettre de Jomini, écrite sous le coup de cet affront, nous peindra mieux que tout l'exaltation de sa douleur et de son désespoir :

« (Liegnitz, le 24 juin 1813.) Mon cher Monnier, je viens de recevoir votre lettre du 20 ; vous devez juger à quel point j'en suis atterré. Le même courrier qui me l'apportait m'a remis l'agréable épître du prince de Neuchâtel. Il ne s'est pas contenté de me mettre aux arrêts ; *il m'a fait mettre à l'ordre de l'armée comme remplissant mal mes fonctions* ; et, pour donner plus de solennité à cette punition, il me l'envoie par un courrier du cabinet, honneur ordinairement réservé aux princes et aux ambassadeurs, et que je serai obligé de payer à mes frais. Vous voyez, mon cher, que le persécuteur n'a rien négligé pour me faire avaler la ciguë jusqu'à la lie. Il n'a que trop atteint son but. Depuis six heures, une fièvre ardente me dévore!... Envoyé aux arrêts, mis à l'ordre comme un chef d'état-major incapable, après ce que je viens de faire à Bautzen, et au moment où j'attends une promotion pour prix d'une conduite que peu d'officiers auraient osé tenir!!... Ah! mon cher, c'en est fait! jamais je ne supporterai un affront si cruel!... Je me regarderais comme le plus misérable des hommes, si j'étais capable de servir un quart d'heure de plus. Officier étranger, me dévouant à la France et au grand capitaine qui la gouverne, servant l'un et l'autre avec enthousiasme, sans aucun lien ni avantage national, je recevrais pour prix de mon zèle des injures et l'infamie!... Et dans quel temps, grand Dieu! quand l'armée, habituée depuis six ans à un avancement sans exemple, voit de toutes parts des sous-lieutenants devenus rois, et des officiers très-ordinaires devenus généraux en six ans!...

« Ce qu'il y a de plus terrible dans mon affaire, c'est que le misérable état de situation qui en est le prétexte arrivait sans doute à Dresde au moment même où le courrier qui vient de me déshonorer aux yeux de l'armée en partait.

« On dit que le courrier prochain nous apportera les promotions sollicitées par le maréchal. Puisqu'on me signale à l'armée comme un imbécile, il n'est guère probable qu'on me fasse figurer sur ce tableau, et alors ma perte devient inévitable : je ne pourrais jamais supporter cette exclusion. Dans deux jours, je saurai si je suis définitivement condamné ; car vous pensez bien que, dans cette horrible position, il s'agit d'être ou de ne pas être (*to be or not to be*) : et si je ne suis rien après un événement comme celui de Bautzen, quel espoir me restera-t-il? Il faut un concours inouï de circonstances pour amener un officier général à rendre un service pareil ; et Dieu sait qu'en dix campagnes je n'en aurai pas d'occasion... »

Vingt jours s'écoulèrent encore avant qu'il eût fait la démarche irrévocable. Il attendait, il hésitait, il espérait toujours ; il faisait et refaisait en tous sens à sa manière le monologue de Coriolan prêt à passer aux Volsques. Il ruminait (à travers toutes les dissemblances) le fier et amer souvenir du connétable de Bourbon. Il se croyait plus résolu intérieurement qu'il ne l'était : il eût suffi jusqu'au dernier moment sans doute d'un retour de justice pour l'arrêter et faire rebrousser le cours de ses pensées. Ce n'est que le 13 août, à l'annonce des promotions pour le 15, et en se voyant exclu, qu'il prit le parti suprême, le parti désespéré de changer d'aigles et de passer son Rubicon.

« Ce 13 août 1813. — Enfin, mon cher Monnier, la mesure est comblée : le courrier vient d'arriver avec toutes les promotions; il n'y en a pas moins de 700 (1) pour notre corps d'armée. Tous ont reçu des signes de satisfaction et de gloire : celui seul qui, au dire du maréchal lui-même, avait le plus contribué à la victoire, est récompensé par les arrêts!... Une fièvre brûlante me consume. Demain, hélas ! j'aurai abandonné des drapeaux ingrats où je n'ai trouvé qu'humiliation, et qui ne sont pas ceux de ma patrie !...

« J'écris une longue épître à l'Empereur pour lui expliquer tous les motifs de ma démarche...

« Je n'ai pas besoin de vous dire où je vais : le souverain généreux qui m'a donné asile en 1810 doit disposer dès aujourd'hui de la dernière goutte de mon sang. Là, du moins, je ne serai ni vexé ni humilié, si jamais je trouve des occasions et une position qui me permettent de rendre des services de l'espèce de ceux que je crois avoir rendus. Je désire que ma lettre à l'Empereur parvienne jusqu'à vous : elle ajoutera, j'en suis sûr, aux regrets que vous pourrez éprouver de notre séparation.

« Adieu!... la fièvre me force à vous quitter ; je n'en puis plus. Conservez-moi quelques sentiments de bienveillance. En prononçant ce cruel adieu, mon cœur est oppressé ; il me semble que j'aime plus que jamais le petit nombre d'amis que je laisse en France... »

Il laissait des amis non-seulement dans le civil, tels que celui à qui il écrivait, mais aussi dans le militaire, et de vraiment intimes : je ne citerai que le général Gulleminot.

(1) Ailleurs il a dit cinq ou six cents.

L'armistice était rompu, ou du moins dénoncé. Les hostilités allaient reprendre le 17. Le 14, Jomini quittait l'armée française et franchissait la ligne ennemie. En arrivant au territoire neutralisé, il rencontra des camps d'infanterie épars sur toute la ligne de la Katzbach, et de l'artillerie séparée de ses attelages et aventurée ainsi sur un front que rien ne couvrait. Ney avait obéi à une confiance chevaleresque. Jomini l'avait averti, dès le 13, qu'il était temps de se mettre à l'abri d'une surprise. Lui-même en partant, il prit sur lui d'ordonner à toutes les compagnies du train d'artillerie de se rassembler au plus tôt, et à la cavalerie légère de faire un mouvement pour couvrir les camps et le quartier général. Ney fut bien étonné tout le premier de voir s'opérer autour de lui ces mouvements et marches qu'il n'avait pas commandés. Ayant ainsi pourvu jusqu'aux derniers instants aux soins de son office, et après s'être mis autant que possible en règle avec le passé, Jomini alla joindre l'empereur Alexandre à Prague. Il n'emportait ni plans à communiquer, ni secrets militaires quelconques; il n'emportait avec lui que son bon sens, son bon conseil, sa justesse de coup d'œil, sa connaissance précise des hommes et des choses. C'était beaucoup trop.

Cette « démarche violente », comme lui-même la qualifie, coïncidait avec l'arrivée de Moreau au quartier général des Alliés : elles se lièrent et se confondirent dans la pensée des contemporains. Toutefois le cas de Jomini était très-distinct, et Napoléon au plus fort de sa colère le reconnut. On a dans la *Correspon-*

dance imprimée la première explosion de cette colère. Quelque pénible qu'il soit d'avoir à transcrire de tels passages, il est impossible de les dissimuler :

« (Au prince Cambacérès. — Bautzen, 16 août 1813.) — L'Autriche nous a déclaré la guerre. L'armistice est dénoncé et les hostilités commencent. Nous sommes en grande manœuvre. Une partie de l'armée russe et prussienne est entrée en Bohême. J'augure bien de la campagne. Moreau est arrivé à l'armée russe. Jomini, chef d'état-major du prince de la Moskowa, a déserté. C'est celui qui a publié quelques volumes sur les campagnes, et que depuis longtemps les Russes pourchassaient. Il a cédé à la corruption. C'est un militaire de peu de valeur ; c'est cependant un écrivain qui a saisi quelques idées saines sur la guerre. *Il est Suisse...* »

Et à Maret, le même jour :

« ... Le général Jomini, que vous connaissez, a passé à l'ennemi. »

Et à Clarke, ministre de la guerre :

« (Gœrlitz, 18 août 1813.) — ... Moreau, arrivé à l'armée des Alliés, a ainsi entièrement levé le masque et a pris les armes contre sa patrie. Le général de brigade Jomini, chef de l'état-major du prince de la Moskowa, a déserté à l'ennemi, sans avoir auparavant cessé ses fonctions : il va être jugé, condamné et exécuté par contumace. »

Cette dernière menace n'eut aucun effet ; on avait désormais assez d'autres procès à suivre. Et quant au jugement même porté par Napoléon dans sa colère, l'histoire ne l'enregistrera point sans l'avoir discuté.

Oui, « les Russes, depuis longtemps, *pourchassaient* Jomini », c'est-à-dire que l'empereur Alexandre, dès 1810, l'avait apprécié et lui avait témoigné de l'estime. On a beau être un homme de génie, on ne concilie point les autres hommes par la hauteur et par l'injure. La légère menace de Vincennes, en 1810, était au fond une amabilité envers Jomini; c'était une manière de lui dire : « On ne veut à aucun prix que vous nous quittiez. » Mais cette insinuation, qui avait son côté flatteur, aurait pu se présenter dans des termes plus congrus et moins effarouchants. Si Napoléon en personne, et toutes les fois qu'il avait été en contact direct avec Jomini, s'était montré assez bienveillant pour un officier de ce mérite, il l'avait laissé froisser et écraser par ses alentours, par ses séides; et un souverain, surtout quand il est absolu, répond jusqu'à un certain point des injustices et des injures qu'on inflige en son nom à des âmes délicates, et par conséquent sensibles à l'outrage. Cela était vrai du temps de Napoléon Ier; cela reste vrai aujourd'hui.

Napoléon, au moment où il est obligé de se passer de Jomini, fait fi de lui le plus qu'il peut : c'est son droit. Jomini était « un militaire de peu de valeur. » Qu'est-ce à dire, et Napoléon lui a-t-il jamais fourni l'occasion de se montrer militaire dans le sens où il l'entend, et de conduire une brigade à l'ennemi? Jomini, tel que je me le figure alors, assez grand, mince, distingué de physionomie, à la fois vif et réservé sous sa fine moustache brune, n'avait point assurément la mine d'un sabreur; il n'avait pas l'air de vouloir tout pourfendre autour de lui ; il était, en son temps, du petit nombre des militaires qui avaient, comme on dit, leur pensée de *derrière,* qui raisonnaient et critiquaient (Saint-Cyr, Dessolle, Haxo, Campredon...). Était-ce une raison pour qu'à l'épreuve il ne sût point conduire une troupe au feu? Rien ne le prouve. — « Il a publié *quelques volumes* sur les campagnes... Il a saisi *quelques saines idées* sur la guerre. » C'est fort heureux que, même dans le moment le plus irrité, le dédain n'aille point au delà. Mais quelle que soit la distance que mettent les situations entre les hommes, tout cela cesse à la mort et devant la postérité. Jomini, écrivain militaire, n'a pas la grandeur et la simplicité concise de Napoléon; mais il a, plus que lui, l'étendue, le développement, la méthode, la clarté, la démonstration convaincante et lumineuse. Il est, si je puis dire, un meilleur professeur. Il est « le premier auteur, en aucun temps, qui ait tiré des campagnes des plus grands généraux les vrais principes de guerre et qui les ait exprimés en clair et intelligible langage. » C'est le témoignage que lui rendent à leur tour les généraux américains de la dernière guerre, les tacticiens sortis de l'École de West-Point (1). Il est plus spécialement l'historien et le critique militaire définitif du grand Frédéric : notre École de Saint-Cyr le tient aujourd'hui pour classique à ce titre. Il est l'un de ceux qui seront le plus écoutés et comptés

(1) Voir dans la Revue américaine, *the Galaxy,* précisément dans le numéro de ce mois de juin (1869), l'article sur le général Jomini par le général Mac Clellan.

lorsque se fera l'histoire militaire critique définitive du premier Empire et de Napoléon ; car, malgré les larges et admirables pages publiées de nos jours et que nous savons, cette histoire, dépouillée de toute affection et couleur sentimentale quelconque, dégagée de tout parti pris d'admiration comme de dénigrement, ne me paraît pas écrite encore. Entre Thiers et Charras, il y a lieu à un futur Jomini, qui soit à Napoléon capitaine ce que Jomini a été au grand Frédéric, n'étant occupé ni d'excuser ni d'accuser, ne surfaisant rien, ne diminuant rien, exempt même de patriotisme, mais opposant le pour et le contre au seul point de vue de l'art, et tenant grand compte dans son examen comparatif des documents étrangers.

En résumé, la sortie de l'Empereur contre Jomini, et qui n'est qu'une représaille des plus excusables dans les vingt-quatre heures (il ne pouvait guère en dire moins), ne prouve absolument rien et n'a pas plus de portée à titre de jugement véritable que tant de paroles courroucées de Napoléon contre les hommes de mérite tels que Malouet et autres, qui se sont vus soudainement maltraités, — exécutés, ou peu s'en faut, — mais qui ne gardent pas moins toute leur valeur devant une postérité indifférente et attentive.

La scène a changé. Jomini va se trouver aux prises avec d'autres difficultés, d'autres obstacles, d'autres intrigues. S'il avait cru, en changeant de camp, trouver la partie plus belle et le jeu plus facile, il aurait vite été détrompé. Arrivé le 16 août à Prague, il reçut de l'empereur Alexandre l'accueil bienveillant auquel il pouvait s'attendre. Alexandre lui communiqua le plan de campagne qui avait été arrêté pendant l'armistice entre les quatre puissances dans les conférences militaires tenues à Trachenberg. Ce plan consistait à ne pas autrement s'inquiéter de la ligne fortifiée de l'Elbe occupée par Napoléon, à déboucher de la Bohême en courant sur Leipsick, à prendre Napoléon à revers et à prétendre le couper de ses communications sur le Rhin. C'était le plus hasardeux des plans, une parodie et une singerie des principes de la grande guerre : cette bataille de Leipsick, qu'on voulait livrer deux mois trop tôt à un ennemi tenant l'Elbe, disposant de toutes ses forces et pouvant lui-même couper les Alliés de leur ligne de retraite sur la Bohême, les exposait à des chances terribles, à une véritable catastrophe, s'ils la perdaient. Jomini en démontra tout d'abord la faute et le danger; Moreau l'appuya, et dès le 22 août les trois monarques réunis à Commotau modifiaient leur plan. Dresde devint l'objectif au lieu de Leipsick.

Mais je ne prétends point exposer en détail ce nouvel ordre de services que rendit Jomini à la cause européenne : cela, je l'avoue, me coûterait un peu. Je n'indiquerai que certains traits caractéristiques de sa situation nouvelle.

Quatre jours après son arrivée au quartier général des souverains alliés, Jomini se trouvant à table, en face du roi de Prusse, ce prince lui demanda quelle était la force du corps de Ney. Jomini s'excusa de ne point répondre, et il fut approuvé par l'empereur

Alexandre. Ceci rentre dans l'esprit de réserve et de scrupule qu'il s'efforçait de garder jusque dans son changement de drapeau.

Mais, s'il ne se croyait pas en droit de répondre sur la force numérique d'un corps d'armée à lui trop bien connu, il ne se faisait pas faute sans doute de dénoncer en général le fort et le faible de ses nouveaux adversaires. On lui attribua ainsi qu'à Moreau un principe que les Alliés parurent s'être fait dès ce moment, à savoir, de combattre le moins possible Napoléon en personne, mais d'attaquer partout ses lieutenants en son absence. Napoléon, au reste, était le premier à en faire la remarque à cette date dans sa *Correspondance* (22 août 1813) : « En général, disait-il, ce qu'il y a de fâcheux dans la position des choses, c'est le peu de confiance qu'ont les généraux en eux-mêmes : les forces de l'ennemi leur paraissent considérables *partout où je ne suis pas.* » Oudinot, Macdonald, Ney, placés à la tête d'armées secondaires, justifièrent trop bien le pronostic dès cette reprise d'armes et furent successivement battus. Les Alliés n'avaient sans doute pas besoin de Jomini pour apprendre cette tactique élémentaire.

Que si parfois dans les commencements on questionnait de trop près Jomini, bien plus souvent encore et là où il avait ouvertement un avis, on l'écoutait peu. Il avait espéré en arrivant trouver l'empereur Alexandre investi d'un pouvoir supérieur et se l'était figuré comme une sorte d'Agamemnon dans la ligue des rois : avoir pour soi la confiance et l'oreille d'Alexandre eût tout simplifié. Il n'en était rien, et dans le fait l'empereur Alexandre ne commandait pas : c'était l'état-major autrichien qui dirigeait l'armée des Alliés; tout se préparait et se décidait en définitive au quartier général du prince de Schwartzenberg, un quartier général « antimilitaire » s'il en fut. L'Autriche avait un grand général, l'archiduc Charles; elle se gardait bien de l'employer. Moreau, dès le 21 août, se rencontrant pour la première fois avec Jomini (1), lui exprima son désappointement : « Hélas! mon cher général, nous avons fait tous les deux une sottise ; si j'avais pu m'attendre à devenir le conseiller d'un général autrichien, je n'aurais certes pas quitté l'Amérique. » Jomini essaya, nous dit-on, de faire une distinction dans sa réponse et de se montrer plus désintéressé dans la question, mais il n'était pas éloigné de penser de même. Auprès de Schwartzenberg se trouvaient Radetzky, chef d'état-major, Languenau, un émigré saxon. Dès les premières discussions qui s'étaient élevées devant Alexandre, Jomini avait représenté à l'empereur qu'isolé et sans fonctions il lui était fort difficile de juger des affaires et de donner un conseil; on décida donc de l'attacher officiellement à l'état-major de Schwartzenberg, en lui donnant Toll, général russe, pour adjoint; mais la volonté du

(1) Moreau était arrivé à Prague le 16 août peu d'heures avant Jomini, mais Jomini ne se rencontra avec lui pour la première fois que le 21, près de Laun. Le baron Fain, dans son *Manuscrit de 1813*, a rapporté (tome II, p. 237) une anecdote tirée des papiers anglais, qui met Moreau et Jomini en présence dès le 16 au soir, une historiette piquante, mais controuvée.

puissant autocrate ne parvint jamais à l'accréditer comme il aurait fallu. La première fois que Jomini se présenta au nom de son nouveau souverain à l'état-major autrichien, il fut reçu d'une façon mortifiante et un peu (sauf respect) comme un chien dans un jeu de quilles. Sur le rapport qu'il en revint faire aussitôt à l'empereur Alexandre : « Vous êtes trop vif, lui dit le monarque ; on ne prend pas les mouches avec du vinaigre : il faudra tâcher de raccommoder cela. » Rien ne se raccommoda pourtant, et l'on sut que le premier mot de Languenau à Radetzky avait été : « Il faut enterrer ce Jomini ; sinon, on lui attribuera tout ce que nous ferons de bien. » — Le mauvais vouloir de ce côté et les tracasseries à son égard furent sans trêve et se produisirent dans les moindres détails de service et de la plus mesquine manière : pour son logement, pour l'ordonnance de cavalerie qui lui était nécessaire et qu'on ne lui donnait pas, etc. On avait pris à tâche de le dégoûter.

« L'état-major de Schwartzenberg formait une sorte de comité aulique de campagne, qui avait pour tâche de préparer et d'expédier les ordres après les avoir soumis aux souverains, dont l'entourage formait comme un conseil de révision. C'étaient, on le conçoit, des tiraillements à n'en pas finir... Le prince de Schwartzenberg, brave militaire, d'un caractère doux, liant, modeste, n'était pas l'homme capable de donner l'impulsion à une machine si compliquée ; il se laissait mener par Radetzky et Languenau : l'empereur Alexandre consultait Moreau et Jomini, sans compter Barclay, Wolkonsky, Diebitsch et Toll ; le roi de Prusse avait aussi ses conseillers, et Barclay, influencé par

Diebitsch, n'était jamais de l'avis de personne... Mettre d'accord tant d'intérêts et d'avis différents était chose impossible. Ajoutez à cela que l'ambassadeur d'Angleterre, lord Cathcart, se mêlait aussi des opérations (1). »

Le peu d'entente inévitable dans un conseil formé d'autant de têtes se trahit tout d'abord pour l'attaque de Dresde. Décidée dans le principe, parce qu'on savait Napoléon absent, conseillée par Jomini uniquement dans cette supposition, retardée gratuitement de plus de vingt-quatre heures par le prince de Schwartzenberg, elle eut lieu malgré le retour de Napoléon, et en dépit de tout ce qui devait la faire contremander. Au lieu d'un coup de main vigoureux, qui avait toute chance de réussir, on eut un premier combat sans résultat, engagé par une sorte de malentendu, et suivi le lendemain de l'immense bataille où le génie de Napoléon ressaisit toute sa supériorité.

Le jour même de la bataille, sans avoir autorité pour rien, mais sur la simple vue des choses et après une reconnaissance qu'il avait faite de son côté comme Moreau du sien, Jomini ouvrit un seul avis, qui était de prendre toutes les masses accumulées au centre, de leur faire changer de front pour les faire tomber de concert avec la droite sur la gauche de Napoléon, qui s'aventurait vers Gruna et Reick entre l'Elbe et une masse de forces supérieures. L'idée, approuvée de tous, n'eut pas même un commencement d'exécution.

(1) Extrait et combiné de divers passages des écrits de Jomini.

« Au reste, a dit Jomini, cette bataille me détrompa de toutes les espérances que j'avais conçues ; elle me prouva qu'un homme dans ma position ne devait jamais juger les choses comme il le ferait s'il était maître de commander ; et j'appris là qu'il y avait une grande différence de diriger soi-même l'ensemble d'un état-major dans lequel on prévoit et organise tout, ou à raisonner sans fruit, et sur des données incertaines, de ce que veulent faire les autres. En un mot, je me rappelai la célèbre réponse de Scanderbeg au sultan, qui lui avait demandé son sabre (« Dites à votre maître qu'en lui envoyant le glaive je ne lui ai pas envoyé le bras ») ; fiction ingénieuse et applicable à tous les militaires qui se trouveront dans le cas de donner leurs idées sur des opérations qu'ils ne dirigeront pas. »

Après la bataille perdue et quand on se décida à la retraite, lorsque, dans la soirée du 27, Jomini vit l'ordre apporté par Toll, — « le brouillon encore tout trempé de pluie (1) », — qui réglait cette retraite jusque derrière l'Éger en quatre ou cinq colonnes, « chacune d'elles ayant son itinéraire tracé pour plusieurs jours, comme une feuille de route, par étapes, qu'on exécuterait en pleine paix, sans s'inquiéter de ce qui arriverait aux autres colonnes » ; à la vue de cette « disposition burlesque », il n'y put tenir : toute sa bile de censeur éclairé et de critique militaire en fut émue, comme l'eût été celle de Boileau à la vue de quelque énormité de Chapelain ; et il s'écria sans crainte d'être entendu : « Quand on fait la guerre comme ça, il vaut mieux s'aller coucher. » L'ambas-

(1) La bataille de Dresde se livra sous des torrents de pluie, — le contraire du soleil d'Austerlitz.

sadeur anglais, lord Cathcart, présent, crut devoir le prendre à part pour lui conseiller de ménager davantage l'amour-propre de ses nouveaux camarades. « Que voulez-vous, milord? répondit Jomini en s'excusant, quand il y va du sort de l'Europe, de l'honneur de trois grands souverains et de ma propre réputation militaire, il est permis de ne pas peser toutes ses expressions. »

L'empereur Alexandre, dans cette retraite, s'était séparé de l'empereur d'Autriche et du roi de Prusse et se trouvait à Altenberg dans les montagnes avec le prince de Schwartzenberg et le quartier général autrichien. Jomini, dans l'après-midi du 28 (août), ayant jugé nécessaire de faire quelque mouvement de troupes et en ayant parlé à l'empereur Alexandre qui l'approuva, fut chargé d'en porter l'avis au prince généralissime. Celui-ci ou plutôt son état-major s'y refusa formellement. Ces refus auxquels se heurtait Jomini auprès des généraux autrichiens devenaient journaliers. L'occasion lui parut bonne pour remettre sur le tapis l'unité de commandement et pour stimuler l'empereur Alexandre, qui s'en était jusque-là trop aisément dessaisi. Revenant donc de l'état-major autrichien avec sa réponse mortifiante, il ne put s'empêcher de dire à Alexandre : « Je suis vraiment peiné, Sire, du rôle qu'on fait jouer à Votre Majesté. » Le mot était vif et toucha l'épiderme. Alexandre fit un mouvement : « Général, je vous remercie de votre zèle, mais c'est à moi seul d'en juger. » Cette circonstance ne laissa pas de jeter du froid sur la suite des

relations de Jomini et de l'empereur Alexandre.
Dans les distributions de récompenses et de décorations qui suivirent les succès de cette première partie de la campagne (septembre 1813), genre de faveur dont on sait que la Russie n'est pas avare, il ne fut compris que pour une décoration infime, — la simple croix de Sainte-Anne au cou : — ce qui avait sa signification désagréable dans sa position jalousée de nouveau venu et d'étranger, en présence surtout des plaques et des grands cordons accordés à ses rivaux. Nous ne cherchions en tout ceci que des leçons stratégiques : il me semble que nous rencontrons insensiblement une leçon morale.

Des affaires de famille, l'arrivée en Allemagne de sa femme et de son fils venant de Suisse par Vienne, occupèrent Jomini pendant tout ce mois de septembre et les premiers jours d'octobre. Cependant il avait rédigé une notice à l'adresse de l'empereur Alexandre pour démontrer l'urgence de faire changer de rôle à l'armée de Silésie commandée par Blucher, qu'il aurait voulu voir rappeler vers Dresde. Blucher aima mieux rester indépendant, et, au lieu de se réunir dans le Sud à la grande armée des souverains, il préféra de s'avancer par le Nord, en liant ses mouvements à ceux de Bernadotte. Le voyage de Jomini à Prague au-devant de sa famille ne l'empêcha point de rejoindre à temps l'empereur de Russie avant les journées de Leipsick. Son rôle de donneur de conseils fut ce qu'on a vu déjà : il était une Cassandre prophétique, qui parlait pour l'acquit de sa conscience et qu'on n'écoutait qu'à demi. Détaché auprès du prince de Schwartzenberg, il fit tout pour le dissuader de porter le premier jour, le 16 octobre, l'armée autrichienne et les réserves russes dans l'espèce d'entonnoir entre deux rivières, la Pleisse et l'Elster, où le gros des forces eût été paralysé. Il convainquit l'empereur de Russie, qui refusa absolument d'y laisser mener ses troupes. Le prince Schwartzenberg ne fit que la moitié de sa faute. Jomini, montant sur le clocher de Gautsch avec deux officiers autrichiens, les prit à témoin de ce qui était à faire dans la terrible partie qui s'engageait sous leurs yeux, et de l'orage qui allait fondre sur leur droite. Il fit tout jusqu'à la fin pour obtenir que Schwartzenberg renonçât à temps à sa fausse manœuvre : il faut reconnaître, si les récits sont exacts, qu'il mit autant d'obstination (et ce n'est pas peu dire) à le tirer de ce cul-de-sac que, lui, généralissime, en mettait à s'y enfoncer.

Après ces journées de Leipsick, lui, l'homme de l'art, il pouvait bien se répéter au sens militaire le mot célèbre que le chancelier Oxenstiern avait dit autrefois au sens politique : « Avec combien peu d'habileté et de sagesse sont donc conduites ces grandes armées qui demeurent pourtant victorieuses et qui changent la face du monde ! »

On a appelé la bataille de Leipsick « la bataille des nations. » Ce sont elles en effet, avec toutes les passions et les haines vengeresses accumulées, ce sont elles seules, ardemment accourues de tous les points de l'horizon, qui retournèrent le destin et qui triomphèrent. Mais parmi ceux qui étaient censés présider à la direction suprême, et au cœur de ce quartier général des Alliés en 1813, Jomini avait vu se dévoiler dans toute son étendue le spectacle des vanités, des intrigues et des chétives rivalités humaines. Il avait connu la France, il connaissait maintenant l'Europe.

Ce fut vers ce temps, et d'après l'expérience qu'il acquit à cette nouvelle école, que quelques-unes de ses opinions antérieures en vinrent à se modifier : il avait cru jusque-là avec le monde entier que Napoléon était le seul obstacle à la paix, il commença à entrevoir que cette paix, eût-elle été sincèrement voulue par lui, n'aurait pas été si facile à obtenir en présence d'une telle coalition de haines.

Après Leipsick, Jomini crut devoir se retirer du quartier général des Alliés; il en demanda, dès Weimar, l'autorisation à l'empereur Alexandre, alléguant « que rien n'arrêterait plus les armées alliées jusqu'au Rhin ; que de deux choses l'une : ou que l'on ferait la paix, si l'on se contentait d'avoir assuré l'indépendance des puissances européennes; ou que, si l'on continuait la guerre, on marcherait vers Paris ; que dans ce dernier cas il lui paraissait contre sa conscience d'assister à l'invasion d'un pays qu'il servait encore peu de mois auparavant. » Jomini estimait, à la fin de 1813, que l'invasion de la France serait pour les Alliés une beaucoup plus grosse affaire qu'elle ne le fut réellement : « J'avoue, écrivait-il en 1845, qu'aussitôt qu'il a été question d'attaquer le territoire français mon jugement politique et militaire n'a pas été exempt de prévention, et que j'ai cru qu'il existait un peu plus d'esprit national en France... Est-il besoin, ajoutait-il pour ceux qui lui en faisaient un reproche, de se justifier d'un sentiment de respect pour un Empire que l'on a bien servi et auquel on a vu faire de si grandes choses? »

A partir de ce moment (décembre 1813), il ne songea plus qu'à servir les intérêts de la Suisse, sa patrie, auprès de l'empereur Alexandre. C'est ce qui le fit raccourir au quartier général à Francfort, et de là suivre ce quartier général en France, pour ne quitter de nouveau l'armée qu'à Troyes avant l'entrée à Paris. Mais il ne prit aucune part aux affaires de guerre, et ne fit autre chose que veiller aux intérêts de la Suisse, qui en avait grand besoin. Dès Francfort, il avait stipulé, au nom du czar, avec le prince de Metternich, que la Suisse ne serait pas envahie; mais cette assurance fut vaine. Le comte de Senfft, qui avait quitté le service de Saxe, et qui s'était retiré depuis quelques mois à Lausanne, ayant passé au service de l'Autriche, conseilla la violation du territoire fédéral, pour peu qu'elle fût nécessaire, répondant de la docilité des cantons. Lié avec le parti réactionnaire, il en était simplement l'écho. M. de Senfft fut chargé, à ce moment, par M. de Metternich d'aller *mettre en train* à Berne la restauration aristocratique, et de chauffer une véritable contre-révolution, qui semblait n'attendre, pour éclater, que l'expiration de l'influence française. Le prince de Metternich profitait, pour cette menée déloyale, d'une absence de l'empereur de Russie, qui passait des revues à Carlsruhe, et il jouait au plus fin : « Allons toujours, disait-il à M. de Senfft ; après le succès, l'empereur Alexandre me dira que je suis le premier ministre de l'Europe (1). » Il n'en fut rien. L'empereur Alexandre, à son arrivée à Fribourg (en Brisgau), s'était hautement prononcé pour le maintien des droits acquis pendant la révolution helvétique, et en faveur de l'indépendance des cantons de Vaud et d'Argovie. M. de Senfft, qui n'était coupable que d'avoir trop obéi à la pensée confidentielle de M. de Metternich, fut rappelé le 1ᵉʳ janvier 1814. Jomini, en cette conjoncture, avait bien servi sa patrie. Dans le temps, l'honneur de ce qu'il fit alors alla presque tout entier à M. de La Harpe; mais M. de La Harpe, l'ancien gouverneur d'Alexandre et dont l'influence était en effet prépondérante auprès de son ancien élève, M. de La Harpe, qui mena à bonne fin et qui consomma si honorablement en 1815 l'œuvre de la Suisse reconstituée, était absent dans ces premiers mois, et il n'arriva qu'un peu après au quartier général. Jomini fut présent et actif à l'instant décisif auprès de l'empereur Alexandre.

Les Français, ceux qui n'ont habité que la France, ne savent pas ce que c'est que la Suisse ni qu'un Suisse. Le Suisse a cela de propre et de particulier de rester le même et de son pays à travers toutes les pérégrinations et les nationalités passagères. Qu'il aille en France, en Russie, qu'il entre au service des czars ou des rois, il reste Suisse au fond du cœur : la petite

---

(1) *Mémoires du comte de Senfft,* page 247.

patrie, il ne l'abdique jamais au sein des empires, et au moment critique, à l'heure du péril, il se retrouve patriote suisse comme au premier jour, comme au jour du départ du pays natal, prêt à répondre à son appel et à le servir. Tout vrai Suisse a un ranz éternel au fond du cœur. J'en ai connu de tels, même dans l'ordre civil, témoin le vieux Monnard, caractère antique, longtemps professeur à l'Académie de Lausanne où j'eus l'honneur un moment d'être son collègue, mort professeur à l'Université de Bonn, traducteur et continuateur de l'illustre historien Jean de Muller. Il était resté le même à travers toutes les vicissitudes, les ingratitudes des partis qui, en dernier lieu, l'avaient réduit à l'expatriation et à l'exil, — inflexible et immuable sous ses cheveux blancs. Cet homme d'étude, qui, dans sa jeunesse, avait été précepteur du comte Tanneguy Duchâtel (les Suisses sont volontiers précepteurs dans leur jeunesse), n'avait pas varié une minute au fond du cœur ni faibli dans sa première et vieille trempe helvétique; et quand je pense à cet homme de bien, vétéran des universités, ancien membre de la Diète aux heures difficiles, si modeste de vie, mais intègre et grand par le caractère, je me le figure toujours sous les traits d'un soldat suisse dans les combats, inébranlable dans la mêlée comme à Sempach, la pique ou la hallebarde à la main.

Il faut avoir senti et s'être dit ces choses pour bien comprendre Jomini.

Aussi ses compatriotes lui ont-ils, à la fin, rendu toute justice. M. J. Olivier, en plus d'une page de ses

Études d'histoire nationale, Monnard même dont je viens de parler dans l'*Histoire* (continuée) *de la Confédération suisse* (1), ont parfaitement défini son rôle. Au quartier général des souverains alliés, pendant toute cette campagne de France, les envoyés des diverses parties de la Suisse arrivaient, s'agitaient et, dans l'intervalle des combats, plaidaient pour leurs intérêts ou pour leur cause. Le bon droit eut à combattre pied à pied jusqu'au bout ; le parti réactionnaire de Berne y avait son représentant et cherchait un dernier appui auprès de l'Angleterre et de lord Castlereagh. Mais l'empereur Alexandre tenait bon et ne se laissait pas entamer ; M. de La Harpe était désormais à son poste près de son ancien élève, et, comme le dit M. Monnard, « l'opinion de ce prince s'était fortifiée encore dans des entretiens avec un Vaudois, toujours patriote loin de sa patrie, son aide de camp, le baron de Jomini, dont il appréciait non-seulement le génie militaire, mais aussi la haute intelligence politique et le franc parler. » — Nous avons eu, de ce franc parler, assez de preuves en toute rencontre pour n'en pas douter.

Jomini se retrouvera Suisse encore et fidèle de cœur dans deux *Epîtres* adressées à ses compatriotes en 1822, à l'occasion de quelques phrases légères et malheureuses prononcées à la tribune française, où l'Opposition elle-même avait paru faire bon marché de

---

(1) Au tome XVIII, p. 278; et Juste Olivier, *Etudes d'histoire nationale* (Lausanne, 1842), p. 269, 296.

l'indépendance de la Suisse et de sa considération en Europe. Il profita de la circonstance pour donner à sa patrie d'excellents et de généreux conseils militaires, qu'elle a en partie suivis.

Nous avons traversé la période difficile de la carrière de Jomini. Les cinquante-cinq années qui lui restent encore à vivre lui deviendront de moins en moins pénibles. Le temps lui permit de développer tous ses mérites et de se montrer de plus en plus sous son vrai jour. Il eut raison, à la longue, de l'envie et des préventions hostiles. L'autorité croissante de son talent et de ses écrits le mirent à sa place et hors de pair.

Mardi 13 juillet 1869.

LE GÉNÉRAL JOMINI

(SUITE)

V.

Ennuis; apologie et polémique. — Travaux historiques; renommée conquise. — Services et carrière du côté de la Russie. — Importance d'action et d'influence par ses écrits. — Autorité classique militaire consacrée.

Les hommes ne se rendent jamais bien compte de leur destinée, tandis qu'ils sont en train de se la faire. Au sortir de ces guerres gigantesques où il n'avait pas même eu la moitié du rôle qu'il ambitionnait, Jomini, malgré le poste élevé qu'il occupait auprès d'un puissant monarque, se disait tout bas que sa carrière était à peu près manquée. Qu'avait-il désiré en effet dans le premier orgueil de la jeunesse? Non pas seulement assister d'une bonne place à ce savant et terrible jeu à combinaisons non limitées qu'on appelle la grande guerre, non pas seulement être appelé à donner en quatre ou cinq occasions des conseils plus ou moins suivis, mais être une bonne fois à même d'appliquer son génie, ses vues, sa manière d'entendre et de diriger les mouvements d'un corps d'armée, être compté, en un mot, lui aussi, dans la liste d'honneur des généraux qui ont eu leur journée d'éclat, qui ont combiné et agi, qui ont exécuté ce qu'ils avaient conçu. Art, science et métier, le sang-froid dans l'extrême péril, la liberté du jugement et la fermeté d'action au fort du combat, l'ensemble et e concert des grandes opérations, l'à-propos et le pied à pied de la tactique, il avait rêvé d'unir toutes ces qualités et toutes ces parties ; — tout un idéal complet du savant capitaine et du brave. Ce qu'il avait ambitionné jeune, il l'avait désiré derechef et à tout prix en 1843, au moment de sa *démarche* (comme il l'appelait) ; il s'était flatté alors, même en rabattant beaucoup de ses espérances, de saisir aux cheveux l'occasion telle quelle, de se venger d'un seul coup de ses ennemis et de ses envieux, en montrant du moins en quelque rencontre signalée tout ce qu'il savait et pouvait faire : c'eût été à ses yeux la justification suprême. Au lieu de cela, après toutes sortes de dégoûts et d'ennuis, la lutte terminée, il ne se voyait en position que de demeurer un grand consultant militaire sur le pied de paix, et de redevenir ce qu'il avait été tout d'abord, un écrivain tacticien, ce nom qu'on lui avait jeté si souvent à la tête en manière de raillerie. Il ne sentait pas assez que ce serait justement là son titre bien suffisant dans l'avenir, son incomparable spécialité et sa gloire. Ils sont rares et par trop aimés du Ciel, ceux à qui il a été accordé d'emblée de donner au monde toute leur mesure : celui qui n'en donne que la moitié, et à la longue, est déjà l'un des heureux et des favorisés.

Ce n'est pas moi pourtant qui lui ferai un reproche d'être resté au fond mécontent de lui ; d'avoir eu comme une teinte de tristesse répandue jusqu'à la fin sur ses souvenirs, et, sans regretter précisément ce qu'il avait fait, d'avoir compris qu'il y avait sur cette partie de sa vie sinon une tache, du moins une obscurité qui demandait un éclaircissement. Un de ses premiers soins avec ceux qu'il voyait pour la première fois était de revenir sur le passé, de raconter les événements principaux de sa carrière active, et surtout la crise qui avait décidé de son changement de drapeau. Retz a dit de M. de La Rochefoucauld qu'il avait « un air d'apologie » dans tout son procédé et dans sa personne. On pouvait en dire autant de Jomini. Il sentait tout le premier le besoin d'aller au-devant des objections qu'on n'exprimait pas, de rectifier votre idée à son sujet et, au lieu du Jomini de prévention qu'on se figurait peut-être, d'expliquer le Jomini véritable et réel qu'il était.

Il eut et dut avoir plus d'une polémique, et il eut mainte fois à se défendre. Chatouilleux et prompt, il ne laissait rien passer, à sa connaissance, sans le réfuter. On trouvera, dans la seconde partie de la Notice colonel Lecomte, la liste aussi complète que du possible (et elle est difficile à faire complète) de ces divers opuscules de circonstance, mais qui tous sont d'un extrême intérêt, même historique; il s'y rencontre des faits et des particularités marquées qu'on ne retrouverait pas ailleurs. C'est ainsi qu'il eut à répondre, dès 1815, au général Sarrazin, « de triste mémoire, » lequel, jugeant des autres d'après lui-même, avait supposé que Jomini avait fourni au maréchal Blucher des plans faits pour compromettre l'armée qu'il venait de quitter. La lettre très-verte de Jomini était accompagnée d'un cartel que son contradicteur ne releva point.

Il y eut une *Réplique* adressée au lieu et place du général Jomini par son frère ayant titre de colonel, à lord Londonderry, qui avait fait les dernières guerres sous le nom de général Stuart. Il avait dit que « la présence de Jomini au quartier général de Schwartzenberg compliquait et embarrassait tout. » Sous la visière du colonel son frère, on sent que c'est Jomini qui répond.

Cette *Réplique* au général Stuart, si l'on y joint un *deuxième Appendice* publié plus tard en réponse à des attaques allemandes, faites au nom du général Toll (car Jomini passa sa vie au moral entre deux feux), définit parfaitement son rôle à l'armée des Alliés en 1813. J'en ai tiré des informations précises.

Dans une Lettre publique adressée à M. Capefigue à l'occasion de certains passages de son *Histoire d'Europe sous l'Empire,* Jomini a résumé en termes élégants et dignes la substance des précédents opuscules (février 1841) ; mais les curieux et ceux qui aiment les traits pris sur le vif ne sont point dispensés de les lire.

La pièce capitale de son apologie, la *Correspondance avec le baron de Monnier,* publiée en 1819, et de laquelle j'ai extrait tant de passages intéressants, m'a, je l'avoue, fort préoccupé, et il y a quinze jours encore j'inclinais à supposer que le correspondant du général pouvait bien avoir été (moyennant une légère faute typographique) le baron *Mounier,* le spirituel causeur, celui qui est mort pair de France, qui avait été secrétaire du cabinet de Napoléon, et qui me paraissait remplir plusieurs des conditions du correspondant confidentiel. Mais toutes mes conjectures et mes doutes ont dû cesser lorsque j'ai reçu de la fille même (1) du baron de Monnier, mort en octobre 1863 au château de la Vieille-Ferté, dans l'Yonne, l'assurance de sa liaison étroite avec le général Jomini. Le baron de Monnier, attaché au duc de Bassano dans ses divers ministères et son chef de cabinet à la secrétairerie d'État, puis au département des relations extérieures, chargé de l'administration civile de la Lithuanie à Wilna en 1812, était bien celui qui avait mérité l'entière confiance du général, et qui lui transmettait des indications si justes sur l'intérieur de l'état-major impérial et sur les dispositions même de l'Empereur à son égard.

Mais la meilleure réponse que Jomini pût faire à toutes les récriminations exagérées et injustes, à tous

---

(1) Mme la comtesse de Tryon-Montalembert.

les jugements prévenus dont il se sentait l'objet, c'était de continuer résolûment ses grands travaux et de poursuivre, sans se laisser détourner, ses belles études militaires. Je ne puis que signaler brièvement ici son histoire des *Guerres de la Révolution,* qui, ébauchée en 1806 et dans les années suivantes, fut reprise et refondue en 1820 et se déroula dès lors dans une publication continue ne formant pas moins de quinze volumes (1820-1824). C'est un excellent livre, et où la partie politique n'est nullement négligée. Le point de vue auquel se place l'auteur pour juger de la Révolution est celui d'un esprit modéré et judicieux qui, né et élevé dans une république, s'est pourtant dégagé avec les années des maximes démocratiques, mais sans cesser pour cela d'être libéral. Son libéralisme toutefois, qui n'est point précisément celui des libéraux français de cette date, qui est plutôt, ne l'oublions pas, le libéralisme d'un aide de camp d'Alexandre, se rattacherait à l'école gouvernementale éclairée et aux principes d'une bonne monarchie administrative. Sauf un petit nombre d'endroits qui portent la marque du moment où l'ouvrage parut, les jugements de Jomini sur les hommes de la Révolution sont sains et droits, et je dois confesser que je m'en accommode beaucoup mieux que de bien des jugements plus récents mis en circulation et en honneur par des historiens célèbres. On était très-bien placé en 1820, quand on avait un bon esprit, et libre de passions, pour juger des hommes et des choses de notre grande Révolution, dont tant de témoins et d'ac-

teurs principaux étaient encore vivants. On avait leurs
entretiens, on avait ses propres souvenirs; on avait
ce je ne sais quoi que rien ne supplée et ne remplace :
la tradition toute vive. La quantité de notions plus
précises qu'on a pu acquérir depuis par la publication
de papiers originaux, le jour qui s'est fait sur bien des
événements controversés, toutes ces *révélations,* comme
on dit, sont plus que compensées, selon moi, par la
fausseté et l'énormité de certains systèmes et sophismes
historiques qui ont plus ou moins prévalu, qui pèsent
désormais sur l'esprit des générations nouvelles et y
font nuage à leur tour, — qui font empêchement et
obstacle dans un autre sens à une vue nette de la
vérité. Pour arriver à saisir cette vérité, on avait, en
1820, à se dégager de ses impressions partiales, à se
mettre au-dessus des passions intéressées et personnelles ; on a aujourd'hui à percer tout un voile de préjugés et de partis pris théoriques : c'est une autre
forme d'illusions.

Mais, si l'ouvrage de Jomini me semble juste et
suffisant sur la politique, il devient supérieur dès que
l'histoire militaire commence. Le chapitre IV de l'Introduction (*Coup d'œil sur la constitution des différentes armées européennes à l'époque de la déclaration
de guerre en 1792*) est tel que Jomini seul pouvait
l'écrire. On sent qu'une fois sur ce terrain on a pour
guide un maître. La mise en train des premières campagnes, les tâtonnements et les inexpériences, une
opinion motivée sur la valeur de ces premiers généraux improvisés de la République, la mesure exacte

et proportionnée de ces hommes tour à tour exaltés ou dépréciés, le compte rendu clair et intelligible de leur marche, de leurs essais, de leurs fautes et de leurs bévues, comme aussi de leurs éclairs de perspicacité stratégique et de talent, toutes ces parties sont rendues dans une narration bien distribuée et lumineuse, sans que le côté militaire devienne jamais trop technique, sans que la considération politique et morale des choses soit oubliée ; car ce tacticien éclairé est le premier à reconnaître que « *la guerre est un drame passionné et non une science exacte* (1). » Rien de tranché d'ailleurs ni d'absolu dans la pensée ni dans l'expression : la modération et un esprit d'équité président. Et quand on songe qu'une telle histoire est ainsi continuée d'un cours égal et plein à travers la Convention et le Directoire jusques et y compris l'époque du Consulat et les victoires de Marengo et de Hohenlinden, on appréciera tout ce que Jomini a préparé de matière toute digérée et de besogne, relativement facile, aux historiens de la Révolution qui ont succédé.

Le style de cette histoire est très-convenable ; il est généralement sain : la marque *réfugiée* ne s'y fait point ou presque point sentir (2), et je reprocherais

(1) Voir sur la *Marseillaise* et le *Chant du Départ* ce qu'il dit tome II, page 146, — et aussi tome VI, page 214, un beau résumé de la campagne patriotique de 1794.

(2) Au tome XII, page 287, au sujet du décret qui renversa en 1800 le directeur La Harpe et le directoire helvétique, on lit : « Nous sommes autorisé à croire que la réaction qui l'exclut du gouvernement fut *instiguée* par la France. »

plutôt à l'auteur par moments quelque emphase, quelque recherche d'élégance convenue, trop conforme au goût régnant (le *timon* de l'État, les *trophées* de la victoire, les *bannières* de la philosophie, etc.). En accueillant ces images qui étaient de mise à cette date dans les genres réputés nobles et que paraissait réclamer en particulier la dignité de l'histoire, Jomini ne faisait que suivre le courant public et les exemples d'alentour : il eût fallu de sa part un grand effort d'artiste pour atteindre, en 1820, à la simplicité d'Augustin Thierry ; il lui suffisait, quand il tâchait, d'écrire comme Lacretelle.

La haute impartialité militaire et politique qu'il observe dans ses récits ne le laisse pourtant pas toujours indifférent. En toute rencontre, il s'est montré l'adversaire déclaré et convaincu du despotisme maritime qu'exerçait alors l'Angleterre, et si ses vœux qui percent à travers ses récits sont en général pour une liberté raisonnable et pour la stabilité de l'Europe, ils ne sont pas moins vifs et constants pour ce qu'il appelle « l'équilibre maritime et le libre parcours des mers. » En ce sens, la politique de Jomini a pu être qualifiée *antianglaise*.

On a remarqué que la Suisse aussi tient une grande place, et un peu disproportionnée peut-être, dans ce vaste tableau historique ; et c'est même par un appel à ses concitoyens suisses qu'il a jugé à propos de le terminer. Jomini en toute occasion se plaît à rappeler (et même au moment où il trace un portrait flatteur de l'empereur Alexandre) qu'il est « Suisse de nation et citoyen d'un pays libre. » Il s'en prévaut pour donner à ses compatriotes des conseils vigoureux et sages. On a remarqué pourtant qu'il penche trop visiblement peut-être pour l'unitarisme en Suisse et pour le ralliement à un centre. Ceci touche à des questions délicates et actuellement encore brûlantes. Que la Suisse penche plus ou moins vers la fédération ou vers l'unité, ce sont là pour elle des démêlés de famille et où l'on n'a que faire de s'immiscer. Un simple conseil, non plus seulement de patriote, mais d'ami, c'est qu'elle prenne bien garde de conserver à travers tout ses diversités précieuses, image et produit du sol même et des trois races qui en habitent les vallées, les pentes et les replis; c'est qu'elle conserve comme son plus cher trésor et comme sa marque, à elle, toutes ses libertés. Les États modernes sont assez enclins d'eux-mêmes à graviter vers la centralisation, sans qu'on les y pousse.

Nous cherchons aussi l'histoire des pensées et de l'âme de Jomini. Dans le temps où il était occupé à mener à fin son grand ouvrage, de fâcheuses et légères paroles tombées de la tribune française et prononcées par des généraux distingués, membres de l'opposition, tantôt par le général Sébastiani, tantôt par le général Foy, semblaient indiquer qu'il n'y avait plus, de la part des puissances, à compter ni sur la Suisse ni avec la Suisse. Jomini s'en émut et adressa deux *Épître à ses Concitoyens* (1822). Quoiqu'il n'y eût pas mis son nom, il ne défendait pas qu'on le devinât; et comment ne pas le deviner tout d'abord quand il disait :

« A les en croire, il suffirait désormais des caprices du

Conseil aulique de Vienne ou du comité militaire de Paris pour qu'un injuste agresseur décidât de l'existence d'une nation de deux millions de braves, qui peut mettre plus de soldats sur pied que Frédéric le Grand n'en avait en montant sur le trône de Prusse.

« Non, Helvétiens ! j'en appelle à la noble fierté et au courage de vos ancêtres ; vous ne souffrirez jamais un tel outrage ! L'esprit de parti a pu vous diviser un instant, mais le sang de Winkelried coule encore dans vos veines...

« Dites-vous bien qu'une nation assez faible pour supporter un attentat contre son territoire est une nation perdue, et qu'il vaut mieux encore succomber avec honneur, comme les Bernois en 1798, que d'imiter l'exemple des hommes pusillanimes de 1813. Prouvez à l'Europe que vous êtes pénétrés de cette vérité, et vos voisins de l'Est, aussi bien que ceux de l'Ouest, y regarderont à deux fois avant de violer vos vallées.

« ... Surtout préparez dans votre intérieur les moyens de tenir vos engagements... Pénétrez-vous bien de cette vérité, que, pour s'illustrer par une résistance honorable au siècle où nous vivons, un peuple peu nombreux doit opposer aux armées disciplinées et permanentes le courage du Spartiate. Apprenez à vos milices à combattre en ligne s'il le faut, ou à se disperser en partisans après une bataille perdue pour reparaître sur des points donnés et y renouveler la lutte. Que vos chefs étudient les dernières guerres et apprennent à combiner leurs marches comme Napoléon, à combattre comme Wellington, ou à guerroyer au besoin comme Bonchamp, d'Elbée, les Vendéens et les Espagnols. »

Et après quelques conseils précis et topiques sur la formation d'un bon état-major, il ajoutait :

« Si, malgré le soin que je mettrai à garder l'anonyme, on parvenait à deviner l'auteur de ces vœux patriotiques, je ne .es désavouerai point, et on sera facilement convaincu de leur désintéressement. Destiné par le sort à vivre loin de mes pénates, mon avis n'en est que plus impartial et plus méritoire. Je n'ambitionne rien dans mon pays que l'honneur d'être appelé au jour du danger à commander son avant-garde, dussé-je même subir le sort du respectable général d'Erlach! (1) »

Ce dernier vœu assez inattendu, ce soudain souhait d'une mort patriotique et guerrière nous ouvre un jour sur l'âme de Jomini, sur sa plaie secrète, sur les ennuis dont il n'était pas venu à bout de triompher, et que nous révèle encore mieux une lettre intime écrite vers la même date. Cette lettre est adressée à l'un de ses amis, négociant et nullement militaire, qu'il avait connu à Paris dans le temps où lui-même était dans les affaires, et qui habitait en dernier lieu à Saint-Pétersbourg (2) :

« 16/28 mars 1822. — Mon cher Pangloss, j'ai reçu votre aimable et philosophique épître du 8/20 février, et après l'avoir lue et savourée, je me suis bien demandé lequel de nous deux était le coupable du silence de 900 jours... Vous broyez donc décidément du noir sur les bords de la Newa, et, à vous entendre, il ne faut s'occuper ni du passé, ni du présent, ni de l'avenir. Vous connaissez assez la disposition actuelle de mon esprit pour présumer que je ne suis pas bien éloigné de partager votre avis; cependant lire

---

(1) D'Erlach périt en mars 1798, en résistant à l'invasion de l'armée républicaine commandée par Brune.
(2) J'en dois la communication à notre collaborateur et ami, M. Kaempfen.

une ode d'Horace, une élégie de Parny (1), quelque morceau d'un éloquent historien tel que Tacite ou Tite-Live, c'est bien s'occuper du passé, et c'est ce que Denys le Tyran ne manquerait pas de faire avec quelque plaisir s'il revenait dans ce bas monde.

« Pour moi, mon lot n'est pas si agréable : c'est avec de lourds tacticiens et avec de froides descriptions de combats qui ne ressemblent guère à ceux d'Homère, que je suis forcé de passer tous les instants que je consacre aux événements antérieurs. Si, par hasard, un de ces aimables ou doctes écrivains me tombe sous la patte, je feuillette et admire, mais je le referme aussitôt, pour ne pas me laisser entraîner à une déviation de mes ennuyeux travaux. Mon cadre est tracé, il faut le remplir, et je compte les minutes que la Parque me laisse : à chaque instant je sens ses ciseaux chatouiller le fil (2), et il n'est guère possible, après avoir glissé deux ou trois fois entre ses serres, que je l'évite au prochain tour.

« Vous gémissez autant sur le présent que sur le passé : hélas! il en est le malheureux fils, et, pour me servir de l'expression allemande qui dit que le temps présent est gros (*enceinte*) de l'avenir, je vous assurerai que, si la progéniture va ainsi en dégénérant, nous ne perdrons pas grand'-chose à quitter le monde sans faire connaissance avec elle.

« Quant à moi, je vous déclare que je vis tout entier sur

---

(1) Parny, à cette date, était encore considéré par les hommes de l'école dernière du xviiie siècle, de l'école de Marie-Joseph Chénier, comme un parfait modèle d'élégance, de pureté (pour le goût), et le *Racine de l'Élégie*.

(2) C'était une disposition habituelle et presque un tic chez Jomini de se croire malade et mourant; depuis le profond ébranlement de sa santé à la retraite de Russie, il était resté très-délicat et se sentait comme atteint dans son organisation. Ses lettres ne se terminaient presque jamais sans une allusion à sa fin prochaine. Et cela le mena jusqu'à l'âge de quatre-vingt-dix ans.

le passé ; les souvenirs seuls me retiennent encore au nombre des vivants. Précipité dans un immense néant, je suis sans appui pour achever ma carrière, je nage dans le vide.

« Ma santé est telle, que je ferais un mauvais guerrier, et cependant j'ai besoin de prouver que je fus capable de l'être. — Je ne suis pas comme le renard de la fable, qui veut que les raisins soient du verjus parce qu'il ne peut pas y atteindre : je suis au contraire comme un renard à qui l'on donnerait une poularde du Mans dans la gueule, et qui n'aurait ni dents ni gosier pour la croquer.

« Désenchanté de toutes les illusions humaines, je ne désire qu'une retraite que je ne puis pas décemment demander, ayant si peu servi depuis ma démarche ; je traînerai donc par reconnaissance et par devoir ma triste carcasse sur le premier champ de bataille où il me sera possible de courir au-devant d'un boulet bienfaiteur. Ce n'est pas la gloire que j'irai chercher, ce n'est pas non plus une maladie morale que j'irai guérir, ce sont des maux physiques et l'ennui d'une position à laquelle je ne puis plus faire bonneur, auxquels j'irai mettre un terme (1).

« En attendant, je poursuis l'entreprise qui m'a aidé à filer sans ennui ces quatre dernières années. J'ai publié depuis mon retour de 1817 :

« Un *Traité des grandes Opérations militaires* en 3 volumes ;

« Une *Histoire militaire des Guerres de la Révolution* en 10 volumes. Les quatre derniers, c'est-à-dire les tomes VII, VIII, IX, X, viennent de paraître il y a un mois. Les tomes XI et XII sont sous presse, et les XIII et XIV sont sur le chantier.

---

(1) La maladie dont il se plaint est évidemment plus morale qu'il ne croit. Il a déjà parlé, si l'on s'en souvient, de ce boulet *charitable* qu'il invoque, dans une lettre à M. de Monnier du 15 octobre 1810.

« Je m'arrêterai là selon toute apparence.

« Si vous lisez tout cela à monsieur de Motschanoff, je vous souhaite bien du plaisir. »

Revenons aux études sévères. — Son *Histoire des Guerres de la Révolution* terminée, Jomini, malgré ses plaintes et cet ennui d'écrire qu'il ne faudrait cependant pas s'exagérer, devait n'avoir qu'une pensée et qu'un désir : continuer son récit et donner l'histoire des guerres de l'Empire. Comment ne pas l'écrire en effet, cette histoire, lui témoin, souffleur en quelques cas, si bien informé et si bon juge ? Il aurait eu beau dire le contraire et faire le dédaigneux, il brûlait de reprendre la plume; les doigts lui démangeaient, on peut l'affirmer. Mais aussi comment traiter librement une pareille histoire, lui officier général russe et aide de camp du souverain ? S'il la faisait favorable ou simplement impartiale, ne passerait-il point pour manquer à ses nouveaux devoirs et ne soulèverait-il pas les accusations des militaires antifrançais ? Si d'autre part il la faisait sévère et trop peu bienveillante, il ne manquerait pas moins à son passé et au grand capitaine qu'il avait servi. Après y avoir bien songé, il s'en tira par un détour et moyennant une fiction toute littéraire. Et d'abord il garda l'anonyme, — un anonyme assez transparent, il est vrai, — mais enfin il n'attacha point son nom au titre de l'ouvrage; puis surtout il imagina de mettre toute cette relation sur le compte et dans la bouche de Napoléon lui-même, qui serait censé plaider sa cause aux Champs Élysées au tribunal de César, d'Alexandre et de Frédéric... Une fiction surannée, dira-t-on, imitée et réchauffée de Lucien et de Fontenelle, ou encore une manière de *Dialogue de Sylla et d'Eucrate,* un dialogue ou plutôt un monologue agrandi, démesuré et poussé jusqu'à quatre gros volumes, un bien long discours de 2,186 pages et bien invraisemblable assurément. Qu'importe ? Ce défaut si sensible au point de vue littéraire disparaissait pour Jomini auprès des avantages et des facilités que cette fiction lui procurait. Et en effet, par cela seul que Napoléon était censé parler et se raconter lui-même, le ton général était donné, l'histoire devenait alors forcément indulgente; elle l'était, sous peine de déroger aux convenances premières. Il pouvait d'ailleurs faire faire de temps en temps à l'illustre mort quelques concessions et des aveux de fautes, lui prêter un peu de la sérénité élyséenne et de l'impartialité d'au delà du Styx; et enfin il suffisait de quelques petites notes jetées çà et là au bas des pages pour remettre les choses au vrai point. Mais surtout, moyennant ce tour, l'écrivain militaire en Jomini était satisfait et à l'aise, car il pouvait pleinement exposer et développer les grandes vues et les combinaisons savantes qui avaient en général présidé aux actions de guerre de ce règne entre tous mémorable. Selon l'opinion de Jomini, quoique Napoléon, à partir de 1806, eût commis de grandes fautes militaires, « sa chute néanmoins avait été plutôt le résultat de ses fautes politiques et de ses erreurs comme homme d'État. »

En passant condamnation sur le cadre, disons vite que dans un genre faux Jomini a montré un talent véritable, même parfois un talent d'écrivain. Il a souvent le ton digne, élevé, et par instants la nuance ingénieuse. Je n'en veux pour preuve que ce portrait de l'empereur Alexandre placé dans la bouche de Napoléon. Qu'on veuille songer à toutes les convenances qu'avait à observer l'auteur. Il fallait faire entendre, sans le dire, qu'Alexandre, sous ses dehors séduisants, était une nature glissante et fuyante, assez peu sûre. Lisez bien ce portrait : sous sa touche flatteuse, il ne dément pas absolument le mot célèbre de Napoléon qu'on ne saurait oublier : *C'est un Grec du Bas-Empire.* Le Napoléon de Jomini s'exprime de la sorte :

« Notre première entrevue eut lieu sur un radeau au milieu du Niémen. En m'abordant, l'empereur Alexandre me dit qu'il n'avait pas moins de griefs contre l'Angleterre que moi. Dans ce cas, lui répondis-je, *la paix est faite;* et nous nous donnâmes la main en signe de réconciliation. Nous eûmes ensuite plusieurs autres entrevues à Tilsitt, où l'empereur Alexandre vint s'établir. Son extérieur était noble, gracieux et imposant : la vivacité de sa conception me parut grande; il saisissait d'un trait les plus graves questions. Assez semblable en tout à François Ier et à Louis XIV, on peut dire aussi de lui que c'était un roi chevalier... Il a pu entrer dans ma politique de le présenter autrement que je ne l'ai vu; mais il est certain que sa conduite en 1812 et 1813 a été supérieure à ce que j'aurais attendu de lui, bien qu'il m'eût prévenu en sa faveur. Je lui avais reconnu de la facilité, mais je lui croyais de la faiblesse. Au reste, ce n'est pas en ce point seulement que je me trompai sur le caractère de ce prince. La Bruyère même eût été embarrassé de le définir exactement... (*Et plus loin, après les entretiens d'Erfurt*) : Je crus avoir jeté de la poudre aux yeux de mon rival de gloire et de puissance : la suite me prouva qu'il avait été aussi fin que moi. »

Napoléon, obligé de juger lui-même sa campagne de 1812 et de se condamner, se souvient à propos d'un beau mot de Montesquieu : « Les grandes entreprises lointaines périssent par la grandeur même des préparatifs qu'on fait pour en assurer la réussite. »

Un trait fort juste sur Napoléon et qu'ont trop oublié ses détracteurs aussi bien que ses panégyristes, c'est que cette volonté de fer était souvent bien mobile comme celle de tous les joueurs passionnés, et qu'elle remettait souvent ses résolutions ultérieures les plus graves aux chances les plus fortuites. Cela fut surtout vrai dans cette campagne de Russie, où son plan n'eut rien de fixe et où il fit tout dépendre d'une grande victoire présumée au début de la guerre. « Ses idées devaient se développer selon la tournure des événements : *c'était à la fois l'homme le plus décidé et le plus indécis.* » Jomini a glissé ce trait essentiel de caractère dans une note au bas d'une page.

Le plus grand éloge qu'on puisse faire de ce livre, c'est qu'après tout ce qu'on a publié de Napoléon et de ses textes authentiques, il se lit encore avec intérêt, et que les curieux qui sont de loisir trouveront à y apprendre.

Jomini, dans cet ouvrage, s'est donné le plaisir de faire parler sur son propre compte Napoléon et de lui prêter à son sujet les expressions indulgentes qu'il aurait lui-même désirées. Si différents que soient ces termes (tome IV, p. 368) de ceux qu'on a lus dans la

Correspondance impériale, il n'est pas impossible qu'en dernier lieu Napoléon n'ait en effet porté sur lui un jugement qui se rapprochait de celui-là. Le fait est que la mémoire ou (pour entrer dans la donnée mythologique) que l'Ombre de Napoléon n'a eu à se plaindre d'aucun des écrits de Jomini.

La campagne de Waterloo, qui avait été un peu écourtée et brusquée à la fin de ces quatre volumes, devint pour Jomini l'objet d'une publication à part en 1839; il reprit cette fois la forme vraiment historique et rejeta tout appareil étranger (1). L'auteur, parlant en son nom, n'aborde pas seulement la guerre, il traite aussi la question politique ; il s'y abandonne même sur ce terrain à plus de digressions qu'on n'en trouve dans ses précédents ouvrages; il y fait de la polémique : c'est un tort et un défaut. Quoi qu'il en soit, le Napoléon de 1815 n'a jamais rencontré de juge plus impartial, plus ouvert, plus disposé à faire la part des mérites comme celle des contre-temps ou des défaillances. On a beaucoup écrit et discuté depuis sur les circonstances qui ont précédé et amené le désastre de Waterloo : on a peu ajouté à ce que Jomini avait tout d'abord vu, et bien vu, de l'ensemble et des détails de cette rapide campagne. Il n'a cessé, en la retraçant, et pour ses divers points de vue, de se placer au quartier général de celui qu'il suivait neuf ans auparavant à Eylau ; c'est là qu'il se suppose en idée, et non dans le camp de ses adversaires. On dirait que, pour ra-

(1) *Précis politique et militaire de la campagne de 1815*, une brochure in-8°, 1839.

conter ce dernier jour de deuil, il a retrouvé son drapeau.

Cependant, ne l'oublions pas, il était au service de la Russie. Il lui avait été permis dès 1817 de se fixer à Paris pour se consacrer à ses travaux de cabinet. Au commencement de 1826, il retourna en Russie pour assister aux obsèques de l'empereur Alexandre et au couronnement de l'empereur Nicolas. Ce souverain lui témoigna la même confiance que son prédécesseur et le consulta sur toutes les réformes militaires qu'il projetait.

L'une des plus importantes fut celle de la défense de l'empire russe par les forteresses. — Et ici je n'indiquerai que l'indispensable, mais je le ferai d'après les guides les plus sûrs. — Jomini s'efforça de prouver la fausseté du système qui prévalait encore, et qui consistait à placer un réseau de forteresses sur les frontières comme autant de boucliers destinés à repousser une invasion de l'ennemi. Il démontra que ce système, bon au temps de Louis XIV, avait été renversé par Frédéric et Napoléon, qui faisaient la chasse aux armées actives et s'inquiétaient peu de forteresses. Celles-ci tombaient d'elles-mêmes lorsque ces armées étaient battues, et elles n'avaient par conséquent d'autre effet que de les affaiblir par la nécessité des garnisons. Jomini proposait de se borner à choisir avec soin, en arrière des frontières, quelques points stratégiques et de les fortifier comme points d'appui, de ravitaillement et de refuge, pour les armées actives.

Ces idées, qui se fondaient sur les plus saines notions de l'art moderne, ne prévalurent pas entièrement. Comme toujours on s'arrêta à un terme moyen ; on n'abandonna pas le système des forteresses extérieures, mais on adopta en outre celui des forteresses intérieures sur des points habilement déterminés.

Chose étrange ! Jomini, dans son zèle infatigable pour la vérité stratégique, fut appelé à énoncer les mêmes principes à propos de la Belgique, où il s'était retiré après la révolution de 1848. Des officiers instruits et capables (et l'armée belge en compte de fort distingués) soulevèrent la question de l'abandon et de la démolition de la fameuse ceinture de forteresses érigées en 1815 comme un boulevard contre la France et qui n'avait d'autre résultat que de mettre la Belgique dans l'impossibilité de se défendre. Jomini était d'avis de concentrer la défense sur un seul point intérieur ; mais là encore on ne suivit qu'à moitié son avis : il eût préféré le choix de Bruxelles comme point central et siége du gouvernement et de l'administration. Des raisons de politique extérieure et d'alliance anglaise firent alors prévaloir le choix d'Anvers comme une tête de pont qui permît à l'Angleterre de venir, en cas de péril, au secours de sa protégée. Fit-on bien? fit-on mal? Question toujours pendante... Mais ceci s'écarte de notre sujet.

Une guerre, qui couvait depuis plusieurs années, éclata en 1828 entre la Russie et la Turquie. Jomini s'empressa naturellement d'aller offrir ses services à l'empereur Nicolas ; il fit auprès de lui la campagne de 1828. Rien n'a été publié sur la part qu'il y a prise. Je ne crois pas me tromper en disant que l'empereur, des la déclaration des hostilités, lui avait demandé son plan : Jomini avait répondu que, pour faire un tel plan et savoir jusqu'où l'on pouvait s'engager au delà du Danube, il fallait savoir où l'on en était avec l'Autriche et la Prusse ; qu'autrement c'était une souricière. L'empereur Nicolas le rassura ; mais la suite répondit peu à cette espérance politique trop confiante. Jomini eut là son rôle éternel de consultant militaire non repoussé, non entièrement écouté. On sait seulement qu'au siége de Varna, après l'assaut donné, les Russes se trouvèrent en présence d'une seconde ligne de fortifications dont ils ignoraient l'existence ; mais une poignée de soldats de marine, ayant escaladé l'obstacle, traversèrent toute la ville et se firent massacrer jusqu'au dernier. Cet acte de vigueur frappa vivement et consterna, paraît-il, les Turcs. Jomini fut d'avis de profiter de ce moment d'effroi pour imposer une capitulation : il rappela l'exemple de la sommation adressée à Mack dans Ulm vingt-trois ans auparavant. L'avis fut adopté, et la sommation rédigée presque dans les mêmes termes : elle eut un plein succès. Mais ne disons rien de plus que ce que nous savons (1). Cette campagne, en confirmant Jomini dans son renom déjà établi d'officier d'état-major du meilleur conseil, lui laissa encore

---

(1) Je cherche trace de ce que je viens de raconter dans l'histoire des *Campagnes des Russes dans la Turquie d'Europe en 1828 et 1829*, par le baron de Moltke ; j'y vois seulement que la brusque soumission du commandant Joussouf-Pacha et les motifs qui la déterminèrent ont prêté dans le temps à beaucoup de conjectures. L'explication émanée de Jomini donne-t-elle la clef du problème ?

le regret de n'avoir pu une seule fois dans sa carrière se dessiner hautement comme homme d'action.

De retour à Saint-Pétersbourg, il reprit ses studieux travaux. Ce fut sur son initiative que l'on créa l'Académie militaire. Jomini devait en être le président; mais les larges vues qu'il y apportait heurtaient les idées qui prévalaient alors. On redoutait par-dessus tout l'esprit révolutionnaire, et l'on n'aimait pas les baïonnettes intelligentes. Les projets rédigés par Jomini furent donc peu à peu altérés dans leur esprit, au point que l'exécution dut en être remise à d'autres. Mais aujourd'hui, sous le règne plus éclairé et libéral (au point de vue russe) de l'empereur Alexandre II, on est revenu à l'idée première qui présida à cette institution destinée à créer une pépinière d'officiers instruits et capables. L'Académie a placé le portrait du général Jomini dans une des salles de l'établissement, comme l'un de ses fondateurs.

Quand on vit assez longtemps, la postérité se fait peu à peu autour de celui qui le mérite. C'est ainsi que dans son pays natal, où Jomini était loin d'avoir toujours été prophète, le conseil d'État du canton de Vaud décida à son tour que le portrait de son illustre concitoyen serait placé au musée de Lausanne; et ce portrait s'y voit aujourd'hui, de la main de l'excellent et généreux peintre Gleyre.

En 1837, Jomini fut appelé par les ordres de l'empereur Nicolas à diriger les études stratégiques du grand-duc héritier, actuellement régnant. Ce fut dans ce but qu'il rédigea son *Tableau analytique des princi-*

pales *Combinaisons de la Guerre et de leurs rapports avec la Politique des États,* qui est devenu dans les éditions suivantes le *Précis de l'Art de la Guerre* (2 vol.), un résumé condensé de tous les principes posés et démontrés dans ses divers ouvrages. Ce Traité est la quintessence de l'art militaire; il en restera la base permanente.

Si je ne commençais (et les lecteurs sans doute eux-mêmes) à sentir vivement le besoin de finir et de conclure, je n'aurais pas de peine à montrer que les deux tiers de ce Traité sont à la portée de tous les lecteurs, même les moins guerriers et les plus civils; qu'ils sont à lire et à consulter pour la quantité de résultats historiques et de faits curieux qu'ils renferment. Il en est que Jomini raconte d'original et qu'il doit à son expérience personnelle, comme par exemple, au chapitre des *Guerres nationales,* les deux faits qui se rapportent au temps où il était chef d'état-major de Ney en Espagne, et qui prouvent que les conditions habituelles de la guerre sont tout à fait changées et les précautions ordinaires en défaut, quand on a tout un pays contre soi (1).

Dans son rôle spécial de général russe, Jomini rédigea en particulier une série d'études sur toutes les hypothèses de guerre possibles pour la Russie. Cet ouvrage est resté secret.

---

(1) Au tome Ier, p. 77. — Je recommande aussi au tome II, page 169, le passage où il est dit que Napoléon était lui-même son vrai chef d'état-major, et ce qui est à l'adresse de Berthier, p. 173-175.

L'année 1854 le trouva retiré à Bruxelles, où il résidait depuis 1848. Malgré son âge et ses infirmités, il suivait avec une vive attention tous les faits contemporains. La crise qui s'annonçait lui causa de grandes préoccupations. Une rupture entre la Russie et la France était l'événement qui pouvait l'affecter le plus ; car une entente entre la France et la Russie a été jusqu'à la fin le plus caressé de ses vœux et de ses rêves. Quoiqu'il eût trop d'expérience pour s'attribuer le rôle de prophète, qui ne sied guère qu'aux ignorants, il avait jugé, dès le début, que le véritable objectif de la guerre serait Sébastopol, et il l'écrivit à Pétersbourg dès le mois de mars 1854, avant même que la guerre fût déclarée.

Toutefois, il lui fut impossible de rester spectateur inactif de la lutte qui allait s'engager. Bien qu'il eût un congé illimité, il crut devoir spontanément se rendre à Saint-Pétersbourg afin de mettre le reste de ses forces et de sa vie au service de la Russie. Son rôle durant cette grande crise fut, comme toujours, celui de conseiller pas toujours écouté. — Les divers mémoires secrets qu'il soumit à l'empereur Nicolas sont ensevelis dans les archives du ministère de la guerre russe.

A la conclusion de la paix, le général Jomini se retira à Paris, qu'il ne quitta plus. Habitant volontiers dans ses souvenirs, en même temps qu'il suivait toujours de son regard le plus attentif les progrès de la science militaire et l'application des principes qu'il avait posés, ses dernières œuvres furent un *Précis inédit* des campagnes de 1812, 1813, 1814, et quelques brochures sur des questions militaires spéciales. La plus récente est celle que lui suggéra la guerre de 1866, où, tout en reconnaissant la valeur des armes perfectionnées, il s'élève contre l'importance excessive qu'on serait tenté de leur attribuer. Il maintenait les grands principes stratégiques, sans se dissimuler toutefois que les chemins de fer avaient apporté un élément tout nouveau et imprévu dans les opérations des armées. Son esprit toujours lucide et présent se posait le problème sous sa forme renouvelée; on sentait qu'il eût aimé à le reprendre et à le discuter à fond (1).

Les deux volumes qu'il avait fait imprimer et tirer à petit nombre sur les campagnes de 1812, 1813 et 1814 n'ont point paru; le peu d'exemplaires qu'il avait confiés à des amis (il m'en avait promis un à moi-même) ont été retirés. On m'assure que par suite d'une volonté dernière ils ne seront publiés que dans dix ans. Ce que je puis dire, c'est que Jomini paraissait tenir

---

(1.) Je ne crois pas m'écarter de la pensée de Jomini en signalant deux ouvrages publiés sur ce sujet de la guerre de 1866, et dus l'un et l'autre à des écrivains militaires qui étaient de sa familiarité et de son école : le premier et de beaucoup le plus considérable, qui a pour titre : *Guerre de la Prusse et de l'Italie contre l'Autriche et la Confédération germanique en 1866 : Relation historique et critique,* par le colonel fédéral Lecomte (2 vol. 1868); — et l'autre écrit plus court et en forme de discussion, intitulé *La Guerre de 1866,* par le major belge Vandevelde (1 vol. de 211 pages, 1869). On pourra s'y faire une idée très-approximative de la manière dont Jomini appréciait les derniers événements en eux-mêmes et dans leurs conséquences relatives à l'art de la guerre.

beaucoup à ce *Précis inédit,* qui devait présenter la relation complète et dernière de ses propres années les plus critiques et les plus combattues. La piété d'un fils ne saurait dérober longtemps ce précieux legs à l'histoire.

Dans sa charmante retraite de Passy, il était intéressant à visiter : il aimait la conversation, et bien qu'un cornet acoustique fût nécessaire, il suffisait d'y jeter quelques mots pour amener sur ses lèvres des récits vivants et où l'âge ne se faisait sentir que par plus d'à-propos et d'expérience. Deux affections de famille représentaient assez bien la double politique qu'il eût aimé à concilier. L'une de ses filles, mariée en France à un officier supérieur du génie (1), le rattachait à nous, et d'autre part il était fier d'un fils digne de lui dans sa diversité de mérite, et qui remplit depuis plusieurs années un poste élevé au département des affaires étrangères à Saint-Pétersbourg.

Il s'éteignit le 22 mars 1869, à l'âge de quatre-vingt-dix ans accomplis : il fut enterré le 25 à Passy, selon le rit de l'Église réformée. Le colonel fédéral Huber-Saladin, en quelques paroles émues et touchantes, lui envoya le suprême adieu de la patrie helvétique. Le colonel Lecomte a donné depuis une seconde édition de son *Esquisse* biographique, à laquelle il a ajouté quelques pages qui complètent le tableau des dernières années de Jomini.

Qu'ai-je voulu, qu'ai-je cherché à mon tour dans ce

---

(1) M. le colonel de Courville.

long travail qui s'est étendu sous ma plume au delà de ce que je présumais d'abord? Étudier sans doute en elle-même une physionomie militaire distinguée et singulière en son genre, un personnage plus cité que connu; traverser avec lui la grande époque, la traverser au cœur par une ligne directe, rapide et brisée, par un tracé imprévu et fécond en perspectives; recueillir chemin faisant des traits de lumière sur quelques-uns des grands faits d'armes et des événements historiques auxquels il avait pris part ou assisté. J'ai voulu tout cela sans doute, et aussi payer un tribut personnel à la mémoire d'un homme bienveillant, dont les entretiens m'avaient beaucoup appris. Mais j'ai songé, en parlant si à fond de lui, à autre chose encore ; j'ai tenu surtout, en découvrant sincèrement sa vie et ses pensées, en y introduisant si avant le lecteur, à détruire un préjugé à son égard, à faire tomber une prévention (s'il en existait) dans l'esprit de notre jeunesse militaire française. Un auteur de ce mérite, dont les écrits sont classiques, dont les livres sont entre les mains de tout officier qui étudie et pense; un maître qui a donné les meilleures leçons pour régler autant que possible et soumettre à la raison, pour préciser, diriger, pour accélérer et par conséquent pour diminuer la guerre, pour la faire ressembler le moins qu'il se peut (et c'est de plus en plus difficile) à une œuvre d'extermination et de carnage, un tel maître, — le *Malherbe du genre* (1), — ne saurait garder de l'odieux sur son nom, ni même

(1) Je vois qu'on l'a défini encore heureusement « le Monge de la stratégie. »

laisser de lui comme caractère une idée obscure et louche. J'ai donc tâché d'y apporter toute lumière et, sans rien voiler, rien qu'en exposant, de faire en sorte que tous ceux qui sont et seront plus ou moins ses disciples puissent l'apprécier, le voir tel qu'il était en effet, le bien comprendre dans ses vicissitudes de sentiments et de destinée, le plaindre, l'excuser s'il le faut, pour tout ce qu'il a dû souffrir, l'aborder, l'entendre, le connaître enfin de près et comme il sied, d'homme à homme, et peut-être l'affectionner. — Dirai-je en finissant toute ma pensée? j'ai cru possible de montrer et de faire accepter son portrait vu de la France.

———

Cette Étude sur Jomini, qui se compose de cinq articles publiés dans le journal *le Temps*, a eu la faveur d'être reproduite dans plusieurs journaux suisses : par la *Revue militaire suisse*, recueil spécial des plus estimés; par le *Démocrate*, de Payerne, lieu de naissance du général; enfin par le *Journal de Genève*. Le colonel Lecomte, à cette occasion, a cru devoir adresser à ce dernier journal quelques observations relatives aux articles mêmes, et il l'a fait avec la courtoisie la plus flatteuse pour leur auteur. J'ai profité dans cette réimpression de quelques remarques qu'il m'avait déjà adressées personnellement. Si je ne reproduis point ici les lettres qui ont paru dans le *Journal de Genève*, n⁰ˢ des 28 août, 1ᵉʳ et 2 septembre 1869, j'indiquerai du moins les points sur lesquels portent ces observations et ces légers dissentiments.

Le colonel pense, après examen et discussion des lettres de la *Correspondance* de Napoléon à la date de septembre 1806, que la désignation de Bamberg comme lieu de concentration des troupes pour l'entrée en campagne et comme clef des prochaines opérations stratégiques n'était pas si clairement désigné que je l'ai cru, et que par conséquent, dans la conversation qu'il eut avec Jomini le 28 septembre, à Mayence, l'Empereur put très-bien en effet lui recommander de n'en dire mot à personne, *pas même à Berthier.*

De même pour les mouvements du maréchal Ney dans la seconde quinzaine de mai 1813, dans les jours qui précédèrent la bataille de Bautzen, le colonel Lecomte, en discutant la *Correspondance* impériale, y signale des lacunes et s'attache à montrer d'ailleurs que, même avec les éléments qu'on a, il y a tout à fait lieu et moyen d'attribuer à l'influence directe de Jomini le changement de résolution qui détourna le maréchal Ney de faire front vers Berlin pour se rabattre sur Bautzen. Dans l'un et l'autre cas, je lui ai paru trop hésitant sur la rigoureuse exactitude du récit oral et un peu trop sceptique.

Les autres points discutés dans les lettres du colonel sont plus particuliers et intéressent surtout les rapports de Jomini avec la Suisse.

JEAN-JACQUES AMPÈRE [1]

I.

Une Étude sur J.-J. Ampère, ce littérateur polygraphe et complexe, cet esprit trois fois distingué, dont la valeur individuelle est si intimement liée aux maîtres, aux amis, à toute la génération qu'il représente, et à l'ensemble du mouvement intellectuel de son époque, une telle Étude exige un premier coup d'œil et un aperçu qui embrasse rapidement le progrès antérieur et l'état de la littérature comparée en France au moment où il y intervint, car Ampère, à son moment, a peut-être été le critique et l'historien le plus curieux, le plus à l'affût et le mieux informé des littératures étrangères, le plus attentif à les interroger et à nous les présenter dans leurs vivants rapports avec la nôtre.

[1] Cette Étude, écrite d'abord pour le *Journal des Savants*, où elle parut peut-être un peu trop vive à cause de certains détails qui ne relèvent pas uniquement de l'archéologie, fut publiée pour la première fois par la *Revue des Deux Mondes*, le 1ᵉʳ septembre 1868.

Il s'est intitulé en quelques-uns de ses livres *le critique en voyage :* littéralement ou au moral, il l'a été de tout temps.

La branche d'étude qui est comprise sous le titre de littérature comparée ne date en France que du commencement de ce siècle. On ne saurait, en effet, ranger sous ce nom les modes successives et les invasions de littératures étrangères, italienne ou espagnole, qui signalèrent la seconde moitié du xvie siècle et la première du xviie. On lisait les auteurs d'au delà des monts, on les imitait, on les copiait avec plus ou moins de discernement, on les citait parfois avec à-propos; mais il ne se faisait point à leur sujet d'examen ni de comparaison critique. On ne saurait contester cependant que des littérateurs instruits et consommés, tels que Chapelain, Ménage et l'abbé Regnier des Marets, ne fussent sur la voie d'une juste comparaison à établir entre la littérature française et les littératures du midi. Dès la fin du xviie siècle et au commencement du xviiie, ce fut dans l'école et la postérité immédiate de Racine que s'annoncèrent les premiers signes d'attention donnés à la littérature et à la poésie anglaises. M. de Valincour estimait les beaux passages de Milton à l'égal des plus belles scènes de l'*Iliade.* Racine fils faisait entrer dans ses *Réflexions sur la Poésie* l'examen du *Paradis perdu.* Voltaire enfin, le premier, inaugura véritablement chez nous la connaissance de la littérature anglaise; mais c'était surtout les idées qu'il avait en vue, il s'en emparait et s'en servait comme d'une arme dans la lutte, comme d'un instrument d'inoculation philosophique, bien plutôt qu'il n'y cherchait matière et sujet à une comparaison impartiale et critique. Aussi, après une première et rapide information de Shakspeare, passa-t-il vite à l'impatience et à la plaisanterie. Le Tourneur et cette école d'humbles traducteurs estimables contribuaient plus efficacement à préparer les esprits à une connaissance étendue des ouvrages d'outre-Manche; mais ces traductions elles-mêmes n'osaient tout rendre; on hésitait, on reculait devant les originaux; on avançait bien lentement, et en ce qui était de l'autre côté du Rhin et de l'Allemagne on en ignorait tout : Grimm et le grand Frédéric, c'est-à-dire les plus Français d'entre leurs compatriotes, suffirent longtemps aux Parisiens comme échantillons uniques. Ce ne fut qu'au sortir de la révolution qu'un genre de curiosité purement intellectuelle, le besoin de savoir ce qui se pensait et s'écrivait au dehors, vient s'emparer de quelques esprits studieux, bien isolés dans le principe et se tenant tout à fait à l'écart de la littérature en vogue et des académies. Charles Villers, Benjamin Constant, et d'après eux Mme de Staël, donnèrent les premiers l'exemple de cette noble curiosité intelligente. Sismondi, pour sa part, dans ses cours professés à Genève, y aida; mais ce fut surtout le modeste, savant et désintéressé Fauriel qui fonda réellement chez nous cette étude méthodique et approfondie. Entièrement libre et dégagé des préjugés d'école, des soucis de rhétorique et de tout besoin d'effet, sans aucun empressement d'amour-propre et uniquement appliqué aux choses, il aspira à tout savoir, et à savoir de source et d'original, apprenant d'abord les langues et ne jugeant les œuvres qu'en elles-mêmes. Le sanscrit, l'arabe, le grec, même le grec moderne et vulgaire, l'allemand, les langues romanes, l'italien comme s'il était de Florence, que n'apprit-il pas durant les vingt premières années du siècle qu'il passa sans presque rien produire et accumulant sans cesse? Seul et dans le silence du cabinet, il avait devancé et préparé le mouvement qui ne se dessina guère d'une manière sensible qu'après la seconde Restauration, à partir de 1819. Il apportait en toute littérature la méthode historique et linguistique la plus éloignée des admirations classiques solennelles et consacrées, en s'abstenant toutefois de toute réaction ouverte et déclarée contre nos demi-dieux nationaux et nos idoles régnantes; mais son procédé calme, net et fin, étendu, positif et ne s'appuyant que sur des textes, guérissait de toute superstition littéraire, bien mieux que n'eussent fait les invectives passionnées ou les déclamations oratoires. Il renouvelait ainsi dans ses fondements la critique que d'autres s'occupaient à orner et à embellir par les dehors. Le nouveau, le simple et le primitif, les racines en tout et la fleur première avant le fard et le luxe de seconde main, avant la superfétation de culture, avaient sa prédilection presque exclusive (1). De

(1) C'était là proprement son domaine et le champ neuf où il était tout à fait maître et sur son terrain. M. Cousin, au temps de notre grande liaison, m'écrivait de Bellevue dans l'été de 1845 :

« Vos articles sur Fauriel m'ont fait un plaisir bien vif et bien de la peine aussi, en me rappelant des temps qui ne peuvent plus

près et pour ceux qui étaient une fois en rapport avec lui, il était l'esprit investigateur par excellence ; il exerçait sur eux une action intime et décisive. Parler d'Ampère sans avoir fait d'abord la place et la part de Fauriel, ce serait parler du fils sans avoir indiqué son parent et vrai père intellectuel, car le vrai rôle d'Ampère à bien des égards, c'est d'avoir été un Fauriel jeune, vif, extérieur, communicatif, chaleureux et intéressant. Quinet l'appelait Fauriel II.

J.-J. Ampère, né à Lyon en août 1800 (1), fils du savant géomètre et physicien illustre, fut élevé et nourri à Paris à partir de 1804. Il avait déjà perdu sa mère, et il ne se ressouvint jamais de ce doux sourire qui avait lui sur son berceau. Une belle-mère qu'il eut ensuite, mais bientôt séparée de son père, avec lequel elle était incompatible, ne lui fut de rien. Son âme sensible eut de tout temps des arriérés de tendresse dont il ne sut que faire. Son père, homme de génie, homme de bien, mais sans règle et sans suite dans les habitudes journalières de la vie, ne put guère qu'ex-

revenir. J'éprouve aujourd'hui presque des remords de n'avoir pas insisté davantage, en 1822, quand je possédais pleinement le cœur de Fauriel, pour qu'il abandonnât cet ouvrage historique (l'*Histoire de la Gaule méridionale*) auquel il convenait imparfaitement, et se consacrât tout entier à la poésie primitive, spontanée, populaire, de tous les temps et de tous les pays. Là était son génie, son goût, sa vocation. Mais laissons cela, car je serais sans fin. Tâchez de venir demain, et aimez toujours un peu   « V. COUSIN. »

(1) « Jean-Jacques-Antoine Ampère, né le 24 thermidor an VIII (12 août 1800), fils d'André-Marie Ampère et d'Antoinette Carron ; né à Lyon, grande rue Mercière. » (Extrait des registres de l'état civil, préfecture du Rhône.)

citer et secouer la jeune intelligence de son fils sans la diriger. Les études d'Ampère n'eurent rien qui le tirât de la routine ordinaire. Il fut mis d'abord en pension rue Neuve-Sainte-Geneviève, chez un ancien oratorien, l'abbé Roche, qui passait pour janséniste. Bien des enfants d'hommes distingués, les fils des Royer-Collard, des Hallé, des Beugnot, des Sacy, étaient dans cette institution, qui n'en valait pas mieux pour cela. Ampère passa depuis, me dit-on, au collège Henri IV et plus tard au collège Bourbon, dont il suivit les cours comme externe libre. Il remporta, en 1817, le premier prix de philosophie au concours général; le sujet était l'énumération des preuves de l'existence de Dieu. Son père, à défaut du polytechnicien qu'il aurait voulu, avait eu l'idée de faire de lui un apothicaire savant comme le furent les Geoffroy de l'ancienne Académie des Sciences, et de notre temps les Pelletier, les Robiquet. La vocation du jeune Ampère résista à la chimie comme elle avait résisté au calcul intégral. La poésie était son faible, et il s'y porta avec toute la verve de sa nature. Son père, une fois le premier deuil fait, s'accommodait très-bien de cette ambition poétique de son fils. Bien qu'il fût en quelque sorte la science pure, il avait des curiosités de tout genre : la poésie n'était point exclue de son universalité; il savait quantité de vers par cœur, et lui-même il en avait fait pendant les ennuis amoureux et les courts intervalles de loisir de sa première jeunesse. L'idée d'avoir un fils poëte, dont une belle tragédie serait jouée et applaudie au Théâtre-Français et qui viendrait prendre place à la suite dans le cortége de nos grands classiques, flattait son amour-propre paternel. Cette première veine d'Ampère, non contrariée, mais qui n'aboutit jamais à une franche manifestation et à un succès, fut très-durable, très-persistante, et se prolongea presque jusqu'à la fin sous l'œuvre critique et la culture d'histoire littéraire à laquelle il semblait exclusivement adonné. Il y avait chez lui un poëte *in petto* qui reparaissait à l'improviste, au moment où l'on s'y attendait le moins; qui chantait le Nil, Thèbes et Memphis, au sortir de l'explication d'un hiéroglyphe; qui soupirait une plainte élégiaque dans le temps qu'on le croyait tout occupé de perfectionner un essai de grammaire romane. Cette diversité de goûts, en s'entre-croisant, se nuisait mainte fois. On assure qu'il ne cessa de concourir *incognito* pour les prix de poésie de l'Académie française jusqu'à l'époque où il en fut. Il avait fait jusqu'à sept tragédies, présentées et plus ou moins reçues au Théâtre-Français; elles y dormaient et y dorment encore sans doute dans les cartons à côté de celles de M. Viennet; il disait quelquefois en riant : « Si l'on voulait me jouer un mauvais tour, ce serait d'en mettre une en répétition.» Mais il ne riait qu'à demi en disant cela, et il n'eût peut-être pas été très-fâché que l'idée en vînt à d'autres. Je ne prétends point anticiper en ce moment, ni préjuger quelques-unes des pièces de vers assez spirituelles et agréables qu'on a de lui; mais il est certain qu'à sa sortie du collége, en cette mémorable année 1819 où Lamartine se révélait par ses premières *Méditations*, où Victor Hugo adolescent s'essayait déjà par des odes touchantes et pures, où André Chénier apparaissait comme un jeune moderne dans ses œuvres pour la première fois recueillies, Ampère, ardent, exalté, enthousiaste, ne rêvait que la palme et le laurier. C'est vers ce temps, ou peu après, qu'il méditait un poëme d'*Attila*, et qu'il composait, d'après Manzoni sans doute, une tragédie d'Adelghis sous le titre de *Rosemonde*. La couleur locale le tentait fort : il s'y essayait à demi. Son père, premier confident de toutes ses élucubrations poétiques, ne le décourageait pas, et il lui arrivait quelquefois de dire à l'un de ses bons amis lyonnais, M. Lenoir ou M. Ballanche : « Crois-tu que Jean-Jacques ait du génie? » C'était lui, l'illustre savant, qui avait du génie ; son fils avait un talent qui se cherchait encore.

Ce talent n'était pas assez fort ni assez original pour se créer à lui-même un genre, une langue et un rhythme, et il ne fallait rien moins que tout cela alors, du moins dans l'ordre lyrique, dans tout ce qui était odes, élégies, méditations, si l'on voulait être un poëte de la jeunesse, un de ceux dont elle saluerait l'avénement avec transport. Ampère n'était pas assez artiste pour prendre dès l'abord un parti franc et décisif dans la réforme poétique qui se tentait d'un certain côté : son bon sens hésitait devant quelques excès apparents ; la tradition et la nouveauté se livraient bataille en lui ; il était trop sage et trop avisé pour se faire par système un style, et il n'était pas de ces natures souveraines qui en trouvent un naturellement.

Et quant aux couronnes du théâtre, auxquelles il

semble avoir plus particulièrement visé, il y avait, pour y atteindre, des difficultés plus grandes encore que dans la branche lyrique. La tragédie exigeait un certain renouvellement; mais à quel degré? dans quelle mesure? Le public ne savait pas bien lui-même ce qu'il désirait. M. Lebrun, par un heureux mélange de naturel et de passion, et aussi grâce au pathétique du sujet, réussissait avec éclat dans sa *Marie Stuart*, et cependant il ne pouvait faire agréer son second ouvrage, *le Cid d'Andalousie*, bien qu'il nous semble à quelques égards supérieur au premier (1). Casimir Delavigne, favorisé dès ses débuts et qui parut à un moment près d'exceller, ne se soutint bientôt qu'à l'aide de concessions multipliées et de sacrifices qu'il semblait faire à un goût contraire au sien. Ampère, en le supposant lancé dans cette même voie dramatique,

(1) Il y eut combat et lutte le jour de la première représentation du *Cid d'Andalousie* (1er mars 1825); à la seconde soirée, le 4 mars, la pièce se releva et l'on put croire à un plein succès. Ampère, qui n'avait pu assister à cette seconde représentation, écrivait le lendemain à l'auteur en le félicitant : « *Pends-toi, Crillon!* me disais-je pendant le combat d'hier au soir. Mais qu'importe au triomphateur d'avoir compté un soldat de plus? Nous ne pouvons nous plaindre maintenant d'avoir eu des ennemis acharnés, puisqu'ils sont battus; la résistance atteste le péril de la victoire... Ils croyaient avoir porté un coup mortel à vous et à cette Muse nouvelle dont vous êtes le chevalier; mais la Muse vous a dit, comme Estrelle à don Sanche : *Relève-toi, mon Cid!* » Ce mot d'heureux augure ne se vérifia point : une suite de petits contre-temps et je ne sais quelle intrigue de coulisses déjouèrent le succès et fixèrent la destinée de la pièce. Et puis l'aimable auteur, s'il est permis de le dire, n'y mit point cette opiniâtreté de volonté dont l'auteur d'*Hernani* a depuis donné l'exemple, cette foi robuste en soi-même qui, venant en aide au talent, transporte les montagnes.

n'eût guère pu que le suivre ou le côtoyer, avec plus de conviction et de sens critique assurément, mais avec infiniment moins d'adresse et moins d'élégance. Il ne maniait le vers qu'en ouvrier assez inégal et dont la facilité même était trop prompte à se satisfaire.

Au nombre des influences vagues, mais ardentes, qui le saisirent à cette première époque, et qui planèrent sur sa jeunesse durant ces deux ou trois années passées entre le collége et le monde (1818-1820), je ne saurais omettre celle de Sénancour et d'*Oberman*. Sautelet, Frank Carré, Jules Bastide, Albert Stapfer, un ou deux autres encore, tous liés étroitement entre eux et avec Ampère, avaient lu *Oberman* et s'étaient sentis aussitôt épris d'une admiration mystérieuse et concentrée qui ressemblait d'autant mieux à un culte qu'elle était le secret de quelques-uns. *Oberman*, dans sa tristesse désolée, est un de ces livres qui tombent des mains tout d'abord, ou qu'on adopte avec ferveur. Le petit cénacle l'avait adopté et en avait fait son Ossian. M. Cousin, à qui cette élite de jeunes esprits était également dévouée, impatient peut-être de ce partage et pour couper court à ce qui lui semblait un engouement, leur avait dit un jour que l'auteur d'*Oberman*, avec sa mélancolie stérile, ne pouvait être qu'un « mauvais cœur. » Ce mot d'un maître, et qui lui était échappé un peu à l'aventure, étonna et troubla profondément les adeptes, mais sans toutefois les désenchanter. Le temps seul eut peu à peu raison de cette fièvre d'*Oberman* (1).

1) Il est difficile de bien juger M. de Sénancour sans avoir entre-

Que de choses s'entremêlaient! que de feux et d'éclairs, que d'impétueux nuages s'entre-heurtaient sur ces jeunes fronts! Telles étaient les générations d'alors, plus désintéressées du moins et plus enclines à l'idéal que celles d'aujourd'hui. J'en reviens, dans cette histoire de la formation intellectuelle et morale de notre ami, à ce qui devait durer et prédominer. Ce fut le 1ᵉʳ janvier 1820 qu'Ampère fut présenté par M. Ballanche à Mᵐᵉ Récamier à l'Abbaye-au-Bois : il y venait à titre de compatriote lyonnais et de jeune poëte plein d'espérances et de promesses. Cette influence de Mᵐᵉ Récamier, comme en un autre sens celle de Fauriel, fut trop décisive sur Ampère pour qu'on n'en marque pas avec soin l'heure et l'instant (1). Ce que je sais d'ori-

tenu avec lui, par les principaux ouvrages de sa jeunesse, un commerce intime et prolongé. Cet homme de bien, doué d'une sensibilité exquise, que des malheurs précoces avaient encore aiguisée, aurait voulu ramener les hommes que, selon lui, la civilisation égarait, à un état et à des goûts plus voisins de la nature. Lui-même me semble avoir bien apprécié ce que son rôle a eu, à son moment, d'original et d'incomplet, dans la note manuscrite suivante : « Dans ces siècles d'affectation et d'apparence, il aurait pu arriver que je fusse le seul qui entendît, qui voulût entendre ces regrets profonds que l'étude des choses inspire, seule voie sans doute qui puisse ramener les hommes au bonheur. Cependant il s'est trouvé que bientôt après M. de Chateaubriand, qui avait vu l'Amérique, a écrit éloquemment dans ce genre; Mᵐᵉ de Staël paraît avoir aussi senti l'étendue de nos pertes, mais la *société* a détourné ses idées; l'intention de jouer un rôle absorbe toutes celles de M. de Chateaubriand; le dénûment rendra les miennes inutiles : c'est ainsi que dans tous les genres tout reste à recommencer sur la terre. »

(1) Dans une lettre datée de Hyères du 27 décembre 1829, Ampère écrivait à Mᵐᵉ Récamier : « J'espère, madame, que cette lettre

ginal, c'est que dans l'été ou l'automne qui suivit, et que Mme Récamier passa à la Vallée-aux-Loups, Ampère y passa également quelques semaines en compagnie de son ami Alexis de Jussieu, qui y avait un pied-à-terre. Pendant ce temps d'ivresse et de bonheur, son imagination se livra à tous les charmes d'une compagnie délicate et choisie, qu'un soleil couchant de divine beauté embellissait encore. Ampère revint à Paris une quinzaine environ avant Mme Récamier. Dès qu'il la sut de retour, et la première fois qu'il lui refit visite à l'Abbaye-au-Bois, il la trouva seule. Elle lui parla avec sa grâce ordinaire des charmantes journées, des courses et promenades à travers le vallon, des gais entretiens où la conversation animée du jeune homme avait mis un attrait de plus. Puis, touchant avec son art délié la fibre du cœur, elle indiqua légèrement qu'il y avait eu lieu peut-être à des sentiments émus, que du

vous arrivera tout juste le premier jour de l'année où je vais vous revoir. Je ne suis pas, vous le savez, grand formaliste, mais le jour de l'an est pour moi une époque que je ne vois pas revenir sans attendrissement. C'est le jour de l'an que je vous ai vue pour la première fois. Ce moment, où je vous vis paraître tout à coup, en robe blanche, avec cette grâce dont rien jusque-là ne m'avait donné l'idée, ne sortira jamais de mon souvenir : — Voilà tout juste dix ans de cela... » En parlant ainsi, il s'appliquait certainement le sonnet de Pétrarque :

Benedetto sia 'l giorno, e 'l mese e l'anno, etc.

(J'emprunte ce passage de lettre à des articles du *Correspondant*, 5 mai et 25 juillet 1864, signés *Léon Arbaud*, mais que l'on peut attribuer sans indiscrétion à la plume élégante et fine de Mme Lenormant ; ces deux articles pourraient s'intituler : *Ampère vu de l'Abbaye-au-Bois*.)

moins elle aurait pu craindre, si cela s'était prolongé, un commencement de roman pour un cœur poétique, car sa nièce, alors toute jeune, était près d'elle. Ampère à ce mot n'y tint pas, et tout d'un coup éclatant avec trouble et avec sanglot : « Ah ! ce n'est pas pour elle », s'écria-t-il, et il tomba à genoux. Sa déclaration était faite, l'aveu lui était échappé : il avait proféré, sans le vouloir, la parole sacrée sur laquelle il ne revint pas. Nous sommes en plein Pétrarque, en plein Dante, si vous aimez mieux. C'en était fait désormais du destin de toute sa vie. Mme Récamier n'eut plus qu'à continuer de le charmer et à le calmer peu à peu, sans jamais le guérir.

A quelle date précise connut-il Fauriel ? Je ne le sais pas bien ; mais Ampère était encore sans partage dans tout le feu de sa vocation romanesque et poétique, lorsqu'il accompagna, en 1823, Mme Récamier à Rome avec le fidèle M. Ballanche. Il s'y vit initié chaque jour à la plus haute et la plus fine société, agréé sur le pied d'égalité par les plus beaux noms, et comme enveloppé dans les relations les plus flatteuses : en s'y pénétrant du ton aisé de la suprême courtoisie, il y prit sa première impression ineffaçable d'amour sérieux pour Rome, pour cette patrie des âmes blessées, éprises des seules grandeurs de l'art ou de l'histoire, et vouées à toutes les religions du passé. Il était à Naples après les fêtes de Pâques 1824, lorsque des lettres de son père, qui trouvait l'absence de son fils trop prolongée, vinrent le rappeler instamment. Il s'arracha avec douleur à la chère colonie qui devait passer un second hiver sur cette terre illustre. On raconte que, le lendemain de son arrivée à Paris, déjeunant en tête-à-tête avec son père, qui le regardait fixement et en silence, tout à coup le naïf savant s'échappa à dire : « C'est drôle, Jean-Jacques, j'aurais cru que ça m'aurait fait plus de plaisir de te revoir. » Un verre d'eau fraîche, jeté brusquement au visage, ne ferait pas, convenons-en, un autre effet. Rien ne pouvait refroidir chez Ampère le respect et l'amour filial ; mais on conçoit qu'avec de tels repoussoirs le charme de Mme Récamier n'était pas près d'être affaibli, ni diminué.

Une autre influence, bien douce également et plus modeste, menaçait pourtant, en ces années, de traverser la première : un doux astre se levait à l'horizon et aurait pu prendre un rapide ascendant sur le cœur du jeune homme, s'il eût été plus libre. Ampère allait souvent chez M. Cuvier ; il y causait avec feu, avec entraînement de ce qu'il avait lu, de ce qu'il avait vu, des objets divers de ses goûts et de ses studieuses ambitions : Mlle Clémentine Cuvier l'écoutait en silence, prenait un intérêt sensible à ses récits et se plaisait à les lui faire répéter. Lorsqu'il revint d'Italie, la première fois qu'elle le revit, elle lui demanda ce que lui avait inspiré cette belle contrée : il était adossé à la cheminée ; ceux qui ont été témoins de la scène semblent y être encore : il se mit, d'un ton pénétré et plein de nombre, à réciter une ode en l'honneur de l'Italie. L'ode terminée aux applaudissements de tous, la conversation s'engagea : jamais esprit plus charmant, causeur plus gracieux et plus vif n'avait captivé l'attention. Tel il était dès lors. Je dirai seulement de ce tendre intérêt qu'il inspira à Mlle Cuvier, intérêt mystérieux resté bien longtemps secret, et dont il est permis à peine de dévoiler quelque chose aujourd'hui (1), que plus tard les voyages d'Ampère en Allemagne, puis dans le Nord, y apportèrent un arrêt et un obstacle, peut-être un brisement et une rupture intérieure : à son retour du Nord, il ne retrouva plus celle qui savait si bien l'écouter; la noble jeune fille si distinguée, et depuis quelque temps promise à un autre, mourait de consomption avant l'autel. Sa mémoire était demeurée à l'état de religion, — faut-il

---

(1) Je me serais peut-être fait un scrupule d'indiquer cet épisode délicat de la vie morale d'Ampère; mais dans son premier article du *Correspondant*, Léon Arbaud, c'est-à-dire Mme Lenormant, nous montrant Ampère accueilli dans le salon de M. Cuvier et retraçant le fin profil de la jeune fille, a écrit : « ... C'était Clémentine, l'unique enfant de Cuvier, une créature angélique dans laquelle l'illustre académicien se plaisait à retrouver quelques-uns des dons les plus rares de sa grande intelligence. Elle témoignait au jeune Ampère une préférence dont la nuance, à peine indiquée, ne se trahissait jamais qu'en lui adressant plus volontiers qu'à un autre une conversation dont la littérature ou la science faisait tous les frais. Lui-même se sentait pénétré d'un très-tendre respect pour cette jeune fille : l'impression qu'il ressentait aurait pu facilement se rendre maîtresse de son cœur; mais J.-J. Ampère redoutait l'esprit de domination de Cuvier; il ne se dissimulait pas qu'on ne deviendrait son gendre qu'en subissant un joug, condition inacceptable pour un caractère essentiellement indépendant comme le sien. Quant à M. Ampère père, une telle alliance lui paraissait tout réunir, et il ne pouvait comprendre les hésitations de son fils. La Providence ne devait pas lui permettre de se bercer longtemps d'une si chère espérance : moins de deux ans plus tard, Mlle Cuvier, moissonnée par la mort, laissait à ceux qui l'avaient approchée et connue le souvenir d'une âme toute céleste. »

dire de demi-remords? — pour Ampère. Une tante de la jeune personne, Mme Brack, lui avait fait don d'un moulage en plâtre, figurant les bras et les mains de la morte. Dans ses chambres sans ordre et remplies de livres, Ampère avait un placard caché où se trouvaient ces chères reliques qu'il a été donné à bien peu de ses amis, même de ceux qui vivaient le plus près de lui, de voir et de connaître. J'en puis parler, car je les ai vues et touchées (1)..

(1) Mlle Cuvier était au moment d'épouser M. Duparquet, lorsqu'elle mourut le 28 septembre 1827. De bien touchants discours furent prononcés aux obsèques de la noble jeune fille, le 1er octobre, d'abord par M. le pasteur Boissard, dans le temple de la rue des Billettes, puis, sur la tombe même, par M. de Salvandy, que cette jeune mémoire inspira dignement et que je n'ai jamais vu si simple. Des amis intimes de M. Duparquet ont tout fait pour me convaincre (et je suis tout convaincu d'avance) qu'il était parfaitement aimé de Mlle Cuvier mourante, qu'elle l'avait choisi spontanément et en vertu d'un libre penchant, et qu'elle-même avait déclaré à son père, à la date du 19 ou 20 juillet 1827, qu'*elle voyait son bonheur dans cette union*. Loin, bien loin de moi la pensée de vouloir contredire ou infirmer de semblables témoignages! J'ai répondu à l'un des amis survivants de M. Duparquet, qui tenait absolument à me faire supprimer la priorité d'Ampère et même à me faire effacer de sa biographie un élément intéressant que je n'étais pas le premier à y introduire : « Il n'y a aucune contradiction entre les touchants détails que vous me donnez et ceux que je tiens d'une autre source également sûre ; il ne s'agit que de les concilier. La vérité est que, de 1824 à 1826, Ampère aurait pu épouser Mlle Clémentine : par la gracieuse préférence qu'elle lui témoignait, il semble tout à fait qu'il n'eût tenu qu'à lui de se déclarer. Sa mobilité de caractère, ce vague besoin qu'il prenait pour de l'indépendance, et qui n'était au fond que de l'assujettissement à l'Abbaye-au-Bois, le déterminèrent à une longue absence. Il se disait que se marier à la fille de M. Cuvier, c'était s'obliger à devenir maître des requêtes, et ce qui s'ensuit. Le mariage, sous

J'ai hâte pourtant d'en venir au littérateur, à celui qui mérite d'occuper le public et que nous avons à étudier. Ce fut Fauriel qui coupa court à cette première ébullition poétique sans objet bien précis, et qui le mit dans sa vraie voie, la critique sérieuse et la littérature comparée. Ampère, docile à Fauriel, étudia quelque temps sous lui le sanscrit, en même temps que Fresnel, sous la même impulsion, se livrait à l'arabe (1). C'est Ampère qui fit faire à M. Mérimée la

cette forme, lui devenait un monstre. On lui disait d'ailleurs, et une voix bien douce, parlant un peu légèrement de ces préférences de jeune fille, lui murmurait à l'oreille : « Un peu d'absence, et « cela passera! » Il prit donc un grand parti, et le plus grand de tous : il prit la poste. Pour plus de sûreté contre lui-même, pour couper court à toute velléité d'union, il s'en alla passer tout l'automne et tout l'hiver de 1826 à Bonn, et il employa presque toute l'année 1827 à voyager dans le Nord. C'est précisément en juillet 1827 que Mlle Clémentine, fière, digne et généreuse, ayant mis à la raison un premier goût, agréa M. Duparquet et lui engagea sa foi. Voilà la vérité. » Ampère, comme tous les caractères excessifs et les cœurs errants, eut ensuite des regrets, des remords sous forme nerveuse. Il se ressouvint que Mme Brack, tante de la jeune personne, lui avait écrit au début de son voyage, et quand il n'était encore qu'à Strasbourg, ce simple mot : *Revenez!* il n'en avait tenu compte. Bref, l'aimable et un peu romanesque savant suivit sa destinée, qui était d'être attaché à des femmes idéales sans que cela tirât à conséquence, et de diversifier passionnément l'une par l'autre l'étude et l'amitié.

(1) Fulgence Fresnel, ce disciple de Fauriel et digne frère de l'illustre physicien, mériterait d'être arraché à l'oubli. C'était un esprit de la meilleure trempe et qui était des plus faits pour marquer parmi ceux de sa génération; des circonstances personnelles le poussèrent vers l'Orient, où il vécut nombre d'années. Il mourut à Bagdad pendant l'expédition scientifique de la Mésopotamie, le 30 novembre 1855, à l'âge de soixante ans, étant né le 15 avril 1795. Il serait à désirer que le frère survivant de Fresnel publiât

connaissance de Fauriel. La première fois que M. Mérimée le vit, Fauriel avait sur sa table un ouvrage qu'il lui montra. « Voici, dit-il, deux volumes de poésies serbes qu'on m'envoie ; apprenez le serbe. » C'est ainsi que ce vrai savant, ennemi des à peu près et des faux semblants, adressait chacun aux sources mêmes. Ampère, selon ceux qui l'ont le mieux connu, avait une aptitude particulière pour la linguistique. Il saisissait tout de suite, dans une grammaire qui lui tombait sous la main, les singularités d'un idiome et sa physionomie. Il avait très-vite appris assez de chinois pour lire couramment un livre dans cette langue. Il n'avait qu'à vouloir pour avoir ses entrées directes dans une quelconque des littératures européennes ou orientales. En ce sens, il est dommage sans doute qu'il n'ait pas persévéré vers un but et dans une ligne : il aurait tracé son sillon ; mais Ampère n'était pas un Eugène Burnouf : sa vocation, à lui, était multiple, mobile et diverse. C'était un libre promeneur. Dès qu'il se sentait un peu maître d'une étude et qu'il l'avait pénétrée par l'esprit, il passait à une autre, croyant pouvoir chasser plus d'un lièvre à la fois. Son gibier le menait ainsi sur bien des pistes.

Le résultat littéraire de ses nouvelles études se produisait d'abord agréablement dans des articles du *Globe* : le dépouillement exact de sa contribution à ce journal n'a jamais été fait ni par d'autres ni par lui-même. Le

quelque chose de ses travaux. — M. Mérimée, cousin de Fresnel, me dit que Fresnel, dès son jeune âge, s'était mis de lui-même à l'arabe : en ce cas, Fauriel ne fit que l'exhorter à s'y remettre.

premier article que je rencontre sous sa signature (26 mars 1825) est un compte rendu du *Voyage dans le Latium* de Bonstetten. Ampère avait lu ce livre avec plaisir soit dans son voyage de Rome, soit au retour, et il nous en fait part. Ce qui me frappe dans cet article de début (*maiden-article*), c'est le choix du sujet, et je ne puis m'empêcher d'y voir un augure présageant le genre d'études romaines qui seront la dernière et suprême occupation de sa vie. J'y trouve aussi cet éloge de Bonstetten, qui n'est autre chose qu'une critique détournée à l'adresse de Chateaubriand :

« L'auteur, remarque-t-il, ne s'y prend pas comme M. de Chateaubriand, qui, pour donner une idée précise de la campagne romaine, dit qu'on y trouve quelque chose de la désolation de Tyr et de Babylone; mais il cite des faits... Toute cette éloquence, ce me semble, serait bien pauvre à côté de cette réponse de quelques ouvriers auxquels M. de Bonstetten demandait comment ils vivaient : — Nous n'avons tout au plus que du pain à manger et quelques herbes crues arrachées dans les champs. — Et quand vous êtes malades ? — Nous mourons. »

Mme Récamier à cette date était absente. Ampère, livré à lui-même, avait des velléités d'opposition contre le demi-dieu, auquel il eût été tenté de dire : *Oh ! que vous me gênez!* Notons bien chez lui cette intention fugitive, car on ne l'y reprendra plus. — Il terminait cet article sur l'état de la campagne romaine en disant :

« Cet ouvrage se rattache à de grandes questions, et l'on n'y trouve ni déclamation, ni paradoxes, ni parti-pris d'avance, ni dédain : c'est aujourd'hui un grand mérite; aujourd'hui plus que jamais les idées absolues révoltent, l'ironie fatigue, mais la représentation des choses telles qu'elles sont donne un plaisir pur et tranquille : c'est un plaisir de ce genre qu'on éprouve en lisant M. de Bonstetten. »

En écrivant plus tard sur Rome, — et sur l'ancienne Rome, — Ampère est-il resté fidèle en tout au programme que lui-même il traçait dans sa jeunesse? A-t-il su se garder de ces inconvénients qu'il signale, *parti-pris, dédain, ironie, idées absolues?...* Mais ne devançons pas les temps.

L'amitié lui inspira son second article, du 4 juin 1825, sur le *Théâtre de Clara Gazul.* Il eut soin toutefois de ne point forcer l'éloge, et peut-être, par la réserve qu'il s'imposa, ne sut-il point marquer assez nettement tout ce qu'il y avait d'original et de hardi dans le coup d'essai de M. Mérimée. Un des lecteurs du *Globe* fut du moins de cet avis et crut trouver « quelque disproportion entre l'extrême mérite de l'ouvrage et le jugement favorable, mais très-mesuré, que le critique en avait porté. » (N° du 18 juin 1825.) — Ampère se remit au pas dans un autre article du 9 juillet suivant. J'en tire seulement cette conclusion, que dans la critique des œuvres contemporaines, par bon goût peut-être, par discrétion et aussi par une sorte de compromis secret entre les diverses écoles, Ampère ne sut jamais apporter cette vigueur décisive qui tranche les hésitations, qui fait saillir les caractères (qualités et défauts), et qui classe non-seulement l'œuvre et l'auteur en question, mais le critique lui-même. Très-vif et tout feu en causant, il n'osait qu'à demi sur le papier. Aussi n'a-t-il jamais mordu sur le public proprement dit : il se contentait du suffrage des salons, et dans la rénovation littéraire qui s'opérait, il ne donna au dehors aucun grand signal.

Il était davantage dans ses tons en présentant une analyse et un jugement excellent des œuvres dramatiques de Goethe (29 avril et 20 mai 1826). Ce travail attira naturellement l'attention de Goethe, qui avait pris le *Globe* en singulière estime. Dans une lettre du 12 mai, c'est-à-dire dans l'intervalle du premier au second article, le grand poëte en écrivait au comte Reinhard :

« Que ces messieurs du *Globe* soient bienveillants pour moi, cela est justice, car moi je suis vraiment épris d'eux. Ils nous donnent le spectacle d'une société d'hommes jeunes et énergiques jouant un rôle important. Je crois apercevoir leurs buts principaux ; leur manière d'y marcher est sage et hardie. Tout ce qui se passe en France depuis quelque temps excite vraiment l'attention et donne des pensées que l'on n'aurait jamais conçues. J'ai été heureux de voir quelques-unes de mes convictions intimes, et renfermées dans mon être intime, exposées et commentées suffisamment... Un article (*de M. Ampère*) sur la traduction de mon théâtre m'a fait grand plaisir. Je vois maintenant ces pièces d'un tout autre œil qu'au temps où je les ai écrites, et il est pour moi bien intéressant de constater l'effet qu'elles produisent sur une nation étrangère et dans une époque dont les idées sont tout autres. Mais ce qui me plaît surtout, c'est le ton sociable de tous ces articles : on voit toutes ces personnes penser et parler au milieu d'une compagnie nombreuse ; au contraire, en Allemagne, on reconnaît à la parole du meilleur d'entre nous qu'il vit dans la solitude, et toujours c'est une seule voix que l'on entend. »

Goethe revint souvent en ces années sur ces articles d'Ampère à son sujet; il les traduisit en allemand; il disait (1) :

« Le point de vue de M. Ampère est très-élevé. Les critiques allemands, dans des occasions semblables, aiment à partir de la philosophie; leur examen et leur discussion de l'œuvre poétique sont tels que leur commentaire explicatif n'est intelligible qu'aux philosophes de l'école à laquelle ils appartiennent : quant aux autres lecteurs, l'explication est pour eux beaucoup plus obscure que l'ouvrage qu'elle veut éclaircir. Au contraire, M. Ampère agit tout pratiquement, tout humainement. En homme qui connaît le métier à fond, il montre la parenté de l'œuvre avec l'ouvrier, et juge les différentes productions poétiques comme des fruits différents des différentes époques de la vie du poëte. Il a fait la plus profonde étude des vicissitudes de ma carrière sur cette terre et des situations diverses de mon âme, et il a eu le talent de voir ce que je n'avais pas dit et ce qu'on ne pouvait lire, pour ainsi dire, qu'entre les lignes. Avec quelle justesse n'a-t-il pas remarqué que, dans les dix premières années de ma vie de ministre et d'homme de cour à Weimar, je n'avais, autant dire, rien fait; que c'est le désespoir qui m'a poussé en Italie; que là, pris d'un nouveau désir de produire, je saisis l'histoire du Tasse pour me délivrer, en prenant comme sujet tous les souvenirs et toutes les impressions de la vie de Weimar, qui me fatiguaient encore de leur poids accablant ! Le nom (*ou la signification*) de *Werther renforcé* qu'il donne au *Tasse* est d'une justesse frappante. Il n'y a pas moins d'esprit dans ce qu'il dit sur le *Faust*, lorsqu'il montre que le dédain sarcastique et l'ironie amère de Méphistophélès sont des parties de mon propre caractère, aussi bien que la sombre activité toujours inassouvie du héros. »

(1) *Conversations de Goethe et d'Eckermann;* voir l'entretien du jeudi 3 mai 1827. Traduction de M. Émile Délerot, t. 1ᵉʳ, p. 352.

Ce fut précisément dans le temps où Goethe s'occupait avec tant d'intérêt du *Globe,* des articles d'Ampère et de ses amis, que le jeune homme, venant de Bonn où il avait passé quelques mois à germaniser, à suivre des cours, et méditant d'aller dans le Nord et en Scandinavie, fit sa visite attendue et prévue à la cour poétique de Weimar. Goethe se l'était figuré, d'après ce qu'il avait lu, un homme jeune encore, mais inclinant vers l'âge moyen : quelle ne fut pas sa surprise en voyant entrer un tout jeune homme dans la vivacité et la fleur du premier épanouissement! Ampère, en mai 1827, allait avoir vingt-sept ans; mais, frais et imberbe, il n'en paraissait pas plus de vingt, et Goethe apprit de lui, non sans étonnement, que tous ses collaborateurs du *Globe,* dont « il avait souvent admiré la sagesse, la modération et le haut développement », n'étaient guère plus âgés que lui.

Ampère, dans cette visite, était accompagné d'Albert Stapfer; mais ce dernier, jeune homme instruit, fils de dignes parents profondément marqués eux-mêmes de l'empreinte germanique, d'ailleurs élève particulier de M. Guizot (quand celui-ci ne faisait qu'arriver de Genève), n'était point, à proprement parler, un échantillon de droite lignée française, et ne pouvait faire en rien concurrence à son compagnon. Ampère apparaissait donc dans tout son relief comme le pur et vif organe, le représentant de l'esprit français nouveau. Ce fut fête à Weimar pour le recevoir : il y eut tout d'abord un grand dîner en son honneur; on y causa de tout; on y passa en revue tout ce que la France d'alors possédait ou promettait de distingué et d'illustre, et après le dîner, dans une promenade au bois, Goethe confiait au fidèle Eckermann toute sa satisfaction d'avoir fait connaissance avec Ampère et d'avoir par lui abouché directement les deux littératures.

« Ampère, disait-il, a placé son esprit si haut, qu'il a bien loin au-dessous de lui tous les préjugés nationaux, toutes les appréhensions, toutes les idées bornées de beaucoup de ses compatriotes ; par l'esprit, c'est bien plutôt un citoyen du monde qu'un citoyen de Paris. Je vois venir le temps où il y aura en France des milliers d'hommes qui penseront comme lui. »

Ampère pourra avoir bien des satisfactions d'amour-propre dans sa vie, bien des succès de salon, de boudoir ou même d'auditoire public ; mais cet éloge qu'il méritait à vingt-sept ans restera sa plus belle et sa plus glorieuse couronne.

Et pour la France elle-même, en présence des générations qui ont succédé et par une sorte de contraste avec elles, la génération dont fit partie Ampère restera à jamais honorée par ce mot de Goethe, par cette prophétie, hélas! trop peu vérifiée. Que sont-ils devenus ces *milliers d'hommes* qui devaient penser comme lui ? Qu'est-elle devenue cette tradition nouvelle, élargie, féconde, qui, une fois nouée, devait se perpétuer et grandir pour l'honneur de la civilisation et de la libre intelligence ? Combien peu de ces jeunes hommes mêmes, formés dès lors de si bonne heure et si brillants à leur entrée dans le monde des lettres, ont accompli toute leur mission et rempli toutes leurs pro-

messes! Pourquoi faut-il qu'obéissant à des souffles
bientôt différents et contraires, distraits la plupart et
enlevés par la politique et les affaires, ils se soient plus
ou moins dispersés, qu'ils n'aient pas eu d'action immédiate et directe sur leurs successeurs, et que ceux-ci,
obéissant à de tout autres inspirations, quelques-uns
pleins d'esprit, de génie même, puissants, prodigieux
de veine, aient marché au hasard des temps, aient
mêlé la cupidité à l'art, gâté le talent par d'impurs
alliages, et n'aient rien créé qui fût tout à fait digne
de si orgueilleux débuts, de si florissantes prémices?

Je reviens au succès de notre jeune voyageur à la
cour poétique de Weimar, succès rapide et complet,
tout à fait justifié dans sa personne. Je repasse en revue
mes souvenirs, je fais en idée le recensement de nos
amis d'alors, et il me semble qu'aucun, en effet, n'était
aussi qualifié qu'Ampère pour représenter avec avantage
auprès de Goethe la génération intellectuelle dont il
faisait partie. On aurait été aux voix dans les rangs du
Globe pour élire un envoyé littéraire auprès de Goethe
que l'on n'aurait pu tomber plus juste ni mieux
choisir.

Et j'écarterai tout d'abord le glorieux trio de Sorbonne, MM. Cousin, Villemain et Guizot, qui de loin
pouvaient paraître présider au *Globe* ou y être mêlés
mais qui de fait n'en étaient pas. Ils appartenaient
chacun à un ordre et à un mouvement d'idées antérieur. C'étaient les princes de l'esprit, et l'on n'envoie
pas des princes pour ambassadeurs.

Mais certes le fondateur et directeur du *Globe*, M. Dubois, était fait pour réussir lui-même dans un tel voyage. Goethe l'eût écouté avec étonnement dans sa conversation pleine de verve, de saillies, de jets et d'efforts souvent heureux, de vues parfois lucides et perçantes; mais en même temps il n'aurait pu s'empêcher de remarquer en lui que l'esprit français, pour faire ses nouvelles conquêtes, se donnait bien de la peine et tâchait beaucoup, qu'il y avait bien de l'inachevé, du heurté, du saccadé, un peu de crise de nerfs dans toute cette ambition généreuse, plus de commencements que de suites; et lui, l'homme calme et supérieur, du haut de son approbation bienveillante il lui eût été difficile parfois de ne pas sourire.

Certes M. Mérimée, si admiré de Goethe dès ses productions premières, pour son *Théâtre de Clara Gazul,* pour sa *Guzla,* considéré par lui au début comme un des plus francs et des plus originaux talents de la France, certes M. Mérimée eût été auprès de lui un représentant bien venu et bien choisi de l'esprit et de l'art nouveaux; mais c'eût été un représentant tout individuel, lui offrant en soi une forme déjà parfaite, un moule exact aux arêtes vives, un profil de bronze, artiste à la fois charmant et sévère, osant beaucoup, disant peu, et s'abstenant volontiers, en tant qu'esprit, des échappées au dehors, des vues critiques conjecturales, des idées innombrables qui traversaient l'air en ce temps-là, et dont il n'était pourtant pas indifférent d'indiquer les traces. Ce qu'il fallait à Goethe à ce moment, c'était surtout un informateur.

Et à ce titre certes encore M. Vitet, l'homme de

l'art, — des beaux-arts, — des premiers enthousiasmes pour le beau, des retours animés et des studieux élans vers le moyen âge roman et gothique, le passionné visiteur des cathédrales des bords du Rhin, eût été des mieux choisis; mais je ne sais quoi d'un peu discret et d'un peu retenu dans le courant de l'entretien familier n'eût point valu peut-être, pour un commerce d'aussi courte durée, l'entrain, l'abandon et la rapidité d'Ampère. Et ce que je dis de M. Vitet, je le dirai à plus forte raison de Jouffroy, l'homme des hautes pensées, le théoricien au front contemplatif, à la parole magistrale, et dont la chaleur d'âme, avant de se révéler, se cachait quelque temps sous un aspect d'élévation et de froideur.

M. de Rémusat encore eût été sans doute des mieux désignés : son intelligence et son talent réfléchi rayonnaient alors dans tous les sens. Il aimait toutes choses, il était par excellence le premier des amateurs en tout, comme l'appelait Royer-Collard, et cependant la politique déjà le préoccupait beaucoup, et plus encore que la littérature; il avait je ne sais quelle teinte de maturité avant l'heure, et Goethe, en goûtant chez lui une finesse d'idées, une subtilité déliée, voisine et parente de la sienne, le charme des nuances, n'aurait pas également été frappé du contraste de sa jeunesse; il n'aurait peut-être pas saisi tout d'abord aussi aisément que chez Ampère la pointe et la célérité françaises, persistant jusque dans les enrichissements nouveaux.

M. Duvergier de Hauranne, esprit pénétrant, exact,

acéré, était plus fait pour représenter le *Globe* en Angleterre, à Abbotsford, auprès de Walter Scott, qu'à Weimar.

Et des autres rédacteurs du *Globe*, auxquels on aurait pu penser pour cette députation idéale que j'imagine et qu'il me plaît de rêver par les figures qu'elle me rappelle et qu'elle ressuscite, M. Duchâtel eût été encore un actif, un alerte et délibéré causeur, mais un peu trop détourné déjà vers les considérations économiques et politiques. Ernest Descloseaux aussi eût donné une bonne idée de ses amis, lui qui des premiers chez nous connut bien Shakspeare et qui en parlait avec tant de précision et de sagacité, et pourtant avec son air fin écossais il était déjà comme un attorney actif, trop partagé dès ce temps entre les belles-lettres et les dossiers, qui bientôt l'absorbèrent. M. Pierre Leroux, intelligence supérieure, mais peu dégagée, homme de mérite, retenu à cette date au second plan dans des occupations secondaires et que l'on considérait comme la cheville ouvrière ou l'âme matérielle du *Globe*, M. Leroux, cet esprit des plus idéalistes, si on se le figure à Weimar, eût paru par trop porter, comme on dit, l'eau à la rivière, le fleuve à la mer; porter l'Allemagne dans l'Allemagne même. Je ne dirai rien des autres collaborateurs, distingués à leur manière, mais d'une distinction plus spéciale et plus confinée, et à qui pareille mission eût évidemment moins convenu : Charles Magnin, littérateur casanier, esprit tout français, qui ne s'émancipa que la plume à la main, peu à peu et par degrés; M. Patin, esprit délicat, possédant

mieux que personne l'antiquité grecque, acceptant
les progrès modernes sans les devancer; M. Auguste
Trognon, qui renfermait et limitait ses innovations et
ses hardiesses d'un moment dans le cadre de notre
histoire nationale; l'intègre et laborieux Damiron, qui
n'eut de tout temps d'autre défaut que de rester un
esprit disciple, trop soumis à ses aînés et à ceux qu'il
considérait comme ses maîtres.

Ampère se trouvait donc tout naturellement le meilleur représentant de son groupe au dehors, le plus approprié, le mieux désigné, le mieux causant, sinon le plus éloquent. Il dut plaire doublement à Goethe, et par sa verve, par son entraînement, et parce qu'aussi cet entraînement sans fumée et sans fougue était coupé à temps avec gaieté par une épigramme et une plaisanterie mondaine. Tel l'avait fait et façonné Mme Récamier. Avant elle, il était impétueux, violent, me dit-on, emporté, colérique même, un enthousiaste sans frein. Elle lui avait adouci ses aspérités et à la place y avait mis du savoir-vivre. Elle lui avait ôté, je le crois, un peu de son feu sacré; mais en revanche elle lui avait donné du tact, du goût, et ce sentiment du ridicule qui n'est autre, peut-être, que celui de la bonne société.

Ce double caractère se montre dans une lettre de lui écrite de Weimar à Mme Récamier elle-même, et dans laquelle, après avoir parlé de Goethe en particulier comme il le faisait pour le public, c'est-à-dire avec admiration, il terminait cependant par une légère raillerie.

Cette lettre fut toute une histoire. Mme Récamier, l'ayant reçue, la montra aussitôt et la lut autour d'elle. Un visiteur de passage à l'Abbaye-au-Bois, dont il ne devint jamais un habitué, Delatouche, homme d'esprit, mais assez peu sûr et qui n'aimait rien tant qu'à faire des niches littéraires, saisit la lettre au vol, en demanda communication pour la donner à la rédaction du *Globe,* dont il n'était pas, mais auprès de laquelle il n'était pas fâché de se faire bien venir. Mme Récamier, un peu faible à l'endroit de ses amis et ne perdant aucune occasion de leur faire plaisir ni de leur acquérir un éloge, lâcha la lettre, qui parut ensuite toute vive dans le *Globe,* presque sans aucun retranchement. Ampère, qui n'avait pas quitté Weimar, fut un peu effarouché de voir ainsi ses impressions toutes confidentielles lui revenir par la presse et aller droit à l'adresse de ceux dont il parlait si librement. On y lisait d'ailleurs les témoignages les plus agréables pour Goethe, par exemple :

« Goethe a, comme vous le savez, quatre-vingts ans. J'ai eu le plaisir de dîner plusieurs fois avec lui en petit comité, et je l'ai entendu parler plusieurs heures de suite avec une présence d'esprit prodigieuse : tantôt avec finesse et originalité, tantôt avec une éloquence et une chaleur de jeune homme. Il est au courant de tout, il s'intéresse à tout, il a de l'admiration pour tout ce qui peut en admettre. Avec ses cheveux blancs, sa robe de chambre bien blanche, il a un air tout candide et tout patriarcal. Entre son fils, sa belle-fille, ses deux petits-enfants qui jouent avec lui, il cause sur les sujets les plus élevés. Il nous a entretenus de Schiller, de leurs travaux communs, de ce que celui-ci voulait faire, de ce qu'il aurait fait, de ses intentions, de ses souvenirs : il est le plus intéressant et le plus aimable des hommes.

« Il a une conscience naïve de sa gloire qui ne peut déplaire, parce qu'il est occupé de tous les autres talents. »

Mais la lettre citée se terminait par cette phrase assez épigrammatique :

« Vous allez croire que la manie admirative des Allemands pour leur poëte m'a gagné. Pourtant je n'en suis pas encore au point de la bonne dame chez laquelle je demeure ici, qui s'extasiait sur ce que l'abondance des idées du grand homme était telle qu'il lui avait fallu un secrétaire ! Avoir un secrétaire est dans ce pays-ci sans exemple... »

Je ne sais ce qu'en pensa la *bonne dame* chez qui il logeait, mais en général à Weimar on prit très-bien l'indiscrétion (1).

La dernière journée qu'Ampère passa avec Goethe, et que je lis racontée par lui dans le *Globe* du 31 juillet 1827, n'a jamais été reproduite dans ses *Mélanges,* car ses *Mélanges,* recueillis d'abord par lui-même, l'ont

(1) Ampère cependant essaya de raccommoder la chose dans une autre lettre écrite à l'éditeur du *Globe* et insérée dans ce journal le 31 juillet 1827 ; il y disait : « — Berlin, 5 juillet 1827. — Monsieur, un fragment d'une lettre de moi, écrite de Weimar, a paru il y a environ un mois dans votre journal sans ma participation. Je ne viens point faire une réclamation tardive contre une publication dont le but était évidemment de montrer sous un jour nouveau le grand homme que l'Allemagne et l'Europe révèrent en faisant surprendre, pour ainsi dire, à travers l'abandon d'une lettre particulière la bonhomie et le charme de son intimité ; je me contenterai de remarquer que de pareilles publications ont toujours leurs inconvénients : mille mots échappent dans la rapidité d'une correspondance privée qui n'expriment pas fidèlement la pensée de celui qui écrit, mais seulement la disposition plus ou moins fugitive dans laquelle il se trouve en écrivant. Des lettres à des amis sont de la

été, selon son habitude, à la hâte et fort négligemment.

« Je n'oublierai jamais surtout, disait-il, le jour où je lui ai dit adieu. Il était dans une petite villa qui touche au parc du grand-duc : il a consacré ce modeste séjour, il y a quarante ans, en y écrivant *Iphigénie*, et il en a planté tous les arbres. Il pouvait être cinq heures du soir : assis sur un banc à l'extrémité de son petit jardin, il jouissait de la vue du parc et de la beauté du jour et de l'heure. Je m'assis sur ce banc à ses côtés ; une émotion mêlée de respect, d'attendrissement et de tristesse m'empêchait de parler. Je le regardais, je l'écoutais avec recueillement ; j'admirais en silence la vivacité de ses souvenirs, les grâces de son esprit, la sérénité de son âme ; il me montrait les grands arbres qui s'élevaient au-dessus de nos têtes. « On est bien hardi de planter un arbre », disait-il en souriant. Tout à coup Goethe se leva comme pour éviter le commencement d'une impression triste, et comme je m'approchais pour le saluer, il m'embrassa et me donna un livre en souvenir de lui. Je m'éloignai rapidement, le cœur plein d'une émotion difficile à décrire. Je fus au théâtre : on donnait la *Marie Stuart* de Schiller ; le génie

conversation commencée : la conversation, en se continuant, eût rectifié ce que le premier jet pouvait avoir d'incomplet ou d'inexact. En outre l'écriture (et vous, monsieur, qui connaissez la mienne, en savez quelque chose) peut être difficile à lire, et donner lieu à diverses méprises ; c'est par là que je m'explique la plaisanterie qui termine le fragment en question, et qui aura été aussi inintelligible pour vos lecteurs que pour moi ; j'en suis encore à chercher ce que j'aurais pu vouloir dire en prétendant *sérieusement* qu'ailleurs que chez les Hottentots on ne sût pas ce que c'était qu'un secrétaire... » Ampère va trop loin : il avait bien réellement fait la plaisanterie, et chercher ensuite à donner le change en insinuant qu'il a dû y avoir une faute d'impression, c'est compter sur trop de complaisance de notre part, et de la sienne c'est se jouer un peu de la vérité.

du grand poëte et le charme de la belle reine furent dignement représentés par Mme d'Heygendorf. A la fin de cette soirée toute poétique, je me promenais dans le parc avec le fils de Goethe et quelques amis; nous approchâmes de sa petite maison sans faire de bruit. Tout se taisait; mais une fenêtre était encore éclairée. Là il veillait. Peut-être il ajoutait d'une main presque octogénaire une dernière perfection à ses ouvrages! Peut-être il repassait cette journée; peut-être il donnait un souvenir fugitif à cette heure où je lui ai dit adieu!

« Je m'arrête, monsieur; il est difficile de ne pas se laisser entraîner à quelque émotion quand on parle des souvenirs les plus doux et les plus mémorables de sa vie. »

Notre siècle aime ces détails intimes, il n'en a jamais trop. Ne serait-il pas permis toutefois de relever ici une sensibilité littéraire un peu prolongée, une émotion un peu voulue et un peu factice? Ampère ne s'en est pas toujours préservé.

On sera peut-être curieux de savoir comment Chateaubriand, qui régnait dans le salon de Mme Récamier, accueillait ces louanges en l'honneur de Goethe, et cette admiration qui tenait du culte et qui s'adressait de son vivant à un autre que lui. Quelques remarques ici, pour ceux qui tiennent à savoir les nuances de société (et nous sommes en ce moment avec un littérateur, homme de société), ne seront peut-être pas inutiles. Ampère avait commencé avec Chateaubriand par une certaine colère secrète et un sentiment de répulsion assez compliqué, soit qu'il vît en lui le rival radieux qui, dans la pensée de Béatrix, occupait la première place et le rejetait lui-même au second plan, soit qu'il lui en voulût, comme ami, de certaines souffrances et de certains ennuis dont il avait été témoin ou confident, et qu'avait ressentis la Béatrix elle-même, dans les moments où elle se croyait sacrifiée à d'autres amitiés moins dignes. J'ai indiqué précédemment un léger indice, une velléité d'émancipation et d'indépendance. Malgré tout, Mme Récamier avait triomphé de difficultés plus grandes, et elle sut si bien, à la longue, adoucir et mater Ampère sur cet article délicat de Chateaubriand, qu'à partir d'un certain jour le jeune écrivain se fit une loi de ne plus rien publier, ne fût-ce qu'un simple morceau, sans trouver moyen d'y glisser au moins une fois le glorieux nom qui, dans le principe, l'avait si fort offusqué. Et plus tard, à des années de là, voyageant en Grèce, Ampère lui fit la galanterie de couper à Delphes, à son intention, une branche du laurier qui existe aujourd'hui — ou qui existait — dans l'enceinte du τέμενος, « laurier descendant en droite ligne de feu Daphné », ainsi métamorphosée, si l'on s'en souvient, et il l'envoya à Chateaubriand avec quatre pages de compliments (1).

Les choses n'en étaient pas tout à fait là encore à ce moment du voyage en Allemagne, mais déjà la paix et l'harmonie régnaient dans les cœurs. Certainement Ampère, quelques années plus tôt, s'il avait visité lord Byron en Italie, n'aurait pu en écrire librement à Mme Récamier, comme il fit de Goethe, sans choquer par là même et désobliger Chateaubriand. Byron était un des

(1) Extrait d'une lettre d'un compagnon de voyage et témoin oculaire, M. Mérimée.

antipathiques de l'illustre auteur de *René,* qui le considérait comme un rival, et pis que cela, presque comme un plagiaire. Il n'y avait pas assez de place dans le ciel poétique pour tous deux, — deux soleils à la fois ! Un jour que Chateaubriand entrait chez Mme de F..., fille de la marquise d'Aguesseau, et qui, née en Angleterre, avait le culte de Byron, il vit sur une console un buste nouvellement placé, et il demanda en souriant qui c'était ; sur la réponse que c'était lord Byron, il fit un geste en arrière, et son noble visage ne put réprimer une de ces grimaces soudaines auxquelles il était trop sujet. Mais ici, avec Goethe, les rapports étaient tout différents : Goethe était déjà un ancien ; *Werther* appartenait à un autre siècle. L'Allemagne aussi était plus loin, plus séparée de la France que l'Angleterre ; le contact, le conflit des deux gloires n'avait pas eu lieu. Pour le chevaleresque et galant auteur du *Dernier Abencerage,* un homme de lettres, si illustre qu'il fût, un poëte octogénaire qui recevait son monde en robe de chambre de flanelle blanche, ne pouvait être un rival : c'était un patriarche. L'amour-propre, ici, était tout à fait désintéressé dans la question (1), et la critique libérale d'Ampère en profita pour se donner pleine carrière.

De Weimar Ampère alla à Berlin, et de là il passa en Suède. On peut se faire une idée parfaite de ce qu'il

---

(1) C'est une remarque que Quintilien a faite en termes excellents : dès que l'idée de rivalité a disparu, dès que l'amour-propre est désarmé, il n'y a plus que bienveillance ; *quoties discessit æmulatio, succedit humanitas* (*De l'Inst. de l'Oral.,* liv. XI, chap. 1).

était alors en causant, — de ce qu'il fut jusqu'à la fin, — par l'agréable relation qu'il a donnée de ce premier voyage. Je viens de la relire après quarante ans : je ne sais rien de plus vif, de plus léger, de plus juste dans la touche et dans le dessin. Quoique Ampère eût de mauvais yeux, et qu'évidemment la nature ne l'eût point formé pour le pittoresque, il s'en tire à force d'esprit et d'intelligence. Il est suffisamment paysagiste pour quelqu'un qui dessine et ne peint pas. Son crayon exact se trouve être même assez coloré quand il le faut. Il a le premier sentiment très-vrai, et qu'il nous rend très-fidèlement, des divers pays qu'il parcourt : avec lui, la physionomie des lieux se montre aussitôt à nous en elle-même et dans son rapport moral avec le caractère des habitants ; car ce qui m'en plaît chez Ampère voyageur, c'est que l'homme n'est jamais absent, ni loin. On nous a gâtés depuis en fait de descriptions ; la littérature a fait concurrence à la peinture et s'est piquée de l'égaler ou de l'éclipser. On a aussi poussé à bout le principe de naturalisme et de physiologie, le rapport des lieux et des habitants ; on a fait les uns à l'image des autres ; on a montré et accusé le lien qui les unit jusqu'à le grossir et le forcer. Ampère, dans sa manière rapide et son heureux instinct, se contente de toucher sans appuyer ; il indique l'harmonie entre le moral et le physique, sans aller jusqu'à une complète identification ; il laisse place à un certain jeu des facultés. Il n'est nullement étranger d'ailleurs à la science : s'il remarque en passant un pli géologique du sol, on sent à l'exactitude du signalement l'ami d'Élie de Beaumont; s'il parle de la végétation, s'il rattache un pays, un degré de latitude à une plante, à une mousse, on sent l'ami d'Adrien de Jussieu; s'il montre du doigt la tour de Tycho-Brahé, et s'il caractérise d'un mot « le ciel agrandi » que le patient observateur livra au génie et aux lois de Kepler, on sent le fils d'Ampère, nourri dans ces choses de science et qui parle naturellement la langue de sa maison. En tout, il est ainsi : une prompte intelligence le guide, et chaque trait porte où il faut. Tout cela est fin, net et proportionné. Il n'a fait qu'effleurer la Laponie, mais l'aperçu qu'il en a tracé est vivant et s'anime, jusque dans sa réalité, d'un souffle de sympathie humaine. Les profils qu'il donne des hommes distingués du Nord, des poëtes et littérateurs de talent, les font aussitôt comprendre par les côtés principaux qui nous intéressent : Atterbom, Œlenschlæger, Tégner, désignés par lui en quelques mots, cessent de nous être étrangers. Il a des accents particulièrement vrais pour nous exprimer la science et l'érudition locale, profonde, originale, communicative et naïve, à laquelle il a dû des heures d'affectueux commerce et de douce hospitalité : il a su s'en assimiler l'esprit et l'âme en courant. Dans tout ce qu'il a vu si vite et qu'il a si bien saisi, il choisit les points qui nous laissent une agréable idée et qui donnent envie d'en savoir davantage. Des rapprochements ingénieux, imprévus, un fonds de bonne humeur spirituelle, une pointe de plaisanterie et de gaieté, se font jour à chaque instant dans son récit et amènent le sourire. Enfin ces cent pages relues sont intéressantes d'un bout à l'autre ; rien n'y est à côté, rien n y est de trop ; on n'y relèverait pas une seule ligne qui fatigue ou qui détonne, et l'on peut se dire encore aujourd'hui : Tel était Ampère en personne dans un salon, animé, racontant et causant.

Un ou deux passages, *une Nuit sur le Cattegat* par exemple, cette traversée d'un bras de la mer du Nord près du Sund, se ressentait du contact habituel de Chateaubriand écrivain, et avait un air de grandeur qui devait appeler l'applaudissement du maître : c'était le morceau soigné, solennel, l'*aria di bravura*.

On me dit qu'en cette année 1827 (et ce ne put être que dans les tout derniers mois) Ampère refit une rapide tournée en Italie avec Adrien de Jussieu et M. Victor Le Clerc : il passait ainsi volontiers d'un climat à l'autre, il aimait ces sortes de contrastes et de brusques antithèses d'impressions et de pensées, ces sortes de *bains russes* intellectuels. Il s'y plongeait tête baissée, il en jouissait en dilettante de l'esprit.

Son apprentissage dans l'enseignement public se fit à l'Athénée de Marseille, nouvellement fondé : il y professa dans les premiers mois de 1830. Ce premier cours, dans lequel il paraît avoir apporté plus d'entrain et de vivacité de parole qu'il ne fit plus tard dans les chaires de Paris, a laissé un long souvenir à Marseille, si j'en juge par une étude sur Ampère, publiée par M. Tamisier, un des témoins et auditeurs de ce temps-là (1).

(1) *Étude historique et littéraire* sur J.-J. Ampère, par M. F. Tamisier, bibliothécaire de l'Athénée de Marseille, 1 vol. in-18, Paris et Marseille, 1864.

Le sujet du cours fut précisément la littérature du Nord, dont Ampère était tout rempli. Ce fut encore ce sujet qui l'occupa dans la première suppléance que lui offrit Fauriel à la Faculté des lettres en 1832. Ces divers cours, dont on a les leçons d'ouverture et quelques fragments, offraient de l'intérêt et donnaient aux jeunes esprits qui y assistaient une teinture de ces sujets étrangers et jusqu'alors tout à fait ignorés chez nous : c'était une première couche excellente; mais si j'interroge les hommes savants et spéciaux qui, depuis 1838, ont poussé plus loin chez nous cette branche d'étude, ce qu'enseignait Ampère n'était en effet qu'une première couche et assez superficielle. Ampère, littérairement, ne fit que reconnaître les rivages du Nord; il n'y prit point pied d'une manière solide, il n'y fonda point d'établissement proprement dit. Dans son volume de mélanges publiés en 1833 sous le titre de *Littérature et Voyages,* il a réuni nombre d'articles à ce sujet; ce n'était qu'un commencement, et par malheur ce commencement, comme tant d'autres, n'a pas eu de suites. Ampère vécut trop sur ce seul et unique voyage en Scandinavie. Un juge compétent, et qui a le droit d'être sévère (1), me dit :

« En littérature, comme en toutes choses, il faut du saisissable, esprit ou corps; mais que faire de spectres et de fantômes? Ampère ne nous donne ni des faits ni des idées; il donne des réverbérations... Des écrits de cette espèce ont fait au Nord la singulière réputation d'être intellectuellement

(1) M. Bergmann, doyen de la Faculté des lettres de Strasbourg.

brumeux. Le brouillard n'est pas dans les choses; il vient de notre ignorance, du brouillard dans notre tête.

« Je préfère de lui, à ses discours d'ouverture, les articles *Edda, Voluspa, Hava-Mal, Rig;* au moins ici nous touchons à des textes. La littérature se fait avec des textes bien compris. Ampère ne comprend pas directement les textes, il ne sait pas les premiers éléments du norrain. Comment parler pertinemment d'une littérature et d'un peuple dont on ne sait pas la langue? Les traductions d'Ampère sont des *à peu près;* on a de la peine à y reconnaître le génie du Nord, comme on a de la peine à saisir le génie hébraïque dans la traduction latine de la Vulgate. Ce n'est exact ni dans l'ensemble, ni surtout dans le détail. Ses traductions sont faites avec des traductions latines ou allemandes : elles reproduisent les études telles qu'elles étaient entre 1815-1830 en Allemagne et dans le Nord. »

Cette date représente en effet celle du voyage d'Ampère et de son érudition scandinave, à laquelle dès lors il mit le signet et qu'il ne poussa point plus avant.

J'ai dit le bien et montré le beau côté : je tiens aussi à ne pas dissimuler le revers. Le faible de l'agréable et brillant littérateur que nous aimions, et qui, à nous ignorants, nous a tant appris ou nous a tant fait entrevoir de choses, ç'a été de ne point savoir se fixer, de ne point s'établir à fond dans un domaine, de ne point prendre possession hautement d'un vaste sujet circonscrit, où il aurait dressé son monument.

Après cela, on ne saurait raisonnablement s'étonner qu'Ampère ne se fût point arrêté à la première étape. S'enfoncer et se confiner du premier coup dans le norrain pour un homme qui vivait chez Mme Récamier et dans la pure lumière des vifs esprits de Paris, c'eût été dur, et je ne dis pas qu'Ampère, avec cette facilité multiple dont il disposait, ait eu tort de passer ailleurs. Il était bien alors dans le plein de sa vocation en nous informant sans cesse, et l'un des premiers, de quantité de choses étrangères, dont il nous donnait l'avant-goût et le stimulant; mais il eût été bon cependant que dans les années suivantes, un jour ou l'autre, il mît un terme à ses doctes curiosités, devenues des inconstances, et qu'il séjournât quelque part à demeure. Il le savait lui-même mieux que personne, et il se le dira, non sans regret, aux heures de sincérité et d'examen de conscience.

II.

L'occasion était belle pour lui dans les premières années qui succédèrent à la révolution de 1830. Après une suppléance passagère dans la chaire de Fauriel et dans celle de M. Villemain à la Faculté des lettres (1832-1833), la mort d'Andrieux au mois de mai de cette dernière année laissa vacante au Collége de France la chaire de littérature française, et Ampère y fut nommé. Il lui fut donné pendant des années, et sauf quelques intervalles de congé et d'école buissonnière qu'il avait besoin de s'accorder de temps en temps (1), de parcourir en entier plusieurs fois toutes

(1) Ampère se fit suppléer pour la première fois par M. de Loménie en décembre 1845. A partir de décembre 1855, il n'est plus remonté dans sa chaire. Ces dix années, de 45 à 55, ont été fort mêlées et entrecoupées; mais les précédentes, de 33 à 45, avaient été entières.

les périodes, tous les stades de notre histoire littéraire depuis les origines latines et romanes jusqu'au xviiie siècle. J'étais un auditeur fidèle de ces cours, et je dois dire que bien qu'appartenant moi-même à très-peu près à la même génération, je suis à certains égards un élève d'Ampère. Combien n'ai-je point eu à profiter de lui! Critique alors tout biographique et anecdotique, je me laissais volontiers guider par lui dans les grands cadres environnants et pour les accessoires extérieurs (1). C'est pour moi encore un sensible regret, toutes les fois que j'y songe, de penser que le travail immense, spirituel et judicieux auquel il s'était livré, n'ait point pris la forme d'une œuvre suivie et définitive, d'un monument, et que ce qui était fait et comme bâti déjà n'ait pas été cimenté et fixé.

Je sais bien qu'on a trois volumes, l'*Histoire littéraire de la France avant le* xiie *siècle* (1839-1840); mais ces trois volumes n'étaient qu'une introduction, une première assise, une sorte de coupe architecturale dessinant de profonds et laborieux fondements; la langue et la littérature française sortaient à peine de terre à la fin du troisième volume. Ampère allait commencer véritablement et dresser le corps de l'édifice lorsqu'il se découragea. L'insuccès de ces trois premiers volumes, qui aurait pu se prévoir, agit plus que de raison sur cette imagination mobile. Il ne sut pas se dire que

(1) Lorsque j'eus graduellement étendu ma manière jusqu'à m'en faire une méthode, je disais : « Ampère étudie l'histoire littéraire par couches et par zones : je l'étudie plutôt par individus que je rapporte ensuite à des groupes. »

ce peu de débit était inévitable, que l'œuvre ne pouvait prendre sur le public et commander l'attention que quand elle serait à son milieu, en pleine période française, et qu'alors, seulement alors, mais certainement aussi, elle se classerait en entier d'un même cran et d'un même niveau. L'introduction, se relevant après coup et acquérant tout son prix, aurait suivi la fortune de tout l'ouvrage.

Ampère donc, tout en continuant de professer son cours, se découragea de le rédiger et d'y mettre la dernière main pour le public des lecteurs. Il obéissait de plus dans ce dégoût à une disposition de son esprit. Quelqu'un a dit : « Tout le feu d'Ampère se passe dans la recherche, et il ne lui en reste rien pour l'exécution : en cela il n'est pas artiste (1). »

Sentant de la sorte, qu'y a-t-il d'étonnant qu'à un gros livre, œuvre combinée de bénédictin et d'écrivain, qui demandait des années de composition et dont les trois premiers tomes avaient eu le tort d'être remarqués des seuls lettrés et de peser à l'éditeur, qu'y a-t-il d'étonnant qu'il ait préféré de rapides récits de voyages qui l'amusaient à faire à la fois comme voyages et comme récits, et qui réussissaient à bien moins de frais ?

Je sais encore qu'il y a des lecteurs (et c'est le grand nombre aujourd'hui) qui trouvent qu'Ampère a suffisamment rempli sa tâche littéraire en étant un voya-

---

(1) Et encore, avec variante : « Quand je vois Ampère, son érudition, son intelligence, son imagination, sa promptitude et sa saillie, je suis tout effrayé de la quantité de qualités qu'il faut pour... ne pas faire un artiste. »

geur érudit et agréable ; il en est même, de ceux qui
l'ont particulièrement étudié (comme le prince de Broglie ou M. de Saulcy), qui estiment que tout s'est
passé pour lui au mieux dans sa carrière errante, et
qu'il n'y a sur son compte à avoir aucun regret. Ceux
qui l'absolvent ainsi sous forme de louange font trop
bon marché, selon moi, de la valeur de l'homme et de
l'étoffe première qui était en lui. Si je suis plus exigeant qu'eux à son égard, c'est que je le connaissais
peut-être davantage. Quand je vois quels éloges ont été
donnés à l'estimable M. Victor Le Clerc pour son appliqué et patient discours sur la littérature du xive siècle, je me demande ce qu'on eût dit d'une suite de
discours d'Ampère sur chaque grand siècle du moyen
âge. Il y eût apporté peut-être une érudition moins
exacte de textes et de transcriptions ; mais pour l'intelligence, pour l'étendue, pour le contraire du chauvinisme en littérature, pour le véritable esprit critique,
pour la classification naturelle des genres et l'orientation
à travers les ensembles, il n'y aurait pas eu de comparaison. Et je ne parle point ici par hypothèse, car ces
discours d'Ampère, je les ai entendus ; ces leçons, je
les ai suivies avec tout un fidèle auditoire pendant des
années. Il n'aurait eu qu'à écrire ensuite, à recueillir,
à revoir, à corriger et à compléter, à faire passer le
travail de l'état de leçons à celui de livre, et l'on posséderait la meilleure histoire de la littérature française,
qui eût défié les progrès de l'érudition et de la critique
pour vingt-cinq ans au moins, ce qui est la plus longue
vie d'un cours de littérature.

Ampère aimait à citer un mot du libraire Ladvocat, qui lui avait dit un jour de cet air impertinent qu'il affectait : « L'histoire littéraire, c'est à refaire tous les quinze ans. » Il citait ce mot d'un libraire jadis à la mode avec un certain rire amer et ironique, et comme pour s'excuser lui-même de n'avoir pas mené à fin son œuvre dans cette voie.

Mais, je le répète, tout se passait volontiers pour Ampère en préparations. Il se faisait de singulières illusions sur la longueur de la vie et sur l'espace qui est accordé à chacun de nous pour réaliser ses desseins ou ses rêves. Je trouve à la date de 1835, dans un cahier de notes à moi, la remarque suivante qui était évidemment à son adresse :

« *Qui ne sait se borner ne sut jamais écrire,* cela est vrai des préparations et des recherches auxquelles on se livre dans les entreprises littéraires; il faut ne rien négliger, tout rechercher, tout accueillir, puis mettre une fin à ce premier travail, et arriver à l'exécution, à la composition. Vous passez votre vie, mon ami, à faire des projets, des plans, à amasser des matériaux; vous passez votre vie à vous préparer à vivre. Vous vous êtes levé dès avant l'aurore; vous êtes en campagne tout le jour, vous faites des recrues en toute contrée, il vous en vient de tous les points de l'horizon; ce n'est jamais assez à votre gré : il vous en faut du fond de la Laponie, il vous en faut du plus lointain Orient, c'est bien; mais prenez garde, au train que vous suivez, de passer le jour entier aux préparatifs et de ne livrer bataille qu'à sept heures du soir, après que le soleil sera couché. Les uns, comme Viguier, perdent de bonne heure la bataille, et le reste de leur vie n'est qu'une défaite errante, une vague dispersion; les autres, comme Fauriel, ne livrent pas la bataille, tant ils sont lents à tout rassembler. »

Je dus lui dire bien souvent en substance ce que j'écrivais là pour moi seul. Lui-même il le sentait ; il se le disait, et dans le passage qui le concerne, à la suite de la notice de son illustre père par un *Homme de rien*, c'est lui qui exigea de M. de Loménie d'insérer le paragraphe d'avertissement à son adresse qui, dans le temps, parut trancher avec le ton général du morceau (1).

En chaire Ampère n'était pas éloquent, et l'on a

(1) Voici ce paragraphe extrêmement vif et spirituel ; on ne saurait mieux dire : « Malheureusement pour ceux qui sont impatients de voir achever cet important ouvrage (l'*Histoire de la Littérature française*), M. J.-J. Ampère a pour les recherches purement scientifiques une passion qu'il tient de son père, passion qui chez lui rivalise perpétuellement avec la vocation littéraire, qui l'agrandit et l'élève, mais en même temps la traverse et la refrenit parfois. Nul homme n'a jamais été dévoré plus que lui de la rage du savoir en tous genres. Tout connaître semble être le but de sa vie ; chaque nouvelle étude lui apparaît comme un nouveau monde dans lequel il se lance avec une ardeur de découvertes qui lui fait mettre de côté pour un temps les études antérieures. Or il y a bien quelque inconvénient attaché à cette diversité de poursuites. On peut faire ainsi énormément de chemin sans avancer en proportion ; et, si élevé que soit le rang occupé par M. J.-J. Ampère dans le monde littéraire et savant, sa renommée eût gagné peut-être s'il eût un peu plus concentré ses travaux. Aujourd'hui que le voilà dans la maturité de l'âge et du talent, ses amis désirent ardemment qu'il fasse enfin converger vers un but suprême toutes les forces d'un esprit duquel on a le droit d'attendre de grandes choses. Jusqu'ici on n'a su vraiment où prendre M. J.-J. Ampère : quand on le cherche au nord, il est au midi ; il annonçait du scandinave, et il donne de l'égyptien ; hier il faisait de la poésie, aujourd'hui il fait de la linguistique ; vous attendiez de la littérature française, voici de la littérature sanscrite ou chinoise. Après sept voyages, Sindbad-le-Marin se fixa enfin dans les murs de Bagdad. »

même vu rarement une pareille disproportion entre le brillant causeur de salon qui n'était jamais plus à l'aise que le dos tourné à la cheminée et le professeur traitant des mêmes sujets devant un auditoire. Dès qu'il commençait une leçon, je ne sais quel scrupule le prenait à la gorge : il était tout occupé d'atteindre une mesure, une exactitude qui appartient plutôt à l'écrivain qu'à l'homme de l'enseignement oral, et il n'avait plus rien de son charmant abandon ni de ses saillies, ou si les saillies venaient, c'était à l'état froid, à l'état de notes préparées. Il ne regardait pas ses auditeurs, même quand il relevait ses lunettes; la direction de son regard comme de sa parole semblait se retourner sur lui-même comme dans un soliloque. On aurait dit qu'il se chicanait sans cesse, qu'il était en altercation avec je ne sais qui du dedans. C'était excellent de fond et même de forme et de diction, mais pénible. Il n'allait que bride en main. Lorsqu'il avait à traverser des endroits plus difficiles, comme il en est dans la littérature du moyen âge, il redoublait de lenteur et marquait le pas au lieu de le doubler et de passer rapidement. Ce qui a fait dire à l'un de ses auditeurs d'alors dont j'ai le carnet sous les yeux (il n'est rien de tel que ces impressions du moment et de la minute) :

« Quand Ampère à son cours est dans ses endroits difficiles, arides, dans ses défilés où il va pied à pied, oh! alors il est pénible à suivre; c'est de la littérature *à dos de mulet*.

« Le reste régulier, toujours régulier, mais excellent.

« Le mot d'*ingénieux* (et d'*ingénieur*) devrait avoir été inventé pour lui et pour sa méthode. »

Et encore (toujours du même carnet) :

« Ceux qui s'ennuient vite sont délicats, mais légers.

« Ceux qui ne s'ennuient pas aisément sont vite ennuyeux.

« Ampère est entre les deux : dans certaines parties arides de son enseignement, il ne s'ennuie pas assez vite.

« Il est une quantité d'accidents dans l'histoire des opinions humaines où il ne faut apporter que le rire de Voltaire et le branlement de tête de Montaigne. Ampère cherche partout la loi, et quelquefois il la fait. »

Je marque là ses défauts; mais que de profit, que d'intérêt dans la continuité de ces leçons ! Comme c'était juste en général, composé, suivi, pénétrant, non visant à l'effet, tiré de l'examen même des écrits et du fond direct des lectures, d'une interprétation toujours nette et la plus vraisemblable !

Ainsi, dans les notes de mon auditeur, je trouve encore celle-ci :

« Ampère et Michelet ont fait chacun une leçon sur l'*Imitation de Jésus-Christ*. Michelet a soutenu que ce livre devait être du xve siècle, non d'un moine, mais d'un Français séculier, et, selon toute apparence, de Gerson. Ampère a cru démontrer que ce livre ne pouvait pas être de Gerson ni du xve siècle, mais du xiiie ou xive, qu'il devait être d'un moine, et probablement d'un moine allemand ou lombard : un parfait contre-pied sur tous les points. — Il me semble qu'Ampère est dans le vrai. »

Au moment où Ampère déboucha dans l'étude de la littérature française proprement dite, il eut un désagrément. Il fit sous le titre d'*Histoire de la formation de la langue française* une grammaire de notre vieille langue, et en mettant le pied sur le domaine des grammairiens il se heurta à des épines, il trouva des adversaires tout munis et préparés. L'École des chartes est une forte école, comme l'École normale, comme l'École polytechnique : c'est aussi une école jalouse. Mal en prend à ceux qui vont chasser sur ses terres sans avoir un permis en bonne forme. Ampère avait fait précéder sa *grammaire* d'une magistrale préface, dans laquelle il exposait tout le plan de son livre à partir de la fin du xie siècle. On ne lui tint compte de ces hautes vues, et quelques inexactitudes de fait qu'il avait commises, quelques étourderies même dont il était très-capable, firent les frais de deux très-piquants articles de M. Guessard, professeur à l'École des chartes (1). Le volume s'est peu relevé de cette critique aux yeux des gens du métier. Dans la préface de la *Grammaire historique de la langue française*, par M. Auguste Brachet (1867), je vois le travail d'Ampère à peine mentionné. « *Sans parler ici,* dit le jeune auteur,

---

(1) Voir la *Bibliothèque de l'École des chartes*, t. II (1840-1841), p. 478-498, et t. III (1841-1842), p. 63-101. — Je ne me sens guère en état de faire l'arbitre et de résumer le débat. Cependant il me semble que si le livre d'Ampère était un peu prématuré, et certaines de ses assertions trop générales, l'auteur n'avait pas tort dans la tendance qui le poussait à constituer des lois. M. Guessard est purement sur la défensive et fort sceptique : je crois qu'il serait prouvé aujourd'hui qu'il l'était trop. Les observations de Diez sur la permutation des lettres ne sont pas du tout vaines, et Ampère avait raison d'entrer à sa suite dans cette voie. Les assertions anticipées, les aperçus ingénieux et hasardés d'Ampère étaient bien plutôt dans le sens de ce qui s'est vérifié depuis, et les chicanes exactes, mais négatives, de M. Guessard s'accordaient moins avec

de la compilation fort inégale de M. Ampère, ni du livre de M. Chevallet, etc. » Comment! *sans parler?* mais c'est précisément ce volume qui méritait d'être signalé à sa date avec une estime toute particulière, et non d'être ainsi désigné du bout de la plume en passant, sous cette forme d'une prétérition presque méprisante. Reconnaissons toutefois qu'Ampère en cela a porté la peine de sa négligence. Cette négligence, qu'il m'a toujours été difficile de comprendre, je ne me la définis que trop : c'est, quand on a mis le pied sérieusement sur un terrain, qu'on y est le premier en date parmi nous, qu'on sent sa force, sa supériorité à bien des égards sur les critiques frondeurs, de ne pas tenir bon, de ne pas leur montrer les dents, sauf à profiter de ce qu'il y a de fondé dans leurs remarques, de ne pas se corriger, se perfectionner à chaque édition, de manière à obliger adversaires et envieux à rendre les armes ou à se taire ; en un mot, un grain d'irascibilité littéraire et de polémique ne nuit pas à l'homme de talent qui a

la direction scientifique qu'a prise décidément la chimie organique des langues. Ampère, en insistant sur les traces du latin populaire, tenait la piste. Des critiques comme celles de M. Guessard étaient utiles assurément pour s'opposer au trop de légèreté et de promptitude des gens d'esprit; mais un homme d'esprit comme Ampère, même en allant trop vite, avait le sentiment de lois dont la pratique de M. Guessard, si exercée qu'elle fût, ne donnait pas assez l'idée. Il ne tenait certainement qu'à Ampère de corriger, de fortifier son livre et d'en donner une nouvelle édition vers 1845; il avait même le temps, en tirant parti de tous les travaux allemands qui se multipliaient sur ce sujet, de donner une troisième édition vers 1855. De cette manière il eût puissamment devancé M. Littré et aurait été au moins un prédécesseur considérable.

à tracer sa voie et à maintenir ses droits et son rang. Pour mon compte, je n'aurais pas dormi tranquille sous le coup des critiques vraies ou exagérées auxquelles fut exposé l'essai grammatical d'Ampère; je n'aurais pas eu de repos que je n'eusse tiré l'affaire au clair avec mes contradicteurs. En quoi m'étais-je trompé? en quoi leur règle était-elle plus sûre que la mienne, et avaient-ils même une règle? Y avait-il donc déjà en français un tel essai systématique pour qu'on se montrât si exigeant et si intraitable du premier coup? A quoi bon tant d'amertume et d'âcreté de ton pour des particules? Était-ce donc d'une grammaire rentrée que mes adversaires se sentaient malades et souffrants? Il y aurait eu bien des choses en ce sens, et même de jolies choses, à dire. Ampère, si fait pour les trouver, mais trop habitué à l'atmosphère des salons et à leur tiède haleine, trop tendre aux caresses de l'amitié, dès qu'il s'offrait une difficulté, une lutte à soutenir, lâchait la partie, même quand il avait raison. Je connais de lui bien des articles de complaisance, je n'en connais pas un de polémique.

De polémique, il n'en a jamais fait que dans ses dernières années quand il s'avisa de déclarer la guerre à un gouvernement, — une guerre d'allusions à travers l'histoire romaine! mais jamais, — au grand jamais, — il n'eut l'idée d'engager un duel littéraire ou même une discussion serrée avec un adversaire ayant nom. Ç'a été, selon moi, une faiblesse.

Le livre (non pas le cours) fut donc interrompu; l'arbre fut coupé à l'endroit précisément où il allait s'élancer et croître : on n'en eut que des fruits épars. Les beaux articles sur le *Roman de la Rose*, sur *Joinville*, sur *Amyot*, ces chapitres détachés d'un cours qui était tout composé et tissu de semblables morceaux furent arrachés de temps en temps à l'auteur par la *Revue des Deux Mondes*, et ils sont faits pour donner la mesure de ce qu'on n'a pas. On m'assure que les parties de la renaissance sont dans un état assez avancé de rédaction pour permettre à M. de Loménie de les donner. Un ingénieux discours *sur les Renaissances*, qui a paru imprimé, nous présente comme une carte en relief de toutes les littératures européennes décrites comparativement et figurées à ce point de vue. On a comme une échelle des hauteurs, des formes et des degrés de culture.

Ampère, très-suivi dans les dernières années par des personnes des deux sexes, était vraiment le professeur de littérature française le plus approprié à son époque. Les grands travaux improvisés de M. Villemain avaient fait leur temps ; on n'avait pas à les recommencer, non plus que le talent prestigieux du professeur-orateur. On était devenu plus rassis et plus positif. On voulait des faits, on voulait suivre pas à pas son guide et reprendre avec lui et après lui les mêmes lectures. Ampère était l'homme de ce moment, et sa noble et large impartialité d'esprit, sa connaissance directe des autres littératures, l'usage et la familiarité qu'il en avait de longue main, le sentiment juste des rapports (ce sentiment qui semble s'être perdu depuis), tout lui permettait d'assigner à la production française sa vraie place et son vrai rang, sans lui rien retrancher et sans rien exagérer non plus.

Il n'avait rien d'universitaire : ceci est à remarquer ; quoiqu'il eût été élevé dans les lycées et colléges, quoiqu'il eût pour M. Cousin toutes les amitiés respectueuses, et envers M. Villemain toutes les déférences, il n'avait point précisément la tradition comme on l'entendait aux environs du collége du Plessis ou à l'ombre de la Sorbonne, je veux dire la marque et le cachet de l'éducation puisée à nos écoles. Il n'avait rien de ce que MM. Nisard et Rigault laissent voir tout aussitôt dans leur critique. L'esprit d'Ampère offrait table rase aux doctrines et aux méthodes des Fauriel, des Niebuhr, Grimm, Goethe... Il ne recevait pas ces doctrines sur la défensive en quelque sorte, et, comme doit faire tout bon universitaire, la baïonnette en avant, à son corps défendant, ce que fit toujours le docte Victor Le Clerc par exemple. Il n'était pas toujours à cheval sur la priorité accordée à des Français, sur la prééminence française, et aussi il n'allait pas jusqu'à dire d'impatience comme Voltaire : « Nous autres, Français, nous sommes la crème fouettée de l'Europe. » Il se tenait en éveil de toutes parts, dans un état d'indifférence curieuse.

Et comment en aurait-il été autrement ? Sachons bien qu'Ampère vécut d'une vie commune et fit ménage intellectuel de 1830 à 1847, pendant près de dix-sept ans, avec un homme qui est l'érudition et la curiosité mêmes, M. Mohl, le savant orientaliste et mieux que cela, mieux qu'un savant, un sage : esprit clair, loyal, étendu, esprit allemand passé au filtre anglais, sans un trouble, sans un nuage, miroir ouvert et limpide, moralité franche et pure; de bonne heure revenu de tout avec un grain d'ironie sans amertume, front chauve et rire d'enfant, intelligence à la Goethe, sinon qu'elle est exempte de toute couleur et qu'elle est soigneusement dépouillée du sens esthétique comme d'un mensonge. Pendant dix-sept ans, Ampère vécut avec M. Mohl dans un appartement contigu et qui communiquait : à l'heure du déjeuner, le savant asiatique entrait après une matinée déjà longue passée à l'étude, et c'étaient des nouvelles de Berlin ou de l'Inde, de Calcutta ou de Londres : cela, pour commencer, ne laisse pas d'étendre les idées et d'élargir les horizons. Et le soir, combien de fois, rentrant vers minuit, Ampère retrouvait son ami veillant encore, et là, assis au bord du lit, le pressant des questions qui le préoccupaient et que les rencontres de la journée avaient suscitées en lui, il prolongeait jusque bien avant dans la nuit les doctes enquêtes et les poursuites historiques de sa pensée! car quand une pensée le tenait une fois, il en était comme obsédé et il ne s'en délivrait qu'en l'épuisant.

S'il avait ses affinités et ses sympathies, Ampère avait aussi le contraire. Il devait nécessairement trouver, parmi ses contemporains, je ne veux pas dire des inimitiés, mais des froideurs; il rencontrait même ses *antipathiques*. On ne peut être quelqu'un, ayant talent et caractère, sans qu'il en soit ainsi. Stendhal était l'antipathique de M. Villemain. Bazin était, tant qu'il vécut, le taquin de M. Thiers. Magnin et Lerminier étaient deux antipathiques dans un même groupe. Ampère de même, si je cherche des noms, eût aisément trouvé un opposant ou antipathique en M. de Sacy par exemple, quoique tous deux eussent été un moment condisciples dans leur première enfance. M. de Sacy, si on l'interroge aujourd'hui, ne tient pas à dissimuler ce peu de goût, ce peu de rapport qu'il y avait entre leurs esprits. Rien de plus naturel en effet, si on les prend chacun en soi : l'un adonné tout entier avec une passion exclusive à la grande littérature française du xviie siècle ou à la littérature latine cicéronienne, ne louant, ne connaissant que ses chers classiques et bouchant volontiers ses oreilles à tout le reste; l'autre, toujours à la découverte, par voies et par chemins, toujours ailleurs, soucieux et amoureux avant tout de ce qui était nouveau et différent. Mais entre eux ce peu de sympathie naturelle n'eut pas lieu de se prononcer. M. de Sacy, en ces années (1836-1848), était bien plus politique que littéraire : il ne s'occupait de littérature qu'incidemment. Ampère et lui ne se rencontraient que peu; ils ne chassaient pas, comme on dit, le même lièvre. J'ajouterai que, si de la part de M. de Sacy il n'y eut jamais que peu d'attrait pour Ampère, celui-ci eut toujours pour M. de Sacy une estime marquée, tant pour sa personne que pour son nom, et parce qu'il le voyait en idée à côté d'un illustre père. Ils avaient cela de commun tous deux d'être les fils de pères vénérés.

Mais avec un autre écrivain également distingué, un

peu plus jeune d'âge, avec M. Nisard, les choses se
passèrent tout autrement. Ampère se trouvait en présence d'un esprit didactique, dogmatique, un peu raide,
jaloux de fonder et d'asseoir toute la littérature française sur elle-même ou sur une base purement classique,
et de la circonscrire avec une muraille quasi de Chine
alentour. La méthode de M. Nisard, un peu postérieure
à celle d'Ampère, semblait conçue tout exprès pour se
dresser en vis-à-vis et en opposition avec elle. Il y avait répulsion instinctive, antipathie véritable entre leurs deux
natures d'esprit, et j'ai quelque raison de croire qu'ils
ne se rendaient pas justice réciproquement. Les inconvénients et les limites du livre et de la méthode de
M. Nisard, je suis certes aussi disposé pour mon compte
à les sentir que l'a pu être Ampère lui-même; tout en
reconnaissant ce qu'a de ferme et d'ingénieux une
idée dominante poursuivie pendant quatre volumes et
poussée rigoureusement à son terme, je me sens choqué sinon dans ma science, du moins dans mon simple
bon sens, d'une telle unité artificielle obtenue à tout
prix. Quand la nature est pleine de variétés et de moules
divers, et qu'il y a une infinité de formes de talents,
pourquoi n'admettre et ne préférer qu'un seul patron?
pourquoi cette construction, tout en l'honneur de l'esprit français, et dans l'esprit français tout en l'honneur du xviie siècle, et dans le xviie siècle tout en
l'honneur de deux ou trois noms superlativement célébrés et glorifiés? Pourquoi substituer des combinaisons d'école ou de cabinet à l'ensemble et au mouvement naturel des choses? Il est des noms distingués

que M. Nisard a oubliés dans une première édition,
et il les a oubliés uniquement parce qu'ils n'étaient
pas sur la grande route; mais quand on lui a fait remarquer cet oubli, il n'a eu garde d'en convenir et de
revenir. Il a trouvé cent raisons plus subtiles et plus
cherchées les unes que les autres pour prouver qu'il
avait bien fait de les omettre. Cet homme est l'avocat
ingénieux, mais sophistique, des partis-pris. Et pourtant,
lorsqu'on a tout dit et qu'on a montré tout ce que l'esprit
d'Ampère avait de supériorité en fait d'ouverture, d'é-
tendue, de richesse de vue historique et esthétique,
on ne peut toutefois se dérober à cette conclusion :
l'histoire de la littérature française de M. Nisard a un
grand et dernier avantage définitif sur celle d'Ampère,
c'est qu'elle est faite et que l'autre ne l'est pas; elle
est debout et fait de loin fort bonne figure dans sa tour
carrée, tandis que l'autre est restée à l'état d'ébauche,
n'offrant qu'un vaste tracé, un frontispice et quelques
colonnes çà et là : on n'a pas eu l'édifice, on a la
ruine.

La première grande infidélité qu'Ampère fit à son
cours du Collége de France fut son voyage d'Égypte
(novembre 1844-janvier 1845). Jusque-là ce n'avaient
été que de légères et vives échappées d'un savant professeur en vacances, échappées extrêmement agréables
d'ailleurs et qui ont laissé leurs traces. Le *Voyage dan-
tesque,* c'est-à-dire le pèlerinage à tous les lieux consa-
crés par les vers du poëte florentin, la *Poésie grecque
en Grèce,* et une *Course dans l'Asie Mineure,* qui n'en
est qu'un chapitre détaché, sont des essais d'un genre

composite, un mélange de réalité, de souvenirs, de lectures et d'observations, le tout vivement présenté et des mieux assortis. Ampère observait peu directement : il n'était pas organisé par la nature pour regarder à fond et pour exprimer puissamment ce qu'il avait devant les yeux; c'était un lettré en voyage : il lui fallait de l'accessoire tiré des livres; un souvenir, un rapprochement, une allusion, lui étaient nécessaires et venaient bien à propos se joindre à ce qu'il voyait pour le compléter et l'orner; quand il avait trouvé son trait, il était content. Son esquisse générale était vraie; la physionomie des lieux était délicatement sentie et rendue sous sa plume : le goût chez lui suppléait aux sens. Il laissera, comme voyageur littéraire, le plus aimable renom. Tous ceux qui passeront après lui là où il a passé se plairont à lui rendre justice et à le saluer d'un souvenir.

Mais pour l'Égypte ce fut autre chose : il ne l'aborda pas seulement en amateur et en touriste, il y mit une ardeur, une application spéciale de savant. La lecture de la grammaire de Champollion, qu'il ouvrit un matin sans dessein arrêté, détermina en lui comme une vocation subite, irrésistible : devenu du jour au lendemain disciple de l'illustre inventeur et l'émule de Lepsius, il se plongea à corps perdu dans cette neuve étude qu'il prétendait bien ne pas aller vérifier seulement sur place, mais faire marcher à son tour et avancer. Quand de telles ardeurs le prenaient, il n'y avait pas à se mettre en travers : il eût tout renversé. Il obtint sans peine une mission du ministre de l'instruction publique, M. Villemain; on lui adjoignit un savant artiste dessinateur, et il partit sans tarder. Le livre qu'il a publié en 1846 offre le tableau complet de ses impressions, de ses études, de ses recherches, de ses admirations et même de ses rêveries poétiques; car ce fut, dans ces deux ou trois mois, toute une fièvre, une rage, un conflit de science et de poésie, comme une ivresse de toutes ses facultés émues et surexcitées. Il touchait au but, il était près du retour lorsqu'il paya cet excès d'exaltation et de travail par une maladie qui faillit être mortelle. On le ramena bien faible encore à Marseille; mais au milieu même de ses dangers et de son épuisement sa noble fièvre morale ne le quitta pas un instant, et il ne songeait qu'à ne pas laisser perdre les trésors de connaissances et d'observations qu'il venait de conquérir.

Il ne tenait qu'à Ampère, à partir de ce moment, de pousser son sillon dans cette voie nouvelle et d'y avancer parallèlement chez nous avec M. de Rougé. Jamais il n'avait plus ouvertement trahi cette soif insatiable de connaître qui le consumait et qui, aux heures où elle s'éveillait plus vive, le forçait de tout laisser pour y obéir. Il dut goûter, indépendamment de tout succès, de grandes satisfactions d'intelligence : il pouvait lire une phrase hiéroglyphique sur le sarcophage d'un pharaon; il lui était arrivé un soir, avant de s'endormir, de lire un livre chinois sur les ruines d'Éphèse. Ce sont là, il faut en convenir, de hauts dilettantismes de l'esprit et à la portée d'une rare élite.

Les événements publics et des accidents privés ne

tardèrent pas à déranger l'existence si bien remplie d'Ampère. La révolution de février 1848 apporta une secousse dans ses habitudes scientifiques, car dans son universalité de goûts il faisait entrer aussi pour quelque chose l'enthousiasme politique, et il trouva moyen d'avoir de l'enthousiasme en ce moment-là. La mort de Mme Récamier (11 mai 1849), qui suivit d'assez près celle de M. de Chateaubriand, le laissa bientôt livré à lui-même; il avait besoin, à travers toutes ses diversions, d'un centre, d'un attachement fixe, d'une affection transformée en devoir, en religion. L'amitié de Mme Récamier, au milieu des hasards de sa navigation et des versatilités de sa barque, était pour lui à la fois l'étoile et l'ancre. Après elle, et quand elle lui manqua, il erra quelque temps comme une âme en peine avant de savoir où se fixer. Il allait avoir cinquante ans : c'est un mauvais quantième pour recommencer la vie.

Il avait contracté, depuis quelques années, avec Alexis de Tocqueville une de ces amitiés-*passion* dont il était susceptible, et dont sa nature ressentait le besoin : il y trouva, jusqu'à un certain point, un abri et un refuge. Je ne sais pourquoi la biographie d'un homme distingué se restreint presque toujours à l'étude de l'esprit et aux travaux qui en dépendent : la sensibilité a ses mystères qui méritent bien aussi une analyse ou du moins un aperçu. Celle d'Ampère était très-particulière, des plus actives, aussi complexe que son intelligence elle-même, et elle avait ses exigences qu'il faut au moins indiquer. J'ai dit qu'il vivait avec le savant M. Mohl d'une sorte de vie commune, et, dans cet arrangement qui dura jusqu'au mariage de M. Mohl, il y avait déjà pour Ampère une convenance et un avantage, quelque chose qui, sans le fixer, le retenait. De plus, il trouvait à l'Abbaye-au-Bois tout ce luxe, ce superflu de l'esprit, chose si nécessaire, et en même temps le lien souverain d'affection qui le ramenait sans cesse et qui donnait une limite à ses écarts. Le cercle de l'Abbaye, dans sa douce habitude, lui procurait des liaisons agréables et des amis à tous les degrés. Je ne répondrais même pas qu'en cherchant bien on ne lui trouvât en fait d'amitiés féminines, durant le règne de M*me* Récamier et dans une moindre sphère, quelque étoile de très-petite grandeur, un diminutif ou une doublure de Béatrix, tant le pli était pris! Eh bien, malgré tout cela, Ampère avait encore besoin d'un ami intime en dehors de l'ordinaire, d'un ami dont il eût la plus haute idée et avec qui il fût dans un rapport continuel d'admiration, d'épanchement, de confidence à tous les instants. M. Mohl, calme et sage, ne pouvait être cet ami-là; il n'eût répondu à bien des ébullitions, à des projets en herbe qui se succédaient, à de vrais feux de paille, que par un rire franc et clair qui eût déconcerté le distrait enthousiaste et l'eût dégrisé désagréablement. Ampère n'osait tout dire à M. Mohl; M. Mohl était pour lui une habitude précieuse, essentielle, utile, pour ainsi dire légitime : ce n'était pas un confident. Ce n'était pas Étienne de La Boëtie pour Montaigne. Or Ampère avait besoin d'un Étienne de La Boëtie. Il avait besoin d'un *ami du Monomotapa* à

qui courir raconter, dès le matin, le songe de la nuit (1).
Il me fit dans un temps l'honneur de me croire digne
d'un tel rôle, d'une telle jointure étroite des esprits et
des âmes : je fus reconnaissant, mais ma nature trop
faible ou trop partagée se déroba. Tocqueville devint
l'objet d'un second choix, et par sa noblesse de caractère, par le sérieux de sa vie, par la profondeur, la
finesse et la tristesse élevée qu'il exprimait dans toute
sa personne, par ce qu'il montrait de talent et par ce
qu'il en laissait à deviner, il réalisa pour Ampère le
modèle d'amitié que celui-ci ne pouvait se passer d'a-
voir devant les yeux. La *Correspondance* de Tocqueville,
depuis l'année 1839 jusqu'à la fin en 1859, est remplie
de témoignages de tendresse et de mutuelle confiance.
Tocqueville consulte Ampère sur ses lectures, sur ses
écrits, sur les deux derniers volumes de sa *Démocratie
en Amérique,* et l'ami consulté ne manque pas de trouver, contrairement au jugement du public, ces deux
derniers volumes encore supérieurs aux premiers. Ampère n'était pas pour ses amis un critique très-sûr;
l'affection le fascinait. En retour, Tocqueville trouvait
très-beaux les vers d'Ampère à lui adressés : comment
en eût-il été autrement? Il lui parlait de son *César,* ce
drame en vers, et il lui écrivait : « J'ai grande impatience de revoir *César* embelli encore! » Un vrai critique lui eût dit : « Laissez ce *César,* c'est une erreur. »
Je ne sais même si je ne me hasardai pas, un jour

(1) « Son *moi* sensible n'était pas moins insatiable et infatigable
que son *moi* intellectuel. » Un doctrinaire aurait pu dire de lui ce
mot-là. Pour qui a approfondi l'homme, la formule est justifiée.

que je rencontrai mon ancien ami, à le lui dire un peu brusquement : il me répondit avec infiniment de douceur et d'indulgence pour ma boutade que tout le monde, parmi ses amis, n'était pas de mon avis. Il y a des degrés d'intimité et de complaisance qui ne laissent pas jour au jugement; mais, si elle avait en ce sens quelques faiblesses et mollesses inévitables, cette noble amitié avait en soi bien du charme et de la saveur. Il y a au château de Tocqueville une chambre dans une tourelle, loin de tout bruit, une *étude* isolée, comme eût dit Montaigne, qui était à Ampère et qui portait son nom. Les domestiques continuaient de dire : « la *chambre de M. Ampère* », même lorsque vers la fin il était infidèle et qu'il ne venait plus. « A partir du 3, lui écrivait Tocqueville (26 septembre 1842), je vous attends ou plutôt nous vous attendons, nous, le billard, l'allemand, la tourelle, et surtout beaucoup d'amitié et un immense désir de vous tenir longtemps dans nos épaisses murailles, à l'abri des soucis, des agitations d'esprit, et j'espère aussi de l'ennui... » Ampère, dans ces séjours à Tocqueville, était bénédictin à son aise tout le jour et brillant de verve tous les soirs. Cette amitié d'Ampère et de Tocqueville était si connue et si bien établie que lorsqu'on abordait Tocqueville dans le monde, c'était une entrée en matière toute naturelle et toute flatteuse que de lui parler d'Ampère. « C'est un sujet, écrivait-il à son ami (12 mai 1857), qu'on entame volontiers avec moi pour me faire parler, de même qu'un causeur habile commence par interroger son interlocuteur sur lui-même, afin de le mettre en train.

J'ai surtout remarqué deux hommes d'esprit de vos amis, Doudan et Mohl, qui m'ont dit sur vous des choses fines et vraies qui m'ont fait plaisir, et dont le résumé est ceci : que depuis plusieurs années vous aviez singulièrement accru encore votre talent, et comme fond et comme forme, et ne cessiez de l'accroître. Ce qui est aussi mon avis... »

Il me faut pourtant toucher à un point délicat. Dans une des lettres de Tocqueville à Ampère, datée de la dernière année du règne de Louis-Philippe, je lis :

« Paris, 1847. — Mon cher ami, M. Guizot est venu hier à mon banc me demander si, lorsque le moment sera venu, vous consentirez à être présenté au roi. J'ai répondu de vos sentiments monarchiques et même dynastiques, et j'ai affirmé que vous accepteriez avec respect cette occasion d'entrer en communication directe avec Sa Majesté. Quoique M. Guizot m'en croie certainement sur parole, il m'a prié de vous adresser la question et de lui faire connaître votre réponse. Écrivez-moi donc, ou venez me dire deux mots aujourd'hui à la Chambre... »

J'avoue avoir peine encore aujourd'hui à comprendre la question que M. Guizot adressait à Tocqueville. Il faut savoir qu'Ampère, qui était déjà de l'Académie des Inscriptions depuis 1842, venait d'être nommé membre de l'Académie française en remplacement de M. Guiraud. Comment un écrivain qui n'avait cessé depuis le commencement de ce régime de remplir des fonctions au nom de l'État, soit comme suppléant à la Faculté, soit comme maître de conférences à l'École normale, qui était professeur en titre au Collége de

France, qui avait eu du ministre de l'Instruction publique une mission pour son voyage d'Égypte, comment un tel académicien se serait-il dérobé à la visite d'usage et de pure forme, la présentation au roi? Ampère sans doute pouvait faire théoriquement profession de républicanisme, mais c'était un pur républicain de salon qui n'avait jamais, il faut bien le savoir, écrit dans sa vie un seul article politique, comme nous tous avions fait plus ou moins : lui, il s'était toujours abstenu ; je le répète, ni sous la Restauration, ni durant les dix-huit années de Louis-Philippe, Ampère n'avait jamais imprimé une seule ligne de politique, ce qui n'empêchait pas qu'il ne fût fort vif en causant et fort sincère, qu'il ne tînt même à faire acte de présence au *National* du temps de Carrel les jours d'émotion ou d'émeute, sauf à regarder brusquement à sa montre et à se rappeler qu'il n'avait plus que juste le temps de courir à l'École normale faire une conférence sur Gongora ou le cavalier Marini. C'était ce qu'on peut appeler un républicain platonique (1), auquel il ne manquait rien quand il n'avait qu'à exhaler son feu dans le salon de l'Abbaye devant Mme Swetchine ou le duc

---

(1) Je n'avais pas attendu, pour le qualifier ainsi, que les événements eussent marché, et j'écrivais de lui et de Magnin dans le plus beau temps de Louis-Philippe :

« Magnin et Ampère sont très-susceptibles sur ce chapitre de la politique ; ils sont tout occupés d'être fidèles à leur ligne. Quelle ligne? Cette politique-là est comme la vertu des vierges, d'autant plus pudique qu'on n'y touche pas et qu'on ne l'éprouve jamais.

« Et encore Magnin a-t-il fait des articles politiques dans les journaux auxquels il collaborait ; — et Ampère n'en a jamais écrit *un seul*. Sa politique est toute platonique. »

de Laval. Tout cela n'était pas fort inquiétant. Aussi, je le répète, ne puis-je rien comprendre à la question faite par M. Guizot à Tocqueville : le doute à cet égard n'était pas possible, et d'ailleurs ce n'était pas à un ministre de le soulever. Ampère avait eu une envie extrême d'être de l'Académie française, où il était si bien à sa place, et pendant dix-huit ans la politique, si vivement qu'il la conçût, ne mit jamais de son côté une entrave ni un retard à la poursuite de ses sollicitations, toutes littéraires d'ailleurs, et de ses continuels désirs.

Il accepta, pendant la République, de MM. Carnot et Jean Reynaud la mission d'aller examiner en province les élèves d'une future école administrative qui n'eut qu'une existence éphémère (1). Il eut aussi de M. de Falloux une place de conservateur à la Bibliothèque Mazarine, qu'il ne garda pas longtemps. La spirituelle vicomtesse de Noailles, avec la duchesse de Mouchy sa fille, essaya un moment, en l'attirant et le retenant à Mouchy, de substituer une influence aimable et consolante à celle qui venait de s'éteindre; ce n'était, à vrai dire, qu'un redoublement d'intimité; mais si Ampère ne haïssait nullement l'aristocratie, il la préférait un peu moins haute et moins princière jusque dans la familiarité. Tocqueville malade, épuisé de fatigue après son ministère, alla passer à Sorrente une saison, et Ampère l'y accompagna fidèlement. Cependant l'in-

---

(1) Elle n'eut pas même la durée de la République. L'École d'administration, malgré son utilité réelle, fut licenciée sous le ministère de M. de Falloux.

quiétude le possédait toujours. Il entreprit en 1851-1852 cette *Promenade en Amérique* qu'il a racontée avec la même rapidité et le même entrain qu'il mit à la faire. Pour lui, visiter les États-Unis, c'était encore continuer l'entretien avec Tocqueville ; mais les États-Unis eux-mêmes lui avaient été trop étroits : il y avait joint, pour commencer, le Canada, et, en finissant, le Mexique. Comme voyageur, il jouissait évidemment de se compléter. Nécessaire peut-être pour l'auteur, ce voyage l'était moins pour le public, et il ne ressortait d'un récit toujours agréable ni renseignements ni peintures d'un caractère original bien nouveau. J'excepterai pourtant la partie qui traite du Mexique. Ce Mexique d'Ampère, à sa date, avait sa nouveauté : il était observé dans ses mœurs avec justesse, avec ironie dans son gouvernement et sa politique, avec érudition et lumière dans ses antiquités, et il offrit à l'auteur le prétexte d'une prophétie ou d'une utopie grandiose sur l'avenir réservé à l'isthme de Panama. L'auteur se risquait à y prédire la fondation d'une ville, d'une Alexandrie colossale qui serait un jour la reine des cités de l'univers ; et si elle se fonde jamais, il ne sera que juste en effet qu'une des plus grandes rues y porte le nom d'Ampère.

Il se plaisait en tout aux rapprochements et aux contrastes : en partant de Vera-Cruz pour Mexico (fin de février 1852), il retenait d'avance sa place sur un bateau à vapeur qui partait pour l'Europe à jour fixe en avril, et il écrivait au Collége de France qu'il ouvrirait son cours le 10 mai pour le second semestre. L'affiche donna l'annonce, et il tint la gageure ; il était à son poste le 10 mai : le Mexique avait été parcouru et dévoré dans l'intervalle.

Au point de vue biographique, il ne faudrait pas du tout chercher dans ce récit d'Ampère un reflet de ce que j'ai dit de son espèce de veuvage intérieur et de ses agitations sensibles à ce moment. Il n'y avait pas dans cette organisation à courants mobiles un rapport étroit entre l'état de son âme et celui de son esprit : même lorsque l'une était en peine, l'autre était volontiers en gaieté. Il se dédoublait aisément.

Sa vie d'ailleurs allait bientôt changer de cours et trouver à graviter autour d'un autre centre. L'établissement du second empire mit, on doit le dire, Ampère hors de lui ; qu'on l'en loue ou qu'on l'en blâme, il n'y a pas un autre mot pour rendre la disposition morale dans laquelle il entra désormais. Cependant je le trouve encore à la fin de 1852 faisant partie du Comité de la Langue et de l'Histoire au ministère de l'instruction publique, et chargé par le Comité de rédiger les *Instructions* pour le *Recueil des Poésies populaires de la France*, décrété par M. Fortoul et qui ne se fit pas. Les *Instructions* données par Ampère (1853) sont restées utiles et continuent de rendre son nom recommandable à tout un groupe spécial de travailleurs. Mais ce fut son dernier acte de présence, son dernier effort parmi nous. Il ne tarda pas à nous échapper. Le séjour de la France lui était devenu comme insupportable ; l'Italie l'attirait chaque jour davantage. Il avait eu, dès son séjour à Sorrente avec Tocqueville, l'occasion de connaître une famille française opulente et distinguée (1) qui avait concentré son orgueil et sa tendresse sur une jeune femme aimable (2), amie de l'esprit et profondément atteinte dans sa santé. Ampère, dans les années suivantes, eut l'occasion de se lier plus particulièrement avec les mêmes voyageurs que l'Italie avait fixés, et quand il s'aperçut que sa conversation d'une ou deux heures chaque après-midi était un intérêt, un soulagement, peut-être un besoin pour la délicate malade, il n'y tint pas; son imagination si voisine de son cœur s'enflamma, et il enchaîna de nouveau sa vie. L'intimité avec Tocqueville ne fut pas sans s'en ressentir. Cet ami, dont la santé continuait elle-même de s'altérer de plus en plus, appelait des sollicitudes et des soins qu'il était impossible de partager à distance entre deux affections presque égales; mais déjà cette égalité n'existait plus. Tocqueville, avec le tact qu'il portait en toutes choses, fut le premier à pressentir, puis à constater le changement, et, allant au-devant des scrupules de son ami, il s'appliqua à le tranquilliser, à le dégager. Il écrivait à Ampère le 1ᵉʳ janvier 1858 :

« ... Je désire du fond de mon âme que vous soyez heureux, quand même ce serait loin de nous. Ceci me ramène à ce que vous me dites dans votre dernière lettre... Cette lettre m'a causé un certain chagrin dont vous ne devez pas me savoir mauvais gré; elle a achevé de me prouver qu'il s'était fait un changement considérable dans votre vie, et que d'ici à longtemps il n'y avait point d'espérance de vous voir, si ce

---

(1) La famille Cheuvreux.
(2) Mᵐᵉ Guillemin, leur fille.

n'est en passant et pour peu de temps. Le centre de votre existence est désormais à Rome : nous ne sommes plus que l'une des extrémités de la circonférence. Voilà le côté triste de l'affaire, et il faut nous pardonner, si nous le voyons et nous en affligeons un peu. Le bon côté que nous voyons aussi, c'est que vous menez, après tout, la vie que vous avez choisie, qui vous plaît, et qui renferme en effet bien des choses de nature à plaire. La société d'une famille aimable et distinguée, des habitudes agréables sans lien trop étroit, et, pour couronner le tout, le séjour de Rome, voilà ce que notre amitié si sincère se dit pour la consolation de ne pas vous voir. Je vous assure avec toute sincérité que cette amitié est d'assez bon aloi pour trouver une vive satisfaction dans ces pensées ; et pourvu que vous ne nous oubliiez pas, ce que je sais que vous ne ferez point, nous nous tenons pour satisfaits. Restez donc là-bas aussi longtemps que cela vous paraîtra bon, sans craindre de refroidir notre affection pour vous... »

Et encore de Cannes, où il était allé passer son dernier hiver, et où il venait d'éprouver une crise violente. Tocqueville lui écrivait le 30 décembre (1858) :

« Je puis bien vous assurer en toute vérité que je n'avais pas besoin de tous les détails que vous me donnez pour être convaincu que, si vous n'êtes pas déjà venu à moi, c'est que les raisons les plus fortes vous en empêchaient. J'ajoute, mon bon et cher ami, que non-seulement je ne vous ai pas attendu, sans pour cela vous en vouloir dans un degré quelconque, mais, je vous dis ceci du fond du cœur, que je vous prie très-instamment et très-sincèrement de ne pas venir. Je vous connais jusqu'au fond, et c'est pour cela que j'ai une affection si véritable pour vous ; je juge peut-être mieux l'état de votre âme que vous ne pouvez le juger vous-même ; je sais que, si vous veniez ici, vous y vivriez dans un état d'agitation intérieure et profonde que rien ne pourrait dérober à mes regards. Cela vous ferait souffrir, et la vue de cette agitation détruirait de fond en comble tout le plaisir que me ferait sans cela votre présence. Il faut savoir prendre le temps comme il vient. Votre cœur est le même pour moi, mais les circonstances sont changées. Le moment de crise (et je ne crois pas en avoir éprouvé une pareille dans toute ma vie) est d'ailleurs passé. J'ai repris mes forces... »

Mais les crises se succédèrent. Tocqueville s'affaiblissait de jour en jour. Il mourait avant qu'Ampère pût le revoir. Celui-ci, profitant enfin d'un éclair de liberté, accourait d'Italie; il arriva trop tard. Les déchirements de ce cœur qui n'avait pu tout concilier ne sauraient mieux se peindre que dans la lettre suivante, par lui adressée sur le moment même à M. de Loménie, et dont quelques mots sont à demi effacés par des larmes :

« Marseille, 26 avril (1859).

« Mon cher ami,

« Je vous écris de Marseille, où il y a eu hier huit jours j'arrivais de Rome et où la nouvelle entièrement inattendue de l'affreux événement m'a foudroyé. J'étais dans une complète illusion, née de celle du cher malade avec lequel je n'avais cessé de correspondre que lors des accidents du mois de janvier, et alors une lettre de M. Bunsen était venue bientôt me rassurer après de vives alarmes en m'annonçant sa convalescence. Depuis, Tocqueville m'avait écrit, comme à l'ordinaire, les lettres les plus rassurées, toujours d'une grâce d'amitié charmante, et témoignant d'une entière liberté d'esprit. Moi qui savais qu'il s'inquiétait beaucoup de sa santé, je ne pouvais croire à aucun péril prochain, en lui voyant cette absolue sécurité. Autour de lui, on semblait la partager, et une lettre écrite par Mme Bunsen à une de ses amies de Rome le 29 mars dernier parlait de convalescence en progrès : elle confirmait les nouvelles qu'il m'avait données quelques jours avant. Nous avions discuté ensemble le moment où mon voyage à Cannes lui serait le plus agréable et où les anxiétés et les douleurs dans lesquelles j'ai passé l'hiver, étant moins violentes, rendraient mon départ plus facile. Je suis enfin parti, il y a dix jours, non pas appelé par l'inquiétude, mais seulement par l'impatience de le voir, (par) la pensée de remplacer Beaumont que je savais auprès de lui depuis quelque temps et de passer avec mon ami convalescent un mois agréable comme un mois de Tocqueville. J'arrivais ainsi lundi de la semaine dernière à Marseille, quand un journal m'a appris que l'avant-veille il avait cessé de vivre. — J'ai d'abord été comme fou de douleur et de stupeur. Le lendemain j'ai pensé à Mme de Tocqueville. J'ai envoyé une dépêche télégraphique : on m'a répondu par une autre, m'annonçant la cérémonie funèbre pour le lendemain, sans me dire l'heure. Je me suis procuré à la hâte une voiture de poste et suis parvenu à faire marcher les postillons de manière à n'employer au trajet de Marseille à Cannes que quatorze heures, au lieu de vingt que met la diligence. Je suis arrivé à temps; mais quelle arrivée! J'ai rencontré dans la rue la bière de celui que je n'avais pas revu depuis que je l'avais embrassé si tendrement à Cherbourg, où il m'avait reconduit. Ses frères étaient là et un ami d'enfance, Louis de Kergorlay. Celui-ci devait ramener la pauvre Mme de Tocqueville, un des frères retournant à Nice où il avait laissé sa famille, l'autre reconduisant la dépouille de son frère, qui, d'après sa volonté, reposera dans le cimetière de Tocqueville. Kergorlay a été rappelé par une dépêche télégraphique, et j'ai naturellement offert de ramener Mme de Tocqueville. Nous serons à Paris, je crois, seulement vendredi.

« C'est une triste manière d'y arriver, et d'autres inquiétudes ne me permettront pas, je le crains, d'y rester longtemps ; mais dans l'état de brisement où je suis par suite de ce que je viens de souffrir et de tout ce que j'ai souffert depuis un an, ce me sera un vrai soulagement de serrer la main de quelques vrais amis comme vous et les vôtres. Communiquez, je vous prie, cette lettre à Mme Lenormant et à Mme Ozanam, qui sont de ces cœurs sur lesquels compte le mien. Adieu tendrement. »

Tocqueville mourait en avril : la chère malade, pour laquelle Ampère avait tant tardé à venir et qu'il alla retrouver dès qu'il le put, mourait en septembre de cette même année (1859). Fidèle à sa mémoire, il continua de vivre, soit en Italie, soit en France, auprès de la famille adoptive dont il avait partagé et contribué à adoucir les douleurs.

Au milieu de tous ces deuils, de toutes ces alarmes, l'étude avec lui ne perdait jamais ses droits. Le séjour de Rome fut fécond pour Ampère ; il y avait fait, depuis 1824, bien des voyages, mais dans les dernières années la ville éternelle lui était devenue une patrie. A force de la fréquenter et de la posséder dans ses antiquités, dans ses ruines, il s'y sentait comme chez lui et y habitait en idée à tous les âges ; son imagination le transportait à volonté à une époque historique quelconque ou par delà jusque dans les périodes légendaires. Initié à ce degré et mûri, il n'y put tenir, et il se dit un jour de récrire toute l'histoire romaine d'un bout à l'autre, depuis et avant Romulus jusqu'aux derniers empereurs, et en s'aidant à chaque pas, en s'autorisant des monuments de toute nature invoqués en témoignage. Le goût de l'Antiquité pure et le génie du passé n'étaient pas tout dans son inspiration : en approchant de l'époque impériale et en la traversant dans ses principaux règnes, il avait un stimulant puissant et un motif de zèle dans sa haine contre le régime impérial ancien ou moderne, à toutes les dates : il commença déjà à lui faire la guerre et à lui décocher des traits bien avant César et de derrière le tombeau des Scipions. Sur cette histoire romaine d'Ampère, si considérable aujourd'hui (elle n'a pas moins de six gros volumes), si intéressante par parties, si instructive même, mais qu'il n'a pas eu le temps de fondre et de composer en un tout harmonieux, je serai à la fois très-franc et très-humble. Et d'abord je ne me sens point un juge compétent : cette érudition si pleine, si nourrie, si fourmillante en quelque sorte, m'éblouit et me dépasse; mais à d'autres égards je n'ai besoin que de mon bon sens tout seul pour résister. En ce qui est des origines, je m'étonne qu'on puisse avoir un avis un peu probable sur bien des choses. Ce que rejette Ampère, ce qu'il admet pour commencer me paraît tout à fait arbitraire et dépendre moins d'une méthode que d'une impression personnelle et d'une espèce de divination qu'il aurait acquise en vivant beaucoup dans les mêmes lieux et en dormant dans l'antre de la sibylle. J'appellerais cela volontiers *le Songe d'Ampère*. Tant qu'il ne se donne que pour le commentateur et le compagnon de voyage de Virgile aux collines d'Évandre, je me plais à le suivre; c'est de la poésie encore; mais, lorsque mettant le pied dans l'histoire, il s'écrie tout à coup : « Je crois à Romulus! » quand il nous annonce en tête d'un chapitre *la vérité sur l'enlèvement des Sabines*, je souris en l'écoutant; il m'est impossible de voir autre chose dans les diverses sortes d'interprétations auxquelles il se livre qu'un jeu d'esprit soutenu de l'érudition la plus animée. Lorsqu'il arrive à des époques positivement historiques, je m'étonne encore de la méthode d'Ampère. Il a une vivacité (à cette distance) qui peut avoir son charme et son piquant, mais qui, pour le fond, me jette à tout instant dans la perplexité et le doute. Qu'il en veuille d'avance au grand Scipion, parce qu'il le soupçonne par anticipation d'avoir été une première ébauche, une première épreuve de César, passe encore; mais qu'il tienne à voir en lui un *charlatan* et que, pour se confirmer dans l'interprétation subtile de son caractère, il écrive : « J'ai demandé aux bustes de Scipion de m'éclairer sur son mysticisme, et leur étude n'a pas été favorable à la sincérité de ce mysticisme : cette physionomie n'est pas celle d'un illuminé sincère, c'est la physionomie d'un homme intelligent, hautain, positif... », un pareil genre de preuves, je l'avoue, me paraît prêter terriblement à la fantaisie. J'admire qu'Ampère, connaisseur de tout temps assez incertain en matière de beaux-arts, se trouve ainsi avoir aiguisé ses sens au point d'être subitement doué de seconde vue et de dépasser Lavater, et en général je ne saurais me faire à cette méthode qui me paraît bien hasardeuse et qu'il affectionne avant tout, de prétendre juger du caractère des hommes d'État par des portraits et des bustes plus ou moins ressemblants et quelquefois douteux ; mais, cela dit, ce voyage à travers l'histoire romaine qu'on refait avec Ampère est plein d'agrément et d'instruction ; la contradiction même y est profitable : on y remue, on y ravive, bon gré, mal gré, ses notions et ses jugements. En arrivant à l'ère des Césars, l'auteur a pu donner toute carrière, avec vraisemblance et d'une manière assez plausible, à son républicanisme littéraire. D'autres, depuis, se sont montrés encore plus durs que lui pour Auguste, à qui l'on fait maintenant un crime d'avoir été un politique profond et d'avoir donné quarante années de paix au monde. Ampère ne termine pas ce règne d'Auguste sans apostropher le vieil empereur et lui dire son fait à dix-huit cents ans de distance : « Non, je ne t'applaudis pas, s'écrie-t-il avec feu et comme prenant sa revanche, pour avoir trompé le monde, qui ne demandait qu'à l'être, et pour être parvenu, avec un art que la soif de la servitude rendait facile, à fonder, en conservant le simulacre de la liberté, un despotisme dont nous verrons se développer sous tes successeurs les inévitables conséquences. Et qu'as-tu fait pour être applaudi ? Le peuple romain était fatigué, tu as profité de sa fatigue pour l'endormir. Quand il a été endormi, tu as énervé sa virilité. Tu n'as rien réparé, rien renouvelé ; tu as étouffé, tu as éteint... » On a beau dire, je ne puis me faire à un pareil ton et à de pareilles prises à partie personnelles dans le cadre dès longtemps accompli et immuable de l'histoire. Ampère, qui a commencé par dénigrer un peu Scipion le grand Africain, finira aussi par diminuer le plus qu'il pourra le siècle fortuné des Antonins. Cela tient à l'esprit même qui circule dans tout son travail et qui est un esprit de polémique contemporaine très-sensible. Dans une lettre à la duchesse de Mouchy, à qui certes il ne croyait pas déplaire en tenant ce langage (ô ironie du temps et des choses!), Ampère est allé jusqu'à se qualifier du nom d'*émigré*, — un vilain nom. Il y a tel chapitre en effet de cette histoire ancienne que l'on dirait écrit par un émigré, tant la prévention vivante y domine! Mais encore une fois je me récuse, je ne suis pas juge du fond, et je laisse l'auteur historiquement aux prises avec ses vrais contradicteurs en notre temps, les Mommsen, les Léon Renier. Le *cicerone* en lui me paraît charmant, mais peu sûr. Je suppose que toute cette érudition qui sort et pétille de partout est exacte; j'ai pourtant quelque peine, je le confesse, à ne pas me défier un peu des entraînements auxquels je la vois sujette, et j'aimerais à ce qu'un vrai critique, la loupe à la main, y eût passé. En attendant, je jouis en mon particulier de lire les agréables chapitres sur Virgile, Horace, Ovide, Properce, Tibulle, non toutefois sans sourire encore d'entendre Ampère nous dire à propos de ce dernier : « L'aimable Tibulle est le seul des poëtes de ce temps auquel je n'aie pas à reprocher un vers en l'honneur d'Auguste. Les âmes tendres ne sont pas toujours les plus faibles. » Voilà un éloge qui sent son anachronisme et auquel l'ombre de Tibulle ne se serait certes pas attendue. Ampère prend ses opposants partout où il peut. Il y met du point d'honneur et en fait son affaire personnelle. On dirait que Caton, en mourant, lui a légué ses pouvoirs.

Ce qui n'empêche pas, au jugement de quelques bons esprits, que cette *Histoire romaine* ne soit ce qu'Ampère a laissé de mieux et de plus original dans sa vivacité même, une ample étude faite sérieusement et avec passion, et très-estimable malgré les fautes.

Ampère, dont ce fut le dernier enthousiasme, y travaillait avec une incroyable ardeur, lorsqu'il fut enlevé, dans la nuit du 26 au 27 mars 1864, à Pau, où il était alors. Rien dans sa santé atteinte, mais en partie robuste, ne faisait prévoir un si brusque et si fatal dénoûment.

Je n'ai rien eu à dire des sentiments religieux d'Ampère, desquels pourtant plusieurs de ses biographes ont cru devoir s'occuper comme s'il leur avait donné des espérances. Il était un esprit essentiellement philosophique et trop habitué à la considération des lois générales pour que l'idée du surnaturel vînt l'en détourner. Cependant son respect pour les convenances était tel, ses égards pour ses amis allaient si loin, sa sensibilité par moments empiétait si fort sur sa pensée, qu'il n'est pas impossible, à ne juger qu'humainement et par les dehors, — qu'il est même assez probable, — qu'il eût accordé, s'il en avait eu le temps, satisfaction aux vœux et aux instances de ses entours. Permis à ceux qui souhaiteraient pour lui quelque chose de plus encore de le supposer (1). Il professait

(1) « Un de mes amis, qui l'a beaucoup connu à Rome, me contait dernièrement des choses très-intéressantes sur lui pendant son

particulièrement un tendre respect pour la nuance de catholiques libéraux dont Ozanam était à ses yeux le type.

Et maintenant que je suis parvenu au terme de cette longue et encore bien incomplète description d'une nature à la fois si riche et si éparse, je reviens sur une question que je me suis faite et à laquelle il semble que j'aie déjà répondu, et, me remettant à douter (ce qui est mon fort), je me demande derechef si en effet il eût mieux valu pour Ampère concentrer son esprit, son étude et son talent sur une œuvre et sur un livre, sur cette *Histoire littéraire de la France* à laquelle je mettais tant de prix et que je lui désignais comme son meilleur emploi. Sans doute, en s'y attachant avec suite, il eût contribué plus sûrement à sa renommée, à son autorité, sinon à sa gloire : il eût composé un livre excellent et durable, en vue de tous, à l'usage de tous; il eût continué de faire l'éducation supérieure de plusieurs générations successives; quiconque se fût essayé dans cette voie critique l'eût rencontré sans cesse sur son chemin et pendant ces quinze dernières années et dans celles qui suivront; on aurait eu, en chaque sujet littéraire, à compter avec lui; mais en lui impo-

---

séjour dans la ville éternelle. La famille Cheuvreux, qui était devenue la sienne, avait fini par le décider, tout libre penseur qu'il était, à aller assidûment à la messe; il paraît même que, dans ses dernières années, il s'était rapproché du catholicisme. (Lettre de M. de Chantelauze.) » — Il n'y a rien là qui ne rentre dans l'ordre des évolutions que nous voyons tous les jours s'accomplir (non sans quelque surprise) chez des esprits distingués et vieillissants de la même génération qu'Ampère.

sant cette tâche, en lui supposant ce souci, suis-je bien entré dans l'esprit de l'homme, ne l'ai-je point tiré un peu trop à moi et dans le sens de ce que je préfère moi-même? L'imaginer, le désirer tel, n'est-ce pas substituer insensiblement un autre Ampère à celui qu'avait fait la nature et dont la société s'est si bien trouvée? Voyons un peu : le livre une fois conçu et bâti (et il l'était), en tout lieu, en toute occasion, il n'eût été occupé qu'à l'achever, à le remplir dans toutes ses parties; puis, une fois imprimé, qu'à le reprendre et à y revenir, à le corriger, à le compléter et à l'enrichir de tout point, à le tenir ouvert, à jour, au courant des moindres recherches comme on en a tant fait sur le moyen âge depuis vingt-cinq ans, sur la Renaissance, et même sur le XVIIe siècle. Une seule erreur découverte dans une de ses pages l'aurait rendu malheureux et ne lui eût pas laissé de repos qu'il ne l'eût rectifiée et fait disparaître. Des milliers de détails l'eussent partagé et absorbé. Il n'aurait songé qu'à multiplier les éditions, c'est-à-dire les perfectionnements, tout comme M. Henri Martin pour son *Histoire de France*. Il serait devenu l'homme d'un seul livre : il n'eût plus été l'amateur universel. Le style aussi l'aurait démangé sans cesse; pour être artiste, il faut être un peu ouvrier : cela consume des heures, et l'expression après laquelle on a couru vainement vous poursuit ensuite jusque dans le monde ou vient couper vos méditations solitaires. Ampère, établi l'historien d'office d'une grande littérature et ayant charge d'un monument, serait donc devenu un autre Ampère que celui que nous avons eu et qui ne calculait rien, gai, libre, capricieux, distrait ou absorbé, tout à la veine présente, obéissant à tous les souffles, à toutes les fougues de l'intelligence. Il n'aurait plus rayonné en tous sens; il aurait moins su, moins appris avidement de tout bord. Arrivé dans son sujet à des époques en vue, à la période classique de son histoire, il aurait dû y séjourner longuement et tourner beaucoup, pour les renouveler, autour de choses connues et de chefs-d'œuvre tout domestiques, lui qui n'était jamais plus heureux que hors de chez soi. Il n'aurait plus été aux ordres de l'une ou de l'autre de ses nombreuses et brillantes facultés à toute heure : il n'en aurait pas eu seulement la dépense et le plaisir, il en aurait eu l'économie. Esclave d'une pensée unique ou dominante, à la tête de quinze ou vingt volumes toujours présents et en cours d'exécution, ayant l'œil aux travaux d'autrui pour en profiter ou pour se défendre, condamné à un vrai régime de patience, il n'aurait plus été aussi libre de ses mouvements; sa chaire l'eût assujetti jusqu'au bout : il aurait dû se retrancher bien des excursions et plus d'un voyage. Rome ne l'aurait pas si fort captivé, ni transformé jusqu'à la moelle en citoyen romain; Paris serait resté son centre et sa capitale, il n'aurait plus fait l'école buissonnière en grand. Avec moins d'oubli et d'abandon, il eût été moins aimable, moins délicieux en société, moins cher à ses amis, peut-être moins digne de l'être. Au lieu de se prodiguer avec eux et de verser sans compter, il se serait ménagé ou dérobé à de certains jours. Dans tous les cas, il aurait moins joui pour lui-même ; il aurait moins pensé, moins embrassé à souhait le temps et l'espace, il aurait moins vécu. Au point de vue de la philosophie supérieure et suprême, qu'y a-t-il donc à regretter?

Les Lettres d'Ampère, écrites sans beaucoup de soin, le plus souvent griffonnées précipitamment, sont vives, naturelles, affectueuses, et rendent bien le mouvement et le train habituel de son esprit. Un Recueil de ses Lettres fait avec choix et avec correction serait intéressant et servirait sa mémoire en remettant de près sous les yeux l'homme même.
Sa conversation, très-vive sur les choses, n'avait rien de malveillant pour les personnes : elle était même, en général, très-mesurée à cet égard et (je ne parle pas des dernières années) remarquablement discrète. Il ne tenait pas à se faire des ennemis. Pourtant il ne se privait pas de traits fins et piquants au passage, et qui, dans leur sobriété, eussent mérité d'être retenus. Par exemple : — il disait de Balzac et de certaines de ses descriptions sales, ignobles, triviales : « C'est drôle, quand j'ai lu ces choses-là, il me semble toujours que j'ai besoin de me laver les mains et de brosser mes habits. » — A propos du ton un peu sec et de la manière froide et peu liante de Lamartine dans la conversation, du peu d'accord qu'on trouvait au premier aspect entre la personne et les œuvres du poëte, il disait : « On sent bien qu'il y a là-dessous une harpe, mais elle est enfermée, et nous n'en avons que la boîte. » — A propos de de Vigny et de ses airs pincés en présence surtout de ceux qui n'étaient pas de son monde, il disait : « C'est singulier, chaque fois

que je rencontre M. de Vigny, je ne puis m'empêcher de me
rappeler ces vers de Boileau :

. . . .
A repris certain fat qu'*à sa mine discrète
Et son maintien jaloux j'ai reconnu poëte.* »

— Il comparait Fauriel, qui craignait toujours d'être trop
vif dans l'expression et d'outre-passer la vérité, à un homme
qui fait un dessin à la mine de plomb : « Et quand il a fini,
il craint que ce ne soit encore trop vif, et pour plus de précaution, il passe sa manche dessus. » Ceci me rappelle à
moi-même un mot que m'écrivait M. de Rémusat après la
lecture de mes articles sur Fauriel : « Il est original, me
disait-il, par son défaut absolu d'effet et de saillie. Je n'ai
jamais vu une réelle supériorité qui manquât à ce point de
relief. C'est un beau dessin effacé. »

— L'éditeur posthume croit pouvoir joindre ici, à titre de
curiosité, et comme complément à ce qu'on a dit plus haut sur la
mission acceptée par Ampère en 1848, de MM. Carnot et Jean Reynaud, le billet suivant d'Ampère à M. Sainte-Beuve, qui lui tombe
au dernier moment sous la main : « Mon cher ami, Jean Reynaud
que j'ai vu hier veut vous parler ; il a quelque chose à vous dire et
vous demande à grands cris. Si vous le voyez, et qu'il vous parle
de mes plans de voyage, n'en dites rien, je vous prie, *à personne.*
Mille amitiés, J.-J. Ampère. (29 mars 1848.) » — A cette date,
environ un mois après la révolution de Février, le *quelque chose*
de si pressé que M. Jean Reynaud pouvait avoir à dire à M. Sainte-
Beuve était probablement relatif à cette absurde et inepte calomnie,
dont M. Sainte-Beuve a fait le sujet des premières pages de son
livre de *Chateaubriand.* J'y renvoie le lecteur.

ŒUVRES FRANÇOISES

DE

JOACHIM DU BELLAY

GENTILHOMME ANGEVIN

AVEC UNE NOTICE BIOGRAPHIQUE ET DES NOTES

PAR M. CH. MARTY-LAVEAUX (1)

I.

Les études sur l'ancienne poésie française ont fait de grands progrès depuis trente et quarante ans. En ce qui est du moyen âge, on peut dire qu'on a véritablement exhumé et découvert cette poésie, du moins dans sa branche la plus haute, la plus vigoureuse et la plus féconde, la Chanson de geste, l'Épopée. On ne saurait en dire à beaucoup près autant de cette autre partie de l'ancienne poésie qui ne remonte pas au delà du

---

(1) Le tome 1ᵉʳ seul avait paru (1866), (chez Lemerre, éditeur, passage Choiseul, 47.) — Cette Étude, que nous réimprimons aujourd'hui, est extraite du *Journal des Savants*.

xvɪᵉ siècle et qui appartient proprement à la Renaissance. Elle était connue, assez mal connue, il est vrai, très-mal famée, et elle semblait condamnée sans appel ; il a fallu un certain effort de curiosité et une sorte de courage de goût pour revenir jusqu'à elle et y pénétrer. C'est de cette seule époque de notre poésie que j'ai à parler en ce moment.

Lorsque, en 1827, à l'occasion du sujet proposé par l'Académie française, qui avait demandé le Tableau de notre littérature au xvɪᵉ siècle, quelques esprits curieux se portèrent plus particulièrement vers la poésie de ce temps-là, leur première impression fut la surprise : on leur avait tant dit que cette poésie, celle qui remplissait l'intervalle de Clément Marot à Malherbe, était barbare et ridicule, qu'ils furent frappés de voir, au contraire, combien elle l'était moins qu'on ne le répétait de confiance ; combien elle offrait, après un premier et rude effort, d'heureux exemples de grâce, d'esprit, et parfois d'élévation. En rencontrant à l'improviste ces agréables pièces ou ces beaux passages, ils eurent un sentiment et comme un souffle de fraîcheur, d'aurore et de renaissance. Dans l'exposé qu'ils firent des diverses écoles littéraires, ils s'attachèrent à établir les principaux groupes et à les distinguer par des caractères ou des nuances qui se trouvent encore justes aujourd'hui. Depuis ce moment, la poésie française du xvɪᵉ siècle n'a cessé d'être en honneur et en faveur auprès d'un nombre croissant d'esprits cultivés. Un relevé complet de tout ce qui s'est publié depuis 1830 concernant ces poëtes, dissertations, notices, réimpressions entières ou partielles, nous mènerait trop loin, et je me bornerai à l'essentiel.

C'était par le goût plus que par la science qu'on y était revenu, et longtemps ç'a été le goût, la fantaisie même plus que la méthode, qui a présidé à ces résurrections ou réhabilitations. Des amateurs de livres (pour commencer par eux) se sont mis à rechercher avidement les exemplaires de ces poëtes, et, qui plus est, ils les ont lus, ils les ont appréciés pour le dedans. Une vive concurrence s'est déclarée. La cherté s'est mise sur les Ronsard et les Baïf, qui étaient à vil prix dans notre jeunesse; et, pour se faire une juste idée des destinées et des vicissitudes bibliographiques de Ronsard, par exemple, il suffit de la remarque suivante, qui est de M. de Sacy. En 1765, le libraire G.-F. de Bure, prédécesseur de M. Brunet, ne faisait pas figurer une seule fois le nom du poëte vendômois dans les huit volumes de sa *Bibliographie instructive*. M. Brunet, à qui le travail de de Bure servait de point de départ pour son *Manuel du Libraire,* n'accordait encore à Ronsard, en 1814, dans sa seconde édition, que dix-sept lignes. Dans sa cinquième édition, en 1863, il lui consacre treize colonnes en petit texte, et un travail approfondi sur les éditions originales. Nous avons là, pour ainsi dire, le cours de la Bourse littéraire : je ne le donne certes pas comme une mesure exacte du goût; c'est, du moins, un signe et un indice.

Notez que cette surenchère ne porte pas seulement sur les poëtes de la Pléiade, elle s'est étendue sur les satellites d'alentour. Les quatre volumes qui forment l'ensemble des poésies d'Olivier de Magny ont été élevés à des prix fabuleux ; et quelques-uns des mêmes hommes qui acquéraient ces poëtes coûte que coûte, et les couvraient de maroquin pour leur bibliothèque de luxe, en usaient, en savaient le bon et le meilleur, et en écrivaient des notices. Le *Bulletin du Bibliophile,* publié chez Techener à partir de 1834, est semé de ces diversités agréables : je ne fais qu'indiquer, en passant, Vauquelin de La Fresnaye, par M. Jérôme Pichon; Jacques Tahureau, Jacques Peletier du Mans, par M. de Clinchamp; Th. Agrippa d'Aubigné, Passerat, le satirique Du Lorens, le cardinal Du Perron, par M. de Gaillon; Nicolas Denisot, par M. Rathery; Nicolas Rapin, Jean Bonnefons et Gilles Durant, un inconnu même, André de Rivaudeau, poëte poitevin, par M. Alfred Giraud; Maclou de La Haye, Olivier de Magny, Joachim Du Bellay, par M. Ed. Turquety. L'érudition provinciale s'est prise d'émulation, et chacun s'est piqué d'honneur pour quelque poëte du xvie siècle, de sa ville ou de ses environs. Un savant homme, qui s'est appliqué depuis à l'histoire des sciences dans l'antiquité, M. Henri Martin, doyen de la Faculté de Rennes, et qui était alors à la Faculté des Lettres de Caen, pelotait, comme on dit, en attendant partie, et publiait dans le Recueil de l'Académie normande tout un mémoire sur le poëte évêque Bertaut (1840). Un autre poëte évêque, Pontus de Tyard, est devenu le sujet d'un prix proposé par l'Académie de Mâcon et décerné à un écrit fort développé et fort circonstancié de M. Jeandet (1860). Un poëte dramatique normand, auteur d'une tragédie de *Marie Stuart*, et de plus économiste, Antoine de Montchrétien, a été étudié avec soin sous ces divers aspects par M. A. Joly, professeur à la Faculté des Lettres de Caen (1865). Peletier du Mans a naturellement appelé l'attention de M. Hauréau dans son *Histoire littéraire du Maine;* mais la Savoie, que Peletier avait visitée et chantée, le dispute aux Manceaux, le revendique pour fils adoptif, et M. Joseph Dessaix, en faisant réimprimer le poëme de Peletier intitulé *la Savoye,* dans les Mémoires de la Société d'histoire de Chambéry (1856), en a préconisé de tout point l'auteur. M. E. Berthelin s'est souvenu qu'Amadis Jamyn, que recommandait de son côté M. Turquety, était Champenois, et il s'est aidé de tous les documents de l'érudition locale pour le faire mieux connaître (1859) (1). Des inconnus même, des inédits tels qu'un Julien Riqueur, ont été tirés des limbes, ce dernier par M. Léon de La Sicotière. M. Léon Feugère, qui s'est appliqué utilement au XVIᵉ siècle pour des ouvrages de prose, a essayé de remettre à flot un de ces poëtes inconnus qui n'avait été imprimé qu'une seule fois en 1590, au plus fort des agitations de la Ligue (c'était jouer de malheur), et qui a nom Pierre Poupo. M. Valery Vernier ramenait sur l'eau un disciple de Ronsard,

---

(1) Il m'est impossible toutefois de ne pas remarquer l'exagération qui s'attache à ces Études ou *monographies,* comme on dit aujourd'hui. Ainsi la brochure de M. Berthelin, d'une cinquantaine de pages, s'intitule : *Étude sur Amadis Jamyn : son Temps, sa Vie, ses OEuvres.* On n'en dirait pas plus pour un Milton ou pour un Chateaubriand. C'est à qui mettra de grands cadres à de petites figures.

Guy de Tours. On a cherché de ces disciples égarés de
la Pléiade jusque hors de France. Charles de Rouillon,
poëte belge du milieu du xvie siècle, a été signalé par
M. Helbig, de Liége, comme on signale aux recherches
un naufragé dont toute trace s'est perdue (1860); le
même M. Helbig nous rendait un autre poëte flamand
qui avait figuré à la cour des Valois sous le nom tra-
vesti de *Sylvain* (1861). On s'est conduit, à l'égard de
ces poëtes naufragés et coulés, comme dans un sauve-
tage : ç'a été à qui repêcherait son homme. Tel autre
poëte suisse de Neufchâtel, Blaise Hory, s'est vu déterré
et mis au jour pour la première fois à titre de *fossile
littéraire,* par M. Frédéric de Rougemont, qui n'a pas
craint de le qualifier de la sorte. Et, en effet, on ne
s'est pas contenté d'extraits et d'échantillons pour les
inédits même ou pour les oubliés, on en a donné des
éditions premières ou des rééditions très-augmentées.
La plus remarquable et la plus savante est, à coup
sûr, celle que M. Reinhold Dezeimeris a donnée de
Pierre de Brach, le poëte bordelais, ami de Montaigne.
L'éditeur a enrichi cette publication de toutes les réminiscences qui lui venaient à chaque instant de l'antiquité et qui n'étaient pas hors de propos chez un
poëte de la Renaissance : c'est toute une anthologie
française et grecque que ces deux beaux volumes imprimés à Bordeaux, avec les caractères de Perrin de
Lyon (1861-1862). S'ils avaient pu voir ce luxe d'hellé-
nisme et de typographie déployé autour d'un des leurs,
les mânes de Jean Dorat et d'Henri Estienne eussent
tressailli. S'attaquant au chef et capitaine de la bande,

à celui qui, bien ou mal, n'avait cessé d'être en vue, M. Blanchemain donnait un volume d'*Œuvres inédites* de Ronsard ou de vers à lui attribués (1855), en attendant la réimpression complète des Œuvres du poëte à laquelle, poëte lui-même, il s'est appliqué avec une sorte de piété (1). Un amateur et collecteur zélé, M. Achille Genty, semblait s'être attaché de prédilection à Vauquelin de La Fresnaye dont il nous a rendu l'*Art poétique* (1862), mais qu'il n'a pu cependant faire réimprimer en entier, au grand regret de tous ceux pour qui le volume original, tout à fait rare et hors de prix, est inabordable. M. Paul Gaudin, qui fait de jolis vers, n'a voulu donner que les *Chefs-d'œuvre* du poëte Des Portes dans un petit volume, de facile et agréable lecture (1862). M. Alfred Michiels avait déjà recueilli tout ou presque tout Des Portes dans un volume fort dense (1858), auquel il a joint une notice fort travaillée.

Joachim Du Bellay, auquel nous viendrons tout à l'heure, ce premier lieutenant de Ronsard et le porte-enseigne du groupe, n'a pas été le moins favorisé, et c'est justice. Sa *Défense et Illustration de la Langue françoise* a été réimprimée une première fois, en 1839, par M. Ackermann, un ingénieux grammairien; elle l'a été, une seconde fois, avec un choix de ses Poésies (1841), par M. Victor Pavie, alors imprimeur à Angers, et qui avait à cœur l'honneur de la patrie angevine.

(1) Il y avait eu un *Choix des œuvres et poésies de Ronsard*, publié par M. Paul Lacroix en un volume (1840), et il y a, de 1862, un autre *Choix* en deux volumes publié chez M. Didot par les soins de M. A. Noël.

Que les poésies de Louise Labé, la belle Cordière, à laquelle se rattachent des souvenirs plus ou moins romanesques, n'aient cessé d'être réimprimées de temps en temps dans la patrie lyonnaise, il n'y a pas lieu de s'en étonner.

Sur ces entrefaites, un très-utile secours venait s'ajouter à tous ceux qu'avaient déjà les curieux et les studieux pour se guider dans cette branche particulière d'ancienne poésie. Le *Catalogue des livres composant la Bibliothèque poétique* de M. Viollet-le-Duc, publié en 1843, donnait des indications bibliographiques précises accompagnées de courtes analyses ou d'aperçus, et le ciel poétique du XVIe siècle se peuplait ainsi d'une quantité d'étoiles de toute grandeur ; les plus petites même étaient désormais visibles.

Un autre secours des plus directs, une autre source où l'on n'avait pas laissé de puiser, c'était le manuscrit de Guillaume Colletet, conservé à la Bibliothèque du Louvre et contenant les *Vies des Poëtes françois*. On a souvent exprimé le regret que ce manuscrit n'ait pas été livré à l'impression. En attendant, un érudit plein d'ardeur, M. Philippe Tamizey de Larroque, en a tiré les *Vies des Poëtes gascons* au nombre de six (1866). Du Bartas nécessairement n'y est point oublié. M. Tamizey de Larroque avait déjà donné sur Du Bartas quelques pages dans lesquelles il a pris soin de réunir ce qu'on a récemment trouvé de nouveau à son sujet, en indiquant ce qui serait à faire encore (1864).

Un travail d'un tout autre genre, et qui offre un caractère didactique, est un *Essai sur l'histoire de la*

Versification française au XVIe *siècle,* que M. Frédéric Chavannes a inséré, en 1847, dans la *Revue suisse,* qui se publiait à Neufchâtel. J'allais omettre une spirituelle dissertation sur *Ronsard et Malherbe,* que le professeur Amiel écrivait pour les colléges et gymnase de Genève, à l'ouverture de l'année scolaire 1849-1850 ; nouvelle preuve de l'intérêt que les pays circonvoisins et de langue française mettaient à ce genre de questions, qu'on dirait renouvelées de Balzac et que la critique de notre siècle rajeunit.

Par ce simple aperçu, que je ne me flatte pas d'avoir su rendre complet, j'ai tenu à bien montrer du moins l'ensemble du mouvement qui s'est produit, depuis une trentaine d'années, autour de cette famille particulière de vieux poëtes. On a pu voir qu'il y a eu beaucoup de hasard et de fantaisie dans cette quantité de notices, mémoires et tentatives de résurrection sur des points isolés. On y découvrirait même une sorte de mode littéraire, si l'on y joignait les essais de poésie, odes ou odelettes, composées sur les rhythmes de Ronsard, par des auteurs, alors très-jeunes, appartenant à nos dernières générations. On a *ronsardisé* en vers, et avec assez de bonheur (1). Mais, quant à la méthode à apporter dans cette province de l'histoire littéraire, elle ne se dessine que depuis assez peu de temps : et, par méthode, j'entends une étude comparée, coordonnée, qui cherche les classements justes, le degré de mérite

---

(1) « En ce temps-là, je *ronsardisais,* disait Gérard de Nerval. » Et c'est ce qu'a écrit M. Sainte-Beuve sur une jolie, fine et rare plaquette en vers de M. Théodore de Banville, intitulée *Améthystes.*

appréciable, et qui tient à mesurer positivement les progrès ou changements introduits soit dans la versification, soit dans le vocabulaire poétique et dans la langue. Il était nécessaire pour cela que les critiques qui s'occupent des poëtes du xvie siècle y arrivassent préparés par la connaissance des époques antérieures, par la pratique du moyen âge et par la science de l'antiquité. M. Gandar, l'un des premiers, dans sa thèse sur Ronsard *considéré comme imitateur d'Homère et de Pindare* (1854), est revenu soumettre à un examen rigoureux et peser dans la balance les résultats en question ; insistant sur la partie grave des œuvres de son auteur, il a fait, de plus en plus, pencher le plateau en faveur du vieux poëte. Dans une étude du *Développement de la Tragédie en France* (1862), M. Edélestand du Méril a assigné avec une entière précision leur vraie place aux essais des Jodelle, des Grévin, et à la forme plus complète de Garnier ; M. Émile Chasles, dans une thèse sur *la Comédie en France au* xvie *siècle* (1862), a rendu plus de justice qu'on ne l'avait fait encore à l'effort tenté par quelques poëtes de la Pléiade pour instituer une comédie qui ne fût plus celle des carrefours et qui tendait à devenir la comédie des honnêtes gens. Cette sorte de comédie un peu artificielle, qui procédait d'intention et de propos délibéré plus que de génie, a aussi sa place dans l'ouvrage de M. C. Lenient, *De la Satire en France ou de la Littérature militante au* xvie *siècle* (1866) ; mais surtout la forme nouvelle de la satire philosophique, politique, morale, y est suivie de près dans les œuvres de Du

Bellay, Ronsard, Grévin, Jean de La Taille, Rapin, Passerat, d'Aubigné, jusqu'à Vauquelin de La Fresnaye et Mathurin Régnier. Toutes ces études convergent à vue d'œil, se croisent et se rejoignent de manière à ne laisser rien échapper. Ce n'est qu'en ces dernières années qu'on a vu des hommes très au fait de l'ancienne et première poésie du moyen âge, et dont ç'avait été d'abord le point de vue préféré, se porter successivement sur celle du xvie siècle, en observant pour ainsi dire les étages et les gradations, en ne prenant pas la file à un moment quelconque, mais en suivant la chaîne dans toute son étendue. On y a gagné en largeur d'idées, et l'on s'est mieux rendu compte des révolutions ou revirements du goût. MM. d'Héricault et de Montaiglon ont rendu ce genre de service par les publications d'auteurs et de poëtes du xve et du xvie siècle qu'ils ont données dans la très-utile *Bibliothèque elzévirienne* de M. Jannet et qu'ils ont accompagnées de notes et notices appropriées. Nous reconnaissons le même procédé critique (sauf des exagérations peut-être sur quelques points) dans les notices qui ont accompagné le choix intitulé *Les Poëtes français*, dirigé par M. Crépet. Nous y retrouvons fréquemment le nom estimable de M. d'Héricault, du moins pour les poëtes de la première moitié du xvie siècle.

Quant à ce qui est des poëtes de la seconde moitié du siècle et qui forment ce qu'on a appelé la Pléiade, c'est d'aujourd'hui seulement que, grâce à M. Marty-Laveaux, va se dresser le compte régulier, le bilan de ce qu'ils ont apporté de nouveau, de ce qu'ils ont aspiré vainement ou réussi à introduire; de ce qui leur revient à juste titre dans la syntaxe et le vocabulaire de notre langue poétique et dans notre prosodie. Déjà un essai tout grammatical sur ce point de la syntaxe vient d'être fait par un étranger, un savant de Stockholm, M. le professeur Lidforss, sous ce titre, qui, bien que régulier à la rigueur, ne laisse pas de paraître un peu bizarre : *Observations sur l'usage syntaxique de Ronsard et de ses contemporains* (1865). Mais, quelque estime que nous ayons pour les savants étrangers qui s'occupent de nous à ce degré et qui veulent bien entrer dans notre inventaire domestique, quelque reconnaissance que nous leur devions, c'est toujours pour nous une impression singulière de nous voir ainsi établis par eux sur une table de dissection, comme une nature morte, comme une langue morte. Ils ont beau vouloir se familiariser avec nous par l'étude, toujours l'effort se trahit par quelque étrangeté, et il est indubitable qu'un des nôtres, un Français, s'armât-il lui-même d'une méthode rigide, est mieux qualifié pour cette sorte d'anatomie de notre langue dans des parties qui sont encore à demi vivantes et où l'usage intervient à tout moment avec son tact et sa sensibilité.

M. Marty-Laveaux se propose avant tout, pour les sept poëtes de la Pléiade (1), Ronsard, Du Bellay, Belleau, Jo-

(1) Et à propos de ce mot *Pléiade,* qui est prétentieux, quand on l'applique mal, et dont on a tant abusé de nos jours, en le dénaturant, M. Sainte-Beuve dicta un jour cette note : « Ce que c'est que de manquer de littérature, même lorsqu'on est un homme d'un grand talent! Dans son discours du 15 septembre (1867) à Nantes, M. Rouher, célébrant M. Billault, termine en disant que l'histoire

delle, Baïf, Dorat, Pontus de Tyard, d'établir des textes exacts, qui puissent offrir une base certaine à l'étude philologique. L'édition de chaque poëte sera accompagnée d'une notice biographique placée en tête des œuvres, et de notes rejetées à la fin de chaque volume. Pour complément de la collection, un volume à part contiendra : une *Étude générale sur la Pléiade française,* indiquant « son origine, son but, ses espérances et la part légitime qui lui appartient dans la constitution de notre langue et dans le développement de notre littérature ; » de plus un *Glossaire,* renfermant « l'explication de tous les termes qui ne figurent pas dans les dictionnaires actuels ou qui ne s'y trouvent que dans des acceptions différentes de celles dans lesquelles les poëtes les ont employés ; les mots bizarres, forgés par la Pléiade, et qui n'ont eu qu'une existence éphémère ; enfin (et c'est là une partie fort délicate) les mots, nouveaux alors, qui ont été si vite et si généralement adoptés, et qui se sont si complétement incorporés à notre langue, qu'on serait tenté de croire qu'ils remontent à son origine. » Un *Index* des noms propres

---

lui assignera sa place « au premier rang de cette *Pléiade* de grands hommes qui, depuis 1789, ont illustré nos Assemblées parlementaires. » Or la *Pléiade* n'est composée que de *sept* étoiles, de *sept* noms ; et depuis 1789, si l'on choisit *sept* grands orateurs seulement, M. Billault ne sera ni au premier rang ni même l'un des sept. Mais M. Rouher n'a jamais su, littérairement pas plus qu'astronomiquement, ce que c'est qu'une *Pléiade* : de là sa faute, plus en vue encore au terme et au sommet d'une péroraison. Il a cru évidemment que *Pléiade* signifie simplement une grande quantité, et c'est ainsi que se trahit le manque de littérature fine et première. O Cicéron, que tu as eu raison de tant exiger pour ton orateur ! »

historiques et géographiques s'y joindra également. Tout cet attirail est nécessaire à la suite d'un corps d'armée si savant.

En commençant par les *Œuvres françoises de Joachim Du Bellay*, dont nous n'avons encore que le premier volume, l'éditeur a dérogé à son ordre, et la notice biographique qui nous est promise ne viendra qu'avec le second tome. Ne pouvant en profiter, je rappellerai pourtant ici, à ma manière, les titres de Joachim Du Bellay à ouvrir ainsi la marche et à former l'avant-garde de la cohorte.

Lorsqu'on étudie le xvie siècle français au point de vue de la poésie, on est frappé de voir comme il se coupe exactement en deux, et comment, après une première moitié, où s'essaye une renaissance encore incomplète et timide, il vient un jour et une heure où elle éclate et aspire à son plein et entier développement. Or il n'y a rien de plus simple et de plus décisif, pour montrer avec netteté l'état des choses à la veille de la seconde moitié du siècle et pour faire comprendre l'esprit de conquête et d'innovation qui animait à cette heure les jeunes intelligences, que de dérouler de nouveau le manifeste publié par Joachim Du Bellay, ce brillant programme qu'il a daté de Paris, du 15 février 1549. Joachim Du Bellay avait vingt-cinq ans alors : né au bourg de Liré, à douze lieues d'Angers, il appartenait à l'illustre famille des Du Bellay, dont les deux frères, le capitaine Langey et le cardinal Du Bellay, s'étaient signalés dans les armes et dans les négociations pendant la première moitié du siècle. Mais, bien que portant le même nom, remontant à la souche commune (un chambellan de Charles VII), et issu même de la branche aînée, il n'était qu'un cousin assez éloigné de ces hauts personnages. De bonne heure orphelin de père et de mère, tombé sous la tutelle d'un frère aîné, il eut assez de peine à percer, et ne reçut qu'assez tard les marques de la protection du cardinal, qui avait été le patron de Rabelais. Il paraît que, pour l'étude, il s'était surtout formé par lui-même, et qu'il avait profité de deux années de mauvaise santé, où il avait été retenu dans sa chambre, pour lire les anciens poëtes grecs et latins. Une noble idée d'émulation le saisit aussitôt. Pourquoi ne pas les imiter, ces grands modèles, rendus à notre admiration après un si long laps d'oubli? Mais les imiter en latin, comme la plupart le faisaient de son temps, — comme Salmon Macrin, de Loudun, le faisait avec succès, — c'était retomber dans l'ornière et mériter le reproche qu'Horace s'adresse à lui-même ou se fait adresser en songe par Romulus, d'avoir voulu commencer par faire des vers grecs; c'était porter, comme on dit, l'eau à la rivière et le bois à la forêt. Pour les imiter dignement et conformément à l'esprit, c'était donc en français qu'il les fallait non pas seulement traduire, mais reproduire avec art, avec sentiment et choix, qu'il les fallait sinon transplanter tout entiers, du moins renouveler par quelques-uns de leurs rameaux, les faisant refleurir et fructifier à souhait par une greffe heureuse, afin qu'on pût dire de la langue française, à son tour, en toute vérité :

> ...... Nec longum tempus, et ingens
> Exiit ad cœlum ramis felicibus arbos,
> Miraturque novas frondes et non sua poma.

Il était dans ces dispositions, et toutefois il s'était mis à l'étude du droit, lorsque, revenant un jour de Poitiers, il rencontra dans une hôtellerie Ronsard, jeune également, un peu son aîné, je crois, encore inconnu, et méditant lui-même sa réforme et révolution poétique : les deux jeunes gens s'entendirent à première vue et se lièrent. Du Bellay même prit les devants et sonna le premier de la trompette, soit que son *Illustration de la Langue* ait paru en effet au commencement de 1549, soit qu'il faille en reporter la publication en 1550. Les premières odes de Ronsard ne parurent elles-mêmes que dans le courant de 1550. Je laisse à M. Marty-Laveaux le soin de démêler et de fixer ces dates, sur lesquelles j'ai autrefois posé quelques questions.

A tous ceux qui s'occupent de langue, qui ont à cœur le style, l'élévation, l'éclat, l'ornement, je conseillerais de relire de temps en temps, de dix en dix ans, cette ingénieuse, en grande partie judicieuse et tout à fait généreuse *Défense et Illustration de la Langue françoise,* cette éloquente plaidoirie pour notre idiome vulgaire, que l'on s'efforçait pour la première fois de rehausser et d'enrichir des dépouilles des Anciens. Ce petit livre représente un moment de la langue. Pour ma part j'aime à le rapprocher, malgré les différences du ton, de la Lettre de Fénelon à l'Académie française. Je le trouve aussi tout à fait digne d'être mis en pendant et en vis-à-vis avec le brillant discours de l'*Universalité de la Langue française* de Rivarol, couronné, en 1784, par l'Académie de Berlin. On a dans l'intervalle le chemin parcouru en deux siècles et demi, l'étendue de la conquête.

L'ouvrage est divisé en deux livres : le premier, plus général, sur la langue française et ses ressources, le second, plus particulier, et s'appliquant au poëte et à la poésie.

Les remarques abondent et se pressent lorsqu'on relit le curieux livret. On est frappé aussi de quelques contrastes et de contradictions même. Dans une édition que j'ai sous les yeux et qui m'est pas la première, dans l'édition de 1561, je note tout d'abord une disparate : ce sont des distiques grecs de Jean Dorat qui sont en tête et par lesquels le savant maître félicitait Du Bellay de son apologie de la langue française (κελτικῆς γλώσσης). Pourquoi cette félicitation en grec et non en français ? Voici le sens des vers de Dorat, qui sont, du reste, ingénieux, et qui me font l'effet d'un bon centon. Dorat s'empare avec bonheur du vers célèbre qu'Homère a mis dans la bouche d'Hector au moment de l'attaque du camp, ce même vers que répétait Épaminondas sortant de Thèbes malgré les présages et marchant sur Leuctres avec sa petite armée contre les Lacédémoniens :

« *Il n'y a qu'un seul bon augure, c'est de combattre pour la patrie,* a dit la douce éloquence de la muse homérique. Et moi je dirai en parodiant le poëte : il n'y a pas de plus grand'honneur que de combattre pour la langue de la patrie. Aussi, Du Bellay, de même que tes ancêtres se sont entendus appeler patriotes pour avoir défendu la terre de la patrie, de même, toi qui plaides pour la langue paternelle, tu auras à jamais un renom aussi comme bon patriote. »

Le mot de *patrie* revient souvent. On dit, en effet, que Du Bellay a sinon inventé, du moins propagé ce mot dans la langue, et l'un de ses adversaires, Charles Fontaine, le lui a reproché, comme si *patrie* n'était qu'une *écorcherie du latin* : il estime que *pays* était suffisant.

Mais il reste toujours cette contradiction piquante qui exprime bien la confusion du temps et qui montre un maître de la précédente école un peu étonné et tout fier de son disciple émancipé. Celui-ci, s'il avait voulu être conséquent jusqu'au bout, n'avait qu'à répondre à son compliment : « Vous me félicitez de parler fran- « çais, et vous me le dites en grec! » Mais, au lieu de cela, il en faisait trophée et en décorait la première page de son livre. On ne se débarrasse pas du jour au lendemain des habitudes invétérées, et les générations, quoi qu'elles en aient, demeurent enchevêtrées plus qu'elles ne le voudraient les unes dans les autres.

La *Défense et Illustration* est dédiée au cardinal Du Bellay, et la dédicace commence en ces termes pompeux :

« Vu le personnage que tu joues au spectacle de toute l'Europe, voire de tout le monde, en ce grand théâtre romain, vu tant d'affaires et tels que seul quasi tu soutiens; ô l'honneur du sacré Collége! pécherois-je pas (comme dit le Pindare latin) contre le bien public, si par longues paroles j'empêchois le temps que tu donnes au service de ton Prince, au profit de la Patrie et à l'accroissement de ton immortelle renommée? »

On a reconnu le début de l'Épître à Auguste :

> Cum tot sustineas et tanta negotia solus...

Ce sera ainsi d'un bout à l'autre avec Du Bellay. L'imitation des Anciens, même à cette heure d'émancipation, se marque à chaque pas : Du Bellay, en s'affranchissant par un côté, reste assujetti par l'autre. Une chose a été dite et bien dite par un Ancien; on l'a dans la mémoire, on la répète si l'on est un pur écho, on y fait allusion si l'on est un homme d'esprit; tout homme qui a la tête meublée de ces beaux mots des Anciens, qui s'en souvient en pensant et en parlant, et qui tient à en faire ressouvenir les autres, est un classique. Les autres, plus ou moins, sont des barbares : ils ont chance, dira-t-on, d'être plus originaux. Du Bellay et ceux qui marchent sur sa trace n'aspirent, eux, qu'à une originalité moyenne et par voie de culture. Du Bellay, à son moment, est un classique dans toute la force du terme, un classique qui veut qu'on invente à demi, qu'on transplante, qu'on greffe et qu'on perfectionne à la française. Il tente d'abord avec verve et entraînement ce que d'autres, plus tard, feront avec discrétion et mesure.

Et lui-même, il arrivera à cette mesure dans sa seconde manière, trop tôt interrompue.

Dans cette même dédicace, énumérant toutes les grandes et hautes qualités du cardinal négociateur, et faisant, presque à chaque ligne, allusion à quelque trait de l'Antiquité, il dira par exemple : « D'une si grande chose (le mérite du cardinal), il vaut trop mieux, *comme de Carthage disoit Tite-Live,* se taire du tout que d'en dire peu... » Il y a ici une inadvertance, et M. Marty-Laveaux nous rappelle que ce n'est pas Tite-Live, mais Salluste, dans la *Guerre de Jugurtha,* qui a parlé ainsi de Carthage : « *De Carthagine silere melius puto, quam parum dicere.* » Avec un auteur comme Du Bellay, dont tout le discours est ainsi pavé de réminiscences antiques, de telle sorte qu'on ne peut faire un pas avec lui sans marcher sur une pensée d'un Ancien, il est bon d'avoir un éditeur qui ait son Antiquité bien présente. Aussi modeste qu'instruit, M. Marty-Laveaux reconnaît qu'il doit, pour cette partie des imitations et références classiques, d'utiles avis à MM. Adolphe Regnier et Egger.

Une question se présente lorsqu'on relit, comme nous le faisons, l'*Illustration* de Du Bellay. Il est faible sur les origines du langage, on le conçoit aisément, et sur les origines de notre langue en particulier. Il cherche à venger les Gaulois du reproche d'avoir été des barbares ; il n'insiste nullement sur le caractère gallo-romain de notre langue et sur une filiation qui paraît lui avoir échappé. Il accorde que la négligence de nos ancêtres, ayant plus à cœur le bien faire que le bien dire, a laissé le français rude et sec, si pauvre et si nu, qu'il a présentement besoin « des ornements et, s'il faut ainsi parler, des plumes d'autrui. » Il ignore notre langue romane française du xiiie siècle, de la-

quelle Rivarol, par un instinct remarquable, disait :
« Il faut qu'une langue s'agite jusqu'à ce qu'elle se
repose dans son propre génie, et ce principe explique
un fait assez extraordinaire, c'est qu'aux XIIIe et
XIVe siècles la langue française était plus près d'une
certaine perfection qu'elle ne le fut au XVIe. » Combien
cette langue du XIIIe siècle, et presque européenne alors,
avait perdu de terrain au commencement du XVIe, on
le voit par les termes mêmes de la tentative de Du Bellay ; il importe, pour apprécier équitablement cette
tentative, qui fut celle de tous les jeunes esprits doctes
et généreux d'alors, de se mettre au point de vue de
cette génération même qui entra sur la scène vers 1550
et de ne pas lui demander plus ni autre chose que ce
qu'elle pouvait raisonnablement.

Un jeune érudit, plein d'ardeur et de foi, M. Léon
Gautier, dans un livre intéressant sur les anciennes
Épopées françaises, se plaçant à l'époque qu'il estime la
plus belle de notre moyen âge poétique, a jugé avec
une extrême rigueur notre Renaissance littéraire du
XVIe siècle ; et je demande à le citer ici de préférence à
d'autres qui ont pensé de même, au poëte Mickiewicz
par exemple, parce qu'il embrasse plus complétement
tous les éléments du procès et qu'il y entre, le dernier
venu, en toute connaissance de cause :

« Nous ne savons pas, dit M. Léon Gautier, si, dans toutes
les annales de l'humanité, il est une époque que l'on puisse
légitimement comparer à notre Renaissance. *Histoire d'une
grande ingratitude,* tel est le titre qu'il faudrait donner à une
histoire de cette singulière période. Et il est bien entendu

que nous ne voulons ici, nous placer qu'au point de vue strictement littéraire; nous n'aborderons à dessein ni la politique, ni la philosophie, ni la religion. On n'a jamais vu, suivant nous, une nation tout entière, que dis-je? un siècle tout entier, mettre autant de rapidité à oublier toutes ses origines intellectuelles, toutes les annales, toutes les gloires de sa littérature et de son art. Les lettrés du XVIᵉ siècle furent plus ignorants de notre ancienne poésie, et, en particulier, de nos épopées nationales, que nous ne le sommes aujourd'hui après cinq ou six siècles écoulés. En quelques années on oublia trois ou quatre siècles, et, avec cette malheureuse ambition qui est le fait de tous les novateurs, on voulut reconstruire à nouveau toute la littérature française. Il faut nous représenter Ronsard et sa Pléiade se précipitant, pleins d'ardeur, sur tous les chemins de l'intelligence avec la pensée bien arrêtée qu'ils sont les premiers à y entrer et que personne avant eux n'a connu le printemps ni les fleurs. Ils ne disaient même pas : « Tout est à refaire, » ils disaient candidement : « Tout est à faire, » convaincus qu'avant eux il n'y avait eu ni lettres ni lettrés, ni poésie ni poëtes. Existait-il un chef-d'œuvre incomparable qui s'appelait *la Chanson de Roland*? possédions-nous le trésor de cent épopées que nous enviaient toutes les autres nations chrétiennes? ils n'en savaient rien... Ils se passionnèrent pour l'Antiquité grecque et latine avec la plus ardente et la plus injuste de toutes les frénésies. Ce fut une épilepsie, ce furent des convulsions d'enthousiasme. On laissa les œuvres des poëtes et des chroniqueurs du Moyen Age pourrir dans les manuscrits des bibliothèques délaissées; mais on mit en lumière tous les philosophes, tous les poëtes, tous les historiens de l'Antiquité, et on les imita avec une servilité qui n'avait rien de glorieux. La vieille langue nationale elle-même ne fut pas sacrée pour les mains de ces réformateurs : ils la remirent sur le métier et la fabriquèrent une seconde fois. Puis, ce premier travail étant terminé, ils se dirent un beau jour : « La France n'a pas d'épopée, il faut lui faire ce cadeau. » Ronsard alors écrivit la *Franciade*. »

M. Gautier a beau admettre ensuite qu'il y eut pour ces hommes de la Renaissance quelques circonstances atténuantes, il est trop évident qu'il ne leur en tient aucun compte dans les termes formels de la réprobation qu'il vient de lancer. Pour moi, quand je relis aujourd'hui ce petit livre de l'*Illustration* de Du Bellay, qui nous fait assister à un moment décisif et critique pour la langue et la littérature françaises, je sens le besoin de me bien représenter les circonstances parfaitement claires et définies où il parut et que notre érudition bien récente sur les anciennes sources françaises, sur les regrettables épopées du haut moyen âge, ne saurait, du jour au lendemain, changer et retourner. Éblouissement pour éblouissement, un nouvel enthousiasme soudain ne doit pas nous faire condamner l'autre.

Que s'était-il passé, encore une fois, dans notre littérature depuis deux siècles?

On le sait maintenant, grâce aux travaux qui se poursuivent avec ardeur et qui ne remontent guère au-delà de ces trente dernières années : dans le haut moyen âge, époque complète, époque franche, qui, sortie d'un long état de travail et de transformation sociale, avait rempli toutes ses conditions et s'était suffi à elle-même, la langue, la littérature française qui était née dans l'intervalle, qui était sortie de l'enfance, qui était arrivée à la jeunesse (de même que l'architecture, que la théologie, que la science en général et que les arts divers), avait eu son cours de progrès et de croissance, une sorte de premier accomplissement;

elle avait eu sa floraison, son développement, sa maturité relative : poétiquement, une belle et grande végétation s'était produite sur une très-vaste étendue, à savoir l'épopée historique, héroïque. Il est dommage que ce mode d'épopée n'ait pu être fixé et consacré à temps chez nous par un grand poëte en une œuvre mémorable et durable qui eût montré dans un immortel exemple ce qu'était, ce que pouvait être la langue française poétique entre Philippe-Auguste et saint Louis.

Au lieu de cela, faute d'un grand poëte comme Homère ou comme le puissant rhapsode qui de loin nous donne l'idée d'un Homère, faute d'un poëte supérieur qui pût, sinon fixer la langue, du moins la montrer et l'attester à jamais par une œuvre vivante, et solenniser ce noble et simple genre en l'attachant dans la mémoire des hommes avec des clous d'airain et de diamant, on alla à la dérive, selon le cours des temps et la dégénérescence des choses; on en vint par degrés au dégoût et au mépris pour un genre usé qui tombait dans un romanesque affadissant ; puis l'oubli arriva.

C'est alors que, sur le déclin du moyen âge, un poëme qui ne semblait point destiné d'abord à la grande fortune qu'il eut depuis, le *Roman de la Rose*, causa, parmi les esprits cultivés, une vive distraction, et apporta dans le courant des idées poétiques une perturbation étrange; ce qui n'était d'abord qu'un accident devint (comme cela s'est vu souvent en France) l'occasion d'un entraînement général, d'une véritable révolution dans le goût.

Cette vogue usurpée, imméritée, presque inexplicable, du *Roman de la Rose,* et l'imitation à satiété qui en fut la conséquence, jetèrent l'esprit français dans une route de traverse où il s'empêcha et s'empêtra durant près de deux siècles. Pendant ces siècles intermédiaires, xive et xve, on alla en effet s'embarrassant de plus en plus et comme de gaieté de cœur, jusqu'à épuisement, dans une forme artificielle, dans un labyrinthe de subtilités dont on eut toutes les peines du monde à se dégager ensuite et dont on ne se serait pas tiré sans un *heurt* violent et un vigoureux coup de coude donné d'ailleurs. Un écrivain érudit, qui a fort étudié ces âges poétiques intermédiaires, M. Anatole de Montaiglon, a pu dire

« Le *Roman de la Rose,* qui n'était d'abord qu'une glose de l'*Art d'aimer* d'Ovide, vint apporter un élément nouveau, un nouveau contingent dans la poésie française : l'allégorie philosophique. La verve satirique de certains détails de la seconde partie, l'audace philosophique de quelques conceptions surajoutées à l'idée première, contribuèrent à répandre ce poëme, et, comme la popularité en fut énorme, disproportionnée, toute la poésie se jeta sur cette nouveauté, qui atteignit même le théâtre en y créant le genre insipide des *moralités* et *soties.* L'on comprend d'ailleurs ce succès ; les habitudes scolastiques données aux esprits par les théologiens et par les légistes, qui étaient les deux classes de la société spécialement littéraires, rendaient facile à comprendre et intéressante à suivre une forme de pensée et de style qui nous paraît aujourd'hui pénible autant que fastidieuse et monotone, parce que nous ne sommes plus dans un milieu imprégné de ce genre d'études et de ces distinctions quintessenciées qui étaient comme dans l'air. La subtilité abstraite et philosophique régnait alors au Palais et dans l'Église; elle s'étendit à la poésie, où elle prit la première place. Elle aurait toujours percé, mais elle aurait été bien utilement contre-balancée par quelque grand poëme chevaleresque en possession d'une renommée durable; ne rencontrant rien de pareil à son heure, elle l'emporta sans réserve, sans contre-poids. Aussi, en voyant la manière dont cette influence a duré dans la poésie jusqu'au XVIe siècle et dans les romans jusqu'au XVIIe, bien des gens ont dit et diront encore longtemps que la littérature française commence au *Roman de la Rose*. C'est une grosse erreur; car, d'un côté, le *Roman de la Rose* est un symptôme, un résultat au lieu d'être une cause, et de l'autre il est venu à la fin d'une période qui avait été grande et qui reste plus importante que ce qui l'a suivi; il a apporté un élément nouveau sans doute, mais regrettable, et, par son succès, il a jeté la poésie française dans une voie déplorable, où elle pouvait rester éternellement embourbée; en somme, il lui a fait perdre près de deux siècles et peut-être vingt poëtes. Voilà une gloire et des services dont la postérité se passerait bien. »

Quoi qu'il en soit de ces vues si nettement exprimées et de ce qui peut y entrer de conjectural, l'importance excessive du *Roman de la Rose* et de toutes les ramifications qu'il engendra est un fait qui domine notre poésie durant ces âges médiocrement poétiques. Les piquantes ballades de Villon et ses refrains spirituels n'avaient fait que rompre un moment la tradition monotone. Le commun des versificateurs, à la fin du XVe et au commencement du XVIe siècle, croupissait encore sur d'ennuyeuses variations de l'éternelle allégorie. Malgré l'épuration sensible qui s'était faite dans notre poésie depuis Marot et l'aisance aimable qu'il y avait introduite, on n'était point décidément sorti de la fausse voie qui avait ramené notre langue poétique à une sorte d'enfance et qui semblait confiner notre invention dans un cercle de puérilités pédantesques : pour remettre les choses de l'esprit en digne et haute posture, il était besoin d'une entreprise, d'un coup de main vaillant dont Marot et ses amis n'étaient pas capables, de ce que j'appelle un coup de collier vigoureux; car c'est ainsi que j'envisage cette poétique de Du Bellay et de Ronsard, poétique toute de circonstance, mais qui fut d'une extrême utilité. Il ne fallait pas moins qu'un tel effort si bien concerté pour couper court à la routine et se tirer une bonne fois de la vieille ornière. La poétique de Du Bellay peut être considérée, en ce sens, comme une machine un peu mécanique et artificielle, animée pourtant d'un beau feu et panachée d'une belle flamme : elle aida puissamment à déblayer le terrain, à faire le champ net et à remettre la langue et la littérature dans une large voie classique, régulière, dans une direction qui, en définitive, n'a pas si mal abouti. Après tout, le livret de Du Bellay a *amorcé* la voie qui, agrandie avec le temps et aplanie, et le génie de la France s'en mêlant, est devenue la route royale de Louis XIV.

Que voulez-vous de plus? En conscience, on ne saurait demander aux hommes d'avoir des horizons historiques tout à fait hors de leur temps, de savoir ce que nul alors ne savait, de deviner ce qui était caché et ce qui s'était perdu ou altéré au point d'être méconnaissable : je reviendrai, à l'occasion d'un chapitre de Du Bellay, sur cet article des romans de chevalerie sous lesquels on aurait voulu qu'il retrouvât les chansons de geste. Mais comment reprocher à des hommes de vingt-cinq ans qui, en présence d'une littérature contemporaine futile, fade, puérile, triviale ou sophistiquée, viennent de se plonger dans ces belles lectures de l'Antiquité dont l'art de l'imprimerie ressuscitait les textes désormais tout grands ouverts et accessibles, comment leur reprocher d'en être tout remplis, d'en vouloir communiquer l'émotion généreuse, d'en vouloir verser la séve et comme transfuser le sang dans une langue moderne qui, certes, à cette date (je ne parle ni de Rabelais ni de sa prose), laissait si fort à désirer pour les vers et pour toute élocution sérieuse, élevée? Qu'on regrette qu'il y ait eu interruption depuis deux cents ans déjà avec les sources premières du moyen âge et que la déviation ait été si profonde, je le comprends; mais qu'on en fasse un crime à de jeunes hommes qui n'ont eu encore le temps que d'embrasser et d'épouser un seul ordre d'études, le plus noble de tous, et qui, la plupart, vont s'y consumer par trop de zèle et s'y dévorer, cela est souverainement injuste, et c'est méconnaître le rôle et la vocation assignés par la nature des choses et par la loi de l'histoire aux générations successives.

Ne l'oublions pas : un régime nouveau s'était déclaré, un nouveau climat (pour ainsi dire) avait lui et s'était coloré d'une lumière et de reflets venus d'au delà des monts : on était dans la période de la Renaissance. Comment ne pas respirer l'air où l'on est né et où l'on vit? Le moment étant donné, l'honneur des jeunes et vigilants esprits est alors de ne pas rester en arrière et de se lever des premiers, en faisant appel à tous. Ce fut le cas de Du Bellay et de ses jeunes amis. Son *Illustration* est la première étape marquée dans cette marche recommençante de notre langue; les petits traités, si prisés, d'Henri Estienne ne sont venus qu'après.

Nous allons voir, d'ailleurs, quelle quantité de bons conseils Du Bellay a su trouver à l'usage des esprits classiques de tous les temps et à l'adresse de ceux du XVIe siècle en particulier.

Avril 1867.

ŒUVRES FRANÇOISES

DE

JOACHIM DU BELLAY

GENTILHOMME ANGEVIN

AVEC UNE NOTICE BIOGRAPHIQUE ET DES NOTES

PAR M. CH. MARTY-LAVEAUX

II.

En me remettant à la lecture de Du Bellay et en reprenant de lui ce premier écrit par lequel il a ouvert, pour ainsi dire, l'ère de la Renaissance française, je me suis senti saisi d'un regret, et j'ai comme embrassé d'un seul regard la période tout entière, le stade littéraire où il entrait en courant, le flambeau à la main, stade glorieux, et qui, coupé, continué, accidenté et finalement développé pendant près de deux siècles et s'y déroulant avec bien de la variété et de la grandeur, n'a été véritablement clos et fermé que de nos jours.

Ce que c'était qu'être classique au sens où l'avait

conçu Du Bellay, et comme on l'a été en France jusqu'au temps de notre jeunesse, nous le savons tous, nous qui y avons passé et qui en avons été témoins ; mais nos neveux, je le crains, ne le sauront plus bien et auront peine à se le figurer dans la juste mesure. L'Antiquité grecque et latine avait trouvé dans tous les genres les belles formes, les moules admirables, des modèles qu'une fois ressaisis, on ne perdait plus de vue et qu'on révérait sans cesse. La haute source de l'admiration était là, perpétuelle et vive, et nulle part ailleurs ; et cependant l'inspiration moderne, quand elle naissait, trouvait moyen de se créer une forme à elle, une variété d'imitation qui avait son caractère et son originalité, mais qui, malgré tout, par quelque côté, devait aller se rejoindre à la grande tradition et offrir en soi des traits de ressemblance avec l'antique famille. En ce point était l'art, la merveille suprême, et c'était un charme pour le lecteur instruit de goûter le nouveau, tout en y reconnaissant d'anciennes traces. La Renaissance avait été d'abord exclusivement érudite et bornée à son objet principal d'exhumation et de restauration ; on avait porté dans la découverte et la mise en lumière des anciens manuscrits une passion sans partage. Puis, quand ces grands auteurs du passé furent imprimés, quand on les posséda dans des textes suffisamment établis et convenablement élucidés, on se mit à en jouir, et l'esprit moderne, un moment étonné, réagit bientôt en tout respect et avec son amour-propre légitime : loin de se laisser décourager, il se demanda ce qu'il fallait faire et comment il devait s'y prendre désormais, puisqu'il était en face de chefs-d'œuvre comme on n'en avait jamais eu. Il dut y songer à deux fois et se recueillir pour accommoder et accorder ses propres pensées avec ce mode d'expression fin, éclatant et poli, dont l'idée si longtemps éclipsée était enfin retrouvée pour ne plus se perdre, et qui rayonnait avec diversité en vingt types immortels; il fit, en présence des Grecs et des Latins, ce que les Latins avaient déjà fait en présence des Grecs : il choisit, il s'ingénia, il combina. Ce qu'il en est sorti de productions nouvelles, marquées au coin d'un nouveau grand siècle, et dignes de prendre rang dans le trésor humain à la suite et à côté des premières reliques de l'antique héritage, je n'ai pas à le rappeler, les œuvres parlent : cette tradition-là est d'hier, et la mémoire en est vivante. Mais ce qu'on ne saurait assez dire, parce que le souvenir plus fugitif est bien près d'en être effacé, c'est la douceur qu'il y avait pour l'homme instruit et lettré, pour l'homme de goût, à ce mode et à cette habitude de culture, tant qu'elle fut en vigueur, à son bon moment, avant la routine, après le labeur passé des premiers et des seconds défrichements. Qu'on veuille bien se figurer ce que pouvait être un ami de Racine ou de Fénelon, un M. de Tréville, un M. de Valincour, un de ces honnêtes gens qui ne visaient point à être auteurs, mais qui se bornaient à lire, à connaître de près les belles choses, et à s'en nourrir en exquis amateurs, en humanistes accomplis. Car on était humaniste alors, ce qui n'est presque plus permis aujourd'hui. Être humaniste, c'était se borner à lire les

Anciens, et, entre les modernes, ceux qui paraissaient dignes, par endroits, de s'appareiller aux Anciens; c'était les comprendre, s'en pénétrer, les posséder, et en être venu, dans cette familiarité de chaque heure, à y découvrir chaque fois de nouvelles délicatesses, de nouvelles beautés. Admirateur et adorateur pieux des vieux maîtres, dans un beau désespoir de les égaler et de les atteindre, on se serait dit volontiers avec ce docte allemand (Creutzer) : « Il ne nous reste, à nous autres modernes, qu'à les aimer. » On pouvait se dire encore avec Gœthe : « Négliger ces vieux modèles, Eschyle, Homère, c'est mourir. » J'ai surtout en vue nos Français attiques du bon temps, non ceux que le XVIIIe siècle nous a livrés sur la fin, un peu gâtés ou fort affaiblis, mais ceux-ci mêmes, dont était Fontanes, et quand ils se maintenaient dans cette noble mesure de goût, avaient leur manière d'être et de sentir heureuse et rare. On ne chicanait pas alors sur les textes : à l'humaniste proprement dit, le Virgile du Père de La Rue, l'Horace de Bond, le Cicéron de D'Olivet, suffisaient sans tant de questions, et on en avait pour la vie. On supposait les textes connus, et l'on marchait sur un terrain établi. Et, en effet, ces premiers savants de la Renaissance, ces grands preux de l'érudition, ces pionniers héroïques et généreux, dont Casaubon a comme fermé la liste parmi nous, s'étaient empressés, avec les manuscrits qu'ils avaient en main, d'établir, même aux endroits douteux ou désespérés, des sens spécieux, probables, satisfaisants; les plus modernes éditeurs avaient de plus en plus aplani les difficultés dans la

même voie. En général, on vivait là-dessus ; on lisait
dans des textes faciles, comme on se promène dans
des allées sablées. Aujourd'hui il n'en est plus ainsi :
la critique s'est remise en marche ; à y bien voir, elle
n'avait jamais abdiqué ; elle avait toujours eu ses studieux asiles, ses doctes laboratoires, à Oxford, à Leyde ;
mais le mouvement se poursuivait à l'ombre, sans
éclater au dehors. Ç'a été surtout depuis soixante ans
environ, ç'a été depuis Wolf, qu'un nouveau signal a
été donné, et que la critique est rentrée délibérément
en campagne. Tous les textes ont été soumis à révision ;
on a bouleversé bien des habitudes ; de prétendues
beautés, qui n'étaient que des fautes, ont disparu. La
recherche s'est introduite à chaque pas, et avec l'examen le doute. L'oreiller de l'admiration s'est senti
secoué : la douce quiétude du lecteur d'autrefois n'est
plus de saison. On chemine, comme en temps de
guerre, sur un terrain remué, et il y faut regarder sans
cesse. Avant de s'écrier : *Que c'est beau !* il convient de
se demander : *Est-ce exact ?* C'est en ce sens que je
dis qu'il n'est plus permis aujourd'hui d'être humaniste ; il faut être soi-même du métier, être armé de
la loupe et du scalpel grammatical, il faut être philologue.

Et qu'on ne croie point que je veuille, en ce moment,
avoir l'air de rien blâmer de ce qu'amène le cours ou
le progrès du temps, comme on l'appelle ; je ne fais le
procès à rien de ce qui est nécessaire et légitime : j'ai
tenu seulement à bien rendre l'idée du classique français dans cette période paisible, où, la première effer-

vescence du xviᵉ siècle étant apaisée et calmée, une élite de gens de goût, vrais lettrés, jouissait comme d'une conquête acquise des dépouilles de l'Antiquité, en y mêlant le sentiment des beautés et qualités françaises, et sans ignorer ce qui s'y assortissait de meilleur et de plus agréable en Angleterre ou en Italie. On avait affaire à des esprits véritablement polis, et dont la conversation ou la correspondance familière s'ornait des rapprochements les plus heureux, des allusions les plus délicates. Telle de ces allusions soudaines qu'on faisait jaillir d'un texte consacré, telle de ces grandes images qu'on empruntait tout à coup pour revêtir une pensée présente, était réputée éloquence et invention. Enfin tout s'épuise et s'use, tout a son terme. Quand les chemins sont par trop battus, les curieux ont hâte d'en sortir. L'ennui engendre l'impatience et le besoin de trouver. La science de l'Antiquité a eu elle-même sa révolution, et elle a dû, elle aussi, accepter son renouvellement de régime : les points de vue qui en ressortent et qui se succèdent vont changeant incessamment du tout au tout, et amènent, à chaque pas en avant, bien des renversements et des surprises. Les jugements auxquels on était le plus accoutumé se retournent; on en est venu à découvrir bien souvent dans les mêmes choses juste le contraire de ce qu'on y avait vu précédemment. Les littératures modernes, à leur tour, ont enfanté et enfantent chaque jour des œuvres d'une imagination puissante et contagieuse qui n'ont rien de commun avec la tradition et que la critique préconise. De toutes parts la fermentation recommence; on est rentré pour longtemps dans la fournaise. Mais, en tête de la période qui a cessé et qui est close, ce qui est certain, c'est que nous retrouvons notre cher Du Bellay comme héraut d'armes et comme annonciateur un peu prophète.

En religion, en politique, dans tous les ordres de rivalités, le XVIe siècle a été dit par excellence le siècle des tumultes et des combats. Le champ même de la littérature et de la poésie nous offre le spectacle, plus innocent du moins, de ces luttes et de cette mêlée des esprits; et, en ce qui est de la langue en particulier, nous assistons à l'effort de Du Bellay et de ses amis pour l'avancer, pour l'illustrer, pour la rehausser d'ornements, de figures, pour lui donner la trempe et l'éclat.

Tout d'abord Du Bellay a sur l'origine des langues une idée fausse, abstraite, rationnelle : « Les langues, dit-il, ne sont nées d'elles-mêmes en façon d'herbes, racines et arbres, les unes infirmes et débiles en leurs espèces, les autres saines et robustes, et plus aptes à porter le faix des conceptions humaines; mais toute leur vertu est née au monde du vouloir et arbitre des mortels. » On voit l'erreur; c'est déjà la doctrine du rationalisme appliquée aux langues. Les estimant toutes de même valeur à l'origine, il attribue toute la différence à l'industrie et à la culture. Cette idée de Du Bellay (pour la traduire par des noms propres) est déjà une idée à la Descartes, à la Condillac, à la Condorcet. C'est précisément le contraire qui est vrai historiquement : les langues sont nées *comme plantes et herbes,* avec toutes sortes de diversités, et la fantaisie des hommes qui s'y joue ne peut tirer d'elles, en définitive, que ce qu'elles permettent et ce qu'elles contiennent. Mais Du Bellay ne pouvait deviner une science de linguistique qui ne datera que du xixe siècle, et il est peut-être bon que la force humaine, la faculté d'initiative de chacun s'exagère sa vertu et son pouvoir pour arriver et atteindre à tout son effet, à tout son talent. Il va donc plaider résolûment pour la suffisance du français contre ceux qui la nient. Il plaidera près des savants eux-mêmes et de ceux dont il partage l'admiration pour l'Antiquité : il veut la Renaissance, toute la Renaissance, mais il se sépare de ceux qui la veulent sous forme de latinité, et il prétend émanciper hautement notre idiome vulgaire et lui donner droit de cité à son tour.

Il est faible et presque nul sur les origines gauloises de la langue. Peut-on s'en étonner? Il ne sait pas ce qu'on n'a appris que depuis : la succession et la transformation gallo-romaine, néo-latine et romane, lui échappent. Tout ce qu'il croit savoir, c'est que la négligence de nos ancêtres a laissé notre langue « si pauvre et si nue, qu'elle a besoin présentement des ornements et comme des plumes d'autrui ». Il ignore ce que nos jeunes savants appellent aujourd'hui « la belle langue du xiiie siècle », cette langue si *délitable,* si en usage et en faveur dans tout l'Occident, et qui, vers le temps de saint Louis, était peut-être plus voisine d'une certaine perfection dans son genre que cette même langue, remise en mouvement et en fusion, ne l'était au xvie siècle. Mais là où Du Bellay a raison, c'est dans ce qu'il dit de la richesse du latin, laquelle n'est venue que de culture, de transplantation et de greffe de rameaux grecs sur le vieux tronc primitif taillé et émondé. Il faut l'entendre parler de ces « rameaux francs et domestiques, magistralement tirés de la langue grecque ». On abuse bien aujourd'hui de ce mot *magistralement,* et on l'emploie à tout propos : il est très-français, on le voit, et dans sa droite acception, sous la plume de Du Bellay. L'idée de traiter notre idiome vulgaire à l'aide du latin, comme le latin, depuis les Scipions, a été traité et perfectionné à l'aide du grec, est fort juste. Qu'on veuille penser un moment à tout ce qu'enferme de latinisme, de pure sève romaine, du meilleur temps, l'admirable prose française de Bossuet ! Du Bellay présage, au lendemain de la mort de François Ier, le règne du français en Europe, la monarchie universelle de notre langue. Il décerne à François Ier tous les éloges qui lui sont dus à cet égard, pour avoir commencé à restituer le langage français en sa dignité, et en avoir fait l'interprète public de la loi et de l'enseignement, au moins au Collége de France. Il cite, pour preuve de la suffisance du français à tout rendre, la quantité de traductions qui se sont multipliées sous le dernier règne.

Mais les traductions, si utiles et louables qu'elles soient, n'offrent qu'un moyen incomplet de dresser une langue : il faut en venir aux imitations, à ces imitations détournées et savantes qui sont proprement l'invention des classiques, comme le sentait si bien

M. Villemain quand il poursuivait et démontrait avec éloge dans nos grands auteurs ce qu'il appelle « la puissance de l'imitation ». Tout ce chapitre V de la première partie de l'*Illustration*, qui a pour titre : *Que les traductions ne sont suffisantes pour donner perfection à la langue françoise*, est fort beau. C'est élevé, soutenu, sensé et orné d'images. Remarquez que Du Bellay aurait pu l'écrire encore, quatre-vingts ou cent ans plus tard, au temps des Vaugelas, des d'Ablancourt, avant les *Provinciales*, et quand la prose française, excellente en effet de correction et de pureté dans le travail des traductions, manquait pourtant de pensée et d'énergie pour atteindre à une œuvre originale et forte : il aurait pu employer quelques-uns des mêmes arguments pour l'aiguillonner et lui donner du cœur.

Selon Du Bellay, un bon traducteur peut suppléer son original en ce qui est de l'invention ou du fond. On transporte, on charrie les choses; mais pour le style, pour l'élocution, « cette partie, certes la plus difficile et sans laquelle toutes autres choses restent comme inutiles et semblables à un glaive encore couvert de sa gaîne », comment en prendre une juste et lumineuse idée chez les traducteurs? Vous qui lisez en leur langue Homère et Démosthène, Cicéron et Virgile, essayez un peu, passez de l'original à la traduction, et vous verrez! « Il vous semblera passer de l'ardente montagne d'Œtne sur le froid sommet du Caucase. » Et cela est vrai également des modernes. Prenez Pétrarque, par exemple, le père de la Renaissance et le prince aussi de la poésie moderne (on ne rendait pas alors pleine justice à Dante); Pétrarque lui-même, en tant que poëte toscan, est intraduisible. C'est ce côté intraduisible des poëtes et des grands écrivains, historiens ou orateurs, que Du Bellay voudrait conférer comme marque et cachet d'originalité à notre propre idiome, à notre propre poésie.

Combien de traducteurs n'ont jamais vu face à face leur original! Du Bellay le sait bien; il nous exprime la haute idée qu'il se fait du poëte, et, à dénombrer toutes les qualités qu'il lui attribue, on sent qu'il doit l'être lui-même : il exige avant tout un je ne sais quoi de *divin*, et il reprend à sa source et dans son vrai sens naturel, pour le lui appliquer, le mot de génie, *genius*. Sa conclusion, c'est qu'il ne faut pas traduire les poëtes, à moins d'y être obligé par ordre exprès et commandement des rois et des grands (ceci est une précaution de politesse). Qui dit poëte dit intraduisible. Ce qu'il veut en présence des hauts modèles, c'est donc qu'on imite avec liberté, chaleur, émulation, non qu'on traduise.

Insistant sur le grand précédent des Romains, disciples et émules des Grecs, il expose le vrai procédé de l'imitation classique, de l'imitation originale qui a prévalu depuis Térence jusqu'à Racine, le procédé de l'*assimilation*. Il nous conseille, à nous, d'imiter les Anciens, comme Cicéron et Virgile ont fait les Grecs. Cicéron n'a-t-il pas exprimé au vif Démosthène, Isocrate et Platon, de manière à rendre les Grecs eux-mêmes jaloux? et Du Bellay rappelle cette parole de Molon de Rhodes qui,

entendant déclamer Cicéron, en fut saisi de tristesse :
« Il ne nous restait plus que la gloire de l'éloquence, et ce
jeune homme va nous l'enlever! » On ne mérite jamais
de tels éloges quand on ne s'amuse qu'à traduire : il
faut oser plus et s'inspirer de l'esprit pour « faire tant
qu'une langue, encore rampante à terre, puisse hausser la tête et s'élever sur pied ». Dans tous ces passages, ne semble-t-il pas qu'on lise déjà Montaigne? Du
Bellay l'a devancé de trente ans.

Une remarque, ici, est à faire. Du Bellay semble
avoir été inconséquent et en désaccord avec lui-même.
Car lui, qui vient de défendre de traduire les poëtes, il
finira par traduire en vers deux livres de l'*Énéide* (le
IVe et le VIe), et, dans une Lettre-Préface à un ami, il
donnera les raisons qu'il a eues de se contredire ainsi
en apparence. Ces raisons, qu'il indique d'une manière
aimable et bien naturelle, je les résume plus au net :
dix ans se sont écoulés; dans l'intervalle, Du Bellay a
vieilli; il a passé à Rome des années qui ont compté
double; les ennuis, les affaires, peut-être les plaisirs,
l'ont blanchi; il allègue pour excuse la diminution de
la verve, « de cet enthousiasme qui le faisoit librement courir par la carrière de ses inventions », et en
même temps il a conservé, dit-il, son goût de la poésie,
« de ce doux labeur, jadis seul enchantement de ses
ennuis ». Que faut-il de plus? Il ne se pique point
d'ailleurs d'une stoïque opiniâtreté d'opinion, « principalement en matière de Lettres ». Et voilà comment
Du Bellay, qui avait repoussé les traducteurs en vers
des Anciens, devint lui-même, à certain jour, un tra-

ducteur en vers. Pour moi, je ne saurais l'en blâmer, et je le trouve bien français encore par le tribut qu'il paye, sous cette forme, à l'Antiquité. Tant qu'on a été classique en France, que le goût du public a été tel, et d'un classique moyen, on a aimé la traduction en vers des poëtes. Traduire en vers un poëte de plus, c'était censé une conquête, c'était s'ouvrir à soi-même les portes de l'Académie. L'abbé Delille avait tracé la voie par ses *Géorgiques* : on le suivait à la file, M. Daru, Saint-Ange, Parceval-Grandmaison, jusqu'à M. de Pongerville. Cette vogue a passé. N'affectons pas trop de dédaigner, même en nous en dispensant, ce genre qui a été cher et utile à nos pères. Et n'était-ce point, en effet, pour un esprit poétique et cultivé qui se sentait vieillir, un agréable et bien doux emploi des heures plus lentes, une bien aimable manie, que de se mettre ainsi à côté et sous l'invocation d'un Ancien, et, sous prétexte de lutter avec un maître et en s'en flattant, de s'appuyer sur lui, de vivre avec lui dans un commerce intime qui faisait pénétrer dans tous ses secrets de composition, dans toutes ses beautés et ses grâces de diction ? On attendait ainsi plus patiemment les retours de la verve, si elle devait avoir des retours.

Mais n'oublions pas que nous en sommes en ce moment avec Du Bellay à dix ans en deçà, à l'âge des ambitions, des audaces et des espérances.

Sa plus grande audace consiste dans l'art de l'imitation, et à savoir bien la placer, à ne pas l'aller mettre en lieu trop bas, trop prochain ou trop facile. Aux Anciens l'invention, soit : ç'a été leur lot et leur gloire;

aux Modernes l'imitation, puisqu'il ne leur reste que cela, mais du moins une imitation fine et rare. Du Bellay a déjà, à ce sujet, la théorie que nous retrouverons chez les meilleurs et les plus délicats des classiques jusqu'à M. Joubert et à Paul-Louis Courier. Il ne veut pas qu'on imite dans une même langue, ni qu'on s'adresse à un auteur d'hier (fût-ce un Marot, un Héroët) : c'est trop près, trop à bout portant et sans grand mérite. Vous tous jeunes gens qui, à la suite de la Pléiade moderne, vous contentez pour tout effort d'imiter Musset, que je voudrais donc vous persuader de cette vérité de tous les temps! — Et je crois me rappeler à ce propos qu'un classique très-ingénieux de nos jours, M. Nisard, ne veut même pas qu'on imite d'une langue moderne à une autre langue moderne : c'est le moyen de prendre avant tout les défauts les uns des autres. Imitons, s'il faut imiter, mais à distance, et, à cause de l'espace même qu'il y aura entre nous et le modèle, avec plus de libre ouverture, avec plus de générosité et de grandeur. Du Bellay, le premier, a pressenti quelque chose de ces préceptes d'une excellente et neuve rhétorique.

Dans sa *Réponse à quelques objections,* il indique assez, d'ailleurs, qu'il ne pense point que les esprits des Modernes soient de moindre essence et qualité que ceux des Anciens; son intelligence courageuse répugne à l'idée d'abâtardissement et de décadence. Il allègue à l'appui de son ferme espoir certaines découvertes, alors récentes, et qui sont l'honneur du xve siècle : l'imprimerie, entre autres, « sœur des Muses », et la « *dixième* Muse », comme il l'appelle excellemment. Il cite encore l'invention de l'artillerie; il aurait dû ajouter la découverte du Nouveau Monde et Christophe Colomb : il n'était pas tenu de connaître déjà Copernic. Là où il présume un peu trop, c'est de croire toujours qu'on traite les langues à volonté; que l'on peut, par exemple, leur conférer artificiellement des pieds et des nombres. Du Bellay part, je l'ai dit, de cette idée rationnelle et bien française, que les langues sont toutes égales à l'origine et de même valeur; que c'est la volonté et l'industrie des auteurs qui les enrichissent et les perfectionnent, qui leur donnent l'accent, les mètres, la quantité; il en viendra même à dire qu'il serait à désirer qu'on arrivât un jour à une langue commune, universelle. Par cette part considérable qu'il fait à la volonté, à la raison en matière de langue, il est bien de la nation dont seront Descartes et le grand Arnauld, dont seront M. de Tracy et les idéologues; il incline vers l'idée de perfectibilité, s'il n'y atteint pas. Il cesse par là d'être un classique, et il est bien près de devenir tout à fait un moderne. Tout n'est pas en accord chez Du Bellay; il y a dans son esprit et il se rencontre dans ce livre de l'*Illustration* bien des germes différents qui, pour peu qu'on les développât, se contrarieraient et en viendraient aux prises. Il assemble et commence plus d'idées qu'il n'en achève. En ce qui est du français, de cette langue qui n'est ni ronflante, ni étranglée, ni fredonnée, ni sifflante, et qui se prononce sans qu'on ait à se tordre et se déformer la bouche, il se rabat à croire qu'à la bien manier et appliquer, on peut, sinon égaler les Anciens, du moins leur succéder dignement. Que s'il y a retard au perfectionnement, c'est une garantie de plus pour la force et la durée; si la langue française a été plus lente à mûrir, elle en sera plus vivace, plus robuste, de même que les arbres qui sont lents à se décider et qui « ont longuement travaillé à jeter leurs racines ». Il présage et prédit, dans un avenir qu'il souhaite prochain et qu'il espère, un écrivain d'une hardiesse heureuse, qui réunira le fruit et la fleur. Il ne s'est pas trop trompé, même pour la date, puisqu'on a eu Montaigne.

En tout, Du Bellay, malgré son ardeur et son enthousiasme, reste dans une assez juste mesure. S'il regrette le temps que l'on perd dans les années de l'enfance et de la jeunesse à apprendre des mots, il est loin (tant s'en faut!) de détourner de l'étude des langues anciennes; mais il est pour l'abréviation de cette étude et pour la divulgation de la vérité en toute langue. Il le souhaite en dépit des docteurs de toute robe, de ceux qu'il nomme les « vénérables druides », et à leur barbe; il rompt en visière aux savants jaloux et routiniers qui veulent garder sous verre leurs reliques. La religion de l'Antiquité est la sienne, mais sans superstition. Pétrarque et Boccace ont acquis leur vraie gloire bien moins en composant en latin qu'en écrivant dans leur langue. La vraie immortalité est de ce côté; tous ces faiseurs de centons grecs et latins qui encombrent le pays des Lettres ne sont que des « reblanchisseurs de murailles »; on ne peut même dire qu'ils imitent réellement un Virgile et un Cicéron : ils les transcrivent. La sortie qu'il fait contre eux est fort spirituelle, et Boileau ne s'est pas mieux moqué des faiseurs de vers latins attardés dans le xvii⁰ siècle. — Il y aura bien toujours cette légère inconséquence que Du Bellay, qui se moquait ainsi des vers latins faits par des Français, et qui devançait dans cette voie Boileau, ne put s'empêcher toutefois de célébrer Salmon Macrin, qu'on appelait le second lyrique après Horace; et lui-même il finit par payer son tribut au goût du siècle en donnant un livre d'Élégies latines, fort élégantes, ce nous semble, et fort agréables. Le xvi⁰ siècle est l'âge des contrastes, des conflits, et on les surprend flagrants dans le même homme.

Quoi qu'il en soit, Du Bellay est en plein dans le vrai quand il remarque que tout ce qu'on disait, au xvi⁰ siècle, contre l'aptitude et la suffisance de la langue française à traiter de certaines matières, on le disait du temps de Cicéron contre la langue latine (1). Et il convient, pense-t-il, d'y répondre pareillement en se mettant à l'œuvre chacun de son côté. Étienne Dolet a déjà composé en français un traité de l'Orateur; quant à lui, Du Bellay, il va s'attacher à l'institution du Poëte.

Son livre second est tout entier consacré à cette Poétique. Il commence par avouer nettement qu'il ne se contente pas de ce qu'on a jusqu'ici, ni de la facilité de Marot, ni de la docte gravité d'Héroët : il estime qu'on peut en français davantage, et que notre poésie est capable d'un plus haut style.

(1) Voir Cicéron dans le *De Finibus*, liv. I, 1, 2, 3, 4.

L'histoire qu'il essaye, à cette occasion, de tracer de notre ancienne poésie française est courte et défectueuse, comme le sera celle que plus tard donnera Boileau : le *Roman de la Rose* est son bout du monde. Il ne sait plus les hautes origines. Il prend la tradition par où il peut, c'est là son côté faible ; il se raccroche à Jean Le Maire de Belges comme à un ancêtre ; il va le chercher à la frontière. Quand il en vient aux modernes, aux vivants, il les désigne, sans les nommer, par leurs qualités ou leurs défauts ; les lecteurs du moment mettaient aisément des noms sous ces désignations littéraires : de si loin nous pourrions nous y tromper. Ce qui est certain, c'est que, s'il était « sergent de bande en notre langue françoise », comme il dit, il est nombre de ces poëtes mal équipés et mal armés qu'il mettrait d'emblée à la réforme. Et c'est ici que, pour donner une idée du poëte tel qu'il le conçoit, il recourt au maître de l'esprit le plus sain, du goût le plus sûr, Horace. Il traduit et répète les préceptes de l'*Épître aux Pisons,* en nous les appropriant ; il conseille l'étude avant tout, le travail, de tenter le difficile ; se choisir de bons modèles ou ne pas s'en mêler ; qu'on ne lui allègue point le *Nascuntur poetæ,* mais parlez-moi de la méditation, des veilles, de l'abstinence et du jeûne :

> Qui studet optatam cursu contingere metam
> Multa tulit fecitque puer, sudavit et alsit,
> Abstinuit venere et vino (1)............

---

(1) Horace, *Art poétique,* 420.

Il faut laisser aux poëtes courtisans la paresse et la facilité épicurienne, qui ne mena jamais à la gloire. Il apostrophe le poëte nouveau; il lui ordonne de sortir des chemins battus, de pendre une bonne fois au croc toutes ces vieilles formes, ces défroques de poésies surannées et usées, qui sentent le siècle du bon roi René, et de mise tout au plus pour les *Jeux floraux* ou, comme nous dirions, pour l'*Almanach des Muses;* il le convie aux genres élevés, à l'ode conçue à l'antique, à la satire entendue moralement, aux « plaisants » épigrammes (*épigramme* était alors masculin), au sonnet d'invention italienne et alors tout neuf chez nous, à l'églogue d'après Théocrite et Virgile, ou même à l'exemple de Sannazar. Les *dix-neuf* sortes de vers d'Horace lui font envie. Il voudrait voir adopter dans la famille française « les coulants et mignards hendécasyllabes », chers à Catulle et à Jean Second. Si les rois et les pouvoirs publics s'y prêtaient, il aimerait à voir tenter derechef la comédie et la tragédie, à l'exclusion des farces et moralités qui occupent et usurpent les tréteaux. On comprend qu'après une telle exhortation les poëtes modernes soient sortis en conquérants de l'école de Dorat comme les Grecs s'élancèrent du cheval de bois sous Ilion. Dans tous ces chapitres de l'*Illustration* il y a ampleur, harmonie, élévation, noblesse de style, un ton soutenu; c'est d'un souffle bien autrement puissant que chez Boileau, ce dernier étant plus occupé du détail et de la perfection, plus attentif à ce qu'on appelle *goût*. Mais, ici, l'instituteur et promoteur poétique est plus voisin de l'inspiration puisée aux sources : Boileau serre de plus près la règle, curieux et jaloux de l'exprimer avec élégance. Ici l'on sent plus d'ardeur première et un esprit de progrès, de renouvellement. Le clairon sonne le réveil. Boileau a bien assez d'autres avantages pour qu'on laisse à Du Bellay celui-là.

Parmi les genres qu'il conseille, Du Bellay ne pouvait omettre le « long poëme françois ». Bien qu'il ait annoncé précédemment qu'il ne tracerait pas l'idée complète et exemplaire du poëte, il va pourtant le dépeindre et le présenter dans les conditions qu'il estime les plus favorables pour entreprendre une telle œuvre, c'est-à-dire doué d'une excellente félicité de nature, instruit dès l'enfance de tous les bons arts et sciences, versé dans les meilleurs auteurs de l'Antiquité, nullement ignorant avec cela des offices et devoirs de la vie humaine et civile, pas de trop haute naissance surtout ni appelé au régime public, ni non plus de lieu abject et pauvre, afin d'être exempt des embarras et des soucis domestiques, mais tranquille et serein d'esprit par tempérament et aussi par bonne conduite : il est touchant de lui voir définir cette heureuse médiocrité de condition et de circonstances, qui permet mieux en effet toute sa franchise de vocation et tout son essor au génie. Nous sommes à l'ombre de l'école, ne l'oublions pas, à la suite de Quintilien ou de Longin; on n'en était pas encore à la théorie purement romantique des génies sombres et orageux, au front pâli sous l'éclair, ni à la théorie tout historique et plus vraie de ces autres génies éprouvés et aguerris, que le malheur forme et achève. Du Bellay nous offre là en quelque sorte l'idée d'un Racine anticipé, l'idée véritablement d'un Virgile français né et nourri exprès pour rivaliser de son mieux avec cet admirable prince des poëtes; et il arrive au juste conseil, au conseil fécond et opportun, s'il avait pu se suivre et s'appliquer avec feu, avec tact et maturité : « Choisis-moi (dans notre histoire) quelqu'un de ces beaux vieux romans françois comme un *Lancelot*, un *Tristan* ou autres, et fais-en renaître au monde une admirable *Iliade* ou une laborieuse *Énéide*. » On voit (et je reviens ici au reproche de M. Léon Gautier), on voit que Du Bellay avait tout à fait l'instinct de ce qui était à faire. Si l'on avait pu, en remontant par delà les romans d'aventures, se reprendre à quelque chanson de geste de forte trempe, la tradition vive était retrouvée. Mais Tristan, Lancelot, qu'il indique, avaient tous les inconvénients déjà de la littérature romanesque, délayée et amollie, à l'usage des « dames et damoiselles ». Pourquoi pas Roland, nous dit M. Léon Gautier? C'est que le grand et primitif Roland était tout à fait oublié, et, grâce au Pulci, au Bojardo, à l'Arioste, ce noble et fier sujet, ce héros du Moyen Age, était tombé en parodie ; tout comme Jeanne d'Arc après Voltaire (si j'ose bien faire ce rapprochement), il était gâté pour le sublime. Mais quel malheur, j'en conviens, que l'on n'ait pu alors, par un retour hardi et une percée vers le Moyen Age, rompre, écarter ce faux horizon du *Roman de la Rose* et renouer une tradition saine, simple, glorieuse, patriotique, bien française !

A défaut du Roland devenu impossible, il y aurait eu moyen, j'imagine, d'aller choisir quelque grand fait, quelque épisode de nos chroniques nationales, de nos dernières guerres séculaires, comme les récits chevaleresques de Froissart en sont pleins ; quelque combat des Trente ; et, sans tant chercher, que n'est-on allé donner la main à la dernière chanson de geste de la seconde moitié du xive siècle, à la chronique de Du Guesclin ! Qu'on relise de ce poëme historique, encore chevaleresque et déjà plébéien, la scène célèbre de la Rançon, mélange de familiarité et de grandeur. Quel dommage qu'il n'ait pas rejailli quelque chose de ce sentiment patriotique dans l'effort courageux du xvie siècle ; que la tradition de la vieille France et de la France de la Renaissance ne se soit point unie et continuée par ce glorieux chaînon ou par quelque autre pareil ! C'est bien ainsi que l'épopée vraiment nôtre aurait pu raisonnablement se tenter, et non par un fabuleux *Francus*, pur roman d'aventure, passé à la glace de l'imitation et de la contrefaçon classique. C'est de la combinaison d'une telle veine bien française, d'une inspiration bien nationale, avec le sentiment et l'imitation antiques, qu'aurait pu sortir la seule originalité viable et sincère de cette école de Du Bellay. J'aurais aimé une poésie qui se ressouvînt et nous fît ressouvenir du voisinage de Bayard. Virgile, qui connaissait si bien les héros grecs homériques, ne connaissait pas moins les Curius, les Fabricius, les triomphateurs pris à la charrue, et qui, même au temps du Capitole, habitaient encore sous le chaume d'Évandre. C'est ce sentiment tout romain et tout sabin qui fait la vie des six derniers livres de l'*Énéide.* Du Bellay n'a pu qu'entrevoir et conseiller en général quelque chose d'analogue ; son précepte est resté vague. Eût-il été plus précis, la terre propice et aussi le ciel clément, sans qui toute semence est vaine, auraient manqué. Virgile, quand il se mit à l'*Énéide,* avait derrière lui les guerres civiles ; Du Bellay et ses amis les avaient devant eux, et plus d'un éclair déjà sillonnait l'horizon.

Dans ce même chapitre, il s'adresse aussi aux prosateurs et les exhorte, en recueillant les fragments de vieilles chroniques françaises, à en bâtir le corps entier d'une belle histoire à la Tite-Live, à la Thucydide. Pourquoi donc De Thou, homme de cette école et de cette lignée d'esprits, a-t-il été inconséquent au programme, et s'en est-il allé écrire en latin? On aurait eu, au XVIe siècle, un Mézeray original.

En plaçant très-haut la palme et le prix du poëme, Du Bellay n'a garde de vouloir décourager et refroidir les talents vrais, mais de portée moindre. Il y a plus d'une demeure, comme dit Gœthe, dans la maison de mon Père. Il y a des degrés encore après Homère et Virgile, remarque Du Bellay, qui nous rend en ceci comme un écho de Cicéron : « *Nam in poetis, non Homero soli locus est (ut de Græcis loquar), aut Archilocho, aut Sophocli, aut Pindaro, sed horum vel secundis, vel etiam infra secundos* (1). » A chaque pas, avec Du Bellay, on a affaire à des citations des Anciens, direc-

---

(1) Cicéron, *Orat.,* I.

tes et manifestes; mais il y a aussi, à tout moment, les citations latentes et sous-entendues, comme celle qu'on vient de lire; et encore, lorsque plus loin, parlant des divers goûts et des prédilections singulières des poëtes, il nous les montre, les uns « aimant les fraîches ombres des forêts, les clairs ruisselets murmurant parmi les prés », et les autres « se délectant du secret des chambres et doctes études » : à ces mots, tout ami des Anciens sent les réminiscences venir de toutes parts et se réveiller en foule dans sa pensée; ainsi, par exemple, ces passages du *Dialogue des Orateurs* : « *Malo securum et secretum Virgilii secessum... Nemora vero, et luci, et secretum ipsum... tantam mihi afferunt voluptatem* (1). » On a, en lisant ce discours de Du Bellay, le retentissement et le murmure de ces nombreux passages dont lui-même était rempli. Il y a chez lui comme un premier plan et aussi un second plan de citations, ces dernières se croisant et se perdant en quelque sorte dans le lointain. L'imitation n'y est point assez forte ni assez marquée pour que l'éditeur doive en tenir compte dans son commentaire : chacun les multiplie et les varie à son gré. Cette lecture, ainsi faite et comprise, est toute une aménité littéraire.

Après s'être laissé emporter un peu loin à ses prédictions et à son enthousiasme, Du Bellay revient à de plus humbles et plus particuliers conseils; il se rabat à des soins de diction, et, sur ces points précis où il parle en toute connaissance de cause, on ne saurait

---

(1) *Dialogue sur les Orateurs*, XII, XIII.

trop l'écouter. Les choses viennent premièrement, fait-il remarquer, puis les mots suivent pour les exprimer : c'est là la marche naturelle. Donc à de nouvelles choses, conclut-il, il est nécessaire d'imposer de nouveaux mots. Les ouvriers, artisans, et jusqu'aux laboureurs, ont des mots de métier, naïfs et pittoresques : de temps en temps il doit être permis au poëte d'introduire de ces mots, de ces locutions non vulgaires dans la langue générale. Les Grecs et les Romains ont toujours concédé aux doctes hommes « d'user de mots non accoutumés aux choses non accoutumées ». Il ne s'agit que d'y mettre de la discrétion, de consulter l'analogie, le jugement de l'oreille. Et, à l'instant même, il fait preuve de mesure lorsqu'il dissuade son poëte d'user en français de noms propres latins ou grecs, qui font dans le discours un effet criard, comme « si tu appliquois une pièce de velours vert à une pièce de velours rouge ». Il n'est pas d'avis, comme quelques-uns de nos jours, qu'on dise *Héraclès* au lieu d'*Hercule,* ni *Akhilleus* au lieu d'*Achille.* Il veut, en un mot, qu'on évite la bigarrure ; que l'on soit français en français (ce qu'on accuse précisément ceux de son école d'avoir trop négligé et méconnu). Il va au-devant d'une objection que des esprits superficiels vont refaisant sans cesse. Il estime que quelques vieux mots repris et enchâssés dans la diction ne feraient pas mal ; il en indique quelques-uns qui, bien placés, fortifieraient ou honoreraient le vers ou la prose. Notez que Fénelon, un siècle et demi après, n'a pas donné d'autres conseils, et il les a donnés presque dans les mêmes termes. Je relis le titre III de sa

Lettre à l'Académie française, où il se plaint de la gêne et de l'appauvrissement que notre langue a subis depuis cent ans environ, et où il ose proposer le remède : c'est à croire, en vérité, qu'en écrivant ce chapitre, Fénelon se ressouvenait, sans le dire, de celui de Du Bellay dans l'*Illustration.*

Mais Fénelon n'a rien d'inutile : Du Bellay a quelques inutilités et même quelques puérilités érudites, à l'occasion des *anagrammes* et des *acrostiches*. Ce chapitre n'est pas digne des précédents. L'auteur s'autorise de Lycophron et des vers sibyllins. Il ne serait pas du xvi° siècle, si son or était pur d'alliage. Il rentre dans la bonne voie lorsqu'il conseille quelques sobres imitations du grec, dont les façons de parler, dit-il, sont fort approchantes de notre langue vulgaire, plus approchantes même parfois que les formes latines : c'est la thèse que Henri Estienne a développée depuis. Du Bellay donne très-justement le précepte d'user à propos de l'infinitif pris substantivement : l'*aller*, le *chanter*, le *vivre*, le *mourir*, le *renaître*... La Fontaine a bien su en user de lui-même :

> Maître François dit que Papimanie
> Est un pays où les gens sont heureux.
> Le *vrai dormir* ne fut fait que pour eux ;
> Nous n'en avons ici que la copie...
>   (*Le Diable de Papefiguière.*)

Du Bellay veut encore qu'on use de l'adjectif *substantivé,* comme le « *liquide* des eaux, le *vide* de l'air, le *frais* des ombres, l'*épais* des forêts ». D'autres fois, ce sont des adjectifs, employés au sens d'adverbes, qu'il voudrait insinuer : « Il vole *léger,* pour *légèrement.* » Au reste, il ne prescrit rien d'absolu, il engage à essayer : excellent maître de diction poétique à une époque où rien n'était fixé encore. Il est pour les hardiesses d'alliances, pour les périphrases poétiques et bien trouvées, pour les épithètes qu'il ne faut employer que significatifs, expressifs (*épithète* était alors masculin), et selon le cours de la pensée, sans banalité oiseuse et avec une justesse propre. Enfin, après tout cela, il n'a plus qu'à emboucher la trompette, exhortant de toutes ses forces les Français de son temps à partir pour la grande croisade française, et à marcher derechef, en vrais enfants des Gaulois, à la conquête de Delphes et du Capitole. L'éloge de la France qui s'y mêle est le pendant de celui que Virgile a fait de l'Italie dans les *Géorgiques.*

Il reste à voir comment et avec quel succès Du Bellay a relevé en poëte le gant qu'il avait si fièrement jeté comme critique et comme héraut d'armes.

Juin 1867.

ŒUVRES FRANÇOISES

DE

JOACHIM DU BELLAY

GENTILHOMME ANGEVIN

AVEC UNE NOTICE BIOGRAPHIQUE ET DES NOTES

PAR M. CH. MARTY-LAVEAUX

III.

En avançant dans la vie, je me suis dit bien souvent que celui qui, dans sa jeunesse, à l'âge des nobles ambitions et de la belle ardeur, avait formé les plus hauts projets et conçu les plus magnifiques espérances, si, tout compte fait et toutes illusions dissipées, il se trouvait n'être déçu que de la moitié ou des trois quarts de son rêve, celui-là ne devait pas s'estimer encore trop mal partagé et n'avait pas trop à se plaindre du sort : c'est le cas de Du Bellay, qui, même en échouant et jusque dans le naufrage de la grande *Armada* littéraire dont il s'était fait le porte-voix et la trompette, a sauvé personnellement toute une part encore enviable de bon renom et de poésie.

Dès l'abord, avouons-le, si, au sortir de la lecture de l'*Illustration*, nous ouvrons le petit volume de Poésies qu'il se hâta de publier dans le même temps, nous tombons de haut. Sa Préface, comme il est arrivé quelquefois aux poëtes, nous paraît démesurément plus grande que l'œuvre. Du Bellay, pendant qu'il composait cette Préface qui se développait sous sa plume et qui allait devenir tout un petit livre, s'aperçut, dit-il, qu'on lui avait dérobé une copie de ses vers, et il s'empressa de les livrer à l'imprimeur et de les « jeter tumultuairement en lumière ». Ce premier recueil de l'*Olive*, qui se composait principalement de cinquante sonnets à la louange d'une maîtresse, destinée par son nom à faire le pendant de Laure (le *Laurier*, l'*Olivier*), et qui n'était pas purement imaginaire, parut à la date de 1549, et devança de quelques mois, je le pense, la *Défense et Illustration*; on n'y voyait que les initiales de Joachim Du Bellay. L'auteur le fit réimprimer l'année suivante (1550), fort augmenté et à visage découvert. Il avait été critiqué dans l'intervalle pour son *Illustration* par ceux de l'ancienne école, notamment par Charles Fontaine, et, dans une nouvelle Préface, mise en tête du Recueil augmenté, il répondait à ces *rhétoriqueurs françois* (comme il les appelle) avec une certaine hauteur et d'une façon dégagée qui ne messied pas au poëte de race en face des pédants. Mais les vers qui venaient à l'appui de la prose, c'était là le côté faible; et franchement, si nous n'avions autre chose de Du Bellay que cette *Olive* et les quelques pièces lyriques qu'il y a jointes, nous serions embarrassé de lui accorder aucun avantage décisif sur Marot.

J'ai voulu relire quelque chose de ce gentil maître Clément, et je me suis donné ce plaisir dans l'excellente édition choisie que vient précisément de publier, en la faisant précéder d'une savante étude, un des hommes qui savent et qui sentent le mieux notre ancienne société et notre vieille langue, M. Charles d'Héricault (1). Certainement, si l'on n'avait que le premier volume de Du Bellay, publié par M. Marty-Laveaux, à mettre en regard de ce choix complet, portant sur toute l'œuvre de Marot, et auquel a présidé un goût supérieur, il n'y aurait pas, pour un lecteur ordinaire et qui tient surtout à l'agrément, de quoi hésiter et balancer. D'un côté, une langue faite, une manière libre, gracieuse, alerte et vive, une agilité élégante, un heureux badinage; de l'autre, de l'effort, de la subtilité, du sentiment alambiqué en quête de l'image, une obscurité fréquente et qu'il n'est donné qu'aux érudits

(1) *OEuvres de Clément Marot*, annotées, revues sur les éditions originales, et précédées de la vie de Clément Marot, par M. Charles d'Héricault (un vol. in-8°, Paris, Garnier frères, 1867). — Le choix, je l'ai dit, est des mieux faits. La vie de Clément Marot est fort approfondie, et l'époque y est étudiée par tous ses aspects. La biographie du poëte commence par une sorte de mémoire sur la commune et municipalité de Cahors, sa ville natale. Ce serait presque un hors-d'œuvre, si bientôt le biographe ne nous montrait qu'il sait également développer les autres parties du tableau. Le côté le mieux touché de cette notice me paraît être dans l'exposé des relations du poëte et de la reine Marguerite.

d'expliquer et d'éclaircir. Dans cette série enchaînée de sonnets si inférieurs à leur modèle toscan, et qui n'en ont guère que les défauts, je ne sais si on trouverait à en détacher un seul digne en entier d'être cité : c'est docte et dur. On en est réduit à glaner çà et là quelques vers.

Mais le critique littéraire a un autre devoir que celui qui lit pour son plaisir; il se préoccupe de la suite, de l'avenir de la langue et de la poésie. Or la poésie française ne devait point en rester à Marot : elle avait la noble ambition de s'élever, de se créer un instrument plus savant, une harpe ou une lyre; et, lorsqu'on songe à tout ce qu'il fallut de labeur et d'effort à Malherbe pour réussir à dresser quelques strophes incomparables, on devient indulgent pour ceux qui y préludèrent et qui, les premiers, essayèrent de quelques cordes nouvelles.

Si l'on veut bien ne pas séparer de l'ensemble de l'œuvre lyrique française les deux grands poëtes contemporains (Lamartine et Victor Hugo) qui, l'accomplissent et la couronnent, on sera mieux à même encore d'apprécier la première et tout à fait généreuse tentative de ces poëtes de la Pléiade, qui entrevirent de loin le but et qui amorcèrent la voie. Et, en ce qui est de Du Bellay en particulier, dans ce Recueil de *l'Olive,* on y sent parfois, on y entend à l'avance comme un son et un accent précurseur de cette haute et pure poésie qui ne s'est pleinement révélée que si tard dans les *Méditations;* on y ressaisit un écho distinct et non douteux, qui va de Pétrarque à Lamartine.

Prenez le cent-treizième sonnet de l'*Olive*, il est dur assurément, mais il est noble, élevé, et il faudrait peu de chose pour que l'esson se fît jour en plein ciel et se déployât :

> Si notre vie est moins qu'une journée
> En l'éternel, si l'an qui fait le tour
> Chasse nos jours sans espoir de retour,
> Si périssable est toute chose née,
>
> *Que songes-tu, mon Ame emprisonnée ?*
> Pourquoi te plaît l'obscur de notre jour,
> Si, pour voler en un plus clair séjour,
> Tu as au dos l'aile bien empennée ?
>
> *Là est le bien que tout esprit désire,*
> *Là le repos où tout le monde aspire,*
> *Là est l'amour,* là le plaisir encore :
>
> *Là, ô mon Ame, au plus haut ciel guidée,*
> *Tu y pourras reconnaître l'Idée*
> *De la beauté qu'en ce monde j'adore.*

A ce mouvement, à ces formes, à ces rimes inusitées jusqu'alors en poésie française, on est transporté par delà, et l'on se prend à redire involontairement avec Lamartine dans ces stances de la première pièce de ses premières *Méditations* :

> Là je m'enivrerais à la source où j'aspire ;
> Là je retrouverais et l'espoir et l'amour,
> Et ce bien idéal que toute âme désire,
> Et qui n'a pas de nom au terrestre séjour...

Du Bellay, gêné et comme empêché dès le début, n'a

donné que la note : *Que songes-tu, mon Ame emprisonnée?* Il l'a donnée du moins. C'est un commencement de Méditation. Le motif est trouvé. Jamais le *flageolet* de Marot n'eut de ces accents.

De même pour les quelques pièces lyriques qui s'ajoutent aux sonnets : on en distingue au moins deux ou trois, celle de l'*Immortalité des Poëtes;* une autre à Madame Marguerite, sur le conseil *d'écrire en sa langue;* une autre encore, intitulée : *Les Conditions du vrai Poëte.* Dans ces diverses pièces, Du Bellay redit en vers quelques-unes des choses qu'il a déjà dites en prose, et tout aussi bien, dans son *Illustration.* Dans ses imitations d'Horace, on peut trouver qu'il est bien prompt à chanter victoire et à entonner son *exegi monumentum* dès le premier pas et au point de départ : c'est une façon un peu artificielle, et propre de tous temps aux jeunes écoles, de s'échauffer entre soi et de se donner du cœur. Dans *Les Conditions du vrai Poëte,* il continue de mettre sa poétique en vers; il paraphrase Horace pour le *Quem tu Melpomene semel...;* il combine divers endroits du lyrique romain, sentant qu'il ne peut les égaler. Là encore, il a l'honneur, du moins, de devancer la plus noble des imitations modernes, André Chénier dans cette belle élégie :

O Muses, accourez, solitaires divines...

Mais n'allons point nous amuser, après tant d'années, à épeler de nouveau Du Bellay pour les quelques bons vers ou les quelques passables strophes de sa première manière; c'est dans sa seconde qu'il devint tout à fait lui-même; que, croyant la gageure perdue et détendant son effort, il se mit à chanter pour lui et pour quelques-uns dans une note plus voisine de son cœur; et dès lors, l'expérience aidant, le sentiment intime l'emportant sur la volonté et sur le parti pris, il trouva sa veine. Du moment qu'il tâcha moins, il réussit mieux.

Du Bellay n'atteint le meilleur de sa manière que quand son système s'est détendu; mais il ne lui a pas nui d'avoir passé par le système qui lui a donné la méthode et raffermi le ton. Cette forte éducation poétique va lui servir jusque dans ses heures de facilité.

Au lendemain de ses débuts, au milieu de son premier succès d'école et d'amis, il avait quitté Paris et la France, il était parti pour l'Italie à la suite de son cousin, le cardinal Du Bellay, qui se l'était attaché. Ce séjour de quelques années à Rome, fécond en mécomptes et en ennuis, lui fut bon en un sens et lui suggéra ses meilleurs vers : ils lui furent inspirés par un sentiment vrai, par le regret de la patrie.

Il commença toutefois par payer son tribut d'admiration à Rome et à cette grandeur déchue. Il y eut là chez lui par avance quelques accents de Corneille, mais il faut les chercher; et on en est loin encore lorsque, dans le troisième sonnet de ces *Antiquités* dont il n'a jamais fait que le premier livre, Du Bellay prélude en disant :

> Nouveau venu qui cherches Rome en Rome,
> Et rien de Rome en Rome n'aperçois,

> Ces vieux palais, ces vieux arcs que tu vois,
> Et ces vieux murs, c'est ce que Rome on nomme...

Pour être imités d'une épigramme latine fort célèbre à son moment, ces jeux de mots redoublés n'en valent guère mieux. Nous n'en sommes pas encore à Corneille. On en est moins loin dans le sonnet qui suit, et où l'on retrouve le ton élevé, digne du sujet :

> Ni la fureur de la flamme enragée,
> Ni le tranchant du fer victorieux,
> Ni le dégât du soldat furieux,
> Qui tant de fois, Rome, t'a saccagée ;
>
> Ni coup sur coup ta fortune changée,
> Ni le ronger des siècles envieux,
> Ni le dépit des hommes et des dieux,
> Ni contre toi ta puissance rangée ;
>
> Ni l'ébranler des vents impétueux,
> Ni le débord de ce dieu tortueux,
> Qui tant de fois t'a couvert de son onde,
>
> Ont tellement ton orgueil abaissé,
> Que la grandeur du rien qu'ils t'ont laissé
> Ne fasse encore émerveiller le monde.

Allons, courage,. ô poëte ! nous approchons de la grandeur.

Dans un des sonnets suivants, il appliquera à Rome tout entière en décadence ce que Lucain avait dit du seul grand Pompée sur son déclin :

> *Qualis frugifero quercus sublimis in agro...*
> Qui a vu quelquefois un grand chêne asséché...

Le sonnet de Du Bellay ne soutient pas trop mal la comparaison avec le latin. Le *Stat magni nominis umbra* a une sorte d'équivalent dans *ce vieil honneur poudreux* qui est encore *le plus honoré*.

En ces meilleurs passages, il faut bien cependant reconnaître que le sentiment et l'intention sont fort supérieurs à l'exécution et au style; rarement le sonnet tout entier répond au vœu du poëte et du lecteur. Tel sonnet commence magnifiquement :

>Pâles Esprits et vous Ombres poudreuses,
>Qui jouissant de la clarté du jour... etc.

Mais l'expression fléchit dans les vers qui suivent. Le poëte a ouvert la bouche et a poussé un beau son, mais les mots gaulois, le français de son temps, sont trop minces pour cette gravité latine et cette plénitude continue qu'il y faudrait. Du Bellay, dans un sonnet final, demande à ses vers s'ils osent bien espérer l'immortalité et si « l'œuvre d'une lyre » peut prétendre à espérer plus de durée que tant de monuments de porphyre et de marbre qui semblaient devoir être éternels. « Ne laisse pas toutefois de sonner, dit-il à son Luth, car si foible que tu sois, tu peux du moins te vanter d'avoir été le premier des François à chanter

>« L'antique honneur du peuple à longue robe. »

Du Bellay a raison. Cet essai, resté inachevé, inaugure parmi nous la série moderne des Méditations historiques et poétiques sur les ruines de l'antique Rome.

Le ton est trouvé, grandiose et mâle : au défaut d'un morceau complet, ce livre est ainsi semé de beaux vers. — On lit à la suite un *Songe* allégorique et apocalyptique assez obscur, que j'y laisse.

Le recueil des *Regrets*, qui date également de ce séjour de Rome, se compose d'une suite de sonnets plus familiers et plus naturels. Le poëte les écrit, dit-il en commençant, comme il écrirait un journal :

> Je me plains à mes vers, si j'ai quelque regret :
> Je me ris avec eux, je leur dis mon secret
> Comme étant de mon cœur les plus sûrs secrétaires...

S'il les a écrits avec plaisir, on les lit de même, sans fatigue et couramment. Il y justifie l'éloge qui lui fut donné de son temps, par opposition à d'autres : le *doux-coulant* Du Bellay. Bien lui a pris cette fois de ne pas lutter de sublime avec Ronsard et de ne le vouloir suivre que quand celui-ci se lasse et se rabaisse : en se contentant « d'écrire simplement ce que la passion seulement lui fait dire », il a trouvé le secret de nous intéresser. Il déclare dans son découragement ne plus avoir souci de la gloire ni de la postérité ; il croit avoir renoncé aux chastes Muses ; mécontent de sa condition et assujetti à la fortune, il gémit de ne plus poursuivre, dans une belle ardeur, le sourire de la docte et gracieuse Marguerite, cette patronne des poëtes, et la haute faveur du Prince ou de la Cour ; et c'est précisément alors qu'il se retrouve le plus sûrement lui-même, et qu'en puisant ses vers à la source intime d'où une ambition plus haute le détournait, il nous les offre plus vrais et encore vivants après trois siècles. Il n'est jamais plus sincèrement poëte que lorsqu'il dit de cet accent pénétré et plaintif qu'il ne l'est plus.

Les *Regrets,* dans l'œuvre de Du Bellay, si on les compare surtout à ses précédentes poésies à demi allégoriques et fictives de l'*Olive,* justifient tout à fait ces paroles de Gœthe à Eckermann, qui sont un article essentiel de la poétique moderne : « Tous les petits sujets qui se présentent, rendez-les chaque jour dans leur fraîcheur ; ainsi vous ferez de toute manière quelque chose de bon, et chaque jour vous apportera une joie... Toutes mes poésies sont des poésies de circonstance : elles sont sorties de la réalité, et elles y trouvent leur fonds et leur appui. Pour les poésies en l'air, je n'en fais aucun cas. » Les *Regrets* de Du Bellay ne sont plus des poésies en l'air, et c'est ce qu'on en aime. La première curiosité épuisée, il n'a pas tardé à éprouver le vide de la patrie, le mal de l'absence :

> France, mère des arts, des armes et des lois,
> Tu m'as nourri longtemps du lait de ta mamelle
> Ores, comme un agneau qui sa nourrice appelle,
> Je remplis de ton nom les antres et les bois...

Il se compare à d'autres plus heureux que lui, à des agneaux qui ne craignent ni le loup, ni le vent, ni l'hiver, et qui n'ont faute de pâture. Et il finit sur ce dernier vers touchant dans sa fierté modeste :

> **Si ne suis-je pourtant le pire du troupeau !**

Cette protection si ambitionnée et si spécieuse de son parent le cardinal ne l'avait mené qu'à être son homme d'affaires à Rome, l'intendant et l'économe de sa maison. D'autres poëtes aussi ont été gens d'affaires : l'abbé de Chaulieu, en son temps, fut comme l'intendant des Vendôme, et le spirituel épicurien, dit-on, n'y perdit point sa peine. Mais Du Bellay n'est point de cette famille épicurienne de poëtes : il n'entend rien au lucre, et il a conscience que la Muse se mésallie à ce commerce. Se voyant attelé journellement à des emplois qui sont au rebours de son génie, il obéit à la nécessité, mais il en souffre. Que faire dans cet ennui? Il désapprend, dit-il, à parler français, et cela le mène à composer des vers latins (lui qui en a tant médit) : il fait comme Marc-Antoine Muret et comme les beaux esprits de son temps devenus *citoyens* romains : il faut bien parler à Rome le langage qu'on entend le mieux à Rome! Il s'adresse volontiers, dans ses confidences, à Olivier de Magny, agréable poëte de sa volée, en exil, comme lui, dans la Ville éternelle; il le prend à témoin de ses peines et de ses tracas; il les soulage, dit-il, en chantant jour et nuit :

> Ainsi chante l'ouvrier (1) en faisant son ouvrage,
> Ainsi le laboureur faisant son labourage,
> Ainsi le pèlerin regrettant sa maison,
>
> Ainsi l'aventurier en songeant à sa dame,
> Ainsi le marinier en tirant à la rame,
> Ainsi le prisonnier maudissant sa prison.

(1) *Ouvrier* était alors compté de deux syllabes comme *meurtrier*. Cela n'a guère cessé que du temps de Corneille.

Tibulle avait dit, parlant de l'espérance qui console le captif :

Crura sonant ferro, sed canit inter opus.

Les charmants vers se succèdent sous la plume de Du Bellay, exprimant ses tristesses et sa consolation :

Si les vers ont été l'abus de ma jeunesse,
Les vers seront aussi l'appui de ma vieillesse;
S'ils furent ma folie, ils seront ma raison.

Par malheur, il ne s'arrête pas à temps, et, au lieu de clore le sonnet sur cet excellent tercet, il continue, il compare encore ses vers à la *lance d'Achille,* qui blesse et guérit tour à tour, au *scorpion,* qui sert de remède à son propre venin : en cela il est de son siècle; le goût n'était pas venu.

Mais le talent était venu, et le poëte était mûr; c'est, je le répète, au moment où il a le plus l'air de se décourager qu'il entre en pleine possession de lui-même et du genre où il est maître. Semblable en cela à Ulysse, il est arrivé, il a abordé à Ithaque, et tout d'abord il ne la reconnaît pas.

Il prend à témoin de ces mille tracas dont il est assailli un autre Français exilé, Panjas : il a, à cette occasion, des sonnets qui sont de vrais tableaux de genre, et qui rappellent à leur manière les Satires de l'Arioste :

Panjas, veux-tu savoir quels sont mes passe-temps?
Je songe au lendemain, j'ai soin de la dépense

Qui se fait chacun jour, et si fault que je pense
A rendre sans argent cent créditeurs contents.

Je vais, je viens, je cours, je ne perds point le temps ;
Je courtise un banquier, je prends argent d'avance ;
Quand j'ai dépêché l'un, un autre recommence ;
Et ne fais pas le quart de ce que je prétends.

Qui me présente un compte, une lettre, un mémoire,
Qui me dit que demain est jour de consistoire,
Qui me rompt le cerveau de cent propos divers :

Qui se plaint, qui se deult, qui murmure, qui crie :
Avecques tout cela, dis, Panjas, je te prie,
Ne t'ébahis-tu point comment je fais des vers ?

Mais, après le piquant, revient le sensible, le vers ému et poétique. Je ne sais point de plus beau sonnet en ce genre élégiaque que le seizième des *Regrets*, et qui paraît adressé à Ronsard. Du Bellay y met en contraste l'heureux poëte qui brille et fleurit en Cour de France et les trois exilés, Magny, Panjas et lui-même, qui, pour s'être attachés à d'illustres patrons, sont comme relégués et échoués au loin sur les bords du Tibre ; il faut citer tout ce sonnet, qui est d'un sentiment tendre et d'une belle imagination :

Ce pendant que Magny suit son grand Avanson,
Panjas son cardinal, et moi le mien encore,
Et que l'espoir flatteur, qui nos beaux ans dévora,
Appaste nos désirs d'un friand hameçon,

Tu courtises les rois, et d'un plus heureux son
Chantant l'heur de Henri, qui son siècle décore,

Tu t'honores toi-même, et celui qui honore
L'honneur que tu lui fais par ta docte chanson

Las ! et nous ce pendant nous consumons notre âge
Sur le bord inconnu d'un étrange rivage,
Où le malheur nous fait ces tristes vers chanter,

Comme on voit quelquefois, quand la mort les appelle,
Arrangés flanc à flanc parmi l'herbe nouvelle,
Bien loin sur un étang trois cygnes lamenter.

Cette image des trois poëtes, comparés à trois cygnes *arrangés flanc à flanc* et exhalant leur âme dans leur chant suprême, m'a rappelé un beau passage du *Génie du Christianisme,* les deux cygnes de Chateaubriand. Encore un coup, l'honneur de Du Bellay est de susciter de pareils rapprochements et de les supporter sans trop avoir à s'en repentir :

« Ce n'est pas toujours en troupes que ces oiseaux visitent nos demeures, disait le grand peintre de notre âge; quelquefois deux beaux étrangers, aussi blancs que la neige, arrivent avec les frimas : ils descendent, au milieu des bruyères, dans un lieu découvert, et dont on ne peut approcher sans être aperçu ; après quelques heures de repos ils remontent sur les nuages. Vous courez à l'endroit d'où ils sont partis, et vous n'y trouvez que quelques plumes, seules marques de leur passage, que le vent a déjà dispersées : heureux le favori des Muses qui, comme le cygne, a quitté la terre sans y laisser d'autres débris et d'autres souvenirs que quelques plumes de ses ailes ! »

Même après le trait de pinceau de cette imagination merveilleuse, même après *le Poëte mourant* de Lamartine, où la similitude du cygne est le motif dominant, le sonnet de Du Bellay peut se relire.

On se demande si les deux amis qu'il associe à ses destinées en étaient dignes par le talent; je ne connais rien de Panjas : quant à Olivier de Magny, on a, entre autres Recueils, ses *Soupirs,* en grande partie composés pendant le séjour de Rome et publiés en 1557; ils sont comme le pendant des *Regrets* de Du Bellay, dont le nom revient presque à chaque page. On y trouverait trois ou quatre très-jolis et naïfs sonnets, mais, en général, c'est moins bien que Du Bellay; c'est à la fois moins poétique et d'une langue beaucoup moins facile.

Le très-beau sonnet de Du Bellay, son sonnet immortel : *Heureux qui, comme Ulysse, a fait un beau voyage!* se rencontre au quart du chemin à peine dans le Recueil : je le réserve pour en parler après. Ce que je tiens à bien marquer en ce moment, c'est la quantité de jolis tableaux satiriques qui font suite, dans toute la seconde moitié des *Regrets*. Ainsi le sonnet à son barbier Pierre : « Tu me conseilles toujours, lui dit-il, de ne pas trop étudier, de ne point pâlir sur les livres: eh! mon ami, ce n'est point du trop lire que me vient mon mal, mais bien de voir chaque jour le train des affaires et l'intrigue qui se joue : c'est là le livre où j'étudie et qui me rend malade. Ne m'en parle donc plus, si tu ne veux me fâcher, mais bien plutôt pendant que d'une main habile

Tu me laves la barbe et me tonds les cheveux,

Pour me désennuyer, conte-moi, si tu veux,
Des nouvelles du Pape et du bruit de la ville.

Il a des peintures, des esquisses prises sur le fait et au naïf, de la Rome moderne, de la Rome papale et cardinalesque. Arrivé sous le pontificat relâché et dissolu de Jules III, il vit Marcel II, qui ne régna que vingt et un jours. Il était aux premières loges pour décrire un conclave; il ne s'en fait faute, et l'on a en quatorze vers la réalité mouvante du spectacle, la brigue à huis clos, les bruits du dehors, les fausses nouvelles, les paris engagés pour et contre :

>   Il fait bon voir, Pascal, un conclave serré,
>   Et l'une chambre à l'autre également voisine
>   D'antichambre servir, de salle et de cuisine,
>   En un petit recoin de dix pieds en carré;
>
>   Il fait bon voir autour le palais emmuré,
>   Et briguer là dedans cette troupe divine,
>   L'un par ambition, l'autre par bonne mine,
>   Et par dépit de l'un être l'autre adoré ;
>
>   Il fait bon voir dehors toute la ville en armes,
>   Crier : *Le Pape est fait !* donner de faux alarmes,
>   Saccager un palais ; mais, plus que tout cela,
>
>   Fait bon voir qui de l'un, qui de l'autre se vante,
>   Qui met pour cestui-ci, qui met pour cestui-là,
>   Et pour moins d'un écu dix cardinaux en vente.

Cette vie qui s'use en simagrées, en cérémonies, en visites, en faux semblants, trouve en Du Bellay son dessinateur à la plume. Il nous rend à merveille le fin mot de cette Cour romaine du xvi⁰ siècle, ce qui la distingue en général des autres Cours par son caractère de douceur, de finesse et de ruse :

> Marcher d'un grave pas et d'un grave sourcil,
> Et d'un grave souris à chacun faire fête,
> Balancer tous ses mots, répondre de la tête,
> Avec un *Messer* non, ou bien un *Messer si;*
>
> Entremêler souvent un petit *E cosi,*
> Et d'un son *Servitor* contrefaire l'honnête,
> Et comme si l'on eût sa part en la conquête,
> Discourir sur Florence et sur Naples aussi ;
>
> Seigneuriser chacun d'un baisement de main,
> Et, suivant la façon du courtisan romain,
> Cacher sa pauvreté d'une brave apparence :
>
> Voilà de cette Cour la plus grande vertu,
> Dont souvent mal monté, mal sain et mal vêtu,
> Sans barbe et sans argent on s'en retourne en France.

Plus d'un de ces petits tableaux que Du Bellay retrace en cet endroit exigerait un commentaire, des explications historiques pour les allusions aux personnes et aux circonstances (1). Au sortir de ce court pontificat de Marcel II, il put assister au début du pontificat belliqueux et violent de Paul IV. Un caractère saillant de la Cour romaine à cette époque était l'exal-

---

(1) Le chancelier Olivier lui-même, lisant *les Regrets* dans leur nouveauté et les goûtant extrêmement, avouait qu'il y avait des choses qui lui échappaient : « Quanquam sunt in iis nonnulla quæ me fugiunt, quod scilicet res ipsas non capio. »

tation soudaine de quelques-uns qui n'étaient rien la veille, et leur chute profonde le lendemain. Toute une fortune dépendait ainsi d'une santé chétive; toute une ambition était suspendue à une toux de vieillard. Du Bellay n'hésite pas à nous faire voir le revers misérable de toute cette pompe et de tout cet orgueil qui s'étalait aux yeux et qu'il perce à jour :

> Quand je vois ces Messieurs, desquels l'autorité
> Se voit ores ici commander en son rang,
> D'un front audacieux cheminer flanc à flanc,
> Il me semble de voir quelque divinité;
>
> Mais les voyant pâlir lorsque Sa Sainteté
> Crache dans un bassin, et d'un visage blanc
> Cautement épier s'il y a point de sang,
> Puis d'un petit souris feindre une sûreté :
>
> Oh! combien, dis-je alors, la grandeur que je voi
> Est misérable au prix de la grandeur d'un roi!
> Malheureux qui si cher achète tel honneur!
>
> Vraiment le fer meurtrier et le rocher aussi
> Pendent bien sur le chef de ces seigneurs ici,
> Puisque d'un vieil filet dépend tout leur bonheur.

Admirable sonnet satirique! à la bonne heure, voilà du talent original et neuf! Du Bellay savait sa Rome contemporaine, et il nous la traduit au vrai. On pourrait en ce sens multiplier les citations. Du Bellay aspirait d'abord à imiter et reproduire Horace en français, l'Horace lyrique : c'était une noble et impossible ambition. Mais voilà que, sans y songer presque, il rivalise avec un Perse ou un Juvénal en ces crayons parlants, expressifs, des espèces d'eaux-fortes à la plume ; il nous donne la monnaie de certaines pièces de l'Arioste ; il devance Mathurin Regnier, et c'est ainsi qu'il mérite d'être appelé véritablement le premier en date de nos satiriques classiques.

Et je craindrais plutôt de n'en pas dire assez, car Du Bellay devance aussi le d'Aubigné des *Tragiques* par la sanglante énergie de quelques sonnets qui n'avaient point été imprimés de son vivant, et qui, retrouvés seulement de nos jours, ont été publiés en 1849 par M. Anatole de Montaiglon. On conçoit que le poëte ait reculé au moment de l'impression ; et, en effet, dans ces sept ou huit terribles sonnets posthumes, ce n'est pas seulement l'ambition et la cupidité qu'il dénonce sous la pourpre chez ces soudains et insolents mignons de la fortune, ce sont les vices païens, les scandales de l'antique Olympe. Et il ne s'attaque pas seulement à la personne des cardinaux neveux ou favoris, il va jusqu'à prendre à partie ces pontifes qu'il a vus de ses yeux, Jules III, Paul IV : ce dernier se faisant tout d'un coup guerrier *in extremis,* et qu'il oppose à Charles-Quint, à ce César dégoûté, subitement ambitieux du cloître : l'un et l'autre, dans ce revirement tardif, transposant les rôles et les parodiant pour ainsi dire, faisant comme échange entre eux d'humeur et d'inconstance :

> Je ne sais qui des deux est le moins abusé ;
> Mais je pense, Morel, qu'il est fort malaisé
> Que l'un soit bon guerrier, ni l'autre bon ermite.

Du Bellay a quelques-uns de ces sonnets définitivement frappés : celui-là en est un (1).

Mais en voilà assez sur ce côté neuf de son talent. Il y aurait, si l'on voulait être complet, à ne point séparer, en Du Bellay à Rome, le poëte latin du poëte français : car, poëte latin, il l'a été aussi à sa manière alors, et avec une véritable distinction. On aurait à conférer ses poésies latines avec les poésies françaises qu'il faisait presque en même temps sur les mêmes sujets. Les vers latins prêtent plus au lieu commun ; ils ne s'accommodent pas autant à la réalité, au détail, et, si je puis dire, au dessous de cartes. On le vérifierait en prenant la belle Élégie de Du Bellay, *Romæ Descriptio*. Elle répond assez bien au livre des *Antiquités de Rome* qui a pu sortir de là. Dans cette Élégie tout est présenté en beau et en majestueux : c'est d'un parfait contraste avec les sonnets des *Regrets*.

---

(1) Ceux qui aiment les rapprochements ne seront pas fâchés qu'à côté des sonnets de Du Bellay sur Paul IV ou sur Marcel II, on leur présente des vers de Casimir Delavigne, écrits pendant un séjour à Rome et qui doivent se rapporter à Léon XII ou peut-être à Pie VIII. Ces vers, que je n'ai vus nulle part imprimés, méritent de ne point se perdre ; on y reconnaît le tour philosophique du poëte, élève d'Andrieux, en même temps qu'ils ont la marque certaine de son talent :

> Qu'on porte envie au pontife romain !
> Son corps glacé dans la pourpre frissonne ;
> Son front fléchit sous la triple couronne ;
> Les saintes clefs lassent sa faible main.
> L'ennui l'assiége, et la goutte assassine,
> Rongeant les nœuds de ses doigts inégaux,
> Va se cacher sous la bague divine
> Dont la vertu guérit de tous les maux.

La latinité, d'ailleurs, y est belle et largement facile. Le mouvement de la Renaissance était si vif, si puissant et si sincère, que ceux qui s'y inspiraient directement devenaient poëtes dans la langue des Anciens. Du Bellay, venu à Rome par hasard, antipathique et rebelle par système à la poésie latine, y fut pris et devint lui-même une preuve de cette fascination de la Renaissance.

Heureusement pour sa renommée il ne s'y abandonna qu'à demi. Si, dans l'Élégie intitulée *Patriæ desiderium*, il sut chanter en un latin agréable les souvenirs de l'Anjou, de son cher Liré et des rives de Loire, il fit mieux d'y revenir en français, et je ne sais pas de meilleure leçon de goût pour un jeune poëte que de lui donner à lire la pièce latine, si élégante, de Du Bellay, en mettant à côté et en regard le même tableau qu'il a rendu en français dans ce petit chef-d'œuvre qu'on peut appeler le roi des sonnets. Et en effet, dans les vers latins tout remplis des réminiscences et des locutions d'Horace et de Virgile, il n'y a pas, il ne peut y avoir ces traits fins et caractéristiques, la *cheminée de mon petit village,* le *clos de ma pauvre maison,* l'*ardoise fine,* qui est la couleur locale des toits en Anjou, et ce je ne sais quoi de *douceur angevine* opposé à l'air marin et salé des rivages de l'Ouest. On n'est tout à fait soi, tout à fait original, que dans sa langue; on n'atteint que là à ce qui est proprement la signature du poëte, la particularité de l'expression. Du Bellay l'a bien montré, ne fût-ce que par ce sonnet unique que je ne transcris point ici, parce qu'il est dans toutes les mémoires (1).

Il était temps que Du Bellay repassât les monts et revînt en France : les derniers mois de son séjour à Rome

---

(1) On m'assure pourtant qu'il ne sera ni tout à fait inutile, ni désagréable pour ceux mêmes qui le savent déjà, de citer le sonnet célèbre, qu'on s'attend à lire chaque fois qu'il est question de Du Bellay ; j'obéis donc à cette observation qui m'est faite au dernier moment, d'autant plus que c'est la meilleure preuve que je n'ai pas surfait le poëte :

> Heureux qui, comme Ulysse, a fait un beau voyage,
> Ou comme cestui-là qui conquit la toison,
> Et puis est retourné, plein d'usage et raison,
> Vivre entre ses parents le reste de son âge !
>
> Quand reverrai-je, hélas ! de mon petit village
> Fumer la cheminée ? et en quelle saison
> Reverrai-je le clos de ma pauvre maison,
> Qui m'est une province et beaucoup davantage ?
>
> Plus me plaît le séjour qu'ont bâti mes aïeux
> Que des palais romains le front audacieux ;
> Plus que le marbre dur me plaît l'ardoise fine,
>
> Plus mon Loire gaulois que le Tibre latin,
> Plus mon petit Liré que le mont Palatin,
> Et plus que l'air marin la douceur angevine.

Paul-Louis Courier écrivait un jour d'Albano, où il passait un mois de printemps, à M. et à Mme Clavier : « Si vous saviez ce que c'est, vous m'envieriez... Ne me parlez point de vos environs : voulez-vous comparer Albano et Gonesse, Tivoli et Saint-Ouen ? La différence est à la vue comme dans les noms. » Le sonnet de Du Bellay est la contre-partie du mot de Courier : il montre que la poésie, à qui sait la cueillir, est partout, et que les lieux les plus humbles, sous la vérité de l'impression, ne le cèdent en rien aux plus beaux, mais gardent d'autant mieux leur physionomie attachante.

paraissent lui avoir été tout particulièrement odieux
et insupportables. Les Caraffe, jaloux de la fortune des
Farnèse, exploitaient à leur tour le pontificat de Paul IV
et dévoraient ce règne d'un moment. Ils déchaînaient
la guerre sur l'Italie pour leurs fins personnelles, et
sans autre souci de ce qu'il en adviendrait à la barque
de saint Pierre. Cette terre si désirée, et qui dès lors
était l'objet des vœux de tout savant et de tout poëte,
ce pays « où le citronnier fleurit », n'était plus, aux
yeux de l'exilé, abreuvé d'ennuis et de dégoûts, qu'un
rivage de fer, une sorte de Thrace cruelle et barbare :

> Fuyons, Dilliers, fuyons cette cruelle terre,
> Fuyons ce bord avare et ce peuple inhumain...
>
> *Heu ! fuge crudeles terras, fuge littus avarum.*

Du Bellay revint en France par Urbin, Ferrare, Venise,
la Suisse et les Grisons, qu'il a décrits et maudits en
passant. Venise elle-même ne l'avait pas enchanté, et
le doge et les magnifiques seigneurs y ont attrapé un
sonnet de sa main et de la bonne encre, un pasquin
des mieux lardés, qui reste comme une parodie de leur
fastueuse grandeur. Genève n'est pas épargnée non
plus. Du Bellay était dans cette disposition d'esprit
aigrie et irritée, où il n'y a de guérison que l'embras-
sement des amis et le bain de l'air natal.

Poétiquement, il employa les années qui suivirent
son retour à mettre en ordre ses derniers vers et à les
publier : vers français, vers latins, il donna tout. Cependant il n'avait pas quitté le service du cardinal son
parent. Cette Éminence, en lui accordant un congé et

en le relevant de ses fonctions domestiques à Rome, lui avait confié le soin de nombreuses affaires en France. Le très opulent et embarrassé prélat y était chargé de bénéfices, d'abbayes et même d'évêchés qu'il avait dû résigner, mais sur lesquels il exerçait des retenues. Quelques documents inédits, récemment retrouvés à la Bibliothèque de l'École de médecine de Montpellier par M. Revillout et provenant de la bibliothèque du président Bouhier, ont mis en lumière tout ce côté ecclésiastique et contentieux des dernières années de notre poëte. M. de Liré (comme on l'appelait alors) eut bien des difficultés et des conflits avec les membres de sa famille, notamment avec son cousin l'évêque de Paris, Eustache Du Bellay. Il fut dénoncé au cardinal pour ses recueils de vers récemment publiés, et d'abord pour ses sonnets des *Regrets*, qu'on présenta comme indignes de la gravité ecclésiastique et comme faits pour compromettre la Révérendissime Éminence dont il était le serviteur, et envers laquelle, par ses plaintes rendues publiques, il se serait montré malignement ingrat. On savait déjà quelque chose de ces tracas nouveaux et opiniâtres qui accueillirent Du Bellay de retour en France : une lettre de lui adressée au cardinal, en manière de défense et d'apologie, n'en laisse plus rien ignorer. La lettre est du 31 juillet 1559 ; elle répond à de durs reproches du cardinal, dont on lui avait fait part ; en voici les passages les plus significatifs :

« ... Vous entendrez donc, s'il vous plaît, Monseigneur, qu'étant à votre service à Rome, je passois quelquefois le

temps à la poésie latine et françoise, non tant pour plaisir
que je prisse que pour un relâchement de mon esprit occupé
aux affaires que pouvez juger, et quelquefois passionné selon
les occurrences, comme se peut facilement découvrir par la
lecture de mes écrits, lesquels je ne faisois lors en intention
de les faire publier, ains me contentois de les laisser voir
à ceux de votre maison qui m'étoient plus familiers. Mais un
écrivain breton que de ce temps-là je tenois avec moi en
faisoit des copies secrétement, lesquelles, comme je découvris
depuis, il vendoit aux gentilshommes françois qui pour lors
étoient à Rome, et M. de Saint-Ferme même fut le premier
qui m'en avertit. Or, étant de retour en France, je fus tout
ébahi que j'en trouvai une infinité de copies tant à Lyon que
Paris, dont je mis de ce temps-là quelques imprimeurs en
procès qui furent condamnés en amendes et réparations,
comme je puis montrer par sentences et jugemens donnés
contre eux. Voyant donc qu'il n'y avoit autre remède et qu'il
m'étoit impossible de supprimer tant de copies publiées partout, pour ce que le feu roy (que Dieu absolve!) qui en avoit
lu la plus grand'part m'avoit commandé de sa propre bouche
d'en faire un recueil et les faire bien et correctement imprimer (1), je les baillai à un imprimeur sans autrement les
revoir, ne pensant qu'il y eût chose qui dût offenser personne, et aussi que les affaires où de ce temps-là j'étois
ordinairement empêché pour votre service ne me donnoient
beaucoup de loisir de songer en telles rêveries, lesquelles
toutefois je n'ai encore entendu avoir été ici prises en mau-

(1) Le Privilége des Poésies de Du Bellay, donné, au nom de
Henri II, dans les termes les plus flatteurs pour le poëte, tel qu'il
se lit à la suite des sonnets des *Antiquités,* est daté de Fontainebleau, 3 mars 1557, M. d'Avanson présent. Le Recueil des *Regrets*
porte un extrait de Privilége daté de Paris le 7 janvier 1557. —
Je crois que ce 1557 revient à 1558, d'après la manière encore en
usage dans les actes publics de commencer l'année : je pose la
question plutôt que je ne la résous.

vaise part, ains y avoir été bien reçues des plus notables et signalés personnages de ce royaume, dont me suffira pour cette heure alléguer le témoignage de M. le chancelier Olivier, personnage tel que vous-même connoissez : car ayant reçu par les mains de M. de Morel un semblable livre que celui qu'on vous a envoyé, ne se contenta de le louer de bouche, mais encore me fit cette faveur de l'honorer par écrit en une Épître latine qu'il en écrivit audit de Morel. L'extrait de ladite Épître est imprimée au-devant de quelques miennes œuvres latines que vous pourrez voir avec le temps (1). Et je l'ai bien voulu insérer en la présente de mot à mot et que j'ai enclos ci-dedans. Par là, Monseigneur, vous pourrez juger si mon livre a été si mal reçu et interprété des personnages d'honneur comme de ceux qui vous l'ont envoyé avec persuasion si peu à moi avantageuse... »

Du Bellay continue, en se défendant d'avoir voulu en rien toucher à l'honneur de Son Éminence, ce qui serait à lui « non une méchanceté, mais un vrai parricide et sacrilége ». Et sur ce qu'on a voulu persuader au cardinal que Du Bellay se plaignait de lui, il convient s'être plaint en effet de son malheur et de l'in-

(1) L'extrait de la lettre latine du chancelier Olivier se lit en tête du Recueil des Poëmes latins de Du Bellay, mais elle fut écrite à l'occasion du Recueil des *Regrets,* et porte la date de septembre 1558. Le chancelier y déclare n'avoir jamais rencontré jusque-là en aucun auteur français pareille vivacité et distinction de style et une grâce aussi continue. Le cardinal Du Bellay, quand il se fâcha contre le poëte, n'avait donc encore reçu que le volume des *Regrets,* et il n'avait pas vu les Poëmes latins qui, bien que portant à l'impression la date de 1558, purent bien ne paraître qu'en 1559. Que ne dut-il pas dire à plus forte raison lorsqu'on lui fit voir ce dernier Recueil tout plein, dans sa dernière partie, d'amourettes et de légèretés? Cela ne dut point raccommoder auprès de lui les affaires de l'imprudent poëte.

gratitude de quelques-uns qui, comblés de biens par le cardinal, l'ont si mal reconnu. Il fait allusion probablement à des parents plus favorisés que lui. Il ne disconvient pas avoir pu laisser échapper quelques regrets, quelques paroles dont on a pu abuser. Il se compare, à ce propos, à Job, lequel, en son adversité, a l'air de disputer contre Dieu, ce que ses parents mêmes lui reprochent et lui imputent à blasphème ; mais Dieu, plus juste, connaissant toutefois l'intention de Job et son infirmité, à la fin de la dispute, approuve la cause de l'innocent accusé et condamne celle de ses cousins. Du Bellay ajoute encore quelque explication sur ce qu'il a déchargé sa colère contre les Caraffe, ces ambitieux neveux du pape Paul IV : il ne l'a fait que par ressentiment de l'indignité dont ils ont usé dans leurs procédés envers le cardinal Du Bellay lui-même. « Tout le reste, ainsi qu'il le dit, ne sont que ris et choses frivoles dont personne, ce me semble, ne se doit scandaliser, s'il n'a les oreilles bien chatouilleuses. »

Si l'on souffre un peu de voir un poëte obligé de descendre à ces justifications, on n'est pas fâché du ton de fierté, du ton de gentilhomme ou, pour mieux dire, d'honnête homme, dont il le prend, au milieu de toutes ses déférences, avec son illustre parent et patron. Ce patron si loué m'a bien l'air, malgré tout, de n'avoir jamais assez apprécié, du sein de ses grandeurs, celui qui se donnait à lui. M. Revillout, dans le Mémoire qu'il a lu sur Du Bellay à la réunion des sociétés savantes en Sorbonne au mois d'avril dernier, en même temps qu'il mérite tous nos remercîments pour les communications précieuses qu'on lui a dues, m'a paru un peu sévère dans ses conclusions sur l'aimable poëte. La santé de Du Bellay, ne l'oublions pas, était totalement ruinée dans les dernières années de sa vie. Une vieillesse précoce l'avait atteint et l'assiégeait dans ses organes. Une surdité absolue ne lui permettait, vers la fin, de communiquer avec le monde que par écrit. Il avait affaire à des cousins jaloux et déjà pourvus : de quel côté furent les torts, — tous les torts, — et M. de Liré n'en eut-il aucun ? Cela nous est impossible à démêler aujourd'hui. Mais toutes nos sympathies restent acquises au cœur du poëte qui nous a révélé si à nu ses sentiments et livré sous forme de rimes ses confessions. Eût-il eu dans son caractère, comme André Chénier, quelque ressort un peu vif et quelque principe de fierté qui le rendait moins commode qu'il n'aurait fallu dans l'habitude, pour moi, je ne l'en estimerais pas moins, et, dussé-je être taxé de partialité pour les poëtes, il m'est impossible, même après la publication de ces dernières pièces, de trouver à Joachim d'autre tort que celui d'avoir été maltraité par la fortune, d'avoir été fait intendant et homme d'affaires tandis qu'il était poëte, et d'avoir commis cette autre faute grave de s'être *laissé mourir* jeune avant d'avoir franchi le détroit qui l'eût mené à sa seconde carrière.

Il résulte clairement des dernières indications précises que Du Bellay n'avait aucune chance, s'il avait vécu, d'être promu à l'archevêché de Bordeaux, comme on l'avait dit et cru, un peu à la légère, d'après une confusion de noms. On prend son parti de ne pas voir en Du Bellay un prochain archevêque : il avait, malgré ses plaintes et ses désirs, un rôle plus à sa portée ; et, même disgracié du sort, même chétif et malade, même confiné dans son petit Liré, pour peu qu'il eût eu quelques années encore, il aurait su trouver assurément dans sa sensibilité et dans son talent aiguisé de souffrance quelque œuvre notable de poésie.

Il semble qu'il ait eu le pressentiment de sa fin prochaine et qu'il se soit hâté de recueillir toutes ses gerbes avant de partir. Il voulait, aux approches du jour de l'an de 1560, envoyer à ses amis d'ingénieuses étrennes, et, selon le goût du temps, selon le goût aussi des Anciens qui ont souvent joué sur les noms (*nomen omen*), il composa en distiques latins une suite d'*Allusions* (1), dans lesquelles, prenant successivement chaque nom propre des contemporains célèbres, il en tirait, bon gré mal gré, un sens plus ou moins analogue au talent et au caractère du personnage : par exemple, Michel de l'*Hôpital* semblait avoir reçu son nom tout exprès, puisqu'il était l'*hospice* des Muses, auxquelles sa maison était toujours ouverte. Jacques *Amiot*, qui avait un français d'un coloris si vif et qui avait mis du rouge à Plutarque (entendez-le à bonne fin), semblait en effet avoir emprunté son nom au mot grec qui signifie *vermillon*, ἄμμιον. Pierre *Ramus* avait moins de

___
(1) *Joachimi Bellaii Andini poetæ clarissimi Xenia, seu illustrium quorumdam Nominum Allusiones :* his accessit *Elegia ad Janum Morellum Ebredun, Pyladem suum* (1569).

chemin à faire pour rappeler le *rameau* d'or, et ainsi de suite. Tout cela nous semble aujourd'hui assez puéril et bien tiré par les cheveux, quoique Du Bellay s'y autorise de l'exemple de Platon dans le *Cratyle* et aussi de quelques plaisanteries de Cicéron sur Verrès (*Verres à verrendo*). Mais ce qui était le mieux dans ce petit Recueil, qui ne parut qu'après la mort de Du Bellay, c'était son Élégie latine à son ami Jean de Morel, une pièce essentielle, qui résume toute sa biographie, et qui, rapprochée aujourd'hui de sa lettre française d'apologie au cardinal, ne laisse rien à désirer. Je ne voudrais plus y joindre, pour nous donner l'entier spectacle de l'âme et des dispositions intérieures du pauvre et triste poëte, dans les derniers mois de sa vie, qu'une autre lettre française de lui adressée à un ami (le même Morel probablement), *sur la mort du feu roi et le département de Madame de Savoie*. Cette lettre, qui est un dernier épanchement et qui exprime toutes les douleurs saignantes de Du Bellay, porte la date du 5 octobre 1559, et parut cette année même dans le Recueil intitulé : *Tumulus Henrici secundi..., per Joach. Bellaium*. L'état de surdité absolue du poëte lui interdisait d'aller rendre en personne ses devoirs à Madame Marguerite, au moment du départ de la princesse, et la lettre est pour s'en excuser ; cette prose émue se rejoint naturellement à ses vers, et le tout constitue pour nous la partie vivante et sympathique de l'œuvre de Du Bellay :

« Monsieur et frère, ne m'ayant comme vous savez permis mon indisposition de pouvoir faire la révérence à Madame de Savoie depuis la mort du feu roi, que Dieu absolve! j'ai pensé que, pour réparer cette faute et pour me ramentevoir toujours en sa bonne souvenance, je ne lui pouvois faire présent plus agréable que ce que je vous envoie pour lui présenter, s'il vous plaît, de ma part. C'est le Tombeau latin et françois du feu roi son frère... Je l'eusse bien pu enrichir, si j'eusse voulu (et l'œuvre en étoit bien capable, comme vous pouvez penser), de figures et inventions poétiques davantage qu'il n'est, et qu'il semblera peut-être à quelques admirateurs de l'antique poésie... Or, tel qu'il est, si Madame s'en contente, j'estimerai mon labeur bien employé, ne m'étant, comme vous savez mieux qu'homme du monde, jamais proposé autre but ni utilité à mes études que l'heur de pouvoir faire chose qui lui fût agréable. J'avois (et peut-être non sans occasion) conçu quelque espérance de recevoir un jour quelque bien et avancement de la libéralité du feu roi, plus par la faveur de Madame que pour aucun mérite que je sentisse en moi. Or Dieu a voulu que je portasse ma part de cette perte commune, m'ayant la fortune, par le triste et inopiné accident de cette douloureuse mort, retranché tout à un coup, comme à beaucoup d'autres, le fil de toutes mes espérances. Ce désastre avec le partement de Madame qui, à ce que j'entends, est pour s'en aller bientôt ès pays de Monseigneur le duc son mari, m'a tellement étonné et fait perdre le cœur que je suis délibéré de jamais plus ne retenter la fortune de la Cour, m'ayant *nescio quo fato* été jusques ici toujours si marâtre et cruelle, mais *abdere me in secessum aliquem,* avec cette brave devise pour toute consolation : *Spes et fortuna, valete.* Et qui seroit si fol de se vouloir dorénavant travailler l'esprit pour faire quelque chose de bon et digne de la postérité, ayant perdu la faveur d'un si bon prince et la présence d'une telle princesse, qui, depuis la mort de ce grand roi François, père et Instaurateur des bonnes lettres, étoit demourée l'unique support et refuge de la vertu et de ceux qui en font profession ? Je ne puis continuer plus longuement ce propos sans larmes, je dis les plus vraies larmes que je pleurai jamais : et vous prie m'excuser si je me suis laissé transporter si avant à mes passions, qui me sont, comme je m'assure, communes avecques vous et avecques tous ceux qui sont comme nous admirateurs de cette bonne et vertueuse princesse, et qui véritablement se ressentent du regret que son absence doit apporter à tous amateurs de la vertu. Quant à moi (*et hoc mihi apud amicum liceat*), encore que jusques ici j'aie enduré des indignités de la fortune autant que pauvre gentilhomme en pourroit endurer, si est-ce que pour perte de biens, d'amis et de santé et si quelque autre chose nous est plus chère en ce monde, je n'ai jamais éprouvé si grand ennui que celui que j'ai dernièrement reçu de la mort du feu roi et du prochain département de Madame, qui étoit le seul appui et colonne de toute mon espérance... »

Épuisé de santé, de peines et de travail, Du Bellay mourut le jour même du 1ᵉʳ janvier 1560. Le volume d'étrennes qu'il se réjouissait d'envoyer à chacun de ses amis ce jour-là, et qu'il avait lui-même préparé, ne leur arriva point de sitôt ; il ne fut imprimé et publié que quelques années plus tard. L'à-propos était manqué (1).

Le deuil fut grand parmi tous les lettrés et les poëtes. Du Bellay n'avait guère que trente-cinq ans. Il y en avait dix qu'il avait débuté par sa fière et courageuse poétique de l'*Illustration*, et depuis lors, dans cette courte et rapide carrière, malgré bien des échecs et des mécomptes, il n'avait pas trop mal mérité de la

---

(1). En supposant toutefois qu'il n'y ait pas eu de ces *Xenia seu Allusiones* de Du Bellay une édition antérieure à celle de Frédéric Morel, de 1569, il a bien pu y avoir une édition à peu d'exemplaires et pour les amis.

poésie. En disparaissant à cette heure critique du siècle, il ne vit pas, du moins, les guerres civiles si fatales à la Muse, la discorde au sein de sa propre école poétique ; il n'eut point à prendre parti entre protestants et catholiques, et à chanter peut-être, comme plus d'un de la Pléiade, à célébrer en rimes malheureuses des journées et des nuits de néfaste mémoire. Il a laissé une belle réputation, moins haute et par là même plus à l'abri des revers et des chutes que celle de Ronsard. Quand on le considère de près comme nous venons de le faire, il justifie, somme toute, sa réputation, si même il ne la dépasse pas : il est digne de la conserver entière. Son titre principal est l'*Illustration*, dans laquelle il a souvent devancé et anticipé la théorie d'André Chénier, cet autre précurseur ardent, tombé également avant l'âge. Bien que de loin, de très-loin, et pour la postérité dernière, il ne subsiste que les grandes œuvres et les grands noms auxquels le temps va ajoutant sans cesse ce qu'il retire de plus en plus aux autres, c'est plaisir et devoir pour le critique et l'historien littéraire de rendre justice de près à ces talents réels et distingués, interceptés trop tôt, dans quelque ordre que ce soit, les Vauvenargues, les André Chénier, les Joachim Du Bellay, à ces esprits de plus de générosité que de fortune, qui ont eu à leur jour leur part d'originalité, et qui ont servi dans une noble mesure le progrès de la pensée ou de l'art (1).

(1) Le tome second et dernier des *OEuvres françoises* de Du Bellay, données par M. Marty-Laveaux, paraîtra dans le courant de septembre. Il contient les poésies de la seconde manière. Le

soigneux éditeur y a réuni toutes les pièces nouvelles concernant la biographie du poëte, les quelques lettres françaises qu'on a de lui. Il a, de plus, extrait des poésies latines de Du Bellay ce qui intéresse plus particulièrement sa vie. Indépendamment des notes du temps, il y a joint ses propres explications et commentaires.

Août 1867.

MALHERBE [1]

M. Demogeot, professeur suppléant d'éloquence française à la Faculté des lettres, vient de publier un utile et intéressant volume, le *Tableau de la Littérature française au XVIIe siècle avant Corneille et Descartes* (2). C'est là un sujet fréquemment traité et sur lequel, avant même que l'Académie française le proposât de son côté et le mît au concours, il s'est établi, depuis des années, une sorte de concours naturel et nécessaire. Il en est ainsi aujourd'hui d'un grand nombre de sujets, grâce à l'organisation des Écoles et aussi au développement de la presse périodique. Dans la presse, lorsqu'un nouveau livre important paraît, il est d'ordinaire examiné ou agité par cinq ou six des plus habiles feuilletonistes ou chroniqueurs littéraires qui tous, dans l'espace de quelques semaines, y viennent tour à tour s'exercer, tournoyer, jouter, pousser ou briser une lance comme à un jeu de bague ou dans

---

(1) Cet article fut publié par M. Sainte-Beuve dans la *Revue européenne*.
(2) Librairie de Hachette.

une quintaine. L'existence des chaires publiques amène dans un cercle plus étendu un effet semblable et plus sérieux. Les professeurs qui ont eu à parler de la littérature française depuis près de trente ans, ont dû passer chacun à leur tour par quelques-uns des mêmes chemins et faire halte à très-peu près aux mêmes étapes. Ainsi M. Patin, avant d'être établi et fixé dans la poésie latine, M. Ampère, M. Saint-Marc Girardin, M. Gérusez, ont certainement, et au moins une fois pendant quelque semestre de leur enseignement, traité de cette période littéraire qui comprend la première moitié du xviie siècle. M. Havet l'a dû faire également à l'École normale. M. Nisard, qui dès auparavant avait eu les mêmes occasions, a résumé pour tous et a caractérisé avec netteté et force dans son *Histoire de la Littérature française* cette enfance et cette croissance du grand siècle et, là comme ailleurs, il a fait ce à quoi il excelle, qui est de donner à l'appui de la tradition les preuves morales qui la justifient et qui l'expliquent, de trouver des raisons ingénieuses et neuves à des conclusions généralement reçues. M. Demogeot enfin, le dernier et non le moins bien préparé, profitant des travaux des autres et des siens propres (car il est auteur d'un fort bon Précis sur notre histoire littéraire), vient aujourd'hui étendre, diversifier ses vues et renouveler avec esprit, avec vivacité et savoir, une matière qui n'est pas encore épuisée. Étant moi-même de ceux qui ont eu à parcourir cette période curieuse de transition, j'ai pris plaisir à le suivre, à revoir ce pays connu, à comparer ses impressions aux

miennes, à lui donner raison presque toujours, sauf
quelques différences de mesure et de proportion, çà
et là, dans les jugements. Ma lecture a été un continuel dialogue avec l'auteur. M. Demogeot est cause que
je vais aussi parler avec lui, après lui, et des choses
mêmes qu'il a le mieux dites.

Et tout d'abord, quand on présente un tableau des
progrès de la langue dans la première moitié du
xviie siècle, on rencontre au seuil l'écrivain qui a fait
école et qui a marqué un temps décisif de réforme
dans l'ordre de la langue et du goût : c'est un poëte,
c'est Malherbe, l'inévitable. Je ne l'éviterai pas. Autrefois je l'ai pris comme à revers en débouchant des
hauteurs du xvie siècle et en redescendant de Ronsard;
plus tard, je l'ai abordé plus uniment, de plain-pied,
sans cependant l'embrasser encore. Pourquoi donc n'en
reparlerais-je pas, dussé-je répéter bien des choses
que d'autres ont trouvées dès longtemps, et quelques-
unes de celles que j'ai dites moi-même ailleurs, mais
en donnant cette fois à mes considérations tout leur
développement et à ma description tout son jour? La
route est battue; y faire remarquer, chemin faisant,
deux ou trois points de vue nouveaux, les montrer,
non point les créer, je ne prétends pas à plus.

I.

L'astre de Malherbe n'a pas influé seulement sur la
poésie, il a influé sur la prose française, sur ses destinées futures et sur toute la direction nouvelle du

langage; c'est un fait constant. Mais quoique ce soit un poëte, chez nous, qui ait eu ce pouvoir, quoique ce doive être un autre poëte aussi, Boileau, qui, pour la seconde moitié du siècle, achèvera et confirmera l'œuvre de Malherbe, il ne faudrait pas conclure, de cette espèce de préséance et de priorité de la poésie sur la prose, qui se rencontre également à des époques tout autrement primitives, que le caractère poétique, un caractère d'imagination et de fantaisie, dominera et s'imprimera à l'ensemble de la littérature. Non; quoique ce soient deux poëtes qui donnent le ton du goût et qui fassent l'office de maîtres du chœur, qui tiennent l'archet du chef d'orchestre, ce sont deux poëtes avant tout sensés, judicieux, et la prose ne gagnera à leur régime et sous leur sceptre que d'être plus juste, plus ferme, plus châtiée, plus mesurée, plus et mieux que jamais de la belle et bonne prose. La folle du logis (et cette folle est quelquefois une puissante et souveraine magicienne) n'y aura point accès : ces deux poëtes ne la connaissent pas.

J'aurai beaucoup à loüer en Malherbe, mais je ne dissimulerai pas d'abord les côtés défectueux que son rôle et son œuvre présentent.

Malherbe débuta par une disposition, par une inspiration en quelque sorte *négative*, par le *mépris* de ce qui avait précédé chez nous en poésie. Il ne fit en cela, à son jour et à son heure, que ce que d'autres avaient fait avant lui. C'a été un des malheurs, une des inégalités du développement littéraire de la France, que ce qui est arrivé à plusieurs reprises à notre poés.e. Représentons-nous-en bien, par une vue rapide, les accidents et comme les cascades diverses. Tandis que la prose, jusqu'à un certain point, se transmet et se continue, qu'un âge hérite d'un autre, que le fleuve grossit et s'enrichit, de Villehardouin à Joinville, de Joinville à Froissart, de Froissart à Commines, de Commines à d'Aubigné..., avec lenteur, il est vrai, mais d'une manière sensible en avançant, la poésie subit, à chaque siècle, des interruptions, des coupures, et il semble qu'elle ait eu, à plusieurs reprises, à recommencer (1).

Il y avait eu d'abord, aux XIIe et XIIIe siècles, au siècle de Philippe-Auguste et de saint Louis, le règne et la vogue des *Chansons de geste,* des grands romans de chevalerie, la prédominance de la poésie épique, une poésie rude, prolixe, mais forte, énergique, d'une séve généreuse, parfois d'un grand caractère, et qui, dans quelques-uns de ses brillants développements, avait fini par acquérir toute sa grâce. A côté de cette haute et sérieuse poésie, on avait toute une culture piquante, variée, spirituelle, ironique et moqueuse,

---

(1) « A nos yeux, les noms de Villehardouin, de Joinville, de Froissart, de Commines, de Montaigne, de Molière, marquent les différents âges de notre langue : les terminaisons varient, le vocabulaire se complète, la syntaxe s'épure, et, par degrés enfin, l'art de parler un même idiome se modifie ou se perfectionne ; mais il ne s'en forme pas un autre. » Qui a dit cela? le scrupuleux et circonspect Daunou, qui ne met pas un pied devant l'autre sans s'être bien assuré du terrain. Eût-il songé à dire pareille chose, à établir une telle route royale, s'il n'avait eu que des noms de poëtes français pour la jalonner?

les *Fabliaux*; mais la moquerie elle-même était venue s'amplifier par degrés, se ramifier et s'épanouir dans la vaste épopée satirique du *Roman de Renart*, qui est tout un monde, — un arbre gigantesque aux mille branches, habité et peuplé d'animaux, qui sont des hommes.

Dès la fin du xiiie siècle et pendant le xive, la première et la plus sérieuse de ces poésies, celle des Chansons de geste, décline et déchoit, jusqu'au moment où elle sera détrônée. Décidément le genre allégorique succède; c'est alors la vogue et le règne de la poésie symbolisée et moralisante, du *Roman de la Rose*, dont les dernières parties contiennent une espèce d'Encyclopédie de la fin du xiiie siècle, et expriment une philosophie des plus avancées; ce *Roman de la Rose*, qui, en commençant, n'était qu'un *Art d'aimer*, finit par être un *De Natura rerum*. Les poëmes de chevalerie tombent peu à peu dans le mépris; bientôt on les mettra en prose, on mettra les chevaliers à pied. Il ne sortira de là aucune inspiration pour la poésie française future.

Au xive et au xve siècle, le *Roman de la Rose* et le goût que ce poëme a mis à la mode règnent toujours. La funeste et désastreuse guerre de plus d'un siècle entre la France et l'Angleterre a interrompu tout progrès; elle intercepte bien des traditions. Rien n'égale la misère publique; il ne sort de l'extrême détresse qu'une poésie en action, Jeanne d'Arc, la plus belle de nos Chansons de geste depuis Roland. Cependant quelques poëtes donnent la menue monnaie du *Ro-*

man de la Rose ; on vit là-dessus, on se traîne. L'héritage de Froissart poëte a passé sans renouvellement à maître Alain Chartier, à Charles d'Orléans, lequel a du moins des grâces. Villon retrouve avec originalité et vigueur la séve des satires et des fabliaux; il mêle à l'esprit quelques accents de tendresse; il promet, il a l'air de débrouiller quelque chose; il fait espérer un recommencement.

Dans la première moitié du xvie siècle, Marot semble continuer et perfectionner Villon. Il est son digne héritier pour l'esprit, pour la franchise et la gentillesse; il le surpasse en netteté, en élégance, en politesse de badinage. Il y avait pourtant chez Villon, jusque dans sa débauche, une veine plus vigoureuse et plus passionnée, qui ne se fait pas sentir chez Marot. On n'a pas tout à fait rompu avec le *Roman de la Rose;* on s'inspire encore de cette mythologie raffinée, alambiquée, mais ingénieuse. Tout cela semble promettre une suite ; on pouvait croire que cette poésie encore bien humble, bien peu élevée, qui avait rompu avec les sources supérieures et avec la forte séve historique du Moyen Age, qui n'en avait recueilli, pour aucune part, le génie héroïque et sévère, allait grandir, se fortifier de nouveau, produire enfin des œuvres plus généreuses, sans pourtant se priver des avantages acquis et de ses heureuses qualités secondaires. Point. Ronsard et son école paraissent : Renaissance ou réaction, c'est tout un; nouveau recommencement à de nouveaux frais, entière rupture; mépris absolu de l'école et de toutes les écoles qui ont précédé. Ce fut une invasion non de barbares, mais de jeunes savants, procédant tout à fait d'ailleurs à la manière des invasions et des conquêtes. L'histoire de cette tentative nouvelle, de cette aventure d'*Icare* de la Pléiade, on la sait de reste. En s'attachant sans réserve et sans mesure à l'Antiquité classique, latine et surtout grecque, ils le prirent trop haut; ils ne purent soutenir jusqu'au bout leur gageure, ils se cassèrent la voix en voulant chanter sur un ton trop haut. La langue poétique gagna pourtant à l'effort; elle y acquit une habitude plus élevée, plus d'images, plus de couleur; les ardeurs de Ronsard laissaient une belle trace. Par malheur aussi, il y avait d'insoutenables inégalités, des chutes, des longueurs traînantes, bien des hasards. Telle quelle, retrempée somme toute et moins tourmentée désormais, cette langue des vers, et souvent des beaux vers, semblait vouloir se châtier et se perfectionner sous les successeurs de Ronsard, Des Portes et Bertaut, quand les désastres publics, les guerres civiles, l'anarchie qui sépare la fin des Valois de l'avénement de Henri IV, amenèrent une interruption nouvelle, une *solution de continuité* dans la marche et dans le progrès commencé. Nous sommes, de compte fait, à la troisième rupture, si je ne me trompe pas.

Malherbe consomme cette rupture en rejetant, en supprimant autant qu'il peut tout ce qui a précédé; il biffe de sa main Ronsard et jusqu'à Des Portes, à qui (dînant chez lui) il dit crûment « que son potage vaut mieux que ses Psaumes ». Il ne se rattache pas plus directement à l'ancienne école française, à Marot, ni à Villon qu'il semble ignorer, ni aux vieux poëtes épiques, non imprimés alors et oubliés profondément ; d'ailleurs il n'en eût su que faire. Malherbe était un homme pratique, même en poésie ; il n'était pas de ceux qui s'inquiètent de chercher par delà et d'élargir les horizons. En tout il voit et il prend les choses au point juste où il les trouve. Il sait l'heure de sa montre, et pas plus.

Nous étonnerons-nous maintenant qu'on ait pu dire d'un air de plaisanterie, mais avec sens :

« La poésie française était comme une demoiselle de vingt-huit à trente ans, sans fortune ou ruinée par les événements, laquelle avait déjà manqué trois ou quatre mariages, lorsque, pour ne pas rester fille, elle se décida à faire un mariage *de raison* avec M. de Malherbe, un veuf qui avait déjà la cinquantaine (1). »

Nous venons de toucher légèrement l'histoire de ces trois mariages manqués. Mais je m'empresse d'ajouter le correctif sérieux, et de redire que ce mariage *de raison* fut aussi un mariage *d'honneur :* il fut donné à Malherbe d'*ennoblir* celle qu'il épousa.

Une première remarque et réserve est donc à faire quand on a à parler de Malherbe, pour qu'on ne soit pas ensuite trop désappointé en le considérant. Il reprend la poésie française dans les conditions qu'on vient de voir et en partant d'une négation, d'un mépris bien net pour ce qui précède. Or, dans la *Satyre Ménippée*, l'éloquent et sensé d'Aubray, parlant de la

(1) Le mot est de Beyle (Stendhal) ; mais je crois que je l'ai arrangé.

monarchie à fonder et du monarque à prendre et à choisir, disait excellemment :

« Nous demandons un roi et chef naturel, non artificiel ; un roi déjà fait et non à faire... Le roi que nous demandons est déjà fait par la nature, né au vrai parterre des fleurs de lys de France, jetton droit et verdoyant du tige de saint Louis. Ceux qui parlent d'en faire un autre se trompent et ne sauraient en venir à bout ; on peut faire des sceptres et des couronnes, mais non pas des rois pour les porter ; *on peut faire une maison, mais non pas un arbre ou un rameau vert ;* il faut que la nature le produise, par espace de temps, du suc et de la moelle de la terre, qui entretient la tige en sa séve et vigueur. »

Or, si cela est vrai d'une monarchie, n'est-ce pas vrai aussi d'une poésie? Malherbe ne le sentit pas; il ne s'attacha pas à la prendre dans sa verte tige, sauf à l'émonder et à la corriger ; il ne se dit pas : « *On fait une maison, mais on ne fait pas un arbre vert, on ne fait pas une poésie...* » La sienne resta donc toujours marquée et frappée d'une sécheresse native, d'une demi-stérilité ; à côté d'un fier rameau qui se couronnait de verdure, tout à côté il y en avait un autre de sec et de mort. Il ne put faire réussir son arbre tout entier, cet arbre qu'il plantait trop grand et trop tard, trop artificiel et trop factice. Il n'y eut que quelques-unes de ses greffes qui furent tout à fait heureuses. N'importe, cette première réserve faite et cette précaution prise avec nous-même, nous reconnaîtrons en lui un poëte digne de Henri IV, de cet Henri avec qui un nouvel ordre commence. Je ne dirai pas :

Magnus ab integro sæclorum nascitur ordo ;

ce serait trop solennel; il n'y eut rien d'absolument grandiose; mais je dirai : *Firmus, alter ab integro*...; et la poésie fut à l'avenant de la politique, ferme, assez haute, et fière et brave, nette, sensée, réduite aux *termes du devoir*, avec des éclairs et des accents d'héroïsme. Malherbe, déjà mûr, eut son jour, et ce jour a fait époque.

Regardons-le de près; donnons-nous le sentiment bien vif de tous ses mérites. *Enfin Malherbe vint, etc.* : c'est là le texte que nous avons à développer et à démontrer pleinement, sincèrement, et tout va nous le confirmer en effet.

On ne connaît pas Malherbe jeune : il semble qu'il n'ait pas eu de jeunesse. Les particularités et les circonstances extérieures de la première moitié de sa vie n'ont été bien démêlées que dans ces derniers temps. On connaissait l'homme, le poëte, le personnage vivant, par Racan et par les contemporains qui en ont écrit, qui avaient recueilli ses mots, ses apophthegmes : maintenant on a découvert les contrats de mariage, les actes mortuaires, les procès, etc.; tout cela se complète; la jeunesse pourtant n'y brille pas.

Né à Caen en 1555, le premier né de neuf enfants, fils de *noble homme* François Malherbe, sieur Digny, d'un conseiller au *Présidial* de Caen (et non au *Parlement* de Normandie, comme il aimait à le faire croire quand il était en Provence; les poëtes se plaisent à agrandir les choses), il se piquait de descendre de très-ancienne noblesse. Un Malherbe de Saint-Aignan avait vendu la terre de ce nom près de Caen pour pouvoir aller guerroyer en terre sainte ; il le revendiquait pour ancêtre. Il se vantait aussi de descendre d'un des chevaliers qui avaient accompagné le duc Guillaume à la conquête d'Angleterre. Ces anciens Malherbe, pour se distinguer des autres du même nom qui se trouvent en Normandie, s'appelaient Malherbe *aux Roses*, à cause qu'ils portaient dans leurs armoiries *d'hermines à six roses de gueules*. Ces détails ne sont pas hors de propos quand on parle de notre poëte qui, très-pointilleux en tout et notamment sur le chapitre de la naissance, y attachait une importance extrême :

> Vanter en tout endroit sa race
> Plus que celle des rois de Thrace,
> Cela se peut facilement, etc.,

disait le satirique Berthelot (1).

Il fut élevé en gentilhomme, avec un précepteur à lui ; il devait succéder à la charge de son père. De Caen il alla un an à Paris, et de là, sous son précepteur, aux universités de Bâle et de Heidelberg ; il y fit d'assez fortes études pour le latin et s'y acquit un fonds solide. De retour dans sa ville natale, il n'entra point dans les idées de son père et ne voulut pas suivre sa profession ; il le regretta plus tard. Alors il voulait l'*épée*, rien que l'*épée*, comme seule digne d'un gentil-

---

(1) Je profiterai, dans tout le cours de cette Étude, d'un travail intitulé : *Malherbe, Recherches sur sa Vie et Critique de ses Œuvres* (1852), par M. de Gournay, ancien professeur à la Faculté des lettres de Caen, mort depuis inspecteur d'académie, homme d'un savoir élaboré et d'un esprit fin.

homme ; bien longtemps après, à cinquante ans d'intervalle, et un an avant sa mort, il écrivait à l'un de ses amis de Provence : « Je suis toujours bien d'avis que l'épée est la vraie profession du gentilhomme; mais que la robe fasse préjudice à la noblesse, je ne vois pas que cette opinion soit si universelle comme elle l'a été par le passé. Tous les siècles n'ont pas un même goût... Pour moi, *je confesse librement que je suis très-marri de n'avoir été sage quand je le devais et pouvais être; mais le regret en est hors de saison.* J'ai fait la faute en ma personne, je la veux réparer en la personne de mon fils. »

A vingt et un ans il quitta la maison paternelle. Racan dit qu'une des raisons de cet éloignement fut que son père s'était fait de la religion réformée ; mais ce changement de religion n'est nullement avéré, et l'on a pensé qu'il y avait en ceci quelque méprise. Quoi qu'il en soit, le jeune Malherbe s'attacha au service du duc d'Angoulême, fils naturel de Henri II et grand-prieur de France, qui allait commander en Provence pour le gouverneur malade et absent. Malherbe n'y demeura pas moins de dix années, jusqu'à l'âge de trente et un ans. Il y passa ses feux de jeunesse, ses *chaleurs de foie*, comme il dit ; car il a le mot cru, le propos plus franc et gaillard que délicat. « Je ne trouve, disait-il, que deux belles choses au monde, les *femmes* et les *roses*, et deux bons morceaux, les *femmes* et les *melons*. » C'est là un de ses moindres mots, et l'on ne saurait citer les meilleures de ses gaillardises. J'ai lu des vers provençaux à lui adressés, des sonnets de La

Bellaudière, qui renferment de la gaudriole à *l'ail* de la plus haute saveur, et auxquels il devait répondre et *éternuer* dans le même ton (1). Ce n'était pas un sentimental ni un amoureux transi que Malherbe ; il était positif en amour. Il se maria à l'âge de vingt-six ans (1er octobre 1581) à Madeleine de Carriollis (ou Coriolis), de bonne noblesse, fille d'un président au Parlement de Provence, encore jeune, mais déjà veuve de deux maris. « Mon mariage a été, disait-il, une *licence poétique.* » Il aima sa femme, vécut avec elle en parfaite union, et en eut trois enfants auxquels il survécut, deux fils et une fille. Un de ses fils mourut à deux ans et trois mois ; la fille mourut à huit ans. Il leur a composé des épitaphes magnifiques, fastueuses ; il les y fait parler à sa guise. Sa petite fille est censée dire au passant : « Tu sais la noblesse et l'antiquité des Malherbe de Saint-Aignan : *mon père est au rang de ceux qui sont connus de son siècle, et peut-être les futurs n'ignoreront point qu'il a vécu.* Ma mère est fille de M. Louis de Carriollis, etc. C'est assez de mon parentage ; la vanité n'habite point aux lieux où je suis. » Au contraire, aux paroles que suppose Malherbe, on dirait qu'elle y habite. Son autre fils, le dernier né de ses enfants et le seul qui atteignit à l'âge de jeunesse, fut tué en duel à vingt-six ans, par Fortia de Piles, et son père voulut le venger ; il le pleura moins

(1) On peut chercher ces deux sonnets, dont l'un au moins est curieux, dans les *Obros et Rimos provvenssalos de Loys de la Bellavdiero* (Marseille, 1595). J'en dois la connaissance à M. Joseph d'Ortigue.

comme père que comme chef de famille, chef de race.

On ne sait rien ou presque rien des actions ou des écrits de Malherbe durant ces années de séjour en Provence. Il était *addomestiqué* au prince Grand-Prieur, et lui servait de secrétaire. Ce Grand-Prieur s'amusait parfois à faire des vers. Un jour il voulut tenter Malherbe et fit réciter de ses vers par Du Périer, qui se donnait pour l'auteur; le prince faisait semblant de les admirer. « Et comment les trouvez-vous? » demanda-t-il à Malherbe. — « Mauvais, répondit celui-ci; et c'est vous, monseigneur, qui les avez faits. » C'est du Boileau plus rude, plus à bout portant. Le mot de Boileau à Louis XIV est plus poli : « Votre Majesté peut tout ce qu'elle veut : elle a voulu faire de mauvais vers, elle y a réussi. » — Pendant un voyage qu'il fit en Normandie, après dix ans d'absence, en 1586, Malherbe perdit le Grand-Prieur, son patron, mort assassiné; ce qui interrompit sa fortune. Il avait trente et un ans. L'année suivante, prolongeant son séjour à Caen, il dédiait à Henri III (sans doute à contre-cœur, car il l'appellera plus tard *un roi fainéant, la vergogne des princes*) son poëme imité de Tansille, *les Larmes de saint Pierre,* dont il se repentit depuis et qu'il aurait voulu supprimer. Il le désavouait énergiquement, et en parlait à Chapelain comme d'un *avorton* de sa jeunesse. André Chénier, moins sévère, a dit : « Quoique le fond des choses soit détestable dans ce poëme, il ne faut point le mépriser: *la versification en est étonnante.* On y voit combien Malherbe connaissait notre langue et était né à notre poésie; combien son oreille était délicate et pure dans le choix et l'enchaînement de syllabes sonores et harmonieuses, et de cette musique de ses vers qu'aucun de nos poëtes n'a surpassée. » Ne craignons pas de citer quelques bons passages; en fait d'œuvres de la jeunesse de Malherbe, nous n'avons pas le choix. Mais ne nous faisons non plus aucune illusion; disons-nous, avec un regret et une humilité que toute la fierté de Malherbe ne consolera pas, où en était venue cependant la poésie française après plus de quatre cents ans de floraison et de culture; combien, faute d'une tradition soutenue et d'une mémoire fidèle, elle s'était diminuée à plaisir et appauvrie; combien elle était retombée à une véritable enfance et avait mérité d'être remise à l'école, aux simples éléments. Qu'on se figure en effet une poésie véritablement florissante, la moisson abondante et variée des Lyriques, des Élégiaques grecs, cette richesse où puisaient à pleines mains les fils et les héritiers des muses au sortir de l'âge de Solon, à l'entrée de celui de Périclès; et nous, au contraire, à l'entrée de notre plus beau siècle, réduits, comme ici, à noter çà et là, à souligner quelques beaux vers, à glaner quelques fleurs heureuses et comme de hasard, dans une terre redevenue maigre et pleine de ronces. O France! pourquoi faut-il qu'on dise qu'en poésie tu as trop fait comme en politique, que ta mémoire a été courte, et que la génération sage, et qui avait su acquérir, a trop rarement transmis l'héritage *moral* aux générations nouvelles!

Mais pour en revenir à ces *Larmes de saint Pierre* et à ce qu'elles ont de meilleur, le saint, dans son désespoir, s'en prend à la *vie*, à la *déloyale vie*, qu'il apostrophe comme une personne distincte ; il lui dit des injures, l'accusant de mensonge et d'iniquité :

> On voit par ta rigueur tant de blondes jeunesses,
> Tant de riches grandeurs, tant d'heureuses vieillesses,
> En fuyant le trépas au trépas arriver ;
> Et celui qui, chétif, aux misères succombe,
> Sans vouloir autre bien que celui de la tombe,
> *N'ayant qu'un jour à vivre, il ne peut l'achever !*

« Ce dernier vers est *divin*, » dit André Chénier, un peu jeune dans toute cette admiration de détail. — Saint Pierre se prend à envier le sort des Saints Innocents, massacrés pour Jésus-Christ et baptisés dans leur propre sang :

> Que je porte d'envie à la troupe innocente
> De ceux qui, massacrés d'une main violente,
> *Virent dès le matin leur beau jour accourci !*
> Le fer qui les tua leur donna cette grâce,
> Que si de faire bien ils n'eurent pas l'espace,
> Ils n'eurent pas le temps de faire mal aussi.
> . . . .
> Ce furent de beaux lis qui, mieux que la nature,
> Mêlant à leur blancheur l'incarnate peinture
> Que tira de leur sein le couteau criminel,
> Devant que d'un hiver la tempête et l'orage
> A leur teint délicat pussent faire dommage,
> *S'en allèrent fleurir au printemps éternel.*

Il les montre, les premiers des martyrs, ouvrant la porte à tous ceux qui sont venus depuis, et accueillis là-haut, dès leur entrée, par toute la cour du Paradis qui leur fait honneur et fête :

> Que d'applaudissement, de rumeur et de presse,
> Que de feux, que de jeux, que de traits de caresse
> Quand là-haut, en ce point, on les vit arriver !
> Et quel plaisir encore à leur courage (1) tendre,
> *Voyant Dieu devant eux en ses bras les attendre,*
> *Et pour leur faire honneur les Anges se lever!*

André Chénier a remarqué la beauté du tableau, et ce mouvement du dernier vers qui rappelle et rend à merveille l'*assurgere* des Latins :

> Utque viro Phœbi chorus assurexerit omnis.

Malherbe, que la mort de son patron avait surpris pendant un voyage en Normandie, s'y oublia et y passa neuf ans (1586-1595), seul à partir de 1593 : sa femme, qu'il avait d'abord fait venir auprès de lui, retourna alors en Provence ; il n'y revint que deux ans après elle. Que fit-il durant ces tristes années de discordes civiles ? Employa-t-il son épée dans les guerres de la Ligue, et figura-t-il dans quelque rencontre ? eut-il l'occasion, un jour, de combattre Sully et de le pousser si vivement l'épée à la main, que plus tard le guerrier devenu surintendant en garda rancune au poëte ? On l'a dit, mais à la légère ; on ne sait rien de la vie militaire de Malherbe. On connaît mieux ses affaires de ménage et d'économie, qu'il a exposées en

---

(1) *Courage,* cœur.

homme positif, par le menu, par sous, maille et deniers, dans une *Instruction* des plus normandes *à son fils* (1).

En 1596, de retour en Provence, il adresse une Ode au roi *sur la réduction de Marseille,* la cité séditieuse et aliénée de la France depuis cinq ans, qui venait d'être ramenée à l'obéissance par le duc de Guise :

> Enfin, après tant d'années,
> Voici l'heureuse saison,
> Où nos misères bornées
> Vont avoir leur guérison, etc.

De cette ode il faut admirer le mouvement, l'élan, l'allégresse : les syllabes se pressent, le vers se resserre, la strophe s'allonge et bondit. Malherbe affectionnait ce rhythme. Voici la dernière des strophes :

> Déjà tout le peuple More
> A ce miracle entendu ;
> A l'un et l'autre Bosphore
> Le bruit en est répandu ;
> Toutes les plaines le savent,
> Que l'Inde et l'Euphrate lavent ;
> Et déjà, pâle d'effroi,
> Memphis se pense captive,
> Voyant si près de sa rive
> Un neveu de Godefroi (*le duc de Guise*).

« Strophe très-belle, bien du ton de la lyre, s'écrie André Chénier, et qui termine parfaitement ce poëme.

(1) Cette *Instruction,* publiée en partie par M. Roux-Alpheran, a été donnée en entier par M. de Chennevières (Caen, 1846).

Il y a eu, depuis Malherbe, peu de nos poëtes qui l'aient égalé dans cet art charmant des Anciens, de rendre poétiquement des détails géographiques : rien ne donne plus d'âme et de vie à un tableau. » *Et déjà pâle d'effroi* lui paraît *divin*. — De ces remarques d'André Chénier sur Malherbe, bon nombre sont exquises, toutes sentent l'homme du métier et l'élève délicat des Anciens; mais quelques-unes, je l'ai dit, semblent bien jeunes et ne sont pas encore d'un maître.

En 1599, Malherbe adressait à Du Périer ces Stances célèbres de consolation : *Ta douleur, Du Périer, sera donc éternelle, etc.*, et le poëte nous apparaît enfin mûr, formé tout entier : il avait quarante-quatre ans.

En 1600, il adressait à la reine Marie de Médicis passant à Aix, *sur sa bienvenue en France*, une fort belle Ode, du plus haut ton, de laquelle date sa fortune, et qui le montre désormais, qui le *sacre* poëte de la dynastie bourbonienne. André Chénier a pourtant fait voir, très-judicieusement, et cette fois avec une vraie supériorité de critique, en quoi cette Ode laisse à désirer pour la composition, pour la pensée, et ce qu'aurait fait un Pindare :

« Cette Ode, dit le commentateur poëte, est bien écrite, pleine d'images et d'expressions heureuses, mais un peu froide et vide de choses, comme presque tout ce qu'a fait Malherbe; car il faut avouer que le poëte n'est guère recommandable que pour le style. Au lieu de cet insupportable amas de fastidieuse galanterie dont il assassine cette pauvre reine, un poëte fécond et véritablement lyrique, en parlant à une princesse du nom de Médicis, n'aurait pas oublié de s'étendre sur les louanges de cette famille illustre, qui a ressuscité les lettres et les arts en Italie, et de là en Europe. Comme elle venait régner en France, il en aurait tiré un augure favorable pour les arts et la littérature de ce pays. Il eût fait un tableau court, pathétique et chaud de la barbarie où nous étions jusqu'au règne de François Ier. Ce plan lui eût fourni un poëme grand, noble, varié, plein d'âme et d'intérêt, et plus flatteur pour une jeune princesse, surtout s'il eût su lui parler de sa beauté moins longuement et d'une manière plus simple, plus vraie, plus naïve qu'il ne l'a fait. Je demande si cela ne vaudrait pas mieux pour la gloire du poëte et pour le plaisir du lecteur. Il eût peut-être appris à traiter l'Ode de cette manière, s'il eût mieux lu, étudié, compris la langue et le ton de Pindare, qu'il méprisait beaucoup, au lieu de chercher à le connaître un peu. »

Tout cela est vrai et le paraîtra surtout, si on relit l'Ode en question. Mais il y a une raison principale pour laquelle Malherbe n'a pas fait ainsi, et n'a pas marché dans les voies de Pindare : c'est qu'il n'était pas, en composant, dans les mêmes conditions publiques et sociales, en présence des mêmes exigences et des mêmes attentes que Pindare. Ni la jeune princesse ni personne alors ne lui en demandait tant.

Rendons-nous bien compte en quoi la poésie de Malherbe, l'Ode restaurée et inaugurée par lui, et en général cultivée par les Modernes, pèche essentiellement, je veux dire par le manque de vie et de *motif* en naissant. Cette Ode, chez Pindare, on sait ce qu'elle était : elle était vivante, elle était chantée, dansée presque; elle était montée comme un intermède, comme un ballet, comme une récitation de fête et d'opéra ; elle avait son à-propos heureux et son action vive dans ce qui nous semble précisément aujourd'hui des digressions et des hors-d'œuvre, dans ces louanges des cités, des familles, de tout ce qui était là présent ; en un mot, elle avait toutes ses raisons d'être. De même, dans les pièces des tragiques grecs, l'Ode, c'est-à-dire le Chœur si émouvant, si déployé, était une partie fondamentale de la solennité dramatique. Le Chœur était tout, à l'origine, dans la tragédie ; l'action ne vint que peu à peu, introduisant et mettant en jeu un petit nombre de personnages devant un autel : le Chœur et ses chants, même quand ils ne parurent plus qu'un entr'acte dans l'action, restaient donc une partie intégrante de la tragédie antique. Je ne me figure jamais mieux cette convenance du Chœur dans les pièces des Grecs qu'en voyant son à-propos moderne si heureux, mais unique, dans cette ravissante pièce d'*Esther*, jouée et chantée par les filles de Saint-Cyr. Chez les Latins, avec Horace, l'Ode n'était déjà plus guère qu'une ode de cabinet, quoique le *Carmen sæculare* ait été chanté une fois par les jeunes Romains et Romaines. Les odes légères d'Horace étaient faites pour être récitées au dessert, entre lettrés et délicats, Lydé ou Pyrrha présentes et souriantes ; c'était là vraiment son miel de Tibur. Mais l'Ode *pindarique*, cet homme de tact et de goût sentait lui-même qu'il n'était pas sage de s'y trop aventurer et qu'elle devenait un immense et périlleux hors-d'œuvre : *Pindarum quisquis studet æmulari...* Il semblait d'avance présager l'excès de certains modernes, l'échauffement à froid, à huis clos, le parti pris d'imiter, l'essor disproportionné et la chute. Quand Ronsard, attaquant de front et se flattant d'enlever d'assaut l'Ode pindarique, procède par *strophe, antistrophe, épode,* il est évident pour nous qu'il maintient les formes, quand les *motifs* de ces formes ont disparu : cela n'a plus de sens qu'un sens archéologique. Avec Malherbe, l'Ode reprise plus nettement, à moins de frais, moins chargée, plus dégagée et plus aisée dans son tour noble, ayant même son charme, tellement qu'un de ses contemporains, qui n'était pas de son école, a pu dire :

La douceur de Malherbe ou l'ardeur de Ronsard;

cette Ode, plus à la latine, plus à la française, offre de grandes beautés. Pourtant elle n'échappe pas au froid du genre, aux images d'emprunt, à l'enthousiasme de commande qui vient traverser l'enthousiasme naturel, et qui va s'affubler d'ornements pris dans les vieux vestiaires (les perles *Indiques,* le rivage du *More,* les plaines *que lavent l'Inde et l'Euphrate, Memphis,* le *Liban,* le *turban,* toutes choses étrangères à nos habitudes et qui ne sont belles que de convention). Essayez de lire une ode de Malherbe devant le peuple, devant une assemblée formée au hasard : sera-t-elle comprise? ne laissera-t-elle pas tout le monde froid? C'est qu'elle a été faite par un poëte qui savait bien qu'elle ne serait pas lue devant le peuple. Il y avait même là une contradiction chez celui qui voulait qu'on apprît la langue, la vraie langue française, en allant écouter comment parlaient les crocheteurs du Port-au-Foin, et qui recourait en même temps, pour ses comparaisons et ses images, à la mythologie la plus reculée et la plus lointaine. C'est là chez Malherbe une contradiction, qu'André Chénier n'a pas fait sentir.

> Tithon n'a plus les ans qui le firent cigale,
>   Et Pluton aujourd'hui,
> Sans égard du passé, les mérites égale
>   D'Archémore et de lui.

Qu'ai-je à faire de cet Archémore, de ce petit prince de Némée? même quand j'ai compris, cela ne me dit rien, tant cela est hors de portée.

Ce caractère plus ou moins factice de l'Ode, et qui tient à ce qu'après avoir été une des formes du divertissement public, elle n'est plus, chez les Modernes, qu'un genre littéraire, a passé de Malherbe à ses successeurs, et se marque chez J.-B. Rousseau, chez Le Brun, lequel pourtant s'en est un peu affranchi en une ou deux occasions : quelques odes de lui, rencontrant le sentiment patriotique de l'époque, y ont fait écho directement et ont pu être chantées, réellement chantées, sur le théâtre, dans les cérémonies, comme *la Marseillaise,* ou *le Chant du départ* de M.-J. Chénier ; mais ces occasions furent trop rares pour réagir sur le talent du poëte et pour modifier le genre. Depuis lors, nos grands lyriques (et nous en possédons) n'ont pu, dans l'Ode proprement dite, triompher, malgré leur audace, de ce premier caractère de convention. Ceci revient, encore une fois, à dire que l'Ode n'a plus de destination directe, d'occasion présente, de point d'appui dans la société. Née pour être chantée, si bien que son nom est synonyme de chant, elle n'est plus qu'imprimée. Le poëte qui se consacre à l'Ode est un chanteur qui consent à se passer d'auditoire actuel et d'amphithéâtre : l'Ode est une pièce qui n'a plus sa représentation publique. Béranger le savait bien et, lui qui avait son auditoire chantant et son théâtre, il lui est arrivé de sourire de l'Ode, de la railler une fois comme un genre creux et vide. Il n'était pas juste ce jour-là, et il abusait de ses avantages. Mais il est vrai de dire qu'à mérite littéraire égal, il n'est pas indifférent pour une œuvre moderne de vivre ou de ne pas vivre de la vie moderne en naissant : cela se sent encore, même après que l'heure est passée. L'Ode surtout, ce genre noble et altier, si elle demeure solitaire et non avertie, est tentée de s'accorder toute sa roideur et toute son emphase.

Je voudrais apporter pour dernier éclaircissement à ma pensée un exemple bien sensible et bien frappant, très-inégal d'ailleurs, et qui ne revient au sujet en question que par un point. Nous savons tous ce que c'est que le Discours académique, le discours du récipiendaire et la réponse du directeur de l'Académie. C'est un genre assez faux, dit-on. Je n'ai pas à exprimer d'avis là-dessus. Mais pourquoi, s'il paraît faux de loin, de près ce genre intéresse-t-il toujours ? Pourquoi attire-t-il la foule, une foule élégante, chaque fois qu'il y a une telle solennité? Pourquoi? C'est que cela vit, que cela est essentiellement moderne et actuel, et dans nos mœurs, dans notre caractère français. L'orateur-académicien qu'on reçoit est là en personne ; il parle d'un mort qu'on a connu, devant sa famille, ses enfants, ses amis, là présents ; il est loué lui-même et quelquefois critiqué finement, lui en personne, lui sur le visage duquel on aime à suivre le reflet de cet éloge direct, ou de cette fine critique qui l'effleure à bout portant. C'est une vie d'un moment qu'ont de tels discours, même lorsqu'ils réussissent, une vie bien éphémère ; le lendemain, imprimés, on n'y retrouve plus, bien souvent, les grâces ou les malices de la veille. Aussi ne prenons de cet exemple que ce qui convient au genre littéraire sérieux, à la Poésie lyrique élevée dont je parle. C'est que je voudrais qu'à tous ses mérites intrinsèques reposés et refroidis, elle joignît celui de s'appliquer à une nation, à une société, de la saisir à l'instant, à l'endroit qui l'intéresse, de prendre et de mordre sur elle, d'avoir le tact délicat, le génie de l'occasion, et de s'en servir ; en un mot, je voudrais qu'elle se sentît vivre, ne fût-ce qu'en naissant. L'immortalité calme qui succède en serait plus assurée.

On n'en demandait pas tant à l'époque où vint Malherbe. L'*agora* manquait ; il n'y avait pas de jeux Olympiques. Ce n'est pas tant le poëte qui a fait défaut, que le cadre qui a manqué au poëte. Il y avait les classes distinctes, les gens de cour, les gens de guerre, les gens d'Église, les savants d'Université, et les lettrés ou poëtes en langue vulgaire : on ne se mêlait pas encore en un seul public. Lui, Malherbe, il s'appliquait à son œuvre isolée et toute personnelle, à la fois avec un sentiment très-net de ce qu'il y avait de borné et de restreint dans le métier de la poésie (« On n'en doit espérer d'autre récompense, disait-il, que son plaisir, et un bon poëte n'est pas plus utile à l'État qu'un bon joueur de quilles »); — et aussi avec la conscience de ce que valaient ses paroles et ses louanges : *Ce que Malherbe écrit dure éternellement.*

Ce dernier sentiment superbe, par lequel il se séparait hautement de la foule des poëtes et se plaçait d'autorité dans le groupe des maîtres, il l'a rendu une fois, entre autres, avec une admirable largeur :

> Apollon à portes ouvertes
> Laisse indifféremment cueillir
> Les belles feuilles toujours vertes
> Qui gardent les noms de vieillir;
> Mais l'art d'en faire des couronnes
> N'est pas su de toutes personnes,
> Et trois ou quatre seulement,
> Au nombre desquels on me range,
> Peuvent donner une louange
> Qui demeure éternellement.

Et en le disant de la sorte, il nous donne à nous-même le sentiment du sublime.

Malherbe est le type de ces honnêtes gens poëtes, et sensés bien que poëtes, qui savaient à la fois *rester à leur place,* modestes en cela, et aussi *se mettre à leur place* dans leur ordre, fiers et indépendants, comme pas un.

Cependant on conçoit le mot de La Fontaine, qui, dans sa jeunesse, ayant entendu lire à Château-

Thierry, où il était encore, une ode de Malherbe, s'en enflamma, en raffola, le lut sans cesse, essaya de l'imiter : « Il pensa me gâter, » a-t-il dit ensuite. Oui, Malherbe eût pu *gâter* La Fontaine dont le charmant mérite, au contraire, est d'avoir ce qui fait vivre la poésie, ce qui la rend toute moderne, toute française, toute familière et usuelle à chacun, pour la morale, pour les sentiments, pour les images puisées directement autour de lui, dans la campagne et dans la nature.

A Malherbe réservons la gloire et l'honneur de l'harmonie, de la fierté, de la gravité, d'un haut sens et de la distinction dans la grandeur. Un écrivain normand qui, bien que d'une très-moderne école, sait rendre à Malherbe ce qu'on lui doit, a très-bien dit de lui : « Malherbe fut d'un génie qui sentait vraiment cette noblesse dont il tirait vanité si grande. Sa langue est fière et sonore; sa poésie respire certaine senteur libre et vivace. On trouve en lui cette souveraine indifférence qui permet aux chefs d'école de conduire de haut leur art. Ce n'est pas un poëte dont les beautés soient communes; elles ne vieillissent point, et ses formes hautaines n'ont cessé de séduire les esprits délicats. » C'est là l'opinion, très-bien exprimée, d'un romantique de 1830, mais, il est vrai, d'un romantique normand (1).

Malherbe, ni plus ni moins, a rempli sa mission à son heure : « Grammairien-poëte, ai-je dit moi-même autrefois, sa tâche, avant tout, était de réparer et de

---

(1) Chennevières, *Instruction de Malherbe à son fils* (1846).

monter, en artiste habile, l'instrument dont Corneille devait tirer des accords sublimes, et Racine des accords mélodieux. »

Il ne vint à Paris et à la Cour qu'en 1605. Le cardinal Du Perron fut son garant littéraire auprès de Henri IV. Le roi ayant un jour demandé au prélat s'il faisait encore des vers, celui-ci répondit que « depuis que le roi lui avait fait l'honneur de l'employer dans ses affaires, il avait tout à fait quitté cet exercice, et qu'il ne fallait plus que personne s'en mêlât après un gentilhomme de Normandie établi en Provence, nommé Malherbe, qui avait porté la poésie française à un si haut point que personne n'en pouvait approcher ». Un autre compatriote normand, poëte et fils de poëte, Des Yveteaux, alors précepteur du fils de Gabrielle, rappela au roi le nom de Malherbe pendant un voyage que celui-ci avait fait à Paris, et il fut son introducteur, au mois de septembre 1605.

Malherbe admirait Henri IV; il le célébra grandement, mais en tira peu de récompense. Jusqu'à la mort de ce roi économe il n'aurait eu à la Cour qu'une existence assez précaire, une pension de mille livres du duc de Bellegarde (le Grand-Écuyer), avec la table, si la mort de son père ne l'eût mis en possession de son héritage. Sous la régence de Marie de Médicis, il fut mieux traité; il eut une pension de la reine, qu'elle augmenta par la suite. En juin 1615, il obtint sur sa demande, en pur don, au nom du roi et malgré la municipalité du lieu, la concession de terrains sur les deux côtés du port de Toulon, — assez d'emplacement pour bâtir *vingt-deux maisons,* — plus une donation de salines dans le voisinage : de quoi faire aujourd'hui un millionnaire. A-t-il fait bâtir ces maisons en effet? on l'ignore. Ce qui est sûr, c'est que Malherbe, malgré ses plaintes, avait enfin triomphé de sa mauvaise étoile et de celle des poëtes. Il sut faire ses affaires. On peut trouver qu'il demande un peu trop. Des Yveteaux, qui en parlait à son aise, disait de lui qu'il demandait l'aumône le sonnet à la main. Il eut le tort et la faiblesse de célébrer les dernières et folles amours de Henri IV, et même de lui promettre succès dans la poursuite adultère de la princesse de Condé :

> N'en doute point, quoi qu'il advienne,
> La belle *Oranthe* sera tienne;
> C'est chose qui ne peut faillir.
> Le temps adoucira les choses,
> Et tous deux vous aurez des roses,
> Plus que vous n'en sauriez cueillir.

Ce jour-là, Malherbe oubliait son âge et sa mission de lyrique, et qu'il n'était pas un Ovide, précepteur et ministre d'amour, mais un de ceux dont Virgile disait, leur assignant le digne emploi de l'art :

> Quique pii vates et Phœbo digna locuti.

Quelques mots de ses lettres lui feraient tort si on les isolait et si on les interprétait trop à la rigueur. Il écrivait à Peiresc (le 5 octobre 1606) : « Vous verrez bientôt près de quatre cents vers que j'ai faits sur le roi : je suis fort enthousiasmé, parce qu'il m'a dit que

je lui montre que je l'aime et qu'il me fera du bien. »
Ce sont des taches et des faiblesses. Le vrai est que
Malherbe était sincèrement monarchique, admirateur
passionné du grand roi et sentant qu'il pouvait lui
rendre en louanges ce qu'il en recevrait en bienfaits :
« Il me semble que ce qu'il eût eu de moi valait bien
ce que j'eusse reçu de lui. » Il avait, malgré son
souci du positif, le cœur haut placé, celui qui a dit :

> Les Muses hautaines et braves
> Tiennent le flatter odieux,
> Et, comme parentes des Dieux,
> Ne parlent jamais en esclaves.

On ne fait pas ainsi résonner de telles cordes, quand
on ne les a pas en soi.

Rentrons dans les grands côtés de Malherbe, dans
la considération directe de son talent. On a dit
qu'entre toutes ses odes d'alors, il estimait le plus
celle qu'il adressa à Henri IV sur son voyage de
Sedan, entrepris en 1606, pour réduire le duc de
Bouillon dans le devoir. Elle est dans ce rhythme vif
et pressé (la strophe de dix vers, et le vers de sept
syllabes) qui donne à la pensée toute son impulsion,
et qui semble fait pour sonner la charge ou pour
chanter la victoire. Pendant toute la durée du chant,
Malherbe se montre comme saisi et possédé d'une
légère ivresse, jusqu'à conseiller à Henri IV la reprise
des guerres et des conquêtes :

> Mon Roi, connais ta puissance,
> Elle est capable de tout,

> Tes desseins n'ont pas naissance
> Qu'on en voit déjà le bout...

Il y a dans ces strophes bien de la légèreté martiale et de l'élégante hardiesse. Mais ce n'est pas notre pièce de choix aujourd'hui : Malherbe y fait trop le jeune homme. Pour nous, au contraire, quelle belle Ode, toute sincère et pleine de sens, de patriotisme, d'à-propos, — d'un à-propos qui se fait sentir encore aujourd'hui à ceux qui ont traversé des temps plus ou moins semblables, et qui comprennent qu'il est des moments où le salut de tous dépend d'un seul bras, d'une seule tête, — que cette Ode, *Stances* ou *Prière pour le roi allant en Limousin* (1605) (1) :

> O Dieu, dont les bontés de nos larmes touchées
> Ont aux vaines fureurs les armes arrachées,
> Et rangé l'insolence anx pieds de la raison,
> Puisque à rien d'imparfait ta louange n'aspire,
> Achève ton ouvrage au bien de cet Empire,
> Et nous rends l'embonpoint comme la guérison.
> . . . .
> Certes, quiconque a vu pleuvoir dessus nos têtes
> Les funestes éclats des plus grandes tempêtes
> Qu'excitèrent jamais deux contraires partis,
> Et n'en voit aujourd'hui nulle marque paraître,
> En ce miracle seul il peut assez connaître
> Quelle force a la main qui nous a garantis.
>
> Mais quoi! de quelque soin qu'incessamment il veille,
> Quelque gloire qu'il ait à nulle autre pareille,

---

(1) C'était la date de la conspiration du comte d'Auvergne, de la marquise de Verneuil et de son père.

Et quelque excès d'amour qu'il porte à notre bien,
Comme échapperons-nous en des nuits si profondes,
Parmi tant de rochers qui lui cachent les ondes,
Si ton entendement ne gouverne le sien?

Mais voici la belle strophe, *à moitié voilée* (1), pleine de sens, de prudence et de tristesse, une strophe à n'être appréciée que des esprits et des entendements en leur maturité :

Un malheur inconnu glisse (2) parmi les hommes,
Qui les rend ennemis du repos où nous sommes :
La plupart de leurs vœux tendent au changement;
Et comme s'ils vivaient des misères publiques,
Pour les renouveler ils font tant de pratiques
Que qui n'a point de peur n'a point de jugement.

Ces vers et les suivants, récités à haute voix, n'auraient eu besoin, pour émouvoir et enlever tous les cœurs, pour renouveler, à leur manière, les anciens triomphes dus à la veine lyrique, et faire éclater les larmes avec les applaudissements, que de rencontrer réunis dans une salle du Louvre ou du Palais les bons citoyens du Parlement, de l'Université, de la bourgeoisie sauvée par Henri IV et encore reconnaissante :

Il n'a point son espoir au nombre des armées,
Étant bien assuré que ces vaines fumées
N'ajoutent que de l'ombre à nos obscurités

(1) Expression de M. de Gournay.
(2) *Glisse* : on dirait que ce mot a ici un double sens et qu'il prend, par reflet, par une confusion de son, quelque chose du sens latin de *gliscit* : « Dicitur de his quæ latenter et intus crescunt. »

L'aide qu'il veut avoir, c'est que tu le conseilles ;
Si tu le fais, Seigneur, il fera des merveilles,
Et vaincra nos souhaits par nos prospérités.
. . . .
La terreur de son nom rendra nos villes fortes,
On n'en gardera plus ni les murs, ni les portes,
Les veilles cesseront au sommet de nos tours ;
Le fer, mieux employé, cultivera la terre,
Et le peuple qui tremble aux frayeurs de la guerre,
Si ce n'est pour danser, n'orra (1) plus de tambours.

On conçoit l'admiration de Henri IV pour de tels vers et qu'il ait voulu, après les avoir entendus, s'attacher Malherbe comme le poëte le plus fait pour exprimer au vif l'idée de son règne, comme son poëte ordinaire, capable de consacrer avec éclat et retentissement sa politique réparatrice et bienfaisante.

Malherbe est monarchique ; il est par nature homme d'ordre et d'autorité ; il est d'avis qu'il faut laisser les affaires d'État à ceux qui y sont commis ; et ce n'est pas seulement dans une Épître dédicatoire qu'il disait : « Pour moi qui ai toujours gardé cette discrétion de me taire de la conduite d'un vaisseau où je n'ai autre qualité que de simple passager, le meilleur avis que je puisse donner à ceux qui n'y sont que ce que je suis, c'est de s'en rapporter aux mariniers et se représenter que la voie ordinaire que tiennent les factieux pour exciter les peuples à mal obéir, c'est de leur faire entendre qu'ils ne sont pas bien commandés. » Il pen-

---

(1) *N'orra*, n'entendra ; du verbe *ouïr*. Nous n'osons plus prononcer de ces mots si durs, et qui cependant, bien placés, répondaient à la chose.

sait et s'exprimait ainsi en toute circonstance. Sa religion elle-même était subordonnée à sa politique. Bon catholique, mais en vertu surtout du même principe et de la même disposition de respect, soumis aux pratiques extérieures de la communion où il vécut et mourut, il lui échappait néanmoins de dire « que la religion des honnêtes gens était celle de leur prince. » Et à travers une fidélité de sujet si absolue, si entière, son esprit gardait sa liberté et sa franchise. On sait sa réponse à ce bon conseiller de Provence de ses amis, qu'il rencontrait tout triste chez le garde des sceaux Du Vair. La princesse de Condé venait d'accoucher de deux enfants morts, à Vincennes, où elle était allée s'enfermer avec M. le prince, qui y était en prison. L'honnête conseiller avait cru devoir prendre, à cette occasion, un visage de circonstance, « pour un deuil, disait-il, qui regardait tous les gens de bien ». — « Monsieur, monsieur, repartit Malherbe, cela ne vous doit pas affliger : ne vous souciez que de bien servir, vous ne manquerez jamais de maître. »

Les odes de Malherbe, qui sont inspirées de l'esprit de Henri IV et, en quelque sorte, marquées à son empreinte, à l'effigie de sa politique, sont les plus belles, les plus durables, en ce qu'elles ont été aussi les plus Françaises; j'y comprends des odes même composées après la mort du grand roi. On a voulu impliquer la reine Marie de Médicis dans l'attentat qui lui ravit, à la France et à elle, son héroïque époux : une réfutation morale qui suffirait (s'il en était besoin), c'est la manière dont Malherbe, cet homme de sens, ce clairvoyant et probe témoin, lui parle de Henri IV, le lendemain de cette lamentable mort. Dans la pièce au nom du duc de Bellegarde, on sait la belle prosopopée : *Reviens la voir, grande Ame*...

> Quelque soir, en sa chambre apparais devant elle,
> Non le sang en la bouche et le visage blanc,
> Comme tu demeuras sous l'atteinte mortelle
>   Qui te perça le flanc :
>
> Viens-y tel que tu fus quand, aux monts de Savoie,
> Hymen en robe d'or te la vint amener (1),
> Ou tel qu'à Saint-Denis, entre nos cris de joie,
>   Tu la fis couronner.

Dans ces pièces adressées à Marie de Médicis, on sent l'amour de la paix, — comme la *saveur* de cette paix que Henri IV avait fait goûter pendant dix ans à ses peuples, et dont Malherbe est si rempli qu'il veut continuer d'y croire et ne pas s'en désaccoutumer. Après une strophe sur *la Discorde aux crins de couleuvres :*

> C'est en la paix que toutes choses
> Succèdent selon nos désirs ;
> Comme au printemps naissent les roses,
> En la paix naissent les plaisirs ;
> Elle met les pompes aux villes,
> Donne aux champs les moissons fertiles,
> Et de la majesté des lois,
> Appuyant les pouvoirs suprêmes,
> Fait demeurer les diadèmes
> Fermes sur la tête des rois.

(1) Vers magnifiquement nuptial.

Quelle auguste et souveraine image de la stabilité! On a, dans ces beaux endroits de Malherbe, le bon sens politique élevé à la poésie. André Chénier, qui admire ce tableau de la paix, *plein et achevé,* renvoie à cet autre tableau qu'en a tracé Tibulle, d'une couleur moins forte, également vrai et parfait dans son genre :

> Interea Pax arva colat. Pax candida primum
>   Duxit araturos sub juga panda boves...
> Pace bidens vomerque vigent. . . . . .

Mais Malherbe n'est pas un bucolique ni un élégiaque; c'est un poëte royal.

Après la première guerre des Princes (1614), il fit une manière de traduction ou de paraphrase du Psaume CXXVIII : *Sæpe expugnaverunt me a juventute mea,* qu'il mit dans la bouche du jeune roi :

> Les funestes complots des âmes forcenées,
> Qui pensaient triompher de mes jeunes années,
> Ont d'un commun assaut mon repos offensé :
> Leur rage a mis au jour ce qu'elle avait de pire;
>   Certes, je le puis dire;
> Mais je puis dire aussi qu'ils n'ont rien avancé.
> . . . .
> Dieu, qui de ceux qu'il aime est la garde éternelle,
> Me témoignant contre eux sa bonté paternelle,
> A, selon mes souhaits, terminé mes douleurs :
> Il a rompu leur piége; et, de quelque artifice
>   Qu'ait usé leur malice,
> Ses mains, qui peuvent tout, m'ont dégagé des leurs.

> La gloire des méchants est pareille à cette herbe
> Qui, sans porter jamais ni javelle ni gerbe,

Croît sur le toit pourri d'une vieille maison :
On la voit sèche et morte aussitôt qu'elle est née,
    Et vivre une journée
Est réputé pour elle une longue saison.

Tandis que le traité qui mit fin à cette guerre se négociait, un bien pauvre traité (mais Malherbe estimait la paix une chose si précieuse, « qu'elle est toujours à bon marché, disait-il, quoi qu'elle coûte »), dix ou douze jours avant la conclusion, sur la fin d'avril (1614), il remit au roi et à la reine cette pièce de vers. La reine, après l'avoir parcourue des yeux, commanda à la princesse de Conti, qui était présente, de la lire tout haut. Cela fait, la reine dit au poëte, comme si elle avait été transportée de ce fier et mâle accent de triomphe : « Malherbe, approchez! » et plus bas, à l'oreille : « Prenez un casque! »

Mais Malherbe, qui ne perdait jamais sa présence d'esprit ni la vue du positif, lui répondit « qu'il se promettait qu'elle le ferait mettre en la capitulation », c'est-à-dire qu'elle le traiterait dès lors comme un des guerriers qui consentaient à mettre bas les armes moyennant finances. Là-dessus elle se mit à rire et lui dit qu'elle le ferait. Il eut en effet une pension.—Voilà bien tout Malherbe : grandeur, élévation de talent, et l'œil au pécule. C'est bien le poëte fait comme de cire à l'instar de Henri IV, le héros économe.

Si l'on coupait l'anecdote sur ce mot : *Malherbe, prenez un casque,* ce serait sans doute plus noble, plus héroïque ; mais il faut savoir être vrai jusqu'au bout.

II

La probité, quoi qu'il en soit, subsiste, même sous les défauts de Malherbe; son caractère privé, bien qu'étroit, est solide et suffit à porter, sans jamais fléchir, sa grandeur lyrique. Le poëte qu'on a vu apparaître déjà mûr, tout formé, dans ces pleines années qui suivirent la paix de Vervins, pénétré d'un sentiment national si sain et si juste, et comme prédestiné de longue main à être le chantre des joies, des craintes, des satisfactions sensées et pacifiques de la France sous le plus réparateur des règnes, survivant à ce règne trop tôt interrompu, ne se démentit pas un seul jour : il resta le poëte de la Régente, de la fidélité, de toutes les louables et patriotiques espérances. Après quatorze ou quinze ans, il eut ce bonheur de voir la chaîne se renouer, la politique de Henri IV reprise par une main ferme, et Richelieu souverain au profit de son maître, pour le bien et la grandeur de l'État.

Ce n'est qu'en continuant cette lecture de Malherbe avec détail, en vers et en prose, que nous pourrons apprécier à quel point il a été, dans sa ligne, le serviteur convaincu, ardent, et le hérault d'armes généreux de cette politique.

Sa grande Ode finale, son *Chant du cygne,* est sa pièce prophétique sur la prochaine reddition de La Rochelle (1627). Il est de ceux, comme Buffon, qui n'ont pas faibli et dont le talent a duré et grandi jusqu'à la fin ; il a soixante-douze ans lorsqu'il entonne si

hardiment cette fanfare guerrière, la plus belliqueuse
des siennes et la plus vaillante :

Donc un nouveau labeur à tes armes s'apprête ;
Prends ta foudre, Louis ! . . . .

Ici il ne faut pas lui demander, dans l'inspiration
qui l'anime et le transporte, autre chose que du patriotisme et de la poésie : l'humanité, la tolérance, les im-
partialités équitables de l'histoire, qui, tout balancé,
conclura de même, mais qui fait la part des vaincus,
viendront après, plus tard, lorsqu'on aura le loisir d'y
songer. Pour le moment, on est dans la lutte. Malherbe
y est engagé par le cœur autant qu'aucun Français, autant que Richelieu lui-même. Il a *pris un casque* ; il est,
lyre en main, un combattant. Rendre justice aux adversaires, se souvenir qu'ils sont des Français lorsqu'eux-
mêmes l'oublient, les admirer pour leur vertu égarée,
désespérée, parler de clémence au moment où il ne
s'agit que de frapper, ce n'est le fait ni d'un soldat, ni
d'un poëte, ni même, je le dirai, d'un contemporain.
Souvenons-nous, hélas ! de nos propres luttes civiles
et de nos acharnements pour ce qui nous semblait si
absolument la bonne cause. Ainsi Malherbe n'en est
encore, dans son ode, qu'aux vertus du combat ; il n'a
pas, il ne doit point avoir les vertus du lendemain.

L'invective contre les rebelles est, dès le début,
poussée à outrance : il est temps d'en finir, et, comme
il le dit, de *donner le dernier coup à la dernière tête*
de l'Hydre :

Fais choir en sacrifice au Démon de la France (1)
Les fronts trop élevés de ces âmes d'Enfer,
Et n'épargne contre eux, pour notre délivrance,
    Ni le feu ni le fer.

Assez, de leurs complots l'infidèle malice
A nourri le désordre et la sédition ;
Quitte le nom de Juste, ou fais voir ta justice
    En leur punition.

Le centième décembre a les plaines ternies,
Et le centième avril les a peintes de fleurs,
Depuis que parmi nous leurs brutales manies
    Ne causent que des pleurs.

. . . .

Par qui sont aujourd'hui tant de villes désertes,
Tant de grands bâtiments en masures changés,
Et de tant de chardons les campagnes couvertes
    Que par ces enragés ?

. . . .

Marche, va les détruire, éteins-en la semence...

Je m'arrête le moins possible à cette première partie, dont la violence, pour nous, se justifie à peine par le patriotisme du poëte : Malherbe, comme Richelieu, voulait une seule France sous un seul sceptre. Pourtant, une certaine délicatesse morale qui nous est venue, et qui est un fruit de la civilisation, fait qu'on répugne au chant dans de telles luttes. Des actes énergiques et sanglants de répression, comme la France en a vus sous Casi-

---

(1) Il faudrait : au *Génie* de la France ; le mot *Démon*, pris en bonne part et opposé à des âmes d'*Enfer*, à des Démons pris dans le sens ordinaire, fait une légère confusion.

mir Périer ou sous Cavaignac, peuvent être de la forte et nécessaire politique, mais ils ne sauraient être pour personne matière à poésie (1). Du temps de Malherbe, on sortait du XVIe siècle : un peu de cruauté dans les paroles ne blessait pas, même chez les honnêtes gens.

J'aime mieux insister sur les parties de l'ode où il exprime des sentiments qu'il nous est permis et facile de partager. Sur Richelieu, il y a eu tant d'éloges, de son temps et depuis, que le célébrer semble tout d'abord un lieu commun et une banalité ; mais Malherbe, qui ne le vit que dans les premières années de son ministère, le comprit, le pénétra si vivement et en parla avec tant d'intelligence, que son admiration, après deux siècles, a gardé toute son originalité et comme sa fraîcheur :

> Laisse-les espérer, laisse-les entreprendre ;
> Il suffit que ta cause est la cause de Dieu,
> Et qu'avecque ton bras elle a pour la défendre
>   Les soins de Richelieu :
>
> Richelieu, ce prélat de qui toute l'envie
> Est de voir ta grandeur aux Indes se borner (2),
> Et qui visiblement ne fait cas de sa vie
>   Que pour te la donner.

(1) C'est dans le même sentiment que M. Sainte-Beuve a écrit ces mots : « Erreur et aberration de Turquety, » sur une plate rapsodie de ce poëte, *les Représentants en déroute, ou le deux décembre,* poëme en cinq chants (1852).

(2) Ceci est moins hyperbolique qu'il ne semble. Richelieu, tout à la fin de sa vie, octroiera à une Compagnie française, à la *Société de l'Orient,* un privilège pour prendre possession, au nom du roi très-chrétien, de Madagascar, et y ériger colonies et commerce.

> Rien que ton intérêt n'occupe sa pensée,
> Nuls divertissements ne l'appellent ailleurs ;
> Et de quelques bons yeux qu'on ait vanté Lyncée,
> Il en a de meilleurs.
>
> Son âme toute grande est une âme hardie,
> Qui pratique si bien l'art de nous secourir,
> Que, pourvu qu'il soit cru, nous n'avons maladie
> Qu'il ne sache guérir (1).
>
> Le Ciel qui doit le bien selon qu'on le mérite,
> Si de ce grand Oracle il ne t'eût assisté,
> Par un autre présent n'eût jamais été quitte
> Envers ta piété.

Je n'ai à sauter qu'une stance par trop mythologique et scientifique. Nous voici aux parties tout à fait éclatantes et glorieuses :

> Certes, ou je me trompe, ou déjà la Victoire,
> Qui son plus grand honneur de tes palmes attend,
> Est aux bords de Charente en son habit de gloire (2),
> Pour te rendre content.
>
> Je la vois qui t'appelle (3) et qui semble te dire :
> Roi, le plus grand des rois et qui m'es le plus cher,

(1) Il le redira en prose tout à l'heure, nous le lirons.
(2) On se rappelle le beau vers :

> Hymen en robe d'or te la vint amener.

Là-bas le vers tout nuptial ; ici le vers triomphal et victorieux :

> Est aux bords de Charente en son habit de gloire.

(3) Valerius Flaccus avait montré la Gloire en personne qui appelle Jason aux bords du Phase :

> . . . Tu sola animos mentesque peruris,

> Si tu veux que je t'aide à sauver ton Empire,
>   Il est temps de marcher.

> Que sa façon est brave et sa mine assurée !
> Qu'elle a fait richement son armure étoffer (1) !
> Et qu'il se connaît bien, à la voir si parée,
>   Que tu vas triompher !

Enfin il intervient lui-même ; il se souvient qu'il est gentilhomme, et que, dans sa jeunesse, il n'aimait rien tant que l'épée :

> O que pour avoir part en si belle aventure,
> Je me souhaiterais la fortune d'Éson,

> Gloria : te viridem videt immunemque senectœ
> Phasidis in ripa stantem, juvenesque vocantem.

Balzac l'a remarqué (xxxie Entretien), Malherbe excelle à ces imitations adroites et fines, moins violentes que celles de Ronsard, à cet art qui ne gâte point les inventions d'autrui en se les appropriant, qui les améliore même et les rehausse. *Le pauvre en sa cabane...* vaut bien le *Pallida mors æquo pulsat pede...* Ronsard ne savait pas assez l'art d'imiter ; il transportait tout de l'Antiquité, l'arbre et les racines. Malherbe, le premier, a introduit la greffe, l'art de greffer dans notre poésie : *Miraturque novas frondes et non sua poma...* « Les autres avant lui, a dit Godeau, dans leur excès de passion pour les Anciens, pillaient les pensées plus qu'ils ne les choisissaient. » Malherbe a su choisir. Aussi Horace était-il son livre de chevet, et il l'appelait son *bréviaire*.

(1) Comme c'est riche et flottant ! On voit frissonner la draperie entremêlée à l'acier. — Les Anciens en sont pleins, de ces vers pittoresques de son ou de lumière ; les langues alors étaient plus jeunes et voisines des sensations. Les langues modernes sont plus sobres de ces effets dus à un heureux et naturel arrangement ou conflit de syllabes ; elles semblent même plutôt en avoir peur. Que du moins elles n'en soient jamais déshéritées ! qu'il y ait toujours quelques oreilles délicates pour saisir ces nuances !

> Qui, vieil comme je suis, revint contre nature
> En sa jeune saison!
>
> . . . .
>
> Toutes les autres morts n'ont mérite ni marque;
> Celle-ci porte seule un éclat radieux,
> Qui fait revivre l'homme et le met de la barque
> A la table des Dieux.
>
> Mais quoi! tous les pensers dont les âmes bien nées
> Excitent leur valeur et flattent leur devoir,
> Que sont-ce que regrets, quand le nombre d'années
> Leur ôte le pouvoir?

On croirait entendre déjà don Diègue dans *le Cid*; mais, dans les stances qui suivent, il va parler comme l'a pu faire le seul Malherbe :

> Ceux à qui la chaleur ne bout plus dans les veines
> En vain dans les combats ont des soins diligents;
> Mars est comme l'Amour : ses travaux et ses peines
> Veulent de jeunes gens.
>
> Je suis vaincu du temps, je cède à ses outrages;
> Mon esprit seulement, exempt de sa rigueur,
> A de quoi témoigner en ses derniers ouvrages
> Sa première vigueur.
>
> Les puissantes faveurs dont Parnasse m'honore
> Non loin de mon berceau commencèrent leur cours;
> Je les possédai jeune, et les possède encore,
> A la fin de mes jours.

Quel digne et magnifique témoignage il se rend! quelle juste couronne il se tresse de ses propres mains! On n'y voudrait retrancher, comme nous le faisons ici,

que deux ou trois feuilles trop longues qui dépassent!
— Richelieu, après avoir lu la noble pièce que lui avait envoyée Malherbe, répondit : « Je prie Dieu que d'ici à trente ans vous nous puissiez donner de semblables témoignages de la verdeur de votre esprit, que les années n'ont pu vieillir qu'autant qu'il fallait pour l'épurer entièrement... » Le poëte était récompensé de la plus flatteuse manière ; il était admiré à son tour et compris.

Il comprenait et appréciait si bien Richelieu ! en prose comme en vers. L'année d'auparavant, en 1626, il adressait à l'un de ses amis, M. de Mentin, qui avait autrefois connu personnellement le prélat avant sa suprême fortune, du temps de son exil *en Avignon,* une lettre mémorable qu'il nous faut citer en grande partie ; car elle n'est pas aussi en lumière et aussi célèbre qu'elle devrait l'être. On cite toujours la lettre de Voiture, écrite dix ans plus tard, sur la politique du Cardinal : pièce vraiment historique, qui honore à jamais ce bel esprit et le tire du rang des purs frivoles, où ses autres écrits le laisseraient. La lettre de Malherbe, animée d'une égale admiration, porte le cachet particulier à une génération différente : on y trouve rendu, dans une grande énergie et vivacité d'impression, le sentiment de ceux qui, ayant joui du bienfait de l'ordre et de la paix intérieure sous le régime de Henri IV, estimaient tout perdu ou au hasard de l'être pendant les quatorze ans d'interrègne réel, et qui virent enfin reparaître en Richelieu un pilote inespéré et un sauveur.

Pour nous d'ailleurs, et pour tous ceux qui ont à

s'occuper de la littérature française au xviie siècle, c'est être en plein sujet que de s'arrêter à considérer Henri IV, Richelieu, Louis XIV. On ne saurait trop toucher et embrasser le tronc de l'arbre dont la littérature générale représente de si beaux et si fructueux rameaux. C'est à ces grands hommes en effet, et à ce qu'ils eurent de ferme, d'imposant et de *suivi*, que la littérature de cet heureux siècle dut (avec ce qui lui venait de l'inspiration originale et naturelle des talents ou des génies) d'acquérir et de combiner un élément tout nouveau de grandeur, de *gravité*, de dignité, de noblesse, d'autorité, tellement que cette littérature conservant les beautés propres à notre race, on aurait dit par moments que le vice national, la légèreté gauloise, avait disparu, ou n'y restait que pour la grâce. Cette légèreté absente, ou corrigée à point, dans la belle littérature du grand siècle, reparut trop dès le commencement du suivant; on se dédommagea, sous le *roi Voltaire* (1), de la contrainte et du temps perdu.

(1) *Le roi Voltaire :* c'est Béranger qui a trouvé cela le premier, comme le prouve la lettre suivante adressée à M. Lebrun, de l'Académie française :

« Mon cher Lebrun, je m'y prends d'avance pour obtenir une faveur que je n'ai jamais sollicitée. Je voudrais un billet pour l'une des séances de l'Académie qui vont avoir lieu, soit la réception de Mérimée, soit et plutôt celle de Sainte-Beuve. Cette dernière, je l'avoue, me conviendrait mieux. Vous, le grand distributeur, pourrez-vous me gratifier d'une modeste place?

« Je ne veux pourtant pas vous tromper : ce n'est pas pour moi que je la sollicite. Mais je veux faire un grand plaisir à quelqu'un

« Si vous voulez que je vous parle des affaires publiques, écrivait donc Malherbe à M. de Mentin, j'en suis content; aussi bien sont-elles en si bon état, que si mon affection ne me trompe, le vieux mot : εὑρήκαμεν, συγχαίρωμεν (1), ne fut jamais dit si à propos, comme nous le pouvons dire aujourd'hui. Réjouissons-nous, perdons la mémoire des misères passées; nous avons trouvé ce que nous cherchions, ou pour mieux dire, nous avons trouvé ce qu'il n'y avait point d'apparence de chercher. Nos maladies que chacun estimait incurables ont trouvé leur Esculape en notre incomparable Cardinal. Il nous a mis hors du lit; il s'en va nous rendre notre santé parfaite, et après la santé un teint plus frais et une vigueur plus forte qu'en siècle qui nous ait jamais précédés. La chose semble mal aisée et l'est à la vérité; mais puisqu'il l'entreprend, il le fera. L'esprit, le jugement et le courage ne furent jamais en homme au degré qu'ils sont en lui. Pour ce qui est de l'intérêt, il n'en connaît point d'autre que celui du public. Il s'y attache avec une passion, si j'ose le dire, tellement déréglée, que le préjudice visible qu'il fait à sa constitution extrêmement délicate n'est pas capable de

pour qui l'Académie est la merveille du monde. Croyez que ce n'est pas avec l'intention de dissiper une pareille idée que je partage complétement, que je vous prie de me réserver l'entrée que je transmettrai à ce fervent admirateur.

« M. Saint-Marc s'en est tiré en homme très-habile : en lisant, j'ai cru un moment que le pauvre Campenon avait été quelque chose. Quant à Hugo, il y a de très-bonnes choses dans son discours, mais il a trop professé et d'un ton trop solennel. C'est plus qu'académique. L'habitude de trôner est une mauvaise chose; le roi Voltaire s'y entendait mieux. Peut-être est-il légitime.

« A vous de cœur,

« BÉRANGER. »

18 janvier 1845.

(1) *Nous avons trouvé, réjouissons-nous tous.* Il va le traduire et le paraphraser lui-même tout à l'heure

l'en séparer. Il s'y restreint *comme dans une ligne écliptique,* et ses pas ne savent point d'autre chemin... »

Un reste de mauvais goût dans l'expression ; passons vite. Le bon sens du fond n'en souffre pas ; nous n'avons qu'à y puiser à pleines mains :

« Il n'y a pas longtemps que nous avons eu des ministres qui avaient du nom dans le monde. Mais combien de fois, contre l'opinion commune, ai-je dit avec ma franchise accoutumée, que je ne les trouvais que fort médiocres ; et que s'ils avaient de la probité, ils n'avaient du tout point de suffisance ; ou s'ils avaient de la suffisance, ils n'avaient du tout point de probité (1)! Prenons garde à leur administration, et jugeons des ouvriers selon les œuvres. Ne trouverons-nous pas que de leur temps, ou les factieux n'ont jamais été choqués, ou s'ils l'ont été, ç'a été si lâchement, qu'à la fin du compte la désobéissance s'est trouvée montée au plus haut point de l'insolence, et l'autorité du roi descendue au plus bas du mépris? Il semble qu'il ne se puisse rien dire de plus honteux. Si fait. Les perfides et les rébellions avaient des récompenses, et Dieu sait si, après cela, il fallait douter qu'elles n'eussent des imitateurs! Qui sait mieux que vous, ou plutôt

---

(1) Une partie de ce jugement sévère sur les ministres prédécesseurs de Richelieu retombe nécessairement sur l'honnête garde des sceaux Du Vair, que Malherbe avait beaucoup connu, de qui même il était l'ami particulier, mais qu'il ne surfaisait pas. Aujourd'hui qu'on surfait tout, on s'est mis à vouloir réhabiliter Du Vair, même à titre de politique et d'homme d'État. Le voilà remis à sa place dans le jugement général de Malherbe ; il y a son compte. — En signalant cette exagération dont Du Vair a été récemment le sujet, je n'entends point parler du livre très-modéré et très-judicieux que lui a consacré M. Sapey, mais de la thèse, devenue un livre à son tour, d'un écrivain d'ailleurs fort instruit et fort estimable, M. Cougny.

qui ne sait point que, par leur connivence, nous avons eu des gouverneurs qui ont régné dans les provinces, et si absolument régné, que le nom du roi n'y était connu qu'autant que, pour le dessein qu'ils avaient, il leur était nécessaire de s'en couvrir? Cependant ces grands conseillers pensaient avoir bien rencontré quand ils avaient dit que c'était assez gagner que de gagner temps. Misérables, qui ne s'apercevaient pas que ce qu'ils appelaient gagner temps était véritablement le perdre, et nous réduire à des extrémités d'où il était à craindre que le temps ne pût jamais nous retirer! Jugez si, en cette dernière brouillerie (1), il se pouvait rien désirer de mieux que ce qui s'y est fait, et si, sans sortir de la modération requise en une affaire si épineuse, la dignité royale n'a pas été remise en un point, où ceux que l'on ne peut empêcher de la haïr, seront pour le moins empêchés de l'offenser. Vous voyez bien qu'il y aurait là-dessus beaucoup de choses à dire; mais, à mon gré, la plus courte mention de nos folies est la meilleure. Et puis, pour louer cet admirable Prélat, on ne saurait manquer de matière; il ne faut avoir soin que de la forme. La seule paix qu'il a faite avec l'Espagnol (2) est une action qui jusques ici n'a jamais eu d'exemple et qui, peut-être, n'en aura jamais à l'avenir. Je fais cas de l'avantage que nous y avons eu pour nous et pour nos alliés; mais ce que j'en estime le plus, c'est que la chose s'est faite si secrètement et si promptement, que la première nouvelle

---

(1) La brouillerie à l'occasion et à la suite du mariage de Gaston avec Mademoiselle de Montpensier, la prison d'Ornano, le procès de Chalais, tous ces événements qui remplissent l'année 1626 : la lettre de Malherbe porte la date d'octobre.

(2) Le traité dit de Mouçon, mais qui ne fut conclu qu'à Barcelone (1626) après bien des tâtonnements et des raccommodages qui faillirent tout compromettre. Le Cardinal avait eu à triompher, entre autres difficultés, dans la conduite de cette affaire, de la légèreté ou du peu d'habileté du propre ambassadeur du roi, M. du Fargis.

que nous en avons eue a été la publication. Où en serions-nous, à votre avis, si l'on eût suivi les longueurs tant pratiquées autrefois par ceux qui maniaient les affaires, et tant célébrées par je ne sais quels discoureurs qui ne parlent jamais avec plus d'assurance que quand ils parlent de ce qu'ils n'entendent point?... »

Un point sur lequel Malherbe va insister le plus dans son éloge du Cardinal, c'est son mépris pour l'argent, son désintéressement personnel. Ne pas tenir à l'argent, *être au-dessus de l'argent*, c'est le plus grand signe, chez un homme d'ailleurs capable, qu'il est fait et qu'il est né pour la chose publique. Il est permis aux particuliers (et Malherbe le savait aussi bien que personne) de tenir jusqu'à un certain point à l'argent, par intérêt et considération de famille; — aux gouvernants des peuples, jamais. Leur fortune doit se confondre sans arrière-pensée dans celle de l'État :

« Au demeurant, on se tromperait de s'imaginer qu'en bien faisant il eût devant les yeux autre chose que la gloire. Comme elle est le seul aiguillon qui l'excite, aussi est-elle la seule récompense qu'il se propose. Il est vrai que le roi, lui commettant ses affaires, lui fit expédier un brevet de vingt mille écus de pension ; mais il est vrai aussi qu'il ne l'accepta qu'avec protestation de ne s'en servir jamais, et ne le garder que pour un témoignage d'avoir eu quelque part en la bienveillance de Sa Majesté. »

Malherbe, pour preuve de la générosité du Cardinal, rappelle en passant qu'il a entrepris de faire rebâtir à ses frais la Sorbonne de fond en comble, dépense qui n'ira guère à moins de cent mille écus :

« Mais ce que je vous vais dire est bien autre chose. Comme, après avoir jeté les yeux sur tous les défauts de la France, il a reconnu qu'il ne s'y pouvait remédier que par le rétablissement du commerce, il s'est résolu, sous l'autorité du roi, d'y travailler à bon escient et, par l'entretenement d'un suffisant nombre de vaisseaux, rendre les armes de Sa Majesté redoutables aux lieux où le nom de ses prédécesseurs a bien à peine été connu. Toute la difficulté qui s'y est trouvée, c'est que, ayant été jugé que, pour l'exécution de ce dessein, il était nécessaire que le gouvernement du Havre fût entre ses mains, et le roi le lui ayant voulu acheter, il n'a jamais été possible de le lui faire prendre qu'en lui permettant de le récompenser de son propre argent. Il avait, à sept ou huit lieues de cette ville, une maison embellie de toutes les diversités propres au soulagement d'un esprit que les affaires ont accablé : il a oublié le plaisir qu'il en recevait, ou plutôt le besoin qu'il en avait, pour se résoudre à la vendre, et on a employé les deniers à l'achat de cette place. Tout ce que le roi a pu obtenir de lui, ç'a été que lorsque les coffres de son épargne seront mieux fournis qu'ils ne sont, il ne refusera pas que, par quelque bienfait, Sa Majesté ne lui témoigne la satisfaction qu'elle a de son service. Ce mépris qu'il fait de soi et de tout ce qui le touche, *comme s'il ne connaissait point d'autre santé ni d'autre maladie que la santé ou la maladie de l'État,* fait craindre à tous les gens de bien que sa vie ne soit pas assez longue pour voir le fruit de ce qu'il plante. Et d'ailleurs, on voit bien que ce qu'il laissera d'imparfait ne saurait jamais être achevé par homme qui tienne sa place. Mais, quoi? il le fait, pour ce qu'il le faut faire. L'espace d'entre le Rhin et les Pyrénées ne lui semble pas un champ assez grand pour les fleurs de lys; il veut qu'elles occupent les deux bords de la mer Méditerranée, et que de là elles portent leur odeur aux dernières contrées de l'Orient. Mesurez à l'étendue de ses desseins l'étendue de son courage; quant à moi, plus je considère des actions si miraculeuses, moins je sais quelle opinion je dois avoir de leur auteur : d'un côté, je vois que son corps a la faiblesse de ceux qui ἀρούρας καρπὸν ἔδουσιν (1); mais, de l'autre, je trouve en son esprit une force qui ne peut être que τῶν ὀλύμπια δώματ' ἐχόντων (2). Tel qu'il est, et quoi qu'il soit, nous ne le perdrons jamais que nous ne soyons en danger d'être perdus. »

De telles pages écrites dans la familiarité éclairent une vie. Nous possédons là bien au net le sentiment inspirateur le plus élevé de Malherbe, poëte lyrique politique, poëte monarchique et royal, dans la partie la plus noble de son œuvre. — Il n'a pas fini. C'était l'année décisive dans laquelle Richelieu, après quelques semblants de dégoût et des offres de démission pour tâter le maître, s'était affermi dans sa confiance, s'était démontré nécessaire, avait pris l'offensive contre ses ennemis, et avait obtenu, comme malgré lui, une garde particulière ; mais encore, en obtenant ce qu'au fond il désirait, il avait voulu en faire les frais lui-même, et cette nouvelle marque de générosité avait séduit Malherbe :

« Le roi qui le voit mal voulu de tous ceux qui aiment le désordre (et vous savez qu'ils ne sont pas en petit nombre) a désiré qu'il ait quelques soldats pour le garder. C'est chose que tout autre eût demandée avec passion, et néanmoins vous ne sauriez croire la peine qu'il a eue à y condescendre (3)...

(1) De ceux qui *mangent le fruit de la terre.*
(2) De ceux qui *habitent la demeure de l'Olympe.* Ce sont des expressions d'Homère.
(3) Ici, Malherbe, dont le défaut n'est pas d'être crédule, prête un peu trop à la résistance du Cardinal.

Il a été assez généreux pour n'y consentir qu'à la condition d'entretenir ces soldats à ses dépens. Nous avons lu, vous et moi, assez d'exemples de courage que leurs qualités éminentes ont élevés au-dessus du commun ; mais qu'en matière de mépriser l'argent, un particulier ait eu si souvent son roi pour antagoniste, et que toujours il en soit demeuré victorieux, c'est une louange que je ne vois point que jusques ici les plus hardis historiens aient donnée à ceux mêmes qu'ils ont flattés le plus impudemment.

« Sa Majesté, au soin qu'elle a eu de le garantir des méchants, a encore ajouté celui de le délivrer des importuns, et pour cet effet a mis auprès de lui un gentilhomme, avec charge expresse de faire indifféremment fermer la porte à ceux qui pour leurs affaires le viendront persécuter. Voilà, certes, une bonté de maître digne de l'affection du serviteur. Dieu nous conserve l'un et l'autre ! Je ne crois pas qu'il y ait homme de bien en France qui ne fasse le même souhait. Pour moi, il y a longtemps que je sais que vous êtes l'un de ses adorateurs : le séjour qu'il a fait en Avignon vous donna l'honneur de le connaître ; sa vertu vous en imprima la révérence : je m'assure que ce qu'il a fait depuis ne vous aura point changé le goût. C'est pourquoi j'ai été bien aise de me décharger avec vous des pensées que j'avais sur un si agréable sujet. J'ai été un peu long, mais, quand on est couché sur des fleurs, il y a de la peine à se lever. »

L'homme sensé, le bon citoyen clairvoyant et ferme, celui qui semble avoir connu à l'avance le *Testament politique* du Cardinal, a eu le haut ton dans toute cette lettre : le poëte, proprement dit, ne se trahit et ne reparaît qu'à ces derniers mots (1).

(1) Qu'importe, après une si belle lettre, et si monumentale, que Malherbe ait été moins noble ailleurs en parlant de Richelieu? Ainsi dans une lettre à Peiresc, 19 décembre 1626 : « Monsei-

Nous avons à terminer avec le poëte. — Tout à fait
naître et à l'aise dans l'Ode, Malherbe a moins réussi
dans le genre tendre, galant, léger, amoureux. Là
aussi, toutefois, il a rencontré quelques accents, et des
accents dans le ton qui lui est propre. Sur le mariage
du jeune Louis XIII avec Anne d'Autriche, il a fait des
Stances (1615), qui finissent par un vœu de bon Français quelque peu gaillard, qui souhaite au plus tôt un
dauphin. Mais comme le tout est relevé et ennobli par
cette strophe charmante :

> Réservez le repos à ces vieilles années
>   Par qui le sang est refroidi :
> Tout le plaisir des jours est en leurs matinées (1);
>   La nuit est déjà proche à qui passe midi.

Malherbe ne se distinguait ni par la sentimentalité, ni

gneur le Cardinal m'a promis toutes sortes de faveurs; vous pouvez penser si j'en dois espérer bonne issue. Sitôt que j'en serai hors (des affaires), je m'en vais lui rendre en rime ce qu'il m'aura prêté en prose. Je suis vieux, et par conséquent contemptible aux Muses, qui sont femmes; mais, en son nom, je crois que je ne leur demanderai rien qu'elles ne m'accordent. Quoi que je die et que j'écrive de lui, je pourrai bien le satisfaire, mais moi jamais...» Et plus loin : « M. le Cardinal a été cinq ou six jours à Grosbois ; il en revient demain; il se porte bien, grâces à Dieu : vous pouvez penser comme je prie pour un homme qui m'a dit qu'il veut faire toutes mes affaires. » Mais tout cela sans être aussi grandiose que dans l'ode ou dans la longue lettre à M. de Mentin, concorde très-bien.

(1) Cela fait penser à tant de vers d'Homère sur la splendeur de l'aurore, sur le jour *sacré :*

Ὄφρα μὲν ἠὼς ἦν καὶ ἀέξετο ἱερὸν ἦμαρ.

Iliade, XVI, 84.

même par la sensibilité auprès des femmes. Il a eu cependant d'heureux mouvements dans ses amours de tête, et l'on chante encore avec plaisir :

> Ils s'en vont, ces rois de ma vie,
> Ces yeux, ces beaux yeux, etc.

Couplets d'un beau caractère, d'un tour de galanterie noble, et qui ont été remis heureusement en musique de nos jours par Reber (1). Ajoutez-y cette autre pièce pour *Alcandre*, sur un *retour d'Oranthe à Fontainebleau* :

> Revenez mes plaisirs, ma Dame est revenue;

où il y a de bien doux vers sur la royale forêt :

> Avecque sa beauté toutes beautés arrivent;
> Ces déserts sont jardins de l'un à l'autre bout,
> Tant l'extrême pouvoir des grâces qui la suivent
> Les pénètre partout!

> Ces bois en ont repris leur verdure nouvelle,
> L'orage en est cessé, l'air en est éclairci;

---

(1) Dans le sérieux, dans le tendre, en toute occasion, Malherbe a de ces beaux débuts :

> A ce coup nos frayeurs n'auront plus de raison, etc.
> Donc un nouveau labeur à tes armes s'apprête, etc.
> Ils s'en vont, ces rois de ma vie, etc.

Que ce soit un sonnet, une ode, une chanson, Malherbe entonne son chant avec bonheur, avec brusquerie; il l'attaque par une note qui entre et pénètre. Il a le geste haut et souverain, — ce que j'appelle le coup d'archet.

> Et même ces canaux ont leur course plus belle,
> Depuis qu'elle est ici.

Alfred de Musset semble s'être inspiré de cette douceur d'harmonie dans ses beaux vers sur Fontainebleau, et ce *Souvenir* de lui, si plein de tendresse, est précisément dans le même rhythme que les Stances de Malherbe (1).

Malherbe a très-peu d'images empruntées directement à la nature; c'est un citadin, un homme de cabinet. On cite toujours sa strophe, son unique strophe, sur ses promenades avec un ami aux bords de l'Orne, et dans laquelle se réfléchit l'étendue des paysages et des horizons de Normandie :

> L'Orne, comme autrefois, nous reverrait encore,
> Ravis de ces pensers que le vulgaire ignore,

---

(1) Les plus beaux vers amoureux de Malherbe, ceux qui sont le plus dans son ton et sa manière, j'oserai dire que c'est Corneille qui les a faits. Corneille, vieil et amoureux, — amoureux de tête plus que d'autre chose; il les a faits pour une certaine marquise qu'on assure n'avoir été qu'une marquise de théâtre (peu importe), et qui faisait mine de le dédaigner; il y a mis une vigueur, une fierté, une gronderie, une braverie, une conscience de ce qu'il était, un orgueil légitime à la fois et qui fait légèrement sourire :

> Marquise, si mon visage
> A quelques traits un peu vieux,
> Souvenez-vous qu'à mon âge
> Vous ne vaudrez guère mieux.
>
> Le Temps aux plus belles choses
> Se plaît à faire un affront,
> Et saura faner vos roses
> Comme il a ridé mon front.....

Et le reste. — Il y a dans ces vers de la fierté qu'aurait eue Mal-

Égarer à l'écart nos pas et nos discours ;
Et couchés sur les fleurs, comme étoiles semées,
Rendre en si doux ébats les heures consumées,
 Que les soleils nous seraient courts.

Et dans une chanson (1614), ce joli vers tout tiède de mai :

L'air est plein d'une haleine de roses...

Mais cet amour de la nature ne dure jamais longtemps chez Malherbe ; il n'a rien du promeneur solitaire ni du rêveur.

La religion de Malherbe était courte ; il n'en était pas dénué pourtant dans les parties respectueuses, élevées, de sa verve et de sa pensée. Il était religieux

herbe, mais avec un peu plus de l'esprit *bourru* de Corneille. Malherbe, même vieux, avait encore et toujours de l'élégance. — Et quand j'ai dit qu'il n'avait pas de sensibilité en aimant, il faudrait s'entendre sur ce mot de *sensibilité;* car Malherbe était et resta toujours très-vif sur le chapitre de l'amour, tel qu'il le comprenait. Tallemant nous a appris comment sa maîtresse, la vicomtesse d'Auchy, éprouva de plus d'une manière cette vivacité. Devenu vieux, sa plus grande peine était dans la privation de ce qui lui semblait, comme à La Fontaine, *le plus charmant des biens;* il l'a dit dans une lettre à Balzac (1625) avec une vivacité ingénue et une chaleur qui compense bien la délicatesse : « Toutes choses, à la vérité, sont admirables en elles (*le donne*) ; et Dieu, qui s'est repenti d'avoir fait l'homme, ne s'est jamais repenti d'avoir fait la femme. Mais ce que j'en estime le plus, c'est que de tout ce que nous possédons, elles sont seules qui prennent plaisir d'être possédées. Allons-nous vers elles, elles font aussitôt la moitié du chemin ; leur disons-nous, « mon cœur, » elles nous répondent, « mon âme »... Si après cela il y a malheur égal à celui de ne pouvoir plus avoir de part en leurs bonnes grâces, je vous en fais juge, et m'assure que vous aurez de la peine à me condamner. »

comme lyrique, sinon comme homme. Il est entré, non sans grandeur, dans l'impétueux essor vers Dieu et dans l'ardente aspiration du Psalmiste ; et même, si l'on compare, on verra qu'ici il a prêté au texte sacré des ailes :

> N'espérons plus, mon Ame, aux promesses du monde ;
> Sa lumière est un verre, et sa faveur une onde
> Que toujours quelque vent empêche de calmer.
> Quittons ces vanités, lassons-nous de les suivre ;
>   C'est Dieu qui nous fait vivre,
>   C'est Dieu qu'il faut aimer.
>
> En vain, pour satisfaire à nos lâches envies,
> Nous passons près des rois tout le temps de nos vies
> A souffrir des mépris et ployer les genoux ;
> Ce qu'ils peuvent n'est rien ; ils sont ce que nous sommes,
>   Véritablement hommes,
>   Et meurent comme nous....

Ces Stances, d'un plein souffle et d'une entière perfection, ont été mises en musique, de nos jours, par le même compositeur sévère que nous nommions tout à l'heure, M. Reber, et sont d'un grand effet.

On l'a dit, quelques strophes de ce ton suffisent pour réparer une langue et pour monter une lyre. Et encore : « Certaines paraphrases des Psaumes ne sont pas seulement des modèles de poésie, ce sont, en quelque sorte, des institutions de langage (1). » — En tout, Malherbe a le *magnum spirare* (μέγα φρονεῖν des Grecs), l'*os magna sonaturum* qu'Horace, en son temps,

---

(1) Expression de M. Nisard.

n'accordait aussi qu'à *trois ou quatre seulement,* et au nombre desquels, trop modeste, il ne se rangeait pas.

Malherbe, cependant, est un poëte grammairien s'il en fut : on sait de lui, à cet égard, des traits qui font sourire. Je ne ferai pas grâce du texte le plus célèbre ; mais je le réduirai à sa valeur :

« Vous vous souvenez, a dit Balzac, par la bouche, il est vrai, de son Socrate chrétien, vous vous souvenez du vieux pédagogue de la Cour qu'on appelait autrefois le tyran des mots et des syllabes, et qui s'appelait lui-même, lorsqu'il était en belle humeur, le grammairien en lunettes et en cheveux gris. N'ayons point dessein d'imiter ce que l'on conte de ridicule de ce vieux docteur ; notre ambition se doit proposer de meilleurs exemples. J'ai pitié d'un homme qui fait de si grandes différences entre *pas* et *point,* qui traite l'affaire des *gérondifs* et des *participes* comme si c'était celle de deux peuples voisins l'un de l'autre et jaloux de leurs frontières. Ce docteur en langue vulgaire avait accoutumé de dire que, depuis tant d'années, il travaillait à *dégasconner* la Cour, et qu'il n'en pouvait venir à bout. La mort l'attrapa sur l'arrondissement d'une période, et l'an climatérique l'avait surpris délibérant si *erreur* et *doute* étaient masculins ou féminins. Avec quelle attention voulait-il qu'on l'écoutât, quand il dogmatisait de l'usage et de la vertu des *particules !* »

Ce n'est pas là un portrait, c'est une charge. A entendre Balzac cette fois, on croirait vraiment qu'il est d'une autre école que Malherbe, qu'il est un homme tout de pensée, et qu'il a en profond dédain ceux qui prennent garde à leurs phrases. Le rhétoricien pourtant se retrouve dans ce passage même ; il n'a fait que retourner sa rhétorique. Parlant par la bouche d'un

Socrate chrétien, il a cru devoir mépriser ce que ce Socrate méprise, et il a fait le rôle d'un autre, en poussant son hyperbole à son ordinaire et en épuisant son développement. C'est ainsi seulement qu'on peut s'expliquer que Balzac ait semblé vouloir ridiculiser, en cette rencontre, celui qu'ailleurs il appelle son *maître* et son *père*. Il faut, pour avoir son jugement sérieux, corriger cet endroit badin par les meilleures et belles paroles, souvent citées, de sa lettre latine à Silhon.

Mais il y a mieux, et il importe de maintenir le vrai caractère de Malherbe et son grand sens, dans ses rapports avec un élève de grand talent sans doute, et de noble apparence, mais de sens léger précisément et de peu de caractère. Il ne convient pas que Balzac, devant la postérité, prenne à ce point ses avantages sur Malherbe et se donne les airs de le morigéner à son aise : c'est intervertir les rôles ; c'est oublier de quel côté vraiment était la solidité. Un jour, peu après la publication du premier recueil des Lettres de Balzac, on s'en était fort entretenu chez M°° Des Loges, dans une compagnie choisie où se trouvaient, entre autres gens de marque, Racan, Vaugelas et Malherbe ; on avait loué, on avait critiqué. Le bruit de cette conversation vint aux oreilles de Balzac, et on lui raconta qu'une des personnes présentes ayant trouvé à redire à ses Lettres, Malherbe l'avait défendu. Là-dessus Balzac s'empressa d'écrire à Malherbe (15 août 1625) une lettre remplie de remercîments exagérés, et dans laquelle perçait l'auteur piqué encore plus que reconnaissant. On a la réponse de Malherbe ; elle est à citer. Elle est sensée en même temps que fière; elle maintient les droits de la critique, en même temps que le privilége de la royauté poétique. Elle donne une légère leçon au vaniteux auteur, et l'avertit de ne pas prendre si vite la mouche parce que tout le monde ne l'admire pas. Il y a dans cette lettre bien des choses qui méritent qu'on s'en souvienne toujours :

« Quant à moi, lui dit-il, qui ne veux rien au delà de ce qui m'appartient, je tourne les yeux de tous côtés pour trouver sur quoi est fondé l'honnête remercîment que vous me faites... Je vois bien que l'on vous a dit que je défendis votre cause. Il est vrai, mais sans intention d'en mériter le gré que vous m'en savez. Je ne donnai rien à notre amitié, je ne donnai rien à la complaisance, je ne fis que ce qui est de mon inclination et de ma coutume : je pris le parti de la vérité. Pour celui contre qui l'on vous a mis si fort en colère, je ne sais quel rapport on vous en a fait, mais je vous jure qu'il parla de vous et de vos écrits avec une modération si grande, qu'il semblait plutôt proposer des scrupules pour en avoir l'avis de la compagnie, que pour dessein qu'il eût de nuire à votre réputation. Toutefois, prenons les choses d'un autre biais, et posons le cas que son sentiment fût conforme à l'interprétation que vous en faites. Ne savez-vous pas que la diversité des opinions est aussi naturelle que la différence des visages, et que vouloir que ce qui nous plaît ou déplaît plaise ou déplaise à tout le monde, c'est passer des limites où il semble que Dieu même ait commandé à sa toute-puissance de s'arrêter? Quelle absurdité serait-ce qu'aux jugements que font les Cours souveraines de nos biens et de nos vies les avis fussent libres, et qu'ils ne le fussent pas en des ouvrages dont toute la recommandation est de s'exprimer avec quelque grâce, et tout le fruit de satisfaire à la curiosité de ceux qui n'ont rien de meilleur à s'entretenir? Je ne crois pas qu'il y ait de quoi m'accuser de présomption quand je dirai qu'il faudrait qu'un homme vînt de l'autre monde pour ne savoir pas qui je suis ; le siècle connaît mon nom, et le connaît pour un de ceux qui y ont quelque relief par-dessus le commun ; et néanmoins ne sais-je pas qu'il y a de certains chats-huants à qui ma lumière donne des inquiétudes, et qui, se trouvant en des lieux où la faiblesse de ceux qui les écoutent leur laisse tenir le haut du pavé, font, avec je ne sais quelles froides grimaces, tous leurs efforts pour m'ôter ce qu'il y a si longtemps que la voix publique m'a donné ? Non, non ; il est de l'applaudissement universel comme de la *quadrature du cercle,* du *mouvement perpétuel,* de la *pierre philosophale* et telles autres chimères : tout le monde le cherche, et personne ne le trouve. Travaillons à l'acquérir tant qu'il nous sera possible ; nous n'y réussirons non plus que les autres. Ceux qui ont dit que la neige est noire ont laissé des successeurs qui, s'ils ne disent la même impertinence, en diront d'autres qui ne seront pas de meilleure mise. Il est des cervelles à fausse équerre, aussi bien que des bâtiments. Ce serait une trop longue et trop forte besogne de vouloir réformer tout ce qui ne se trouverait pas à notre gré : tantôt nous aurions à répondre aux sottises d'un ignorant, tantôt il nous faudrait combattre la malice d'un envieux. Nous aurons plus tôt fait de nous moquer des uns et des autres. La pluralité des voix est pour nous : s'il y a quelques extravagants qui veuillent faire bande à part, à la bonne heure ! *De toutes les dettes, la plus aisée à payer, c'est le mépris :* nous ne ferons pour cela ni cession ni banqueroute. Aimons ceux qui nous aiment ; pour les autres, si nous ne sommes à leur goût, il n'est pas raisonnable qu'ils soient au nôtre ; mais aussi en faut-il demeurer là. Il ne se trouvera que trop de gens qui, n'ayant point de marque pour se faire connaître, voudraient avoir celle d'être nos ennemis : gardons-nous bien de leur donner ce contentement. Écrive contre moi qui voudra ; si les colporteurs du Pont-Neuf n'ont rien à vendre que les réponses que je ferai, ils peuvent bien prendre les crochets (1) ou se résoudre à mourir de faim. On pensera peut-être que je craigne les antagonistes; non fais. Je me moque d'eux, et n'en excepte pas un, depuis le cèdre jusqu'à l'hysope. Mais je sais que juger est un métier que tout le monde ne sait pas faire : il y faut de la *science* et de la *conscience,* qui sont choses qui ne se rencontrent pas souvent en une même personne. »

N'est-ce pas là une belle définition des devoirs de la critique, et qu'a-t-on trouvé de mieux après deux siècles? Malherbe, n'en déplaise à Balzac, n'était donc pas ridicule, surtout quand il avait affaire à Balzac. Il est vrai, d'ailleurs, qu'il avait sa singularité marquée et sa préoccupation unique. Il était en cour l'arbitre juré du langage ; on ne consultait que lui. Dans la chambre de son hôtel garni, il tenait avec les quelques poëtes, ses disciples et sectateurs, école et académie de grammaire autant que de poésie. Il accordait à Racan de traiter en vers un sujet fort laid, fort ignoble, une polissonnerie de page; sa morale et son goût ne s'en effarouchaient pas. Mais quand il vit que cette vilaine chose ne pouvait s'exprimer sans un *hiatus,* il révoqua sa permission. A l'article de la mort, une heure avant et les sacrements déjà reçus, il se réveilla comme en sursaut pour reprendre sa garde qui avait fait une faute de français, et, le prêtre lui en faisant une réprimande, il répliqua « qu'il voulait jusqu'à la mort maintenir la pureté de la langue française. » Il fut grammairien jusqu'au dernier soupir. Il y avait un Beauzée dans Malherbe. A chacun son rôle

(1) Se faire crocheteurs.

et sa passion : cet empereur veut mourir debout; ce soldat veut mourir en s'enveloppant dans les plis de son drapeau; Paillet veut qu'on l'enterre dans sa robe d'avocat. Respectons tous ces points d'honneur. Heureux qui a le sien ! Le trop de philosophie peut aussi engendrer, à la fin, trop d'indifférence.

Malherbe parlait peu longuement, bien qu'il sût conter à l'occasion l'historiette piquante et le fabliau. Il avait parfois un léger balbutiement qui le retenait; le ressort, moyennant cette légère difficulté, en partait plus nettement. Il avait le plus souvent le propos brusque et sec, imprévu. Il ne disait mot qui ne fût marqué au bon coin et qui ne portât. Figurons-nous Boileau, rappelons-nous Royer-Collard; l'autorité de tels hommes qui ne repose pas seulement sur leurs œuvres, sur leurs écrits assez rares, cette autorité perpétuelle qui réside en leur personne et que chacun de leurs mots appuie, confirme et renouvelle, est des plus effectives et des plus sûres. Duclos, qui comptait si fort en son temps, était également connu pour ces mots fréquents et courts qui mordaient sur les esprits; et l'on peut dire qu'il y avait aussi un Duclos dans Malherbe. Racan a recueilli plusieurs de ces *dicta* mémorables de son maître, qui sentent leur Varron, leur vieux Caton, qui pèsent et sonnent leur bon sens *sterling.* Quand on montrait à Malherbe de méchants vers pour en avoir son avis, il demandait à ceux qui les avaient faits « s'ils étaient condamnés à faire ces vers ou à être pendus, » et il ajoutait « qu'à moins de cela, ils n'en devaient point faire, et qu'il ne fallait jamais hasarder sa réputation que pour sauver sa vie. » Il avait le silence même impitoyable et grondeur ; il n'employa pas d'autre réprimande avec Racan, un jour qu'entendant parler de *la Cassandre* de Lycophron, cet aimable ignorant avait demandé si Lycophron était le nom de la ville où était née Cassandre : ce jour-là, Malherbe ne répondit à Racan que par un silence qu'à vingt ans de distance Racan entendait encore (*acre silentium*). — Mieux que personne, Malherbe, avec cette *verdeur de sexagénaire* que lui ont reconnue de bons juges, mérite l'éloge et le respect qu'un esprit délicat, Joubert, accorde aux têtes et aux écrits de vieillards. Après en avoir cité quelques-uns : « Feuilletez ceux que je vous nomme, ajoute-t-il, et vous me direz si vous ne découvrez pas visiblement, dans leurs mots et dans leurs pensées, des esprits verts quoique ridés, des voix sonores et cassées, l'autorité des cheveux blancs, enfin des têtes de vieillards. Les amateurs de tableaux en mettent toujours dans leur cabinet; il faut qu'un connaisseur en livres en mette dans sa bibliothèque. » Malherbe serait un de ces bustes les plus caractérisés et les plus vivants de vieillards poëtes, un des jeunes et des moins *cassés* parmi ces *antiques*.

Tel il est, tel il me paraît, sans déchet et sans surcroît, véritablement digne de sa renommée. Je n'ai pas craint de repasser longuement ses titres et de sortir cette fois du raccourci qui flatte davantage, pour me rendre compte, pas à pas, de son influence et de son œuvre. On a pu juger du défaut au point de départ. Il a trop supprimé sans doute, il s'est trop retranché de ce qui avait précédé ; mais il a fondé quelque chose de noble et de juste, et qui est bien dans le sens de la nation. Il a dressé quelques colonnes de haut style. Traitons-le comme un Ancien ; supposons que le temps a ravagé son œuvre, l'a détruite en grande partie, et n'en a laissé subsister que quelques grandes strophes : on croirait que ce sont des restes, des débris de temple ; ce n'en sont que des commencements et des pierres d'attente ; mais qu'elles sont fières et d'un beau jet ! Voilà le côté grandiose du personnage. Vu de près, l'homme est moins grand ; il a établi une école de grammaire dans l'entre-deux des colonnes ; il est comme ces anciens artistes à qui on donnait un logement au Louvre : il habitait volontiers une soupente à deux pas de la Colonnade. Pourtant, son bon sens familier était essentiel à consulter de quiconque s'occupait de Lettres, vers ou prose. Sa leçon à Balzac nous l'a montré supérieur aux misères du métier : s'il avait quelques-unes des nobles ivresses du poëte, il n'avait aucune des petitesses de l'homme de lettres. Sa profession de foi politique à M. de Mentin nous l'a fait voir sous un jour encore plus favorable, et nous nous sommes convaincus que ce bon sens pratique n'avait qu'à s'appliquer à de dignes objets pour se concilier avec la grandeur. Enfin nous avons reconnu en tout genre et en toute matière la vérité de ce que lui écrivait Racan : « Je sais que votre jugement est si généralement approuvé, que c'est renoncer au sens commun que d'avoir des opinions contraires aux vôtres. »

Ce ne serait pas être juste envers Malherbe que de ne voir que ce qu'il fit, et de ne pas tenir compte de ce qu'il a fait faire. Il y aurait un dernier chapitre à écrire sur lui, et je l'ai esquissé ailleurs; c'est celui où l'on montrerait son influence directe et la continuation de sa veine, à la fois noble et épurée, chez ses meilleurs disciples, Racan et Maynard. On y verrait l'action heureuse, salutaire, d'un seul homme qui est un vrai maître, le pouvoir et le bienfait d'une juste et ferme discipline venue à temps, et ce que des talents distingués, mais secondaires, des génies faciles, mais négligents, gagnent à être mis dans une bonne voie, à y faire les premiers pas sous un œil vigilant et avec un guide sûr. Ils y ont gagné, Racan et même Maynard, de laisser quelques strophes parfaites, dans le sens de l'imitation d'Horace et selon les règles posées par le chef de l'école restaurée. Une pièce digne d'Horace, y pense-t-on bien? c'est-à-dire quelque chose de court, d'éclatant, de concis, où le sentiment s'enferme et reluit sous une expression transparente et précise, où le *limæ labor et mora* s'ajoute à l'inspiration pour lui donner sa forme achevée et son poli! une pièce qui nous rappelle et nous rende en français quelques-uns de ces mérites, qui offre correction, noblesse, gravité, pureté, des images nettes et fermes, des pensées justes, un fonds de raison et de sens commun, même dans la verve! — Mais je m'oublie depuis longtemps à parler d'un autre siècle.

15 mars 1859.

ŒUVRES MÊLÉES

DE

SAINT-ÉVREMOND [1]

REVUES, ANNOTÉES ET PRÉCÉDÉES D'UNE

HISTOIRE DE LA VIE ET DES OUVRAGES DE L'AUTEUR

PAR M. CHARLES GIRAUD

de l'Institut [2]

ÉTUDES SUR SAINT-ÉVREMOND

DISCOURS QUI ONT OBTENU EX ÆQUO LE PRIX DE L'ACADÉMIE FRANÇAISE

PAR M. GIDEL, PAR M. GILBERT.

Les histoires littéraires aiment les dates précises. La publication des *Provinciales,* par exemple, est une de ces dates, de ces époques mémorables (1656, 1657). On avait eu précédemment l'époque du *Cid,* celle du *Discours de la Méthode* (1636, 1637). Mais, indépendamment de ces monuments écrits qui marquent, il y a la société d'alentour, dans laquelle se retrouve plus

[1] Cet article a paru d'abord dans le *Journal des Savants.*
[2] 3 volumes petit in-8°, Techener, 1866.

ou moins la même langue, et qui compte des gens d'esprit non écrivains de profession, et maîtres pourtant dans leur genre, maîtres à leur manière, sans y viser et sans le paraître.

Ainsi, en 1657, au moment où Pascal achevait de lancer les *Provinciales,* il ne tient qu'à nous de compter dans la haute société française les hommes distingués par la parole ou par la plume et qui étaient en possession de plaire : Saint-Évremond, Bussy, La Rochefoucauld, Retz, les prochains auteurs de Mémoires, mais qui causaient dès lors comme ils écriront. Jamais langue plus belle, plus riche, plus fine, plus libre, ne fut parlée par des hommes de plus d'esprit et de meilleure race.

Ils ont tous (et ceux que je viens de nommer, et les autres qu'ils représentent, moins en vue et plus effacés aujourd'hui), ils ont tous ce point commun d'être gens du monde, de qualité, avant d'être écrivains. Mêlés aux plaisirs, aux affaires, aux intrigues de leur temps, ils ont vécu de la vie la plus remplie, la plus animée et agitée, ils y ont développé et aiguisé leur esprit, leur goût; et, lorsque ensuite ils ont pris la plume, leur langage y a gagné. Ils ont vérifié en un certain sens ce qui est dit de l'éloquence dans le *Dialogue des orateurs;* « *Nostra civitas donec erravit, donec se partibus et dissensionibus et discordiis confecit,* etc. » — « Il en fut de même de notre république : tant qu'elle s'égara, tant qu'elle se laissa consumer par des factions, par des dissensions, par la discorde; tant qu'il n'y eut ni paix dans le forum, ni concorde dans le sénat, ni règle dans les jugements, ni respect pour les supérieurs, ni retenue dans les magistrats, elle produisit une éloquence sans contredit plus forte et vigoureuse, comme une terre non domptée qui produit des herbes plus gaillardes... »

Cela ne s'applique guère à l'éloquence de ces modernes qui, si l'on excepte Retz, n'avaient pas eu proprement à exercer leur talent d'orateur; mais cela est vrai de leur élocution, de leur langue; ils l'avaient étendue, élargie, assouplie, fortifiée en toutes sortes de relations et de rencontres bien autrement qu'en restant dans un salon comme à l'hôtel Rambouillet, ou dans un cabinet d'étude, comme un Conrart et un Vaugelas. Ils ont des façons de s'exprimer à la fois plus délicates et plus *gaillardes* (*lætiores*) pour parler avec Montaigne. C'est d'eux qu'il est vrai de dire, comme dans Homère : « La langue est flexible, et il y a une infinité de manières de dire. Le champ de la parole s'étend à l'infini. »

Saint-Évremond a surtout de la délicatesse. C'est un épicurien, non point par les livres seulement, comme le serait un savant de la Renaissance, comme l'a pu être Gassendi, le dernier et le plus distingué de ceux-là, mais un épicurien pratique, dans la morale et dans la vie. L'histoire littéraire, pour peu qu'elle soit didactique, comme celle de M. Nisard, a le droit et presque le devoir de le négliger : probablement il se soucierait peu lui-même de cette omission ; il ne réclamerait pas contre : il en serait plutôt flatté. L'enseignement proprement dit a peu à faire avec lui. Il est l'homme de la conversation à huis clos et des aparté pleins d'agrément.

Né en 1613 (1), il ne mourut qu'en 1703, à l'âge de plus de quatre-vingt-dix ans. Élevé au collége de Clermont, à Paris, chez les jésuites, il fit sa rhétorique sous le Père Canaye, qu'il a immortalisé depuis. Il termina ses études à l'université de Caen, puis au collége d'Harcourt, tout en suivant ce qu'on appelait l'*Académie*, c'est-à-dire l'école des jeunes gentilshommes. Il représente bien ce que pouvait être, à cette date, un jeune homme de qualité des plus instruits, un de ceux qui avaient vingt-quatre ans quand *le Cid* parut. Il savait la littérature latine, peu ou point de grec; il avait du goût pour les lettres, de la curiosité pour la philosophie, et aimait la conversation des gens d'esprit et de pensée. Il s'appliqua dans sa jeunesse au métier des armes, s'acquit l'estime des généraux sous lesquels il servit, et, arrivé au grade de maréchal de camp, il pouvait prétendre à une plus grande fortune militaire, lorsqu'une lettre de lui, très-spirituelle et satirique, sur la paix des Pyrénées et contre le cardinal Mazarin, lettre adressée au marquis de Créqui et connue seulement de trois ou quatre personnes, fut trouvée dans une cassette déposée chez Mme du Plessis-Bellière, dont on saisissait les papiers. C'est à la suite de l'arresta-

(1) M. Giraud le fait même naître en 1610, mais par simple supputation. Silvestre, le plus exact de ses biographes, dit qu'on n'a jamais su exactement son âge. — M. Quesnault, sous-préfet de Coutances, a trouvé des actes de baptême desquels il résulterait que Saint-Évremond n'a pu naître avant 1614 et n'est peut-être né qu'en 1616. En ce cas il se vieillissait.

tion du surintendant Fouquet : tout était crime en ce moment. La pièce, commentée et envenimée par Le Tellier et Colbert, zélés pour la mémoire du cardinal, irrita Louis XIV, qui condamna l'auteur à la Bastille. Cette lettre, qui a si fort compromis Saint-Évremond en son temps et brisé sa carrière, n'aura pas, je le crains, gain de cause auprès de la postérité, qui enregistre avec une sorte de révérence les faits accomplis : nous sommes devenus grands admirateurs de la politique extérieure de Mazarin. Fatalistes que nous sommes et adorateurs du résultat, nous admettons difficilement que les choses de l'histoire auraient pu prendre tout aussi bien un autre tour, pas plus mauvais que celui qui a prévalu, et qu'il n'a souvent tenu qu'à un rien qu'il en fût ainsi. Saint-Évremond pensait qu'en se pressant moins on aurait imposé une paix bien plus avantageuse, qu'on y aurait gagné la Flandre, et son opinion semble avoir été aussi celle de Turenne. Quoi qu'il en soit, Saint-Évremond, averti à temps du danger, quitta la France, se réfugia en Hollande, puis en Angleterre, alterna quelque temps entre les deux pays, opta finalement pour Londres, et ne revint jamais. Il avait quarante-huit ans au moment de sa retraite : il vécut encore quarante-deux ans d'une vie de curieux, de philosophe, de témoin indifférent et amusé, de railleur souriant et sans fiel ; aimant avant tout la conversation et les douceurs d'un commerce privé, il ne regretta rien, du moment qu'une nièce de Mazarin, la plus belle et la plus distinguée de l'escadron des nièces, la célèbre Hortense, duchesse de Mazarin, fut venue en Angleterre. Il s'attacha à elle, lui rendit des soins de chaque jour, et perdit tout en la perdant. Il entretint de tout temps quelque commerce de lettres avec la France. Il vit les spirituels Français qui voyageaient alors en Angleterre et acheva de former le chevalier de Grammont ; du moins il essayait, par ses leçons et ses conseils, de faire entrer un grain de raison dans cette étourderie séduisante. Les *Mémoires de Grammont*, par Hamilton, ne se seraient pas faits sans doute sans l'influence première de Saint-Évremond sur tous deux : on peut dire que c'est son meilleur ouvrage. Il aurait pu revenir en France dans les dernières années : Louis XIV avait pardonné et le lui avait permis. Mais Saint-Évremond eut le bon esprit de sentir qu'un homme de sa réputation ne pouvait reparaître avec avantage, après plus de trente ans, sur une scène aussi changeante que la cour ou que la société parisienne. « Je reste en Angleterre, disait-il, ils sont accoutumés à ma loupe. » — Cette loupe à double étage, et de plus une calotte de maroquin qu'il n'ôtait jamais, étaient l'ornement inséparable de sa personne.

On raconte qu'Alexandre, dans ses conquêtes, en arrivant à Persépolis, y rencontra des captifs grecs, précédemment mutilés par ordre des rois persans, et qui vivaient là depuis des années. Sur l'offre que leur en fit Alexandre, ils refusèrent de retourner en Grèce, ayant honte, disaient-ils, de s'y montrer en pareil état, et ils aimèrent mieux rester établis sur la terre d'exil. Mais la loupe de Saint-Évremond n'était qu'un prétexte, et sa réponse une défaite honnête. Délicatesse, fierté ou indifférence, il entendait bien se dérober au pardon de Louis XIV. Il n'y mettait d'ailleurs aucune prétention, aucune forfanterie, et n'affichait point des airs d'émigré. Il était possible à des observateurs superficiels de le prendre pour un sujet respectueux et repentant. On a un extrait de dépêche du comte de Comminges, ambassadeur en Angleterre, où il est dit : « (22 février 1663). Le bruit ayant couru dans Londres des raisons qui retardaient mon entrée, le chevalier de Grammont et le sieur de Saint-Évremond me sont venus trouver comme bons Français et zélés pour la gloire et l'autorité de Votre Majesté. Je me servirai de l'un et de l'autre selon que j'en jugerai à propos, et, s'ils font leur devoir, comme je suis persuadé qu'ils feront, j'espère que Votre Majesté aura la bonté de les ouïr nommer et permettre qu'ils méritent par leurs services qu'Elle leur pardonne, après une pénitence conforme à la faute. »

Mais, après s'être galamment conduit en bon Français à l'occasion, Saint-Évremond rentrait dans sa philosophie et dans sa tranquillité. Sa grâce n'étant pas venue à temps, dans les premières années, il se dit que ce ne serait plus une grâce, et il en prit son parti, il en fit son deuil une fois pour toutes. Quand on lui parla plus tard de revenir, il n'y était plus disposé. Il éludait et déclinait l'effet du pardon royal sans trop paraître en faire fi, n'affectant rien, déguisant volontiers sa constance en nonchalance, homme de goût jusqu'à la fin. La bienséance, le *quod decet*, était sa loi, et il y resta fidèle. Toute cette conduite est d'une nuance qu'on ne saurait moralement assez apprécier ; ce qui est certain, c'est que des hommes comme Saint-Évremond et Bernier ne sont pas seulement des esprits libres : c'étaient des âmes libres et qui échappaient à Louis XIV. Le grand monarque n'avait pas de prise sur elles. De combien d'autres en ce grand siècle le pourrait-on dire ?

Les exilés, gens d'esprit, écrivains, qui sortent de leur pays pour n'y plus rentrer et qui vivent encore longtemps, représentent parfaitement l'état du goût et la façon, le ton de société ou de littérature qui régnaient au moment de leur sortie. Il peuvent ensuite modifier ou développer, ou mûrir ou racornir leurs idées ; mais, pour la forme, pour la mode et pour la coupe, si j'ose dire, on les reconnaît ; ils ont une date, ils nous la donnent fixe et bien précise, celle de l'instant de leur départ. On garde la marque de l'endroit et du point où l'on se détache de la souche. Ainsi Saint-Évremond nous est l'exemplaire le plus parfait et le plus distinct par le tour, de ce qu'était un des hommes les plus spirituels et les plus délicats de la cour de France vers 1661. Son idéal pourtant à lui, c'était le temps de la régence d'Anne d'Autriche, avant la Fronde, de 1643 à 1648 : il a chanté cet heureux temps dans ses stances les plus passables : *J'ai vu le temps de la bonne Régence...*

Sa pièce la plus jolie et la plus citée est la Conversation du Père Canaye et du maréchal d'Hocquincourt. C'est une Provinciale, la dix-neuvième Provinciale, comme je l'appelle, écrite par un homme du monde, qui, en raillerie sur le fond des choses, va plus loin que Pascal. La scène se passe en 1654, mais il est probable que Saint-Évremond ne s'en ressouvint et n'eut l'idée de l'écrire qu'après les *Provinciales*. On a voulu lui contester cette pièce : elle est sûrement de lui, car elle est suivie d'une autre Conversation de Saint-Évremond avec un de ses amis à la fois Anglais et Français, M. d'Aubigny, dans laquelle les Jansénistes sont presque aussi bien drapés que les Jésuites l'étaient dans la précédente, et qui est donnée comme la revanche de celle-ci.

Les *Conversations* étaient alors un genre littéraire comme les *Lettres,* comme les *Portraits*. Mlle de Scudéry publiera ses *Conversations* et entretiens. Le chevalier de Méré publiait, en 1669, ses *Conversations* avec le maréchal de Clérembaut, l'un des spirituels amis de Saint-Évremond.

On n'a jamais eu à un plus haut degré que Saint-Évremond le sentiment vif des ridicules, ni une manière plus légère de les exprimer. Dans les endroits où il excelle, il a l'ironie au sens le plus attique. L'édition donnée par M. Giraud nous permet de lire de suite les morceaux les plus agréables sortis de sa plume sans avoir à les chercher dans le pêle-mêle de ses œuvres. M. Giraud a fait précéder ce choix d'une *Histoire de la vie et des ouvrages de Saint-Évremond,* ample, copieuse, dans le genre des biographies de M. Walckenaer, et qui n'a qu'un défaut, c'est de n'être pas finie : il y manque les années de Saint-Évremond à l'étranger. Mais, pour ce qui est de sa vi et de sa carrière en France, on en a tous les détails, avec les accessoires et toutes les circonstances sociales qui peuvent l'éclairer et y donner intérêt. L'épisode principal, ne tenant guère moins de quatre-vingts pages, est une vie de la première et grande amie de Saint-Évremond, de cette célèbre Ninon qui offre une sorte de problème. M. Giraud n'a rien négligé pour nous la montrer sous son plus beau jour, pour nous donner la clef de la considération dont elle parvint, malgré tout, à s'entourer en vieillissant, et pour la distinguer des Marion de l'Orme, des Sophie Arnould et de leurs pareilles. Ninon, de son vivant, a compté bien des adorateurs et des amis, depuis le prince de Condé et Coligny jusqu'aux abbés Gédoyn et de Châteauneuf ; M. Giraud les énumère tous ou presque tous : par cette biographie insigne qu'il a consacrée à Ninon, il mérite d'être compté lui-même dans le nombre et de prendre rang sur la liste, le dernier et le plus désintéressé, un ami posthume, un pur ami de l'esprit. — Et à propos de Ninon, je rappellerai qu'on a, depuis peu seulement, déterminé au juste son âge, car c'était une question : on la faisait aller jusqu'à quatre-vingt-dix ans. M. Jal, qui a eu le courage de feuilleter à cette fin les registres des soixante-huit paroisses de Paris, — deux ou trois cents volumes manuscrits, — est arrivé à découvrir l'acte de baptême de Mlle de Lenclos. Décidément Ninon n'avait que quatre-vingt-cinq ans moins un mois quand elle mourut, cinq années de moins que Saint-Évremond. Puissent toutes les antiquités avoir leur chronologie aussi bien démêlée et tirée à clair (1) !

En publiant les morceaux de choix de son auteur, M. Giraud s'est fort attaché à en fixer la date première, tant celle de la composition que de l'impression. Bon nombre de ces pièces, en effet, coururent manuscrites longtemps avant d'être recueillies et le plus souvent volées par un libraire. Un des endroits les plus essentiels de la notice de M. Giraud est le débat qu'il a engagé avec M. Cousin, la querelle qu'il lui a faite à propos d'une des pensées que M. Cousin attribue à La Rochefoucauld, mais dont M. Giraud réclame la priorité pour Saint-Évremond. Je viens de prononcer le mot de querelle, mais quelle querelle, bon Dieu ! qu'elle est courtoise ! qu'elle est polie ! qu'elle est révérencieuse ! Quant au point en litige, on va en juger.

En compulsant les papiers de Mme de Sablé, M. Cousin avait été amené, par une lettre de M. d'Andilly,

---

(1) Dans un recueil de chansons et *vaudevilles* qui a appartenu à M. de Monmerqué et que possède M. Camille Rousset, on lit un couplet sur Ninon, et en marge une annotation curieuse d'un anonyme contemporain qui paraît des mieux informés. Le couplet n'a rien que d'ordinaire :

> Ninon, passe tes jours en jeu ;
> Cours toujours où l'amour te porte ;
> Le prédicateur qui t'exhorte,
> S'il était auprès de ton feu,
> Te parlerait d'une autre sorte.

Mais voici l'annotation qui a tout à fait son prix et qui est la plus ressemblante des esquisses : « Ninon, qu'on appelle à présent dans sa vieillesse Mlle de L'Enclos, est fille d'un nommé

qui en faisait de grands compliments à la marquise, à s'enquérir d'un écrit d'elle sur l'*Amitié*. Il avait été assez heureux pour le retrouver dans les papiers de Conrart à l'Arsenal. Cet écrit sur l'*Amitié*, dont M. d'Andilly et les amis de Mme de Sablé faisaient de si prodigieux éloges, et dont elle accoucha sur la fin de 1660, n'est qu'une suite de maximes, placées les unes après les autres et formant à peine deux petites pages : il porte le caractère d'une réfutation, et voici ce qu'en dit M. Cousin, au chapitre III de sa *Madame de Sablé* :

« Il y faut voir une réponse à quelqu'un de la société de Mme de Sablé qui devant elle avait exprimé de basses pensées sur l'amitié. Ce quelqu'un-là est, à n'en pouvoir douter, La Rochefoucauld. Il avait communiqué à Mme de Sablé sa maxime sur l'amitié : « L'amitié (1) la plus désintéressée n'est qu'un trafic où notre amour-propre se propose toujours quelque chose à gagner. » Loin d'effacer cette triste maxime,

de l'Enclos, joueur de luth. C'a été la courtisane la plus célèbre de nos jours. Elle a été très-aimable sans avoir jamais été belle ni jolie. Elle a ressemblé plutôt à un homme qu'à une femme. Elle a fait des passions très-violentes, et tout ce qu'il y a eu de courtisans galants et aimables, trente ans durant, ont eu des affaires avec elle. Son commerce était pour la jeunesse une école de politesse et d'honneur. Elle n'a jamais refusé ni trahi personne. Elle n'a jamais eu d'affaires qu'avec des gens considérables ou par leur naissance ou par leur mérite. Jamais personne n'a eu si bon esprit, ni plus d'esprit qu'elle. Elle est plus philosophe qu'Épicure; les approches de la mort ne l'ont point fait changer de sentiment, et je la connais assez pour croire qu'elle fera ce fâcheux pas sans aucune faiblesse. » Voilà un annotateur et un témoin original qui nous donne bien envie de connaître son nom.

(1) Édition de 1665, Maxime XCIV.

deux ans avant sa mort, il l'étendit de la façon suivante :
« Ce que les hommes ont nommé amitié (1) n'est qu'une
société, qu'un ménagement réciproque d'intérêts, et qu'un
échange de bons offices; ce n'est enfin qu'un commerce où
l'amour-propre se propose toujours quelque chose à gagner. »
Le cœur de Mme de Sablé lui fournit des pensées d'un
ordre bien différent. Elle prend à tâche de combattre sur tous
les points la maxime de La Rochefoucauld, sans s'écarter jamais
de cette parfaite mesure qui est le trait distinctif de son
esprit et le signe de la vérité en toutes choses, mais qui rarement est accompagnée d'un grand éclat. Elle sépare nettement l'amitié de l'intérêt ; elle montre qu'il se fait bien dans
l'amitié un échange de bons offices, mais que l'amitié est
autre chose encore que l'espoir de cet échange, etc. »

Or M. Giraud oppose à cette explication de M. Cousin, qu'au moment où Mme de Sablé réfutait cette idée,
que l'amitié est une sorte de *trafic,* La Rochefoucauld
n'avait pas encore publié ses *Maximes* ni celle-ci en
particulier, et probablement qu'il n'en était pas encore coupable ; mais, de plus, que, depuis 1647, il y
avait en circulation dans la société un petit écrit volant de Saint-Évremond touchant cette maxime qu'*on
ne doit jamais manquer à ses amis*, et dans lequel on
lisait en toutes lettres : « Cependant il est certain que
l'amitié est un commerce ; le trafic en doit être honnête ; mais enfin c'est un trafic. Celui qui y a mis le
plus en doit le plus retirer... » Se fondant sur ce texte,
M. Giraud revendique pour Saint-Évremond l'honneur
d'avoir été expressément réfuté par Mme de Sablé.

---

(1) Édition de 1678, Maxime LXXXIII.

Mais il faut voir en quels termes il se hasarde sur ce terrain de la marquise, terrain brûlant, conquis, possédé et illustré par M. Cousin. Parlant donc de quelques petits écrits de Saint-Évremond qui se rapportent à cette année 1647, M. Giraud s'exprime de la sorte :

« Ces opuscules portent leur date en eux-mêmes et sont unis entre eux par un lien qui est visible aux yeux les moins clairvoyants. Ils ont été destinés au salon de Mme de Sablé, alors établie à la Place Royale. Je viens d'écrire un nom qui brûle ma plume. Je demande, très-humblement, à un grand écrivain la permission de courir un moment ici sur ses terres, et d'y recueillir, s'il se peut, quelques épaves échappées de ses mains, dans le voyage charmant où il convie ses lecteurs, à travers le XVIIe siècle. Tout me prouve la destination des trois opuscules de Saint-Évremond : une dédicace, écrite par l'éditeur Barbin en 1668 (1); le genre particulier d'ouvrage dont il s'agit; enfin, les relations intimes qui ont dû exister entre Saint-Évremond et la marquise de Sablé. »

M. Giraud discute et développe successivement ces différents points. Il est bien vrai que, lorsque, plus tard, on présenta à Saint-Évremond, retiré en Angleterre, cet ancien opuscule sur l'Amitié, imprimé avec d'autres, il refusa d'y reconnaître ce qu'il avait pu écrire primitivement, et il crut y voir des altérations de sa pensée; mais il n'en avait pas moins pour cela écrit quelque chose de très-approchant, et M. Giraud, rassemblant les raisons à l'appui, soutient son opinion

---

(1) Une dédicace du libraire adressée précisément à Mme de Sablé.

en des termes dont certes l'adversaire n'avait pas à se plaindre :

« Il est probable, dit-il, qu'en 1647 Saint-Évremond a écrit ces paroles : *Il est certain que l'amitié est un commerce ; le trafic en doit être honnête ; mais enfin c'est un trafic.* Cette maxime avait été discutée dans le salon de Mme de Sablé, et y avait soulevé des tempêtes. Les âmes délicates s'en étaient révoltées, et la noble nature de Mme de Sablé la première. C'est pour répondre à Saint-Évremond, qu'elle ne nomme pas, et non pas à La Rochefoucauld, que M. Cousin croit reconnaître à travers le papier de Mme de Sablé ; c'est pour répondre à Saint-Évremond qu'elle composa cet écrit sur l'*Amitié*, écrit perdu pendant longtemps, et retrouvé et publié par M. Cousin, dans son ravissant volume de *Madame de Sablé* ; j'en suis à ses genoux de reconnaissance. *Il y faut voir,* dit M. Cousin dans son style inimitable (1), *une réponse à quelqu'un de la société de Mme de Sablé qui, devant elle, avait exprimé de basses pensées sur l'amitié. Ce quelqu'un-là est, à n'en pouvoir douter, La Rochefoucauld...*

« Je crois que ce *quelqu'un-là* est plutôt Saint-Évremond que La Rochefoucauld ; et je crois, de plus, ce qui est un moyen de me raccommoder sur-le-champ avec M. Cousin, que La Rochefoucauld, quinze ans plus tard, n'a fait que copier Saint-Évremond.

---

(1) L'homme aimable et docte qui, sur un point, différait d'avis avec M. Cousin, prenait toutes ses précautions pour ne le choquer en rien, et je crois, en effet, qu'il y est parvenu. Mais à voir tous ces adoucissements de la critique et toute la rançon d'éloges qu'il a fallu pour la faire passer, je ne puis retenir une réflexion : si M. Cousin avait été Alexandre ou le grand Condé en personne, de l'humeur dont on les connaît, et si l'on s'était avisé de se risquer à les contredire, on ne s'y serait pas pris autrement. Il est fâcheux pour M. Cousin d'avoir donné de lui une telle idée ; il n'y a que les esprits despotiques et dominateurs qui inspirent de ces craintes.

« Il est prouvé que Mme de Sablé avait composé son écrit sur l'Amitié bien longtemps avant la publication des *Maximes* de La Rochefoucauld, laquelle est de l'année 1665. En 1660, Mme de Sablé communiquait cet écrit à d'Andilly, dont la réponse, datée du 28 janvier 1661, est rapportée par M. Cousin. On voit, par là, quelles étaient les habitudes de la société de ce temps. Toute une littérature y circulait en manuscrit, et à petit bruit, à l'usage d'un petit nombre de lecteurs, qui ne souhaitaient pas d'autre publicité... »

Maintenant, en juge plus froid et plus désintéressé du débat, je me permets de trouver qu'il y a un peu d'excès dans l'importance qu'on met à un semblable détail. L'idée de faire de l'amitié un pur *trafic* n'est pas assez belle d'ailleurs pour être si fort revendiquée. Je sais bien qu'au fond et à la rigueur elle peut se défendre; car, si vous supprimez dans l'amitié tout ce qui en fait le charme et le prix, si vous vous plaisez, par supposition, à retirer une à une toutes les qualités de votre ami; si, au lieu d'un homme libéral et généreux, vous en faites subitement un maniaque qui tourne à l'avare; si, au lieu d'un esprit libre, vous supposez qu'il soit devenu sectaire; si, au lieu d'un être intelligent, vous le supposez en décadence, en enfance, et n'étant plus lui-même, il est bien clair que les conditions de l'amitié sont changées. Mais la manière de dire qui consiste à appeler tout cela d'emblée et de prime abord un *trafic* et un *commerce* n'en est pas moins désobligeante, odieuse, et Saint-Évremond n'avait pas si tort de ne pas vouloir se reconnaître à ce langage. Et puis, le dirai-je? entre Saint-Évremond et La Rochefoucauld, entre gens de cette sorte et natures de cette qualité, les questions de priorité n'existaient pas. C'est en faire par trop des auteurs, et se faire soi-même l'avocat d'une susceptibilité jalouse qu'ils ne partageaient nullement. Se sont-ils tout simplement rencontrés dans une même pensée? Y a-t-il eu chez l'un réminiscence? Y a-t-il eu emprunt? Assurément ils s'en souciaient assez peu l'un et l'autre, et ils n'y regardaient pas de si près.

Pour moi, ma conclusion est un doute. Dans les quelques lignes dont on fait si grand état en les surfaisant, Mme de Sablé a bien pu réfuter Saint-Évremond, elle a bien pu aussi réfuter La Rochefoucauld, qui lui aura dit dès ce temps-là : « Je pense exactement comme M. de Saint-Évremond; je prends son opinion à mon compte, et j'en fais une maxime. »

On ne saurait avoir devant soi un Saint-Évremond, l'eût-on déjà lu vingt fois, sans être tenté de le parcourir encore et sans repasser d'un coup d'œil rapide ce qu'il y a de principal en lui, ce qui le fait original avec distinction entre Montaigne et Bayle.

Sa religion, il en faut peu parler. Il n'est autre chose qu'un épicurien sceptique. Il se garde de rien attaquer, de rien fronder hautement; mais il doute ou paraît douter. Il n'affiche rien et n'arbore aucune enseigne. Saint-Évremond serait assez d'accord avec Pascal sur l'état moral de l'homme, en ce sens qu'il y voit des contradictions de mille sortes, mais il ne s'en inquiète pas autrement; il se plaît à l'indifférence, à la nonchalance. C'est là où il arrêterait et déconcerterait Pascal, et où le grand lutteur n'aurait pas de prise sur lui.

« Le plus dévot, dit-il, ne peut venir à bout de croire toujours, ni le plus impie de ne croire jamais; et c'es un des malheurs de notre vie de ne pouvoir naturellement nous assurer s'il y en a une autre ou s'il n'y en a point. » Et, cela dit, il ne s'inquiète point de chercher d'une autre manière que naturellement; il n'a nul goût pour le surnaturel et n'y donne pas.

Socrate ne lui paraît pas plus assuré et certain, en fait d'immortalité de l'âme, qu'Épicure en fait d'anéantissement; il se plaît à surprendre quelqu'une de leurs inconséquences et à les montrer en contradiction avec eux-mêmes. Il n'est pas plus cartésien que Pascal, et même un peu moins. Mais ces fluctuations ne lui sont ni insupportables ni désagréables, il s'y laisse bercer, il comprend le pour et le contre. « Le doute a ses heures dans le couvent, dit-il, la persuasion les siennes. » Il aime ces sortes de balancements.

Saint-Évremond est assez philosophe pour ne pas craindre par moments de paraître croyant.

L'idée de la mort l'occupe. Il parle souvent de ce dernier passage, tout en étant d'avis qu'il faut le *couler* le plus insensiblement qu'il se peut : « Si je fais un long discours sur la mort, après avoir dit que la méditation en était fâcheuse, c'est qu'il est comme impossible de ne faire pas quelque réflexion sur une chose si naturelle; il y aurait même de la mollesse à n'oser jamais y penser... — Du reste, il faut aller insensiblement où tant d'honnêtes gens sont allés devant nous, et où nous serons suivis de tant d'autres. »

Il professe la théorie du divertissement, ou du moins il ne semble en rien en blâmer l'usage : « Pour vivre heureux, il faut faire peu de réflexion sur la vie, mais sortir souvent comme hors de soi ; et, parmi les plaisirs que fournissent les choses étrangères, se dérober la connaissance de ses propres maux. »

Il se plaint par moments du trop ou du trop peu de l'homme, ou plutôt il s'en étonne comme d'une bizarrerie, mais sans en gémir avec la tendresse et l'anxiété qu'y mettra l'auteur des *Pensées*. Cette fois-ci il le dit en vers et dans un sonnet dont voici la fin :

> Un mélange incertain d'esprit et de matière
> Nous fait vivre avec trop ou trop peu de lumière
> Pour savoir justement et nos biens et nos maux.
>
> Change l'état douteux dans lequel tu nous ranges,
> Nature ; élève-nous à la clarté des anges,
> Ou nous abaisse au sens des simples animaux.

Il n'est pas de ceux qu'on voit en peine et au désespoir jusqu'à ce qu'ils aient trouvé la clef du mystère. Il n'a jamais senti en lui le combat. N'en prenez sujet ni de louange ni de reproche : son humeur est ainsi ; il a reçu en naissant ce qu'on appelle un *naturel philosophe :* « Je puis dire de moi une chose assez extraordinaire et assez vraie, c'est que je n'ai presque jamais senti en moi-même ce combat intérieur de la passion et de la raison : la passion ne s'opposait point à ce que j'avais résolu de faire par devoir ; et la raison consentait volontiers à ce que j'avais envie de faire par un sentiment de plaisir... »

Ses passions, — c'est trop dire, — mais ses goûts et sa raison ont, de tout temps, fait bon ménage en lui. Saint-Évremond est, avec un peu plus de naturel et de vivacité, un esprit de l'ordre et de la famille de Fontenelle. Il a su se passer, en tout genre, de l'orage et du tourment. Lui-même a raconté avec sincérité comment il en vint à se guérir peu à peu de la soif de trop connaître (1). Il n'a eu à traverser aucune des grandes ou des belles folies qui transportent une âme, ne fût-ce qu'à une heure sublime de la jeunesse. La flamme chez lui est absente, l'étincelle sacrée fait défaut, et son régime, il faut en convenir, n'eût guère été efficace à l'entretenir ou à l'allumer.

Au point de vue littéraire, il a nui à Saint-Évremond qu'il en fût ainsi. Il écrit avec délicatesse, souvent avec recherche et manière, toujours avec esprit ; mais il ne grave rien, il ne creuse pas, il n'enfonce pas. La mémoire n'emporte aucun de ses traits en le quittant.

C'est ainsi que, dans ses *Considérations sur les Romains*, il a devancé en bien des pensées Montesquieu, et sans obliger à ce qu'on se souvînt de lui, sans marquer sa trace. Il ne faut pas demander aux hommes de ce temps-là une critique historique bien profonde en ce qui concerne l'Antiquité : il y a bien loin, comme l'on peut penser, de Saint-Évremond à Niebuhr et à Mommsen ; mais, au sortir des doctes élucubrations du XVIe siècle, et en se débarrassant du matériel

---

(1) Dans le chapitre intitulé : *Jugement sur les sciences où peut s'appliquer un honnête homme.*

de l'érudition et des questions de grammaire, il y eut alors quelques hommes de sens qui raisonnèrent à merveille sur les données générales qu'on avait à sa portée et sous la main : on dissertait volontiers sur le caractère des Romains et des Grecs, sur le génie de César et d'Alexandre. Les traductions de *César* par d'Ablancourt, et de *Quinte-Curce* par Vaugelas, avaient mis ces discussions à l'ordre du jour dans le beau monde ; grâce à d'Ablancourt encore, on pouvait suivre d'étape en étape la *Retraite des dix mille* avec cet agréable et instructif Xénophon, de qui Gustave-Adolphe avait dit qu'il ne connaissait que lui d'historien. L'expérience de la guerre et même des intrigues civiles, le voisinage de guerriers éminents tels que M. le Prince et M. de Turenne, ouvraient des vues et donnaient des jours sur les hommes et les événements d'autrefois.

Saint-Évremond est l'écrivain de son temps qui a le mieux parlé en prose (car on avait Corneille en vers) de ces choses générales de l'Antiquité, et qui a porté les meilleurs jugements sur Alexandre, César, Pyrrhus, Annibal. Ses *Réflexions sur les divers génies du peuple Romain dans les différents temps de la République* sont d'un esprit éclairé, sensé, philosophique et pratique à la fois, qui s'explique assez bien ce qui a dû se passer dans les âges anciens par ce qu'il a vu et observé de son temps, et par la connaissance de la nature humaine : partout où il faudrait entrer dans les différences radicales et constitutives des anciennes cités et sociétés, il est insuffisant et glisse. Plusieurs chapitres importants du manuscrit s'étant perdus pendant un voyage de l'auteur, il ne voulut jamais prendre la peine de les refaire. Saint-Évremond n'était pas de ceux qui, même en parlant du peuple-roi, aspirent à élever un monument. Là, aussi, tout en ayant la plus convenable et la plus noble liberté de jugement, il a au fond l'indifférence, une sorte de découragement de voluptueux. Il ne cherche qu'un passe-temps, et à tromper les heures ennuyeuses. Il n'a pas cet amour de la louange, cette élévation de dessein, ce besoin de renom durable et immortel qu'avait Montesquieu, et sans quoi il ne se fait rien de grand ni dans la vie ni dans l'éloquence.

Mais, tout rabattu, il reste vrai que Saint-Évremond débarrasse l'histoire du fatras des commentateurs, va droit à l'esprit des choses, cherche moins à décrire les combats qu'à faire connaître les génies; n'admire que ce qui lui paraît à admirer. Le premier des modernes français, il porte un coup d'œil philosophique dans l'histoire ancienne. Véritable précurseur, il invoque un historien qui sache parler guerre, administration, politique, et qui ait, comme on l'a dit, l'*intelligence*. Il cherche en tout le fin des choses et ne se contente pas du gros.

Nul mieux que lui n'est apte à nous faire bien comprendre ce qu'était l'exquise culture dans les hautes classes de la société et pour quelques esprits d'élite, à cette date heureuse et si vite enfuie, où un reste de liberté et même de licence se composait déjà avec une régularité non encore excessive. L'arrestation de Fou-

quet nous donne la dernière limite. A partir de là, le
niveau passa et s'étendit sur tout, sur les caractères
comme sur les choses.

La manière d'écrire de Saint-Évremond n'est pas
tout à fait celle que célèbrent et préconisent les partisans déclarés du grand siècle : elle est distinguée, elle
n'est pas simple. Il a je ne sais quelle façon rare et
fine de dire les choses. L'antithèse est sa figure favorite. Je la trouve à chaque ligne dans une lettre adressée, en 1667, à M. de Lionne, qui, désirant ménager
son retour, lui avait demandé d'écrire une sorte d'apologie qu'il pût montrer au roi. Celle que Saint-Évremond composa est des mieux faites et fort ingénieuse,
mais toute concertée.

On a de lui, vers cette même date et dans ce même
style spirituel, mais plus aisé, une *Dissertation* sur la
tragédie de Racine d'*Alexandre*, tout à l'avantage de
Corneille, et qui montre bien les sentiments de ceux
qui appartenaient à cette génération d'admirateurs,
restés fidèles au *Cid* et à *Cinna*. Les défauts premiers
de la manière de Racine sont bien saisis : le poëte
prête trop de tendresse aux anciens héros; il les fait
trop amoureux, trop galants, trop Français : Saint-
Évremond a trouvé déjà toutes ces critiques, tant
répétées depuis. Il lui demande plus de vérité, de
vraisemblance historique, d'observer le caractère des
nations, de tenir compte du génie des lieux et des
temps : peu s'en faut qu'il ne réclame en propres
termes un peu de *couleur locale*. Saint-Évremond, dans
ses vues, est en avant de son siècle pour le drame

comme pour l'histoire. L'esquisse rapide qu'il fait d'une tragédie d'*Alexandre* telle qu'il l'aurait souhaitée, d'un Porus doué d'une grandeur d'âme « qui nous fût plus étrangère ; » ce tableau qu'il conçoit d'un appareil de guerre tout extraordinaire, monstrueux et merveilleux, et qui, dans ces contrées nouvelles, au passage de ces fleuves inconnus, l'Hydaspe et l'Indus, épouvantait les Macédoniens eux-mêmes ; ces idées qu'il laisse entrevoir, si propres à élever l'imagination et à tirer le poëte des habitudes doucereuses, nous prouvent combien Saint-Évremond aurait eu peu à faire pour être un critique éclairé et avancé. Ceux qui l'appellent un *précieux* n'y entendent rien ; ils s'en tiennent à l'écorce. On devine, dès 1667, un homme qui aurait, vers 1821, travaillé à la publication des théâtres étrangers et y aurait ajouté quelque bonne Préface à la Benjamin Constant. Le piquant, c'est qu'il a Shakspeare sous sa main, à deux pas, et que ni lui ni les beaux esprits du temps de Charles II ne paraissent s'en douter. Trait singulier et distinctif ! Saint-Évremond, qui vécut près de quarante ans en Angleterre, n'entendait point l'anglais ; c'étaient ses amis, le duc de Buckingham et M. d'Aubigny, qui lui expliquaient les meilleures pièces anglaises, et naturellement ils ne lui parlaient que du théâtre du jour. Cette indifférence de Saint-Évremond est une tache dans sa vie : il a beau avoir dit bien des vérités à propos de Racine, la postérité ne saurait lui passer sa tranquillité et sa paresse à ignorer, je ne dis pas seulement Shakspeare, mais jusqu'à la langue de Shakspeare. C'est ici qu'un peu plus de zèle et d'ardeur n'aurait pas été mal placé. Oh! que Voltaire visitant rapidement l'Angleterre et emportant de là tout ce qu'il pouvait de notions et d'idées, tout un butin de philosophie et de littérature pour en gratifier la France, avait plus noblement le démon en soi et ce que je ne crains pas d'appeler le *diable au corps!* Ce lutin a trop manqué à Saint-Évremond.

Une des pièces les plus intéressantes qu'il nous ait laissées et des plus délicates (pour employer une de ses expressions favorites), la principale peut-être aux yeux du biographe et comme offrant l'expression entière de sa nature, c'est sa lettre à l'un de ses anciens amis restés des plus affectionnés et des plus fidèles, le maréchal de Créqui, qui lui avait demandé *en quelle situation était son esprit, et ce qu'il pensait de toutes choses dans sa vieillesse.* La réponse, fort détaillée, est pleine de modération, de maturité et de grâce. Il commence par quelques réflexions fines et spirituelles sur la variation de ses goûts avec l'âge, réflexions dans le sens d'Horace, lorsque Horace incline aux préceptes d'Aristippe; il démêle et dénonce avec un vif sentiment des nuances les effets des ans et les changements insensibles, mais inévitables, qu'ils amènent. Sur le choix des livres, il est excellent à entendre : il ne lit plus, il relit. Sa bibliothèque française, qu'il passe en revue, est des plus bornées. On y remarque l'absence de Balzac, qu'il juge ailleurs affecté et suranné. Il omet Pascal : peut-être n'avait-il pas vu encore le livre des *Pensées.* Corneille y tient une grande place. Bossuet, qui a éclaté depuis peu par ses deux premières oraisons funèbres, s'ajoute comme en *post-scriptum* après Voiture. Mais surtout le plaisir de la conversation lui paraît augmenter avec les années et devenir supérieur même à celui de la lecture : il en indique les conditions, il en mesure les agréments et les degrés ; il le différencie selon les sexes. On a dans cette lettre tout un tableau de l'esprit d'un homme distingué, à le suivre dans ses goûts, dans ses lectures et dans les entretiens de l'amitié : c'est tout un inventaire moral.

Il avait commencé par se railler de l'Académie française, encore naissante et à ses débuts ; mais il eût fait lui-même un excellent académicien, lorsque l'Académie était à ses meilleurs jours. On sait sa jolie dissertation sur le mot *Vaste,* qu'il tient à ne prendre que dans l'acception d'un défaut. « Le *vaste,* dit-il, est toujours un vice. » Mais, comme il anime et relève, par les exemples qu'il choisit, cette dissertation toute grammaticale en principe ! Ce mot de *vaste* devient un prétexte à des portraits de Pyrrhus, d'Alexandre, de Catilina, de César, de Richelieu, de Charles-Quint. Il fertilise ce sujet grammatical, comme d'autres, qui ne sont que grammairiens, dessèchent des sujets historiques.

Enfin, pour être et paraître quelque chose de plus, pour pousser ses essais jusqu'à l'œuvre, pour porter son esprit jusqu'au talent, il n'a manqué à Saint-Évremond qu'un enthousiasme, une ambition, une illusion, un mobile : il en faut aux plus heureuses natures.

Ses relations avec la duchesse de Mazarin demanderaient à être traitées à part et d'une plume légère. La quantité de riens et de bagatelles de société, de petits vers et de billets galants de lui à elle, que Des Maizeaux nous a livrés, veulent être interprétés avec esprit et sans trop de rigueur. Macaulay, dans son Histoire, a tracé de cette duchesse un portrait peu flatté et un peu forcé peut-être. Saint-Évremond, qui est meilleur à entendre, remplissait auprès d'elle le rôle assez compliqué d'un vieil ami, empressé, amoureux, non jaloux, confident et conseiller assez écouté, mais non obéi. Il avait trop de goût pour être ridicule, et ceux qui le voient tel à cette distance n'ont pas pris la peine de se placer au point de vue. Il savait autant que personne que la beauté est faite pour aimer la jeunesse, et qu'elle peut tout au plus consoler un vieillard. Il éprouva le plus cruel chagrin qu'il fût capable de ressentir à la mort de cette amie, dont les passions orageuses ou les caprices avaient si souvent troublé son repos et déconcerté sa sagesse. Il n'avait pas moins de quatre-vingt-six ans quand il la perdit : il avait dès longtemps passé l'âge où l'on recommence. Cette mort de la duchesse de Mazarin a fait une sorte de mystère, et la manière dont Saint-Évremond en parle dans une lettre à M. de Canaples n'est pas tout à fait en contradiction avec ce qu'une relation plus secrète est venue révéler. On a trouvé, en effet, dans les papiers du président Bouhier, très-curieux, comme on sait, d'anecdotes de tout genre, le récit suivant, qui est peu connu :

« La mort de la duchesse Mazarin est si singulière, qu'elle mérite bien qu'on en conserve la mémoire. Tout le monde sait la vie qu'elle menait dans sa retraite de Londres. Malgré son âge, elle conservait assez de beauté pour avoir encore des adorateurs. Le duc d'Albemarle l'était depuis longtemps quand la duchesse de Richelieu, digne fille de la duchesse Mazarin, la fut trouver. Le duc, qui la vit, ne put tenir contre cette jeune beauté et quitta bientôt la mère pour la fille.

« La duchesse, au désespoir, se servit de son crédit auprès du roi Guillaume pour faire sortir sa fille d'Angleterre, et, en effet, celle-ci fut obligée de se retirer en Hollande ; mais la duchesse n'y gagna rien, car le duc d'Albemarle suivit aussitôt la duchesse de Richelieu.

« Alors la duchesse résolut de ne point survivre à ce mépris. Elle se retira un beau matin en une petite maison de campagne qu'elle avait auprès de Londres, suivie de deux ou trois de ses domestiques seulement, et y porta deux grosses bouteilles d'une certaine liqueur très-forte, qui se fait avec de l'eau-de-vie et des jus d'herbes. Ce fut le poison dont elle voulut se servir, car, quoiqu'on ne s'en serve pas à cet usage, mais seulement comme d'un dissolvant pour la digestion, néanmoins, quand on en boit beaucoup à jeun, cette liqueur est tellement corrosive qu'elle tue comme de l'arsenic. C'est ce que fit la duchesse pendant plusieurs jours, pendant lesquels ses amis, entre autres M. de Saint-Évremond, ne la voyant pas revenir, connaissant son caractère, se doutèrent de ce que c'était.

« Ils accoururent donc en sa maison, pour tâcher de lui faire perdre cette funeste pensée, mais ils trouvèrent les portes fermées, et elle ne voulut jamais qu'on les leur ouvrît, quelques instances qu'ils en fissent. Le roi Guillaume lui envoya même un prêtre catholique ; mais ce fut inutilement, et elle ne voulut point le voir.

« Ainsi mourut cette duchesse avec une fermeté digne vraiment de l'ancienne Rome, mais qui n'est pas aussi du goût de la nouvelle (1). »

(1) *Souvenirs* du président Bouhier, publiés par MM. Lorédan Larchey et Mabille.

Or Saint-Évremond, dans sa lettre au marquis de Canaples sur la mort même de la duchesse, disait :

« Vous ne pouviez pas, Monsieur, me donner de meilleures marques de votre amitié qu'en une occasion où j'ai besoin de la tendresse de mes amis et de la force de mon esprit pour me consoler. Quand je n'aurais que trente ans, il me serait difficile de pouvoir rétablir l'agrément d'un pareil commerce; à l'âge où je suis, il m'est impossible de le remplacer... Assurément elle disposait de ce que j'avais plus que moi-même; les extrémités où elle s'est trouvée sont inconcevables. Je voudrais avoir donné ce qui me reste et qu'elle vécût. Vous y perdez une de vos meilleures amies : vous ne sauriez croire combien elle a été regrettée du public et des particuliers. *Elle a eu tant d'indifférence pour la vie qu'on aurait cru qu'elle n'était pas fâchée de la perdre. Les Anglais, qui surpassent toutes les nations à mourir, la doivent regarder avec jalousie.* »

Il me semble que cette fin de lettre, dans son obscurité, ne dément en rien, mais vient plutôt confirmer la version transmise par le président Bouhier. On n'aimait pas alors, — encore moins qu'aujourd'hui, — à s'expliquer nettement sur les morts volontaires. Saint-Évremond, écrivant de Londres à l'un de ses amis de France, n'aurait pu s'exprimer plus clairement, même quand il aurait eu plus à dire, et il y a dans ses dernières phrases un je ne sais quoi d'enveloppé et de masqué à la fois qui ne laisse pas d'être significatif.

Dans tout ce que je viens de dire de Saint-Évremond, je suis heureux de me trouver d'accord avec M. Giraud, qui l'a si bien étudié et compris. Je mettrai encore ici deux ou trois réflexions que le sujet me suggère. Malgré cette vilaine pensée sur l'amitié-*trafic*, dont il ne s'est pas reconnu le père, je ne sais personne qui ait mieux senti que Saint-Évremond les douceurs de l'amitié, qui ait eu plus de goût et d'ouverture que lui pour les douceurs d'un commerce aimable. Ce qu'il a dit en maint endroit de M. d'Aubigny, et le regret qu'il a exprimé de cette perte irréparable, suffit à témoigner de sa sensibilité. Il comprenait l'amitié de l'esprit comme celle du cœur; les deux n'étaient pas séparables chez lui. Je ne sais si je me trompe, mais il me semble que, dans l'ancienne société, telle qu'elle était faite, le champ de l'amitié était plus étendu qu'aujourd'hui : il y avait plus de sujets réservés, plus de choses particulières dont on eût à s'entretenir, même en matière d'idées; la publicité, comme aujourd'hui, n'avait pas tout pris, tout défloré : il y avait bien plus de place à la confidence et au secret. Et qu'est-ce donc qu'on pourrait se confier aujourd'hui, hormis les affaires d'intérêt privé ou de sentiment? Les opinions politiques, — on les imprime tous les matins, quand on ne les débite pas du haut d'une tribune. Les opinions religieuses, — on les débite aussi, et, dans tous les cas, elles ont perdu l'obligation et l'attrait du mystère. L'amitié, ne l'oublions pas, aime avant tout l'ombre et les sentiers. La matière qui alimentait ces conversations si particulières, ces confidences infinies d'autrefois, est soutirée à chaque instant, désormais, par la circulation du dehors; le huis clos de l'intimité est éventé. Je ne prétends pas dire, assurément, qu'il n'y ait plus lieu aux convenances des esprits et des âmes, ni à ce noble sentiment de l'amitié; mais la forme où nous le voyons se produire chez Saint-Évremond a notablement changé avec les conditions de la société elle-même.

Saint-Évremond nous représente toute une race de voluptueux distingués et disparus, qui n'ont laissé qu'un nom : M. de Cramail, Mitton, M. de Tréville...; mais il est plus complet que pas un, et c'est pourquoi il est resté. Il n'y a qu'un Saint-Évremond en français. J'irai plus loin : il n'y a plus lieu à un second Saint-Évremond. Un homme de qualité qui aurait ce talent serait tenté d'être un pur homme de lettres. Un sceptique de cet ordre serait tenté d'être d'un parti, d'une cause philosophique. L'indifférence ne lui serait plus possible à partir du xviiie siècle; on le tirerait à soi; il ne pourrait plus rester aujourd'hui dans cet état de neutralité et d'abstention indolente. Et quant au talent, à l'esprit, il ne pourrait non plus résister à devenir un auteur proprement dit et traité comme tel, à être membre d'une Académie. Cet état d'amateur obstiné dans son indifférence et sa quiétude n'est plus permis.

Je ne dirai qu'un mot des deux discours couronnés par l'Académie française. Le sujet de Saint-Évremond n'était peut-être pas très-propre à un exercice académique; car, on a beau proposer une *Étude*, non un *Éloge*, il y a des points qui sont plus du ressort de la critique familière et de la causerie que du développement oratoire, où il entre toujours un peu de convenu. Le Discours d'un des concurrents, M. Gidel, a su échapper à cet inconvénient, et il nous a rendu un Saint-Évremond assez vrai dans sa diversité et son étendue. Il a raconté et exposé plutôt que jugé. C'est ce que n'a pas fait M. Gilbert : il a pris Saint-Évremond de plus haut, et il n'a pas su se garder de le traiter, selon moi, avec une sévérité excessive. Son Discours, que recommande une composition plus serrée que celle de son concurrent, se trouve être bien moins un hommage qu'une offense à la mémoire de cet aimable Saint-Évremond. De simples plaisanteries de société y sont devenues matière à incrimination ; la relation avec la duchesse de Mazarin y est tout à fait travestie et défigurée. M. Gilbert, évidemment, était bien plus sur son terrain quand il s'occupait de Vauvenargues. C'est que peut-être aussi, pour bien apprécier Saint-Évremond, il faut être soi-même quelque peu de la philosophie de Saint-Évremond.

Février 1868.

APPENDICE

UNE DISCUSSION

DANS

LES BUREAUX DU *CONSTITUTIONNEL* (1)

M. Sainte-Beuve résista toujours à faire un article sur l'*Histoire de César*. Une discussion, qui s'est passée un jour

---

(1) Nous croyons devoir entourer ces Appendices, qui contiennent des fragments importants, mais inachevés, de notes et commentaires explicatifs, qui nous obligent, à notre grand regret pour le public, à prendre quelquefois la parole. Nous sentons combien il y va de toute notre indignité dans des volumes signés du nom de Sainte-Beuve, mais nous nous efforçons aussi, par le caractère impersonnel de notre rédaction, de nous faire oublier, en ne mettant en relief que des souvenirs où la personnalité seule de l'illustre écrivain est en jeu. Nous ne demandons qu'à rester dans le rôle obscur et d'observateur *malgré nous,* qui nous a été fait par huit années de secrétariat, ne cherchant pas à nous exhausser sur la tombe du maître, mais ne négligeant rien non plus, cependant, quand l'occasion s'en présente, de ce qui peut servir à éclairer, par quelque point important et lumineux, la biographie de celui qui nous fit son éditeur posthume, son légataire universel, et nous mit en son lieu et place pour la correction et la publication de ses dernières œuvres. Il nous a semblé que les détails que nous y ajoutions avaient leur intérêt, et c'est là notre seule excuse.

J. T.

sous nos yeux, au moment même de l'apparition du livre, et dont les termes me reviennent presque textuellement, en sera la meilleure preuve. M. Sainte-Beuve allait tous les dimanches au *Constitutionnel*, dans l'après-midi, relire les épreuves de son article sur la mise en pages, avant le tirage définitif : il s'isolait, pour être plus tranquille, derrière un des grillages des bureaux de l'administration, qui sont à la porte en entrant, et il lui arriva plus d'une fois d'être dérangé par un passant qui, oubliant que les employés ne sont pas à leur bureau le dimanche, venait lui demander un renseignement relatif aux abonnements ou à la vente au numéro. Il m'emmenait quelquefois avec lui pour lui aider dans cette dernière révision ou pour collationner une note, quelque passage important, ajouté dès le matin même, et dont il craignait que la reproduction ne fût pas exactement conforme au texte. C'était l'un de ses plus grands soucis. Un dimanche donc, après nous être acquittés tous deux de cette besogne hebdomadaire, qui nous prenait ordinairement toute la journée, — nous nous y attelions dès neuf heures du matin, — j'entrai avec lui dans le cabinet du rédacteur en chef qui était alors M. Paulin Limayrac. Ce jour-là la statuette de M. Thiers, en habit, qui est de fondation sur la cheminée, et qu'ont respectée et maintenue toutes les directions, se trouvait retournée. C'était la punition que lui infligeait l'espiègle direction Limayrac, les jours où l'orateur de l'opposition, sous l'empire, avait fait des siennes à la Chambre. Un article de réfutation était de rigueur. La tâche en incombait de droit au spirituel rédacteur en chef, dont on pouvait deviner l'occupation, en entrant dans son cabinet, si la statuette de M. Thiers était vue de dos. M. Limayrac était en train de le tancer d'importance. Il ne quittait la plume que pour le menacer du doigt. Il lui portait ainsi des arguments, une série de bottes *ad hominem*. Mais quand, au contraire, il avait à écrire sur l'Impératrice, il allait s'enfermer, pour s'inspirer, dans un cabinet orné de l'image de la souveraine, et écrivait, pour ainsi dire, sous la dictée de ses traits. Se raillant d'ailleurs quelque peu lui-même de ses variations politiques, toujours aimable et papillonnant, il fit asseoir à notre entrée M. Sainte-Beuve près de lui, et, lui tapant amicalement et familièrement sur le genou, il lui dit, comme une chose qui allait de soi : « Eh bien, Sainte-Beuve, à quand l'article ? — Quel article ? — Eh! sur *César* : est-ce qu'il peut être question d'un autre article en ce moment ? Je l'ai promis ce matin à Conti : vous le ferez, n'est-ce pas ? — Mais vous savez bien que non, répondit M. Sainte-Beuve ; je m'en suis déjà expliqué avec vous. » — Et comme M. Limayrac n'avait pas l'air de se le tenir pour dit et d'être convaincu de cette résolution bien arrêtée, M. Sainte-Beuve, s'animant tout d'un coup, éclata : « Ah çà, dit-il, est-ce que vous voulez que je *me déshonore (je garantis le mot)* ? ma critique n'a de valeur que parce qu'elle n'est pas œuvre de complaisance : j'ai pu quelquefois être indulgent pour des jeunes gens qui débutaient dans les lettres ou la poésie ; mais ici ce n'est pas le cas. Ma probité littéraire est le seul garant de mon talent. Je ne suis pas libre de parler de ce livre dans *le Constitutionnel,* comme je le voudrais : c'est un livre qui ne vaut que par les documents qu'y ont envoyés les savants. Si vous voulez me laisser combattre la théorie des *hommes providentiels,* dont l'auteur est entiché ; si vous voulez me laisser dire que César... » Et ici M. Sainte-Beuve amena très-énergiquement le nom du beau roi Nicomède : « Pourquoi, ajouta-t-il, ces vices de César sont-ils dissimulés dans ce livre ? Qu'est-ce qu'une biographie où manquent les principaux traits ? Si vous voulez me laisser dire tout cela dans *le Constitutionnel,* je ferai l'article... » — « Allons, allons, dit M. Limayrac, ne vous fâchez pas, » et il n'en fut plus question. Mais en rentrant chez lui, M. Sainte-Beuve, piqué au jeu, dicta à son secrétaire le début d'article que nous reproduisons intégralement, et auquel il n'ajouta pas un mot depuis. J'affirme qu'en ce temps-là M. Sainte-Beuve n'était pas encore sénateur, ce qui prouve bien que sa nomination ne tenait pas à un article, comme ont pu le croire certains de ses confrères à l'Académie française, gros bonnets de la littérature, qui payèrent leur tribut au livre de... *César* par avancement d'hoirie, et n'entrèrent au Sénat que de longues années après.

DÉBUT D'UN ARTICLE

SUR

L'HISTOIRE DE CÉSAR

Il y a deux sortes et comme deux races de Césars : les Césars par nature et par génie, et les Césars par volonté. Les premiers, si l'on considère le grand Jules, qui en est le type, sont le génie même dans toute son étendue et sa diversité, l'humanité même dans ses hauteurs, ses grandeurs, ses hardiesses heureuses, dans son brillant et son séduisant, dans ses habiletés, ses souplesses, ses fertilités, ses intrigues et ses vices. Tout ce qu'il faut savoir à heure donnée, César le sait; tout ce qu'il faut entreprendre et faire, il le fait à point. Il parle, il dicte, il agit, et toujours avec la même supériorité aisée; élégant, éloquent, prodigue, le premier au Forum ou dans les soupers, futur roi du genre humain ou roi des convives, il a le génie d'Alcibiade, mais il y joint une ambition constante et fixe qu'Alcibiade n'avait pas. Il retarde sur Alexandre et ne commence pas en héros à l'âge de ce demi-dieu; mais en restant jeune plus longtemps, il se garde des délires du triomphe et des fumées de l'ivresse. Grand capitaine quand il le faut, endurci aux fatigues, rapide, agile, inépuisable en combinaisons, il ne se laisse ni entraîner par le vertige des conquêtes ni arrêter par des scrupules d'homme civil et des remords d'humanité sur les champs de bataille : humain et clément le lendemain, charmant à ses amis, conciliant à ses ennemis, attentif à tous, fécond jusqu'à la fin en projets immenses, mais utiles à l'empire, qu'il était à la veille d'exécuter sans nul doute et d'accomplir jusque sous les glaces de l'âge. Ce César-là, qu'on le blâme ou qu'on l'approuve, porte en lui toutes les foudres et les flammes, comme les séductions et les grâces : il est bien véritablement le fils de Vénus !

Les autres Césars, ceux du second ordre et de la seconde classe, sont au contraire pénibles, laborieux et comme fabriqués : ils ont tâché de devenir Césars, et, pour se l'être beaucoup dit, ils y sont parvenus. A force de répéter leur rôle et de s'en pénétrer, ils l'ont appris. Nés dans la pourpre ou à côté de la pourpre, ils se sont inspirés avec une crédulité naïve de tous les reflets de leur berceau; ils ont grandi dans une religion dynastique, dont leur mérite a été de ne se déprendre ni de ne se départir jamais. Ils n'ont jamais été hommes un seul instant sans se croire Césars. Même déchus et bannis, ils n'ont jamais désespéré ni douté. Cette ambition unique, qu'ils se sont proposée et inculquée dès la jeunesse, et qu'ils n'ont abdiquée à aucun moment, cette éducation qu'ils se sont donnée, si exclusive, si incomplète, mais si perpétuellement tendue vers un seul point, leur a réussi; ils ont élevé leur esprit et leur pensée jusqu'à la hauteur du but, invraisemblable pour tous et certain pour eux seuls, qu'ils contemplaient toujours et auquel ils visaient sans trêve. A force de croire, ils ont pu; ne leur demandez pas de n'être point mystiques : leur vertu politique, leur force est à jamais inséparable de leur mysticité. On en a vu ainsi, sans une goutte du sang héréditaire dans leurs veines, sans un seul trait primitif du génie fondateur de la race, en devenir, à force d'application, de méditation et de culte, les dignes et légitimes héritiers. De même que les crânes dans l'enfance se forment et se déforment, s'allongent ou se dépriment sous une pression continue, ils se sont fait l'esprit et le caractère selon le moule de leur vocation obstinée, et se sont en quelque sorte déformés en souverains et en empereurs. Ils ont poussé tout dans un sens et sont sortis de là tout d'une pièce. Par cette longue habitude changée en nature, ils ont réellement acquis quelques-unes des hautes parties de l'emploi, l'amour du grand ou de l'apparence du grand, une confiance qui s'impose, un sang-froid, une tranquillité et une présence d'esprit que rien n'émeut et qui a pu ressembler parfois au génie de l'à-propos, une conscience de leur supériorité sur tout ce qui les entoure et qui se justifie puisqu'elle se fait accepter. Ne leur demandez, cependant, aucune des diversités de génie qui distinguent le premier et divin César. Dans la guerre, placés en face des difficultés, des obstacles et des *quadrilatères,* ils restent court et à bout de voie. Dans la paix en face des problèmes, là où il faut du génie, ils hésitent, tâtonnent, ils vont et viennent. Il nous faut du *grand,* diront-ils, mais ce *grand* à quoi ils rêvent sans cesse, ils ne sauraient le trouver eux-mêmes ni l'inventer ; ils sont en peine des voies et moyens, et resteraient bien empêchés tous seuls à le réaliser ; il faut qu'on le leur prépare, qu'on le leur présente tout fait, et alors ils l'acceptent, sans trop de discernement toutefois, sans distinguer toujours le fond de l'apparence et le simulacre d'avec la réalité. Faibles, indécis sur presque tous les points, indifférents même, ils n'ont qu'une volonté bien arrêtée, c'est d'être Césars. Ils le sont ; ils en ont la marque, le masque ou le haut du masque et le signe au front, une parole rare, un silence imposant, une allure lente, étrange, auguste si l'on veut, je ne sais quoi d'original dans leur croisement et d'aussi impossible à confondre avec rien autre que de difficile à démêler en soi et à définir. Mais encore une fois, ce cachet singulier à part et ce vague éclair excepté, n'allez pas au fond, ne sondez pas trop avant, n'y cherchez rien de net ni de précis ; ils ont des aspirations plutôt que des desseins ; ne leur demandez surtout aucune des grâces, aucun des hors-d'œuvre charmants de l'autre, du grand et aimable César. Si vous voulez réussir auprès d'eux, n'ayez ni un tour fin ni une nuance délicate, ils ne l'entendraient pas. L'esprit, à les vouloir servir, perdrait ses peines ; ils ont des côtés fermés ; ils sont sourds à tout ce qui n'est pas eux et l'écho de leur propre pensée. Le choix des hommes leur est à peu près égal, et ils prendraient volontiers même les moins bons au préjudice des meilleurs, tant ils sont persuadés qu'ils sont l'homme seul, l'homme nécessaire et qui suffit à tout dans la situation donnée. Et cela, jusqu'à un certain point, est vrai : car, même avec tous ces défauts, avec toutes ces lacunes et ces *creux* qui se révèlent dans leurs pensées habituelles et dans la forme de leur caractère, la société ébranlée est encore trop heureuse de les avoir rencontrés un jour et de s'être ralliée à deux ou trois des qualités souveraines qui sont en eux : elle doit désirer de les conserver le plus longtemps possible, et tant qu'il porte et s'appuie sur leurs épaules même inégales, il semble que l'État dans son penchant ait encore trouvé son meilleur soutien.

Mais si l'un de ces seconds Césars s'avisait, par culte, de vouloir écrire l'histoire du premier, gare à l'application naïve et crue qu'il ferait de son système ! On sentirait aussitôt le *plaqué*. Tout ce qui est du petit-fils de Vénus aurait disparu...

(*Ici s'arrête le manuscrit de M. Sainte-Beuve.*)

L'article que nous allons reproduire, et qui est resté inachevé, sur les *Mémoires de M. le comte d'Alton-Shée,* est le dernier auquel ait travaillé M. Sainte-Beuve. C'était sur la fin de l'été et de sa vie, en 1869, après la publication, dans *le Temps,* de sa grande étude sur *Jomini.* Il se remettait presque immédiatement à l'ouvrage, et tenait à donner, en ce moment même, une marque éclatante d'amitié à M. d'Alton-Shée. Il était seulement indécis sur le choix du lieu où il insérerait cet article, ne pouvant, pour des raisons que l'on comprendra en le lisant, le destiner au *Temps.* Il l'eût peut-être fait entrer, comme un *Lundi* inédit, dans un de ses volumes. Il m'en avait déjà dicté onze feuillets, et il venait, selon sa coutume, de me les reprendre des mains, un matin, pour les relire. Il voulut, comme il disait et faisait toujours en pareil cas, *amorcer* la suite : il ajouta encore trois lignes de sa propre main, mais il n'eut pas la force de continuer. Il rejeta la plume, disant : « Je ne puis pas... » avec un geste indiquant la fatigue, l'épuisement et la souffrance.

C'était la première fois depuis huit ans que je lui voyais ainsi tomber la plume des mains! Il n'avait plus alors trois mois devant lui. Il devait expirer le 13 octobre.

M. d'Alton-Shée, son ami et son parent, venait le visiter une fois par semaine. Il avait adopté le mardi soir, de cinq à six heures. Il n'y manqua pas une seule fois pendant trois ans. Il publiait en ce temps-là ses Mémoires. Je ne me contentais pas de les lire, je les entendais raconter. Double profit pour un secrétaire de M. Sainte-Beuve, qui y trouvait son heure de récréation hebdomadaire, et l'une des mille joies intellectuelles attachées à la profession.

MÉMOIRES

DU

COMTE D'ALTON-SHÉE [1]

Je ne voudrais pas empiéter sur la politique proprement dite. J'avais dessein de dire quelques mots de ces *Mémoires* avant les dernières élections et avant tout le bruit qui s'est fait autour du nom de l'auteur [2]; je voudrais faire aujourd'hui l'article que je projetais auparavant : je ne pourrai m'empêcher toutefois d'accentuer davantage quelques traits.

Bien des personnes qui n'ont connu son nom que par ce dernier conflit ont conçu l'idée la plus fausse de M. d'Alton-Shée, dont les origines sont en effet assez complexes et dont la formation intellectuelle n'est pas simple. Et tout d'abord à le voir qualifié « ancien pair

[1] Deux volumes in-8°, à la librairie Internationale, boulevard Montmartre, 15.
[2] M. d'Alton-Shée venait d'être porté, en 1869, on s'en souvient, en concurrence avec M. Thiers, dans la deuxième circonscription électorale de la Seine, par le parti républicain radical.

de France, » plusieurs se sont figuré M. d'Alton-Shée comme un survivant de l'ancien régime, peu s'en faut comme un émigré et un revenant. Des hommes de plus de soixante ans vous disaient naïvement de lui : « Mais il est bien âgé, on dit qu'il est sourd, il radotera... » Remarquez que c'étaient les plus doux qui parlaient ainsi. A ces honorables sexagénaires, on aurait pu faire remarquer que M. d'Alton-Shée n'avait pas encore soixante ans; que dans son geste, son allure, dans toute sa personne, il y a toute la prestesse et la vivacité d'un homme encore jeune : il est vrai que la vue lui fait défaut. Oui; mais il a pris sa revanche par sa mémoire qu'il avait développée de bonne heure comme par pressentiment, qu'il a meublée de toutes sortes de beaux passages, de scènes dramatiques en prose et en vers, une vraie mémoire d'aveugle qui ressemble à celle des anciens poëtes et rapsodes, du temps où l'on n'écrivait pas : il retient, il récite, il joue. Il est orateur. Enfin, et c'est là le sens de la légère étude que je voudrais faire, il est à mes yeux l'un des plus frappants exemples du courage et de l'effort qu'il a fallu à un homme entraîné dans sa jeunesse par la fureur de la dissipation et la fièvre du plaisir, pour se ravoir à temps et ressaisir possession de lui, pour devenir un esprit sérieux, conséquent, philosophique, un citoyen convaincu, ferme et inflexible, ayant réfléchi à toutes les grandes questions sociales et s'étant formé sur toutes une opinion radicale sans doute et absolue, mais qui, j'en suis certain, se rapproche fort de ce qui prévaudra dans l'avenir.

C'est à deux générations de distance quelque chose
d'assez analogue à ce qu'était sous la Restauration cet
autre radical également sorti des rangs de l'aristocratie, M. d'Argenson.

Inculpé odieusement et bassement calomnié hier
encore pour avoir eu l'effroyable audace de se laisser
porter par une forte minorité démocratique, et de rester jusqu'à la fin en concurrence et en lutte avec un
homme du plus grand talent en effet, et qui est subitement devenu l'idole des Parisiens, comme le fut
autrefois M. Necker, M. d'Alton-Shée n'a répondu
qu'en faisant ces jours derniers une conférence toute
littéraire, où il a retracé « l'histoire de la calomnie, »
en la prenant depuis Thersite jusqu'à Iago et à Basile :
cette conférence, pleine d'intérêt et de talent, et à
laquelle n'a cessé de présider un goût sévère, était
traversée pourtant d'éclairs soudains et d'allusions
vibrantes. Il a défini la calomnie « le crime de la
parole, » et il l'a poursuivie dans ses applications historiques les plus célèbres. Pascal lui a prêté tour à
tour l'indignation et l'ironie pour la flétrir. Ceux qui
ont calomnié M. d'Alton (et il en est qui ont un nom
connu, honorable et presque illustre) auraient dû être
condamnés pour toute peine à assister à cette conférence (1).

(1) M. Dufaure, président du comité électoral, qui soutenait la
candidature de M. Thiers, proclamant dans la soirée du lundi
7 juin 1869 le résultat du scrutin, rue Neuve-des-Petits-Champs,
prononça un discours où il disait : « Vous aviez entrepris, messieurs,
une rude tâche. *Vous combattiez en réalité le gouvernement, et*

On me dira que pour un littérateur et un sceptique (car on m'en a fait la réputation; et je l'accepte volontiers), je prends bien vivement les choses au sujet de M. d'Alton-Shée. C'est que, sans avoir à discuter l'opportunité de sa démarche ni les articles de son programme politique, ce programme n'a rien en soi qui me répugne absolument et que je lui crois de l'avenir (1); c'est aussi, je l'avoue, que si j'ai avec M. d'Alton-Shée sur de certains points un cousinage d'esprit, j'en ai un autre encore par le sang et les souvenirs domestiques; c'est que sa famille par tout un côté se lie à la mienne; c'est que ses grands parents, tous ses oncles et tantes, ont été l'habitude, l'entretien et une des douceurs de mon enfance. Boulogne-sur-Mer possède sa place d'Alton : elle est ainsi nommée depuis 1801, et les titres d'honneur qui se rattachent à ce nom n'ont certes point diminué depuis.

Il y avait au xviiie siècle un officier irlandais au

se présentait à vous sous deux faces · l'une officielle, administrative, hiérarchique, et l'autre socialiste... » (Voir le *Journal des Débats* du 8 juin.) — Cette phrase n'a aucun sens ou elle signifie que M. d'Alton-Shée était un candidat du gouvernement, déguisé et complice; que le gouvernement trempait dans sa candidature, et que lui-même y donnait les mains. C'est tout simplement une petite infamie qu'on lui prête, et que l'on ne prête pas moins gratuitement à ceux qui l'ont sincèrement et civiquement porté, aux membres du comité qui l'avait adopté d'abord et qui l'a maintenu jusqu'au bout. Quand d'honnêtes gens et des orateurs intègres comme M. Dufaure se permettent de pareilles accusations et assertions calomnieuses (il n'y a pas d'autre mot), que sera-ce des autres?

(1) Sauf (bien entendu) tous les crocs-en-jambe que la réalité, même en la confirmant, donne à la formule

APPENDICE.

service de France, noble et pauvre comme tous les Irlandais. Étant en garnison à Boulogne, il y connût une jeune personne de la bourgeoisie et l'épousa. Il en eut dix-sept enfants, dont deux généraux : — l'un l'aîné, William d'Alton, mortellement blessé le 26 décembre 1800 à la bataille du Mincio, celui même qui a baptisé la place (1) ; — l'autre, de dix ans plus jeune, Alexandre d'Alton, qui fit toutes les guerres de l'empire, se distingua notamment à Smolensk et qui est mort géné-

(1) William d'Alton, né le 1er janvier 1766, volontaire à quinze ans (avril 1781) au régiment d'infanterie de Berwick, y avait gagné ses premiers grades lorsque la Révolution éclata ; il eut à subir bien des vicissitudes ; il était en 1793 à l'armée du Rhin, commandée par Beauharnais ; il fit la campagne de 1795 dans l'armée de Rhin-et-Moselle, puis passa dans l'armée de l'Ouest, où il devint aide de camp du général Hédouville ; il l'accompagna à Saint-Domingue en 1798 ; il était estimé de Hoche, sous qui il avait servi en Vendée ; mais cette expédition de Saint-Domingue l'avait retardé dans sa carrière ; il eut quelque peine à se voir confirmé dans le grade de chef de brigade (colonel) que le général Hédouville lui avait conféré dans la traversée ; nommé par le premier consul aux fonctions d'adjudant commandant (titre analogue), employé à l'armée d'Italie, il allait enfin pouvoir se produire sur un théâtre en vue, quand la fortune du premier coup le mit en lumière et le frappa. Le ministre de la guerre, Berthier, écrivait à son sujet, le 29 nivôse an ix (19 janvier 1801) : « Citoyens consuls, j'appelle votre attention sur la conduite distinguée du citoyen William Dalton (sic) qui, en combattant avec courage à la bataille du Mincio, où le corps, à la tête duquel il était, a contribué puissamment à la victoire, a été atteint d'une blessure dangereuse et presque mortelle. Lorsque l'avant-garde de l'armée d'Italie était repoussée après avoir passé le Mincio à Monzambano, tous les grenadiers commandés par le citoyen Dalton ont été envoyés contre l'ennemi, l'ont enfoncé, lui ont enlevé toutes ses positions et ont pris Valeggio. C'est au moment d'y entrer que le citoyen Dalton, en avant de tous les grenadiers, a reçu un coup de fusil à bout por-

ral de division en mars 1859 (1); — d'autres fils encore qui coururent toutes les fortunes; plus quantité de filles dont quelques-unes épousèrent elles-mêmes des colonels, commandants de place, etc. Ce major d'Alton, par son alliance boulonnaise, avait fait souche. Tous les Irlandais émigrés étaient plus ou moins parents. L'un d'eux, M. Shée, également militaire d'abord, puis secrétaire des commandements du duc d'Orléans (Égalité), puis militaire derechef et général de brigade,

tant, et il ne s'est laissé enlever du champ de bataille que lorsque l'ennemi a été forcé à la retraite. Une récompense décernée à cet officier dans le moment où sa vie et sa mort sont encore incertaines, peut hâter sa guérison ou lui donner, en mourant, la satisfaction la plus chère à celui qui a versé son sang pour la patrie. ALEXANDRE BERTHIER. » En marge on lit d'une autre main : « Il est mort de ses blessures. » Le décret qui le nommait général de brigade était rédigé. Peut-on dire que William d'Alton est mort *virtuellement* général de brigade ? Il est mort le 23 nivôse, la proposition du ministre est du 29. Pour les Boulonnais, il a toujours été le général d'Alton. Son mérite, que j'ai entendu apprécier dans mon enfance par des personnes qui l'avaient bien connu, était autre encore que celui d'un brave. « D'Alton aîné connaissait les hommes. » Ce jugement, que je ne songeais point alors à recueillir, est resté gravé dans mon esprit.

(1) Il est fait mention quelquefois du général d'Alton dans les derniers volumes de la *Correspondance* de Napoléon; il commandait à Erfurt en 1813-1814. M. de Fezensac, dans ses *Souvenirs militaires*, a parlé aussi de lui. A la Restauration, le général d'Alton alla en Irlande pour y rechercher les titres de sa famille. C'est depuis cette époque que le nom de *Dalton* s'est écrit *d'Alton*. Alexandre d'Alton, qui était baron de l'Empire, prit à ce moment le titre de *comte*, titre que son fils, Alfred d'Alton, mort depuis général de brigade, a dû faire régulariser, et qu'il a obtenu par décret en 1860. Quant à M. d'Alton-Shée, son titre lui est venu, avec sa pairie, de son aïeul le comte Shée.

préfet, sénateur et pair de France (il était lui-même protégé par Clarke, autre Irlandais), prêtait un appui à ses jeunes cousins les d'Alton, et il donna sa fille à l'un des cadets, James, mais à la condition qu'il quitterait le service : on en fit un receveur général. M. Shée, qui avait perdu son fils tué dans la guerre d'Espagne, en 1811, vieux et prêt à s'éteindre sous la Restauration, avait obtenu de substituer sa pairie à son petit-fils Edmond d'Alton-Shée, le nôtre, lequel né en 1810, se trouva pair par hérédité en 1819 à la mort de son aïeul. Il n'avait que neuf ans, il n'entra de fait à la Chambre des pairs qu'en 1835 avec le droit d'y parler, mais non point d'y voter encore. Ce ne fut qu'en 1840, à trente ans, qu'il acquit ce droit. Il se trouva ainsi le plus jeune membre de la pairie, et je ne répondrais pas qu'elle n'ait été plus souvent effrayée que charmée des surprises que lui ménageait ce dernier né, cet enfant terrible.

Depuis qu'évincé de la politique au 2 décembre, sorti pauvre des affaires industrielles où il s'était engagé, atteint de plus de la plus triste des infirmités qu'il tâcha longtemps de se dissimuler à lui-même, M. d'Alton-Shée s'est tourné vers les lettres et s'est mis à écrire, il avait d'abord pensé au théâtre. Un essai fort dramatique, *le Duc Pompée*, publié par la *Revue des Deux Mondes*, témoignait d'une aptitude remarquable ; une pièce composée depuis en vue du Théâtre-Français, *l'Ivresse*, n'a pu s'y faire jour. Refoulé en quelque sorte sur lui-même, ce net et vaillant esprit a cherché à tirer parti de ses souvenirs ; mais écrire *vrai* n'est facile en aucun temps, et dans tout ce qui se rapporte à des confessions, celles qu'on fait de soi touchent de bien près à celles des autres. Voulant écrire fidèlement ses Mémoires, il s'est décidé à en faire deux parts : l'une entièrement consacrée à l'époque du plaisir, et ici il a pris un léger masque, il s'est dédoublé et s'est appelé le vicomte d'Aulnis (1). C'est seulement dans l'autre partie, signée de son nom, publiée d'abord dans la *Revue moderne* avant d'être recueillie en volume, qu'il a mis ses opinions plus sérieuses sur les choses et sur les hommes politiques. Il n'est encore allé dans cette publication que jusqu'au 24 février 1848; mais c'est déjà un assez large cadre.

Je ne m'avancerai pas jusqu'à dire que ces *Mémoires* ne laissent rien à désirer : l'auteur dicte, il ressaisit par portions des groupes de souvenirs, il se relit peu : de là des répétitions, de fréquents retours en arrière, une absence trop fréquente de dates précises là même où il croit les avoir données; bien des défauts enfin qui tiennent, pour ainsi dire, à la main plus qu'à l'esprit. Mais ce qui m'y frappe et ce que j'en aime, c'est le ton sincère, l'absence du convenu, la connaissance des hommes, la vérité des profils, les traits spirituels et justes qu'on en peut détacher. C'est ce que je tâcherai de faire sentir à la rencontre.

Le caractère de l'auteur lui-même s'y dessine dès les premières pages. Élevé par une mère distinguée,

---

(1) *Mémoires du vicomte d'Aulnis*, un vol. gr. in-18, à la Librairie Internationale.

d'un esprit philosophique et d'une grande tendresse, il la perd à l'âge de douze ans, et dès lors son éducation qui commençait sous de doux et heureux auspices est brisée. On le met au collége Henri IV. Il y subit un mauvais régime, l'oppression des maîtres et des *grands*. Il y devient paresseux et vindicatif. Cependant un sentiment de solidarité s'y développe chez lui : opprimé, il prendra aussitôt parti pour les opprimés :

« Ces souffrances de l'éducation universitaire ont laissé dans mon âme des traces ineffaçables; elles y ont développé de bonne heure les instincts de solidarité au point que je n'ai jamais été témoin, que jamais je n'ai entendu le simple récit d'une injustice sans en ressentir le contre-coup; je leur dois encore d'avoir été, dans toute l'étendue du mot, un excellent camarade. »

La lecture de Gibbon commença de bonne heure son émancipation en matière de croyances. Dès l'âge de la première communion, il regimbait à ce qu'on lui enseignait d'histoire ou de morale évangélique. Mais c'était alors surtout un révolté dans un sens plus positif, ayant puisé au collége « avec le dégoût de l'étude le mépris de l'autorité et une aversion insurmontable pour ses représentants. » Chose singulière! lui, l'un des privilégiés de la naissance, l'héritier d'une pairie, il entrait dans le monde en irrité, en déshérité presque : il était tenté d'aborder la société en opprimé, en vaincu et avec toute l'âpreté de rancune d'un prolétaire.

L'amitié de sa sœur, son aînée de sept ans, Mme Jaubert, une des plus aimables et des plus spirituelles femmes de son temps, contribuait pourtant à l'adoucir un peu, à lui donner quelques lumières sur le monde et à le mettre en rapport avec quelques-uns des esprits distingués qui fréquentaient son salon. Il y connut de bonne heure Berryer, qui prit plus tard sur lui une grande influence, et qui l'aidera à recommencer son éducation véritable.

Entré cependant aux Pages, à Versailles, sous le règne de Charles X, malgré quelques bons maîtres qu'il y rencontrait, tel que M. Varin, pour l'histoire, M. Carlier, pour la littérature, le jeune homme demeura rebelle au régime auquel la tradition monarchique, servie par d'assez plats directeurs, soumettait sans trop de peine les fils bien pensants de l'aristocratie. Lui, il était un *mal pensant*. Il étouffait et se sentait déplacé dans « cette citadelle du droit divin », comme il appelle l'Hôtel des Pages. Il lisait dès lors toutes sortes de livres, de journaux, un peu à tort et à travers. Le fruit défendu a toujours du charme, mais il y avait encore autre chose : sa nature, dès lors, était double : « Les appétits de l'esprit ne se faisaient pas moins sentir en lui que ceux de l'imagination et des sens. »

Il sortit des Pages avec un brevet d'officier. Il n'en usa point et commença par prendre un congé de six mois. On était à la fin de 1829. M. d'Alton-Shée fit un voyage d'Italie : il vit Florence, Milan. Arrivé dans cette dernière ville, et dînant chez le consul de France, celui-ci lui demanda à qui s'adressaient ses lettres d'introduction. Il en avait une pour le prince Belgoijoso, à ce mot, le consul se récria : « Jeune homme, gardez-vous bien de faire une connaissance aussi dangereuse; le prince est un don Juan. » En conséquence, dès le lendemain matin, M. d'Alton-Shée courait au palais Belgiojoso. Mais le prince était absent. La liaison ne devait se faire que plus tard.

A Rome, où les jeunes Français qui s'y trouvaient alors se réunissaient quelquefois, il rencontra un jeune homme qui a depuis marqué dans la politique, M. Drouyn de Lhuys. Il en a tracé un léger profil qui ouvre la série de ses esquisses : ce n'est pas la moins heureuse. J'aimerais à la citer, mais citer, c'est endosser en quelque sorte, et du portrait je n'ose garantir la ressemblance, mais seulement la vraisemblance.

. . . .
. . . .

UNE LETTRE

DE

M. SAINTE-BEUVE

AU GÉNÉRAL JOMINI

Voici la minute d'une lettre de M. Sainte-Beuve au général Jomini, que le hasard me fait retrouver et qui a naturellement sa place dans ce volume, à la suite de la réimpression posthume des articles ci-dessus :

« Ce 26 mai 1865.

« Général,

« Je vous remercie de l'intéressant volume que vous m'avez permis de lire. J'y apprends bien des particularités curieuses ; et ces particularités, par cela même qu'elles vous concernent, touchent aux plus grands événements et aux crises militaires décisives des dix mémorables années. J'aurai à vous demander, lorsque j'aurai l'honneur de vous aller voir, quelques noms propres qui ne sont désignés que par des initiales. La postérité qui a déjà commencé pour vous a fait et fera justice des misérables tracasseries qui ont traversé une carrière supérieure, par son objet, aux accidents et aux circonstances de second ordre. La science, quand on est de ceux qui la découvrent ou qui la fixent, a toujours raison. Entre Berthier et vous, la démarcation désormais est faite, et chacun est classé à son rang.

« Laissez-moi me féliciter, Général, de la bienveillance que je trouve en vous, et agréez l'expression de mon profond respect,

« SAINTE-BEUVE. »

SUR UN EXEMPLAIRE

DE

VAUQUELIN DE LA FRESNAIE

On a lu plus haut, en tête de l'Étude sur Joachim Du Bellay (page 268), ce qu'a écrit M. Sainte-Beuve sur la valeur vénale de ces poëtes du XVIe siècle, qui est allée croissant d'âge en âge et jusqu'à lui, — on peut le dire. Son *Tableau de la Poésie française*, que nous réimprimerons un jour avec toutes les notes et additions marginales, interfoliées, interlinéaires, dont sa main a laissé couvert un exemplaire qu'il destinait à une prochaine édition, n'a pas nui, sur le cours et marché de la Bourse littéraire, à la hausse actuelle des poëtes de l'illustre Pléiade, tant recherchée aujourd'hui des bibliophiles. Nous ne saurions que nous féliciter, pour notre part, de cet amour intelligent que le public a témoigné à la vente même des livres de M. Sainte-Beuve : qu'on me permette d'en rappeler l'un des principaux épisodes, se rapportant aussi au XVIe siècle.

Parmi les joyaux destinés à faire briller ces enchères, et qui en formaient (pour ainsi dire) le *bouquet*, figurait, — les amateurs ne l'ont pas oublié, — un *Vauquelin de la Fresnaie,* ce livre, ce *rara avis* de la bibliophilie, sans lequel il n'y aurait pas de vraie vente à *sensation*, et dont on dit toujours, à chaque nouvel exemplaire qui en reparaît, qu'on n'en connaît que trois ou quatre au monde. Ce sont donc toujours les mêmes qu'on vend ?

Celui de M. Sainte-Beuve contenait, outre une marque essentielle de provenance, une note témoignant de tous les scrupules de son propriétaire, — scrupules de probité et d'érudition, — par lesquels il cherchait à expliquer cette marque. Je copie, sur le catalogue même de la vente où elle a été reproduite tout au long, la note écrite et signée de la main de M. Sainte-Beuve sur la feuille de garde en tête de l'exemplaire. Elle est d'un grand intérêt pour les amateurs, et ne contribuait pas peu à en donner au livre (1).

« Cet exemplaire, écrivait M. Sainte-Beuve, est celui qui a appartenu à M. de Pixérécourt et à M. Nodier : il s'est vendu 80 fr. à la vente du premier, et 153 fr. à la vente du second. Le timbre (de la Bibliothèque Mazarine) qu'il porte m'a fait consulter les catalogues de la Bibliothèque Mazarine pour voir s'il n'en provenait pas ; mais l'indication de ces Poésies de Vauquelin de la Fresnaie manque dans le catalogue alphabétique de la Bibliothèque Mazarine rédigé en 1751, et je n'en ai pas retrouvé trace dans les catalogues antérieurs.

« Il est probable qu'il est sorti de la bibliothèque du cardinal lors de la grande vente qui se fit par arrêt du Parlement et dont parle Gui Patin dans sa lettre du 30 janvier 1652. »

---

(1) Je crois utile de reproduire ici l'indication bibliographique de ce précieux volume : *Les diverses Poésies du sieur de La Fresnaie Vauquelin. Caen, Charles Macé*, 1612 ; petit in-8°, etc. (rel. anc.). — Le premier catalogue des livres de M. Sainte-Beuve (car il y eut deux ventes) est lui-même devenu aujourd'hui une rareté. Avis aux bibliophiles.

Ce bijou de bibliothèque s'est vendu, à la dispersion des livres de M. Sainte-Beuve, 3,105 fr., dans la soirée du samedi 26 mars 1870.

M. Sainte-Beuve était loin, sans doute, de se croire aussi bon prophète, quand, quelques pages plus loin, dans l'étude ci-dessus (page 272), à propos de l'édition moderne de l'*Art poétique* de ce même Vauquelin, par M. Achille Genty, il déclare le volume original des Poésies complètes de La Fresnaie « tout à fait rare, hors de prix et inabordable. » Il l'eût du moins été pour lui de nos jours, dans ces conditions-là. Mais encore une fois son nom et ses travaux ont poussé à la hausse.

FIN DU TOME TREIZIÈME ET DERNIER.

TABLE DES MATIÈRES.

	Pages.
Ma biographie..	1
Le général JOMINI........................ { I...............	49
II............	70
III...............	97
IV...............	122
V...............	153
JEAN-JACQUES AMPÈRE....................................	183
JOACHIM DU BELLAY, par M. *Marty Laveaux*... { I...............	266
II...............	295
III...............	322
MALHERBE..	357
SAINT-ÉVREMOND, par MM. *Charles Giraud, Gidel, Gilbert*.........	425
Appendice { I. Une discussion dans les bureaux du *Constitutionnel*.	457
II. Début d'un article sur l'histoire de CÉSAR........	461
III. Mémoires du comte d'*Alton-Shée*...............	467
IV. Une lettre de M. SAINTE-BEUVE au général JOMINI.	478
V. Sur un exemplaire de VAUQUELIN DE LA FRESNAIE.	480

www.ingramcontent.com/pod-product-compliance
Lightning Source LLC
Chambersburg PA
CBHW050244230426
43664CB00012B/1816